Das Buch

Drei Menschen auf dem Weg zum Gipfel. Ihre Schicksale sind enger miteinander verwoben, als es für eine Mount-Everest-Expedition gut ist: Vor Jahren erlebten die Ärztin Finch und der Expeditionsleiter Al eine heftige Liebesaffäre. Damals trennten sie sich, Finch kehrte nach Kanada, Al nach Wales zurück. Nach Jahren hat Finch alles darangesetzt, Al auf dieser Expedition wiederzusehen. Haben sich die Vorzeichen geändert, als die beiden sich zum ersten Mal wieder gegenüberstehen? Der junge Marathonläufer Sam will es sich und seinem Vater beweisen: In ihm steckt doch ein Bergsteiger. Aber eigentlich ist Finch der Grund, warum er alles versucht, sich der Expedition anzuschließen. Noch nie hat ihn eine Frau so fasziniert wie diese mutige Ärztin. Doch die scheint neben ihrer schwierigen Aufgabe nur Augen für Al zu haben. Und obwohl der alles versucht, die Expeditionsteilnehmer heil zum Gipfel zu führen, kann er nicht verhindern, dass diese Dreieckskonstellation zu einer Belastung wird. Beim Abstieg kommt es zur Katastrophe ...

Die Autorin

Rosie Thomas hat bereits mehrere Romane veröffentlicht und auf den Bestsellerlisten platzieren können. Sie lebt in London, und wenn sie gerade nicht schreibt, verbringt sie ihre Zeit reisend und bergsteigend.

Rosie Thomas

Weiß wie Schnee

Roman

Aus dem Englischen
von Antoinette Gittinger

Ullstein

Besuchen Sie uns im Internet:
www.ullstein-taschenbuch.de

Umwelthinweis:
Dieses Buch wurde auf chlor- und säurefreiem Papier gedruckt.

Ullstein Verlag
Ullstein ist ein Verlag des Verlagshauses Ullstein Heyne List GmbH & Co. KG.
1. Auflage Januar 2003

Titel der englischen Originalausgabe: *White*
(William Heinemann, The Random House Group Limited, London)
Übersetzung: Antoinette Gittinger
Umschlaggestaltung: Thomas Jarzina, Köln, unter Verwendung einer Vorlage von
HildenDesign, München
Titelabbildung: Mauritius, Mittenwald
Gesetzt aus der Bembo
Satz: Dörlemann Satz, Lemförde
Druck und Bindearbeiten: Elsnerdruck, Berlin
Printed in Germany
ISBN 3-548-25527-2

Für Graeme und Judith

Ich danke Mark Lucas, Lynne Drew und Gail Rebuck für ihre redaktionelle Hilfe und ständige Ermutigung während der verschiedenen Entstehungsphasen dieses Buches.
Dr. Andrew Peacock und Dr. Huw Alban Davies haben mich mit medizinischen Informationen versorgt und der brillante Mark Mason hat mir seinen Namen zu erwähnen erlaubt.
Viele Menschen haben ihr Wissen über und ihre Liebe zu den Bergen mit mir geteilt. Dazu gehören: Phil Bowen, Nick Evans, Katie James, Adrian Morris und Rebecca Stephens.
Barry Franklin, Jean-Claude Charlet und Sandy Allan haben mir die Grundkenntnisse des Kletterns vermittelt und mich aus meinem Sessel in die Berge gelockt.
Ich bin ihnen zu großem Dank verpflichtet.
Von Charlie und Flora King habe ich den nötigen Ansporn und Impuls zu allem erhalten.

Die Sonne stand bereits hoch, ein großes weißes Auge an einem grellen Himmel. Da das helle Mittagslicht und die Hitze nicht länger zu ertragen waren, hielt sie bei ein paar Felsblöcken an, die einen schmalen Schattenstreifen boten. Sie machte Saddiq, ihrem Führer, mit der Hand ein Zeichen. Er blieb stehen und die beiden Träger, die hinter ihnen herschlurften, folgten seinem Beispiel gehorsam. Der ältere der beiden ließ sofort den Rucksack von der Schulter gleiten und suchte in dem um die Taille geschlungenen Beutel nach Tabak, mit dem er seine dünne Tonpfeife füllte.

»Ich würde gern eine Pause machen, Saddiq. Und vielleicht etwas trinken und essen«, sagte sie.

Der Führer nickte. Zwei Wochen lang hatte er die junge Amerikanerin durch das Amphitheater geführt, das die hohen Gipfel an der Grenze von China und Pakistan bildeten. Nun waren sie im Gebirgs-Amphitheater, unterhalb der hohen Gipfel an der Grenze zwischen China und Pakistan. Das weiße Massiv des K2 ragte direkt hinter ihnen schroff und strahlend in den Himmel.

Während der zwölf Tage ihres Aufstiegs hatte die Ärztin kaum eine Schwäche gezeigt. Für eine junge, unverheiratete Frau aus dem Westen schickte es sich eigentlich nicht, allein in diese Gegenden aufzubrechen, dachte Saddiq, nicht einmal unter dem untadeligen Schutz eines Führers wie ihm. Doch an ihrer Robustheit und ihrem Durchhaltevermögen gab es nichts auszusetzen. Sie war so zäh wie ein Mann, das gestand er sich voller Respekt ein. Wenn die junge Frau nun, hoch oben auf dem Gletscher und nur wenige Stunden vom K2-Basislager entfernt, eine Rast machen wollte, war das wohl gerechtfertigt.

Die Frau nahm ihren Rucksack ab und ließ sich in dem schmalen Schatten, den die Felsen ihr boten, nieder. Der Gletscher war ein Konglomerat von nackten Felsen, schmutzigem Eis, feinem Schotter und windgepeitschtem Schnee. Sie streckte die Beine aus, lehnte den Kopf gegen den Stein und seufzte so genüsslich, als wäre es ein Federkissen.

Gebannt schaute sie hoch zur Spitze des K2. Er war nur der zweithöchste Berg, doch der Aufstieg war viel beschwerlicher als auf den Everest. Näher würde sie ihm nie kommen und noch immer zog er ihren Blick und ihre Fantasie in den Bann.

Sie hörte das Gemurmel der Träger nicht, die den Herd anzündeten, um Wasser zu kochen. Sie träumte mit offenen Augen, während Saddiq die Träger dabei überwachte, wie sie im Kochgeschirr Tee aufbrühten und in ihren Blechbecher gossen.

Aber sie hörte deutlich die Stimme des Mannes, die in ihren Kopf drang und sich in ihren Gehirnkammern einnistete. Er hatte schon längst aufgehört zu sprechen, da hallten nicht nur die Worte, sondern auch ihr Klang, die einzelnen Töne, noch minutenlang in ihrem Ohr wider.

Er stellte seine Frage so unvermittelt, als wären es die ersten Worte, die er seit vielen Tagen von sich gab. »Kann ich etwas davon haben?«

Die Stimme sprach Britisch mit einem schwachen Akzent, den sie nicht einordnen konnte.

Sie blickte sich um, wollte sehen, woher die Stimme kam. Dort stand er, der unerbittlichen Sonne ausgesetzt, den Rücken der Bergkette zugewandt. Als Erstes sah sie ein ausgemergeltes Gesicht mit einem schwarzen Bart und wettergegerbter Haut. Saddiq richtete sich auf und stellte sich schützend vor sie. Die Träger traten einen Schritt näher an das Gepäck heran.

Der Fremde bemerkte ihren Argwohn. »Ich möchte nur etwas trinken. Ich habe Durst.«

»Bitte.«

Sie rappelte sich hoch und bot ihm den unberührten Tee an.

Er umfasste den Blechbecher mit beiden Händen, offensichtlich um sie, ungeachtet der Hitze, zu wärmen. Dann leerte er den Becher in einem Zug. Die Sehnen an seinem Hals spannten sich. Sie sah, dass er sehr mager, ja beinahe ausgemergelt war.

Der Mann reichte ihr den leeren Becher. »Danke.«

»Möchten Sie noch mehr? Etwas zu essen?«

Saddiq kniff die Lippen zusammen.

»Was können Sie denn anbieten?«

»Trockenobst. Kräcker. Konserven und abgepacktes Zeug. Keine große Auswahl. Wir sind auf dem Rückweg.«

Der Mann fuhr sich mit der Hand übers Gesicht. Sie merkte, dass er erschöpft war, und bedeutete Saddiq, den Becher erneut zu füllen.

»Danke«, sagte der Mann wieder. Seine Lippen waren so rissig, dass sie schmerzen mussten.

»Wir können zusammen essen«, schlug sie vor. Ihre Begleiter brachten mit jeder Bewegung ihre Missbilligung zum Ausdruck, begannen jedoch mit der Zubereitung der Mahlzeit. Der Kerosinbrenner zu ihren Füßen zischte.

Der Mann trug einen schweren Rucksack auf dem Rücken. Sie deutete darauf. »Nehmen Sie ihn ab. Setzen Sie sich hin und ruhen Sie sich aus.«

Er kam ihrer Aufforderung nach, wirkte aber geistesabwesend, als nähme etwas anderes seine ganze Aufmerksamkeit gefangen. Er setzte sich ein wenig entfernt von ihr hin, den Rücken gegen den Felsen gelehnt, das Gesicht den Bergen zugewandt. Er betrachtete den hohen Gipfel nicht so ehrfürchtig und fasziniert wie sie, sondern starrte ihn ausdruckslos an, als würde er gleichzeitig irgendwo anders hinschauen.

»Sie sind Bergsteiger?«, begann sie.

»Gewesen«, antwortete der Mann knapp. Nichts an ihm lud zu einer Unterhaltung ein und sie unternahm keinen weiteren Versuch. Er nahm den Teller mit Thunfisch aus der Dose und dem aus einem Konzentrat zubereiteten Kartoffelbrei, den sie ihm reichte, und aß. Mechanisch leerte er den Teller, offenbar weil er etwas zu sich nehmen musste, und nicht, weil er Appetit hatte.

»Danke«, sagte er ein letztes Mal, nachdem er alles aufgegessen hatte. Er trank noch einen Becher schwarzen Tee, nahm die Hand voll getrockneter Aprikosen an, die sie ihm reichte, steckte das Obst in eine Seitentasche seines Rucksacks und hievte sich diesen wieder auf die Schulter.

»Können wir noch irgendetwas für Sie tun?«, fragte sie.

»Nein, ich muss weiter. Ich bin auf dem Rückweg.«

Er wandte sich ab. Sein Rucksack kippte kurz zur Seite, bevor er ihn mit einer müden Schulterbewegung zurechtrückte und die Riemen festzurrte. Sie schaute ihm nach. Für einen Mann, der am Ende seiner Kräfte war, bewegte er sich sehr schnell. Noch ehe Saddiq und seine Träger die Essensreste beseitigt und den winzigen Herd abgebaut hatten, war der Mann nichts weiter als ein Fleck auf der blendenden Weite des Gletschers.

»Gefährlicher Kerl«, murmelte Saddiq.

»Nein, das glaube ich nicht. Verzweifelt vielleicht, aber nicht gefährlich.«

1. Kapitel

Immer diese Hochzeiten, dachte Finch Buchanan.
Hochzeiten im Sommer unter Markisen und Sonnenschirmen, Hochzeiten in New York oder in Toronto, Hochzeiten am Meer, in weiß getünchten presbyterianischen Kirchen, in blumengeschmückten Häusern oder in schicken Hotels. Mal auf einer Skihütte in den Cariboo-Bergen, mal bei Sonnenuntergang an einem Strand der Karibik. Wo und wie auch immer sie gefeiert wurden, ob sie seit langem geplant waren oder einer spontanen Entscheidung entsprangen – letztlich schien eine wie die andere. Auch die heutige Hochzeit bildete da keine Ausnahme.

Diesmal war ihre beste Freundin an der Reihe: Finch beobachtete sie, wie sie neben einem mit weißen Lilien gefüllten Tongefäß stand, im Begriff, sich von Suzy Shepherd in Mrs. Jefferey Sutton zu verwandeln, die künftig in Madford, Oregon, leben würde. Suzy war eine der letzten aus Finchs Freundeskreis, die den Bund fürs Leben schloss, abgesehen natürlich von ihr selbst.

Die Braut trug ein elfenbeinfarbenes Seidenkostüm von Donna Karan; den Bräutigam hatte man in einen marineblauen Anzug von Armani gesteckt. Finch war Brautjungfer und trug ein hyazinthenblaues Kostüm, das so eng geschnitten war, dass es ihr große Schritte zu tun verbot. Sie hielt die Hände brav gefaltet.

Ich bin zu alt, um mich als Brautjungfer zu verkleiden, dachte sie.

Suzy und Finch waren beide zweiunddreißig. Während ihres ersten Jahres an der medizinischen Fakultät der Universität von British Columbia waren sie Zimmergenossinnen gewesen und auch ihr gesamtes Studium hatten sie gemeinsam absolviert. Suzy hatte ihren Facharzt in Pädiatrie gemacht und war Jeff zuliebe nach Oregon gezogen, Finch lebte als Allgemeinärztin weiterhin in Vancouver. Sie telefonierten häufig und schickten sich fast täglich eine E-Mail, um sich Klatsch, Witziges oder Kurioses aus der Welt der Medizin mitzuteilen. Außerdem trafen sie sich, wann immer sie es ermöglichen konnten. Dennoch vermisste Finch ihre Freundin und Verbündete. Und mit der Hochzeit, so fürchtete sie, würde Suzy vielleicht noch mehr aus ihrer Reichweite verschwinden.

Finch beobachtete, wie das Brautpaar die Ringe tauschte, und unterdrückte mit Mühe Tränen der Rührung. Die beiden waren zweifelsohne sehr glücklich; sie schienen auf einer Wolke zu schweben. Finch war nicht neidisch, sondern eher ein wenig erstaunt. Es war ihr immer ein Rätsel gewesen, was die Menschen am Heiraten reizte. Natürlich hatte auch sie Männer gehabt, kurze Affären sowie länger andauernde Beziehungen. In letzter Zeit allerdings waren es nicht viele gewesen.

Die kurze standesamtliche Trauung war vorüber. Suzy und Jeff schritten Arm in Arm vorbei an ihren strahlend lächelnden Freunden hinaus ins Freie, wo sie unter einer Markise vor dem Schneeregen, einem letzten Gruß des Winters, Zuflucht fanden. Ein Fotograf eilte geschäftig mit seiner Nikon hin und her.

Nachdem Suzy ihre Mutter, ihre Tanten, Schwiegereltern und Schwägerinnen umarmt hatte, öffnete sie ihren Regenschirm, ein geschicktes Manöver, um Finch unter vier Augen zuflüstern zu können: »Mein Gott, kneif mich! Ich habe es wirklich getan! Ich habe geheiratet!«

»Ja, du hast Jeff geheiratet.«

»Jawohl! Weil ich ihn liebe.«

»Das weiß ich.«

Suzy lachte und entblößte dabei eine Lücke zwischen ihren Schneidezähnen. Sie gehörte zu jenen Frauen, die keinen gesteigerten Wert auf perfekte Zähne legten. Unter anderem deswegen hatte Finch sie auf Anhieb gemocht. Suzy war ganz anders als sie; die materiellen Dinge, an die Finch gewöhnt war und die sie schätzte, waren Suzy gleichgültig. Bei ihrer ersten Begegnung war Suzy in ihr gemeinsames Zimmer im Campus marschiert, hatte einen Sack und diverse Supermarkttüten abgestellt und anschließend die eleganten, aufeinander abgestimmten Gepäckstücke und die Skiausrüstung, die zwei der drei älteren Brüder von Finch heraufgetragen hatten, begutachtet.

»Du bist wohl eine wohl behütete Prinzessin aus Vancouver?«

»Von mir aus kannst du denken, was du willst.«

»Egal. Ich bin eher ein Schmuddelkind. Meine Mutter lebt in einer Zweizimmerwohnung und meinen Vater habe ich seit zwölf Jahren nicht mehr gesehen.«

All das war zwar richtig. Aber richtig war auch, dass Suzy mit Abstand die intelligenteste Studentin des Jahrgangs war.

Sie drehte ihren Regenschirm so schnell, dass eiskalte Regentropfen in alle Richtungen flogen. »Verdammt, ich bin jetzt eine verheiratete Frau! Ich brauche ganz dringend etwas zu trinken, um diesen Schock irgenwie zu verkraften«, sagte Mrs. Jefferey Sutton.

Der Empfang fand in einer neu eröffneten Bar mit Restaurant statt, die von Jeffs Firma entworfen und eingerichtet worden war. »Gefällt es dir?«, fragte Jeff, an Finch gewandt.

Gemütliche Nischen, Holzböden, überall Spiegel und Halogenlampen – alles nicht besonders originell, aber gut gemacht.

»Sehr schön«, erwiderte Finch.

»Ich muss dich den Leuten wohl nicht vorstellen«, sagte Jeff. Er hatte seine Seidenkrawatte bereits gelockert; der oberste Hemdknopf war offen.

»Nein«, erwiderte Finch mit einem Lächeln. Viele von Suzys Freunden, die sich zur Hochzeit in Oregon eingefunden hatten, waren auch mit ihr befreundet. »Geh nur, amüsier dich!«

Finch nahm ihr Glas mit französischem Champagner und setzte sich in die nächstgelegene Nische, in der bereits Taylor Buckaby und seine Frau Platz genommen hatten. Taylor war zu Beginn des Studiums eine Zeit lang mit Suzy gegangen, hatte dann aber mit der Sekretärin des Dekans, einer schlanken Blondine, vorlieb genommen. Die war zwar mittlerweile eher füllig geworden, aber sonst hatte sich nicht viel verändert. Taylor war orthopädischer Chirurg und Finch konnte sich gut vorstellen, welche Freude es ihm bereitete, mit Knochensägen und künstlichen Gelenken aus funkelndem Titan zu hantieren.

»Hallo Taylor, hallo Maddie!«

»Ah, Finch! Hallo!«

Sie plauderten eine Weile über gemeinsame Bekannte, die Arbeit und die Kinder der Buckabys.

»Willst du es Suzy nicht nachmachen?«, wollte Maddie wissen.

»Nein, ganz bestimmt nicht.«

»Finch steht der Sinn nach Höherem als nach Kindern und einem Ehemann«, erklärte Taylor spöttisch und plusterte seine rund gewordenen Backen auf. »Letztes Jahr ist sie nach Alaska geflogen und hat den McKinley bestiegen.«

Maddie riss ihre hellblauen Augen auf. Sie machte den Eindruck, als wäre sie es gewohnt, sich jede Menge Champagner, oder was sie sonst gerade Trinkbares zur Hand hatte, hinter die Binde zu kippen.

»Warum denn das?«

Einen Moment lang herrschte Schweigen. Finch überlegte, was sie antworten sollte. Es war zwar nicht das erste Mal, dass man ihr diese Frage stellte, aber es war ungewohnt, dass man es mit derart ungläubigem Staunen tat. Finch erinnerte sich an die frostigen Temperaturen in den Bergen – minus 40 Grad –, an die herab stürzenden Eisbrocken, an ihre Angst vor einer Lungen- oder Gehirnhautentzündung, an den schmalen Grat in knapp 5000 Metern Höhe, von dem es zu beiden Seiten 600 Meter weit fast senkrecht in die Tiefe ging ...

»Hmm ...«

Sie dachte an das kameradschaftliche Verhältnis der Bergsteiger untereinander, an den Galgenhumor der Mitstreiter, die sie beim Aufstieg über die »West-Buttress-Route« begleitet hatten – einer berüchtigten Strecke, die alles andere als ein Kinderspiel ist. Am deutlichsten jedoch erinnerte sie sich an jenen Moment der Euphorie bei der Ankunft am Gipfel: Das Gefühl war so überwältigend gewesen, dass ihr alles andere plötzlich bedeutungslos erschienen war.

»Weil ich dachte, dass es mir Spaß machen würde«, antwortete Finch schließlich gelassen, »und es hat mir auch Spaß gemacht.«

Maddie blinzelte und fuhr sich mit der Zunge über die geschminkten Lippen. »Nun ja, jedem das Seine«, bemerkte sie nach einer Weile.

Der Tanz wurde eröffnet. Als Erstes führten Suzy und Jeff, begleitet vom Applaus und von den aufmunternden Zurufen der Hochzeitsgäste, ein paar langsame Drehungen auf dem Parkett aus. Finch blieb noch fünf Minuten bei den Buckabys sitzen, um nicht den Eindruck zu erwecken, als wollte sie sich nicht länger mit ihnen unterhalten. Dann verließ sie die Nische, holte sich ein paar Sushis am Büffet und plauderte mit ein paar Leuten, die ihr angenehm waren. Anschließend tanzte sie mit Jeff, bis dessen Vater Jim dazwischenfunkte. Jim Sutton war trotz seiner siebzig Jahre noch recht stattlich. Seine Hände glichen Schneeschaufeln und sein braun gebranntes zerfurchtes Gesicht spiegelte ein arbeitsreiches Leben auf dem Bau wider. Suzy und Jeff hatten es beide trotz bescheidener Herkunft ziemlich weit gebracht, ohne dabei ihre Wurzeln zu verleugnen.

Jim wirbelte Finch im Kreis herum, bis sie ganz außer Atem war. »Mit dir kann ich nicht mithalten«, protestierte sie.

»Ach komm schon, Frau Doktor, nur noch einen Tanz!«, bettelte er.

Finch sah, dass es bereits achtzehn Uhr war. Sie musste zum Flughafen. Ihr Kollege Dennis Frame würde sie während ihrer Abwesenheit vertreten. Sie hatte bereits drei freie Tage genossen und wollte seine Geduld nicht strapazieren.

»Nächstes Mal gern«, erwiderte sie lächelnd.

Sie suchte Suzy und fand sie schließlich in einer der hinteren Nischen. Ihr kostbares Kleid war mit Mayonnaise bekleckert und sie schien ganz auf eine rauschende Nacht eingestellt.

»He, wie hast du es nur geschafft, dich so schnell aus Jims Klauen zu befreien?«

»Baby, ich muss leider gehen.«

Suzy machte ein betrübtes Gesicht. »Es ist doch noch so früh! Du kannst dir doch nicht einfach meine Party entgehen lassen!« Aber Suzys Protest war nicht ganz ernst gemeint, denn Finch hatte ihr von Anfang an gesagt, dass sie zwar zur Hochzeit kommen werde, aber nicht lange bleiben könne, da sie am nächsten

Tag arbeiten müsse. Und Suzy wusste nur zu gut, wie unerbittlich Dennis sein konnte, wenn es um Zeit und berufliche Verantwortung ging. Finch und Dennis waren recht unterschiedlich, verstanden sich aber gut. Ihre Freundschaft war noch nie ernsthaft gefährdet gewesen.

»Ich weiß, ich weiß, aber ich muss morgen zurück sein. Aus Rücksicht auf Dennis kann ich mir vor der Expedition nicht mehr allzu viele Tage frei nehmen.«

Suzy kam aus der Nische hervor und umarmte ihre Freundin. Bei dem Wort »Expedition« wurde sie plötzlich ernst.

»Hör zu, sei bitte vorsichtig! Ich will, dass du heil und unversehrt von da oben zurückkommst. Wer soll denn sonst Patentante unserer Kinder werden, wenn du nicht mehr da bist?«

»Suzy! Du bist doch nicht etwa …?«

Suzy zwinkerte schalkhaft. »Keine Sorge, noch ist es nicht so weit! Aber der Nachwuchs ist fest geplant.«

»Aha, so ist das also. Was mich betrifft, kannst du ganz beruhigt sein. Ich bin nur die Expeditionsärztin, zuständig für Medikamente und allerlei Wehwehchen, und gehöre nicht zu den heldenhaften Gipfelstürmern.«

»Dein Wort in Gottes Ohr! Komm, ich begleite dich hinaus!«

Sie bahnten sich einen Weg an den Gästen vorbei. Plötzlich blieb Suzy stehen. Dann ging sie schnurstracks zur Bar. »Fast hätte ich es vergessen!«

Sie beugte sich über den Tresen, so dass ihre braun gebrannten Schenkel zur Geltung kamen. Jeff kam, schlang die Arme um seine frisch angetraute Gemahlin und ließ seine Hände über ihre Hüften gleiten. Suzy richtete sich jedoch schnell wieder auf. »Später!«, vertröstete sie ihn. Sie hielt, wonach sie gesucht hatte, nun fest umklammert, kehrte spornstreichs zu Finch zurück und überreichte es ihr. Es war der Brautstrauß.

»Nein! Gib ihn lieber einer Frau, die unbedingt heiraten möchte.«

»Es ist aber keine mehr übrig, Süße. Du bist die letzte unverheiratete Lady in dieser Runde. Bald wird man dich dafür unter Artenschutz stellen.«

»Du willst ja nur, dass ich eurem Klub beitrete und heirate, bloß weil du es getan hast.«

Suzy sah überglücklich aus und sie bestätigte lächelnd: »Genau, das will ich!«

»Vergiss es, Mädchen!«

Dann drängten die beiden Freundinnen Richtung Ausgang. Die Feier wurde immer ausgelassener, wie es eben bei Hochzeiten zu gehen pflegt.

»Finch muss noch heute Abend nach Vancouver zurückfliegen«, erklärte Suzy einigen Gästen, mit denen sie noch kurz sprachen.

»Das Wetter ist ja ziemlich scheußlich«, bemerkte einer von Jim Suttons Kumpanen.

»Finch hat schon Schlimmeres erlebt«, erklärte Suzy stolz.

Finch legte den Arm um ihre Freundin. »Geh ruhig zurück zu deinen Gästen. Ich werde mich bei dir melden. Und genieß die Flitterwochen!«

Das frisch gebackene Ehepaar wollte den Urlaub in der Karibik verbringen, denn Suzy liebte die Sonne und das Meer über alles.

Die beiden Freundinnen küssten sich zum Abschied.

»Denk an meine Worte und komm heil zurück!«

»Aber natürlich!«, versprach Finch. »Und werde glücklich, Mrs. Sutton!«

»Aber natürlich!«, echote Suzy. »Danke, dass du gekommen bist – und auch für alles andere, für die schöne Zeit, die wir zusammen hatten. Weißt du, ich mag dich. Außerdem warst du eine hinreißende Brautjungfer!«

»Darauf hätte ich gut verzichten können. Ich mag dich übrigens auch.«

Bei der Tür angelangt, warf Finch ihrer Freundin noch eine Kusshand zu. Kaum hatte Finch den Fuß vor die Tür gesetzt, peitschte ihr der Wind mit eisiger Kälte ins Gesicht. Sie zog den Kopf ein und trippelte auf ihren hohen Absätzen zum Parkplatz, wo sie den Mietwagen abgestellt hatte. Endich saß sie im Auto! Als sie einen Sender mit Rockmusik gefunden hatte und allmählich die Wärme der Heizung spürte, warf sie den Kopf in den

Nacken und stieß einen Jubelruf der Erleichterung aus. Wieder eine Hochzeit geschafft!

Sie trat auf die Pedale und brauste in Richtung Flughafen davon, bis ein leichtes Schlingern der Hinterräder sie daran erinnerte, dass die Straße stark vereist war. Sie drosselte sofort das Tempo und folgte dem Schein der Rücklichter, die langsam vor ihr dahintänzelten.

Am Flughafen angekommen, stellte Finch das Auto auf einen der Parkplätze von Alamo. Schlüssel und Papiere warf sie am anderen Ende des Geländes in die dafür vorgesehene Box. Der Wind blies jetzt noch heftiger und setzte ihr zu wie eisige Nadelstiche. Über ihrem hellblauen Kostüm trug sie lediglich einen leichten Mantel, der keinerlei Schutz bot – und bis zum Eingangstor der Abflughalle war es ein weiter Weg. Sie stellte ihre Tasche auf den Boden und kauerte sich nieder. Sie durchwühlte die Tasche gründlich, bis sie schließlich einen Goretex-Skianorak zutage förderte. Eilig schlüpfte sie hinein und seufzte erleichtert. Sie hatte ihn für ihren dreitägigen Aufenthalt in Oregon eingepackt, weil sie mit dem Gedanken gespielt hatte, eventuell etwas Skilanglauf zu betreiben. Das hatte sich als zeitlich unmöglich erwiesen, aber sie war froh, den altbewährten Anorak dabeizuhaben. Vom Hals bis zu den Hüften fest eingehüllt, reckte Finch forsch den Kopf in die Höhe und machte sich auf, dem Wind zu trotzen. Die Tasche hatte sie sich über die linke Schulter gehängt, in der rechten Hand schwenkte sie Suzys Hochzeitsstrauß. Beinahe hätte sie ihn im Auto liegen gelassen, aber bei dem Gedanken, die Blumen ihrer besten Freundin auf dem Beifahrersitz eines Mietwagens verwelken zu lassen, Skrupel bekommen.

Finch ging durch die Schiebetüren. In der Eingangshalle war die Temperatur zwar angenehm, aber es herrschte ein enormer Andrang. Ein Blick auf die Anzeigetafel genügte, um ihre düsteren Vorahnungen zu bestätigen. Der Angestellte am Air-Canada-Schalter beseitigte dann auch die letzten Zweifel.

»Tut mir Leid, Ma'am, der Flughafen ist geschlossen. Solange sich das Wetter nicht bessert, dürfen keine Flugzeuge mehr starten. Ich schätze, das dauert bis morgen früh.«

Sam McGrath joggte. Für ihn war dieses tägliche Ritual mehr als eine Gewohnheit: Es ging darum, eine gewisse Lustlosigkeit und Müdigkeit zu überwinden und sich geistig und körperlich auf Trab zu bringen. Deshalb fand er die Anstrengung wertvoll. Das Joggen war eine feste Größe in seinem Leben. Manchmal, wenn er einen Tiefpunkt hatte, fürchtete er sogar, es sei die einzige.

Er umrundete einen kleinen See. Das Gewässer war mit einer Eisschicht überzogen und auf dem abgestorbenen Schilf am Ufer lag Rauhreif. Der Rundweg führte an Bäumen und Büschen vorbei, deren erste Knospen infolge des neuerlichen Wintereinbruchs dunkel verfärbt waren. Der lehmige Boden war durch den Schneeregen glitschig geworden, doch Sam kannte die Strecke so gut, dass dies seinem gewohnten Tempo keinen Abbruch tat. Er lief auf Hochtouren und spürte die Kälte nicht mehr. Sein regelmäßiger Atem zauberte kleine Wolken in die bitterkalte Luft, seine Schritte hallten ihm wie Paukenschläge im Schädel nach.

Die Einsamkeit des Ortes gefiel ihm. Meistens lief er in der Stadt. Dort stieß man ständig auf Menschen und das verdarb sein Vergnügen immer ein wenig.

Früher war er oft mit seinem Vater hierher gekommen, um Bachforellen zu angeln, erinnerte sich Sam. Einmal hatten sie weiter hinten zwischen den Bäumen das alte, grüne Zelt aufgestellt und ihren Fang über einem rauchenden Lagerfeuer gebraten. Er war damals ungefähr zehn Jahre alt. Vermutlich war es ein Ferienwochenende gewesen, an dem Michael, sein Vater, ausnahmsweise mal nicht zum Klettern gegangen war.

In seinem Kopf blitzten Erinnerungen auf und flirrten.

Er war acht Jahre alt und stand mit seinem Vater am Fuße eines Felsens. Die Steilwand ragte so hoch über Sams Kopf empor, dass sie die Sonne verdeckte. Er streckte die Hände nach oben und legte sie flach auf den Sandstein. Mike hatte sie ausgiebig mit Kalk eingerieben. Sam spürte die Unebenheiten des Gesteins auf der Haut. Langsam, mit einem leichten Gefühl der Beklommenheit, blickte er nach oben und suchte nach Haltegriffen. Dann hob er langsam ein Bein und bohrte Spitze und Seite seines Sneaker in einen Spalt.

Hinauf.

Er versuchte sich mit den Fingern festzuklammern. Die Spalten im Fels waren zu klein, um sich richtig daran festzuhalten, doch er zwang sich, sein Gewicht auf den Fuß zu verlagern. Der Schweiß an seinen Händen vermischte sich mit dem Kalkpuder.

Hinauf.

Weit unter ihm lag das Gras, üppig und sanft. Dicht vor seinem Gesicht ragte der Felsen auf. Die Luft um ihn herum vibrierte, dehnte sich aus, als wolle sie der Schwerkraft einen Streich spielen. Mal fühlte sich Sam wie eine Feder, die kaum eines Haltegriffs bedurfte, mal wie ein zentnerschwerer Sack voll durchnässter Kleidung, zu schwer, um sich hochzustemmen.

Hinauf, noch einen Schritt.

Unmöglich, jetzt nach oben oder nach unten zu blicken.

»Sammy, du hast es geschafft! Ich fange dich auf!«

Vergeblich versuchte er, sich die Hände seines Vaters vorzustellen: Waren sie so groß, dass sie ihn wie eine Wiege aufnehmen würden, oder waren sie zart wie Porzellan, dass er sie unter seinem Gewicht zermalmen würde? Einen Augenblick noch hing er reglos an der Felswand, verzweifelt, dann spürte er, wie seine Beine nachgaben und seine Finger vom Haltegriff abglitten.

Er fiel durch den Raum. Da war so etwas wie ein Gefühl der Erleichterung oder Resignation, bevor ihn die väterlichen Arme auffingen und triumphierend hochhoben.

Sie lachten beide vor Glückseligkeit. Mike wirbelte seinen Sohn durch die Luft und setzte ihn dann mit beiden Füßen auf den Boden. Er küsste ihn auf den Nacken, unter sein durchnässtes Haar.

»Großartig, mein Junge! Noch bevor du zwanzig bist, wirst du den Cap besteigen, ganz wie dein alter Vater. Und noch viele andere Gipfel!«

Sam ließ zu, dass sein Vater ihm die Ohren lang zog und ihm fortwährend auf die Schulter klopfte. Er wusste jedoch, dass er die Erwartungen seines Vaters nicht erfüllen würde: Was auch immer der Cap sein mochte, er würde ihn weder besteigen können noch wollen.

Zwanzig Jahre später konzentrierte er sich auf seinen Laufschritt und eine gleichmäßige Atmung. Dafür war das Laufen immer von großem Nutzen. Man konnte Kilometer um Kilometer laufen und dabei seinen Gedanken und Erinnerungen nachhängen, falls man das wollte. Und wenn man einmal keine Lust zum Nachdenken hatte, konnte man sämtliche Gedanken verdrängen und sich nur noch auf die Beine, die Lunge und die Wegstrecke konzentrieren.

Sam gelangte ans Ende des Sees. Von dort aus ging es durch ein Tannenwäldchen steil aufwärts. Auch nach der Steigung war sein Atem noch regelmäßig. Mit lockerem Schritt und erhobenem Kopf lief er nun auf der Asphaltstraße weiter, die sich den Hügelkamm entlangschlängelte. Ein Lieferwagen kam ihm entgegen; ansonsten herrschte kein Verkehr. Es waren nur noch knapp zwei Kilometer bis zur Abzweigung, die zum Haus seines Vaters führte.

Etwas abseits von der Straße befand sich Mike McGraths Haus, eingebettet in eine Gruppe düsterer Bäume, als wolle es sich verkriechen. Die ehedem weiß gestrichenen Fensterrahmen waren grau, hie und da blätterte der Lack ab. Bei drei der vier Fenster waren die Vorhänge wie immer zugezogen. Auf dem mit Buschwerk bewachsenen Gelände vor dem Haus stand Mike McGraths alter Kombi, direkt daneben Sams Mietwagen. Sobald Sam den auf einem rissigen Pfahl stehenden Briefkasten erreicht hatte, drosselte er sein Tempo. Während er langsam auf das Haus zuging, spürte er, wie ihm der eisige Wind entgegenschlug. Der Schneeregen hatte wieder eingesetzt. Sam zog sich die Kapuze seiner Fleecejacke über, machte einen Bogen um die beiden Autos und steuerte auf die Haustür zu.

Früher pflegte seine Mutter hier Blumen zu pflanzen: Kosmeen, Goldruten und Tagetes, erinnerte er sich. Seine Mutter liebte leuchtende Farben. Trotz der Kälte hielt sich Sam absichtlich noch ein wenig dort auf, wo sich ihr Garten einst befand. Er erinnerte sich, wie seine Mutter an den Sommerabenden ins Freie trat, um welke Blüten abzuzupfen oder ein paar Grasbüschel aus dem klumpigen Erdreich zu rupfen. Das Haus lag nach

Westen und war noch von der Sonne beschienen, wenn die Bäume dahinter schon in Dunkel getaucht waren.

Sam tat einen tiefen Atemzug. Statt noch länger hier draußen herumzutrödeln, sollte er lieber ins Haus gehen, sagte er sich.

Mit der Schulter stieß er die Tür auf, die sich wegen der Feuchtigkeit verzogen hatte und ein wenig klemmte.

Mike saß in seinem Stuhl und verfolgte im Fernsehen das Tagesprogramm. Auf dem Herd stand eine Kaffeekanne und ein in Scheiben geschnittener Laib Brot war auf dem Büfett wie ein Kartenspiel ausgebreitet. Mike blickte zu seinem Sohn hoch, der sich gerade die Kapuze vom Kopf streifte.

»Und, wie war's?«, fragte der alte Mann, ohne dabei allzu großes Interesse zu bekunden.

»Gut. Ich bin am Haus der Bowmans vorbeigelaufen und dann um den See herum.«

»Eine ziemlich lange Strecke.«

»Nicht schlecht, ja, aber es ist kalt draußen.«

»Dort steht Kaffee.«

»Danke.«

Sam schenkte sich eine Tasse ein und nahm ein paar Schlucke. Er ermahnte sich, wegen der Bitterkeit des Getränks nicht den Mund zu verziehen.

»Möchtest du das sehen?«, fragte Mike trocken. Auf dem Bildschirm sah man die jämmerlichen und entrüsteten Teilnehmer einer Talkshow über irgendein erlittenes Unrecht klagen. Eigentlich passte das recht gut hierher, dachte Sam. Auch in diesem Haus hatte sich seit langem Resignation breit gemacht, Verzweiflung, vermischt mit tiefer Verbitterung. Warum also nicht auch im Fernsehen? Vielleicht liebte Mike all diese Programme, weil das Thema ihm vertraut war.

»Ich dachte, wir könnten vielleicht miteinander reden«, begann Sam.

Er stellte den Gehstock seines Vaters beiseite und rückte mit seinem Stuhl näher, wobei er teilweise den Bildschirm verdeckte. Schließlich saßen sie sich fast Knie an Knie gegenüber. Sam hätte Mikes Hand ergreifen und mit der seinen umschließen können, doch dazu konnte er sich nicht überwinden. Seit Sam kein kleiner Junge mehr war, hatten sie sich fast nie berührt.

Mike griff zur Fernbedienung und drehte den Ton um einige Dezibel leiser. Dann wandte er sich seinem Sohn zu und betrachtete ihn prüfend.

»Ich habe mich nicht qualifiziert«, sagte Sam.

Einen Moment lang herrschte Schweigen.

Mike strich sich mit seinem schwieligen Daumen über den Mundwinkel.

»Wie?«

»Ich bin letzte Woche in Pittsburgh gelaufen. Es war das Ausscheidungsrennen für die Olympischen Spiele im Jahr 2000.«

Sam hatte für den Marathonlauf der Stadt Pittsburgh trainiert, seit das offizielle Komitee der »USA Track & Field« bekannt gegeben hatte, dass die Läufer des Marathonteams bei den Olympischen Spielen – wie in den dreißig Jahren zuvor – in einem einzigen Rennen ermittelt werden würden. Leider hatte dieses Rennen an einem Tag stattgefunden, an dem Sams innerer Motor nicht gut funktionierte und seinen Dienst schließlich ganz versagte. Dergleichen passierte ihm nicht oft, doch wenn seine Kräfte ihn einmal im Stich ließen, hatte es meistens mit einem übergroßen Erwartungsdruck zu tun, vor allem seitens seines Vaters. Sam war dieser Zusammenhang vollkommen bewusst, doch das änderte nichts und bewahrte ihn nicht vor den unangenehmen Folgen. Auch heute war es so.

»Ich wusste gar nicht, dass …«

Mikes Miene verriet kaum eine Regung. Er starrte seinen Sohn an und wartete auf weitere Erklärungen.

Es war typisch, dachte Sam, dass sein Vater über den Marathon nicht Bescheid wusste. Er hatte einfach nicht mitbekommen, dass sein Sohn um die Teilnahme in der Olympiamannschaft der USA kämpfte. Mike führte ein nur von wenigen Interessen bestimmes Leben: Er sah fern, blätterte ein wenig in Freizeitmagazinen, besuchte hin und wieder einen Nachbarn und sprach dem Bier zu.

Ebenso typisch war allerdings – das musste Sam zugeben –, dass er seinem Vater nichts von dem Rennen in Pittsburgh erzählt hatte. Er hatte sich für die Wettkämpfe qualifiziert, indem er bei einem nationalen Meisterschaftslauf unter zwei Stunden und zwanzig Minuten gelaufen war. Unmittelbar danach hatte er Mike angerufen und es ihm berichtet.

»Das ist recht ordentlich«, war die erschöpfende Antwort gewesen.

Als Erwachsener hatte Sam gelernt, seinem Vater dessen Mangel an Begeisterung nicht übel zu nehmen und sich nicht darüber zu ereifern. Er ist eben so, wie er ist, dachte Sam. Er hatte eine bestimmte Vorstellung von dem, was ich tun sollte, und ich habe andere Dinge getan.

Dennoch schien ihm sein Vater diesmal besonders abweisend. Deshalb hatte Sam ihm nichts über den bevorstehenden großen Lauf erzählt und ihn auch nicht angerufen, um ihn über sein schlechtes Abschneiden zu informieren. Stattdessen hatte er eine Woche verstreichen lassen und sich dann zu einem Besuch aufgerafft. In seinem Kopf hatte er mehrere Versionen durchgespielt, wie die Begegnung wohl ablaufen könnte. Er stellte sich vor, dass Mike einige Worte des Mitleids finden würde. Vielleicht würde er ihm sogar fürs nächste Mal Mut zusprechen oder ihm einfach seine Sympathie bekunden. Doch einmal mehr sollte sich herausstellen, dass das freudloseste Szenario, das Sam sich ausmalte, der Wirklichkeit am nächsten kam. Mike wirkte weder überrascht, noch schien er Anteil zu nehmen. Er war einfach nur enttäuscht. Wie schon so oft. Es war das gleiche Schema wie immer.

»Was ist denn passiert?«, fragte Mike schließlich.

Sam zuckte unwillkürlich nervös mit den Achseln. »Eigentlich war ich fit und hatte am Start ein gutes Gefühl. Aber ich bin einfach nicht auf Touren gekommen.«

»Wie war deine Zeit?«

»Nicht gut. Zwei Stunden achtundzwanzig. Ich bin schon wesentlich bessere Zeiten gelaufen und habe all die anderen geschlagen, die diesmal vor mir ins Ziel kamen – Petersen, Okwezi, Lund und so weiter. Aber eben nicht an dem Tag, an dem es wirklich darauf ankam.«

Mike starrte seinen Sohn weiter wortlos an.

»Es bleibt ja noch die Hoffnung auf 2004«, fügte Sam schließlich mit einem Lächeln hinzu. Im Stillen dachte er: Eigentlich müsste es anders herum sein: Du solltest das zu mir sagen.

»Du bist achtundzwanzig oder neunundzwanzig, richtig?«

Du wirst doch wohl wissen, wie alt ich bin, dachte Sam. »Der Langstreckenlauf ist Gott sei Dank kein Kindersport. Man kann auch über Dreißig noch in der Spitze mithalten.«

»Ich hatte gehofft, du würdest Gold nach Hause bringen.« Mike schielte zum Kaminsims hinüber, als klaffte dort zwischen all den Bildern von Bergen und bärtigen Männern eine Lücke, die eigentlich von der Medaille seines Sohnes gefüllt werden sollte.

»Für mich wäre es schon eine große Freude gewesen, mit nach Sydney zu reisen und dort für mein Land anzutreten. Es geht doch nicht immer nur ums Gewinnen, Dad«, sagte Sam geduldig.

»Doch!«

Mit diesem einen Wort hatte Mike gezielt eine böse Spitze losgelassen. Sam war zutiefst getroffen und der Stachel saß fest wie der Widerhaken einer Harpune.

Er ist nun einmal so, wie er ist, hielt sich Sam erneut vor Augen. Das kommt alles nur von der Verbitterung über sein eigenes Leben. Außerdem hat er diesmal wirklich Grund, sauer zu sein. Wenn ich es geschafft hätte, wäre er jetzt stolz auf mich. Also ist seine jetzige Reaktion verständlich.

»Tut mir Leid, dass ich es diesmal nicht gepackt habe. Auch für mich war es hart. Aber ich werde deswegen nicht mit dem Laufen aufhören. Es bedeutet mir sehr viel.«

»Dann bleib dabei, solange du kannst«, pflichtete Mike ihm bei. »Wenn du schon das Glück hast.«

Willst du etwa, dass ich mich auch dafür entschuldige?, fragte sich Sam verwundert.

Mike hatte den Ton wieder lauter gestellt und seine Aufmerksamkeit erneut der johlenden Menge auf dem Bildschirm zugewandt.

Sooft Sam in dieses Haus zurückkehrte und sich von den allmählich vergilbenden Tapeten, dem alten Sofa, den Stühlen und den

Bergsteigerzeitschriften seines Vaters mit ihrem strahlend blauen Himmel auf glänzendem Deckblatt, umgeben sah, hatte er schwer zu kämpfen, um nicht von Erinnerungen überwältigt zu werden. Die Erinnerungen lauerten in der Küche, im Schrank oder hinter den Vorhängen und warteten darauf, über ihn herzufallen. In Seattle, wo er sich niedergelassen hatte, wo er arbeitete und Franny und seine Freunde hatte, die ihm Gesellschaft leisteten und ihn ablenkten, konnte er den Erinnerungen aus dem Weg gehen. Hier war das meistens unmöglich. Vermutlich ging das jedem so, der nach Hause zurückkehrte. Ob man diese Besuche genießen konnte oder nicht, hing wohl im Wesentlichen davon ab, welche Erinnerungen man mit dem Elternhaus verband.

Sam war sechs Jahre alt, als sie in dieses Haus zogen. Zuvor hatten Mike und Mary McGrath in Oregon nahe Newport an der Küste gewohnt, bis Mike zusammen mit einem Partner eine Firma gründete, die Touren in unerschlossene Waldgebiete organisierte und Ferienhütten vermietete. Damals siedelte die Familie in das kleine Städtchen Wilding um. Das Geschäft ging nur ein oder zwei Jahre lang gut, dann machte sich Mikes Partner mit dem Großteil des Barvermögens aus dem Staub und hinterließ Mike einen Berg Schulden. Trotzdem blieben die McGraths hier. Sie hatten ihr gesamtes Vermögen in das Haus gesteckt, das ein paar Kilometer außerhalb der Stadt lag. Mary hatte einen Vorgarten angelegt und einige Freundschaften geschlossen, Sam ging zur Schule und schien sich wohl zu fühlen. Und Mike war es ohnehin gleichgültig, ob man blieb oder sich woanders niederließ. Er nahm einen Job als Transportmanager eines Abholzungsunternehmens an und scherte sich nicht darum, wo und wie er lebte, solange er seine Familie ernähren konnte. Und solange er nicht auf seine geliebten Klettertouren in den Bergen des Yosemite-Nationalparks oder in den Teton-Bergen verzichten musste, wenn sein Budget schon nicht für richtige Expeditionen ausreichte.

Sam war sich sehr wohl bewusst, dass andere Kinder viel Schlimmeres durchzustehen hatten, doch für ihn war das Bergsteigen eine Qual.

Er war häufig mit seinem Vater campen gewesen. Während dieser dann allein zum Klettern ging, spielte Sam mit den anderen Jungs Ball, planschte in eisigen Bächen herum oder erkundete mit dem Fahrrad die Umgebung – allerdings immer mit der Angst im Nacken, dass sein Vater ihn plötzlich rufen könnte.

»Komm, Sammy, jetzt bist du an der Reihe!«

»Ich will aber nicht!« Sam hatte nur allzu gut in Erinnerung, wie ihm zumute war, wenn er dann unter den strengen Blicken des Vaters zu klettern versuchte: Pochenden Herzens und mit wachsweichen Knien rang er beklommen nach Luft. Bei jedem Atemzug befürchtete er, den Halt zu verlieren – es war einfach eine Tortur!

»Schau doch, wie ich es mache.« Mike seufzte.

Sein Vater bewegte sich geschmeidig wie ein Raubtier zwischen den Felsen. Sein Körper schien wie Wasser über das Gestein zu fließen. Sam jedoch stockte schon beim Anblick der Atem. Verkrampft hockte er da, die Hände um die Knie geschlungen, und betete.

Bitte fall nicht runter, Dad, fall bitte nicht runter!

Es dauerte nicht lange, da hatte sein Vater die Spitze der Steilwand erreicht. Für kurze Zeit blieb er unsichtbar, dann tauchte sein Gesicht über dem Abgrund auf: »Siehst du? Es ist ein Kinderspiel!«

Sam spürte, wie seine Wangen zu glühen begannen, was keineswegs auf die strahlende Sonne zurückzuführen war. Sein Vater befand sich bereits beim Abstieg. Auf halber Höhe hielt er plötzlich inne.

»Wie komm ich jetzt weiter?«, fragte er über seine Schulter hinweg in die Luft. »Ich kann nicht weiter. Sag mir, was ich jetzt tun soll!«

Sam blickte hinauf und hielt nach einem Vorsprung oder nach irgendeiner Spalte Ausschau, die sich vielleicht im rötlich leuchtenden Sandsteinfelsen auftun würde. Sein Vater benutzte keine Seile, er verließ sich nur auf seine Finger und seine Zehen und saß jetzt in der Klemme. Er würde bestimmt fallen! Tiefer und tiefer würde er fallen – und dann wäre er tot!

»Siehst du was?«, fragte Mike, dieses Mal etwas lauter. »Siehst du irgendeinen Halt für meinen Fuß?«

Sam suchte so fieberhaft, dass ihm die Augen brannten.

Die rote Felswand aber präsentierte nur ihre glatte, harte Oberfläche. Es war nicht die geringste Einkerbung zu sehen, die seinem Vater das Leben hätte retten können. Panik erfasste ihn und ließ ihm trotz der Nachmittagssonne das Blut in den Adern gefrieren. Das Zwitschern der Vögel verstummte, die Sekunden wurden zur Ewigkeit.

»Warte, wenn du es vielleicht bis dorthin schaffst …«

Sein Vater ließ sich vor der Felswand auf die Knie nieder. Mit den Händen klammerte er sich an langen Grasbüscheln fest, um die Bodenhaftung nicht zu verlieren. Etwas unterhalb der Stelle, an der sein Vater die Füße einstemmte, gab es eine kleine Ausbuchtung.

Zu spät.

»Ich falle!«, schrie Mike plötzlich und glitt vom Felsen ab. Er drehte sich einmal um die eigene Achse und stürzte dann hilflos wie eine Puppe.

Sams Kehle entrang sich ein gellender Schrei.

Und selbst als Mike mit einem vorschriftsmäßigen Rückwärtssalto schon längst sicher gelandet war, und zwar genau in der Mitte des alten Badetuchs, das er am Fuße der Felswand ausgebreitet hatte, um seine Kletterschuhe nicht mit Erde zu beschmutzen, selbst da hörte Sam noch nicht auf zu schreien. Alarmiert rannte seine Mutter herbei und Sam warf sich verzweifelt in ihre Arme.

»Michael! Was tust du da?«, schalt sie ihren Mann und hielt dabei ihren Sohn fest umarmt. Sam konnte das Vibrieren der Stimme in ihrem Brustkorb spüren.

»Ich wollte ihn nicht erschrecken, sondern ihm nur zeigen, wie sicher das Klettern ist, in Gottes Namen! Sammy, mir geht's gut. Ich bin doch absichtlich gesprungen!«

»Der Junge ist acht Jahre alt, Mike!«

»Ich wollte nur, dass er kapiert, wie toll das Klettern ist.«

Aber Sam McGrath hatte bereits begriffen. Er wusste, wie sehr sein Vater das Klettern liebte. Er hätte es zwar nicht in Worte fassen können, doch intuitiv verstand er, dass Mike sich auf seine Art und Weise um Frau und Kind kümmerte, dass ihm aber ohne Klettern alles andere sinnlos erschienen wäre. Jeder Dollar, den er beiseite legen konnte, jedes freie Wochenende und jeder Urlaubstag waren einzig und allein diesem Vergnügen vorbehalten. Nicht mehr und nicht weniger. Es war so frappierend, dass es schon wieder einfach war. Und Sam wusste, dass das Klettern ihn selbst stumm vor Angst machte.

»Lass ihn doch! Er wird es schon lernen, wenn es so weit ist.«

Etwas lag in der Luft: Die Atmosphäre zwischen seinen Eltern war spannungsgeladen. Im Vergleich dazu erschien Sam seine Angst vor dem Klettern mit einem Mal harmlos. Er löste sich von seiner Mutter und stand auf.

»Es ist schon in Ordnung. Ich tu's jetzt.«

»Großartig, mein Junge!«, jubilierte Michael, während seine Frau missbilligend die Stirn in Falten legte.

Einmal fragte Sam seinen Vater: »Wenn ich mit dir klettere, hast du immer Seile dabei. Warum nimmst du sie nicht mit, wenn du allein bist? Wäre das nicht sicherer?«

Die Antwort darauf sollte ihm dauerhaft in Erinnerung bleiben.

»Es geht nicht um Sicherheit, sondern um Reinheit.«

Mike erklärte ihm, dass die Sicherheit eines Bergsteigers allein von ihm selbst abhänge. Er müsse nur genau wissen, was er tat und wohin er ging. Letztlich sei es eine Frage der Berechnung und der Planung, das Entscheidende aber sei die Konzentration.

»Das ist wie in der Mathematik: Der Felsen stellt dir eine Aufgabe und du musst sie lösen. Seile, Haken und die übrige Kletterausrüstung lenken einen nur ab und erhöhen die Gefahr. Richtiges Klettern ist vergleichbar mit dem Liebesspiel zwischen Mann und Frau. Es gibt nur den Felsen und dich und am besten wäre man nackt. Aber du bist noch zu jung, um das zu begreifen.«

Sam brummelte verlegen. »Die anderen Bergsteiger klettern meistens mindestens zu zweit. Nur du nicht!«

»Ich warte, bis du groß bist. Bis dahin habe ich dir alles beigebracht, was du wissen musst. Wenn du erst einmal das College und dein Jurastudium absolviert hast, bist du reich genug, um nach Alaska oder zum Himalaja reisen zu können. All die hohen Berge, von denen dein Vater nur träumen konnte, wirst du später einmal besteigen.«

Sam hob das Kinn und starrte seinen Vater an, bemüht, den Trotz, der sich in ihm aufbaute, zu bezähmen.

»Soll ich dir noch eine Tasse eingießen?«, fragte Sam mit einem Blick auf die Kaffeekanne. Er schob den Stuhl zurück und stand auf. Damit beendete er keineswegs eine angeregte Unterhaltung mit seinem Vater, denn die wenigen Worte, die sie gewechselt hatten, konnte man schwerlich als Unterhaltung bezeichnen. Mike hatte überdies seinen Blick kaum vom Fernseher abgewandt und hielt ihm jetzt kommentarlos seine leere Tasse hin.

Sam schenkte ihm Kaffee nach und schickte sich an ein Essen zuzubereiten. Er war in die Stadt gefahren und hatte jede Menge Lebensmittel besorgt, um die leeren Vorratsschränke und den alten Kühlschrank aufzufüllen, der im Nebengebäude vor sich hin surrte. Er fand, dass Mike zu schlecht für sich sorgte, und wollte vor seiner Abfahrt sicherstellen, dass genug Lebensmittel im Haus waren, auch wenn sein Vater sie vielleicht gar nicht anrühren würde.

»Magst du Steak mit Salat?«

Mike hatte einfache Mahlzeiten immer gemocht. Hin und wieder schwelgte er in Erinnerungen an Marys Hühnerpastete oder an ihren Eintopf mit Knödeln. In solchen Momenten merkte Sam, wie sehr Mike seine Frau noch immer vermisste. Dann empfand er Schuldgefühle, weil er nicht näher bei seinem Vater wohnte und ihn nicht häufiger besuchte.

»Wenn du dir das gerade zubereiten willst.«

Als das Essen fertig war, holte Sam Teller und Besteck aus dem Schrank und deckte den gelblichen Resopaltisch. »Essen ist fertig!«

Mike fingerte nach seinem Gehstock, doch der lag immer noch

dort, wo Sam ihn hingestellt hatte. Der alte Mann gab ein verärgertes Knurren von sich und verrenkte sich mühsam, aber Sam kam ihm zuvor. Er reichte ihm den Stock, half ihm beim Aufstehen und geleitete ihn dann die paar Schritte zum Esstisch.

»Das schaffe ich allein! Wie, glaubst du, komme ich zurecht, wenn du mich nicht mit deinem Besuch beehrst?«

»Du kommst natürlich allein zurecht, aber wenn ich hier bin, würde ich dir eben gern helfen.«

Schweigend verzehrten sie ihr Mahl. Man hörte lediglich das Klappern des Bestecks und den Wind, der Eisregen gegen die Fenster peitschte.

»Keine angenehme Nacht zum Fahren«, bemerkte Mike.

Ich könnte ja noch eine Nacht bleiben, dachte Sam. Aber er hatte keine Lust dazu und diese Erkenntnis weckte wiederum ein leichtes Schuldgefühl in ihm. Er wollte weg von hier, zurück zu seinem jetzigen Zuhause, das fernab lag von all den Erinnerungen, die ihn hier fortwährend stumm verfolgten.

»Es wird schon gehen. Ich muss zurück zur Arbeit.«

Auch auf diesem Gebiet hatte Sam seinen Vater enttäuscht. Sam hatte es nicht einmal bis zum Jurastudium geschafft und war jetzt in der Computerbranche tätig. Er gestaltete und verwaltete Websites, was jedoch kein sehr einträgliches Geschäft war.

Schließlich wurde das Schweigen doch gebrochen. Mike kaute nachdenklich an seinem Steak herum, wischte sich den Mund ab und fragte: »Du hast es also abgehakt? Willst du es dir nicht noch einmal überlegen?«

Er meinte Sams Karriere als Marathonläufer.

Sam mochte etwa zwölf Jahre alt gewesen sein, denn Mary war noch bei ihnen, wenn sie auch bereits ein wenig kränklich wirkte. Es war also im letzten gemeinsam verlebten Sommerurlaub. Sam erinnerte sich nicht genau, wo die Kletterpartie dieses Mal stattfand, aber jede Spalte und jede Kante des Felsens hatte sich ihm tief eingeprägt. Zunächst ging es durch einen engen Kamin, dann musste ein tückischer Überhang gemeistert werden. Mike hatte die Führung übernommen und hangelte sich an der Unterseite des Vorsprungs entlang, als sei dieser lediglich eine optische Täuschung.

»Komm nach, wenn du so weit bist«, hörte Sam ihn von einer unsichtbaren Stelle oberhalb des Vorsprungs rufen.

Der Fels ragte bedrohlich über ihm empor. »Ich glaube nicht, dass ich es schaffe.«

Keine Antwort. Sam seufzte und schickte sich an, den Fels zu erklimmen. Doch während er noch am ersten Haltegriff hing und darüber nachdachte, wie er zum nächsten gelangen könnte, verließ ihn plötzlich der Mut. Nicht, dass er einfach nur Angst gehabt hätte, es nicht zu schaffen, nein, er verspürte plötzlich eine tiefe innere Abneigung. Kurz entschlossen kletterte er das kleine Stück, das er schon geschafft hatte, zurück. Er rief seinem Vater zu, dass er ganz hinabsteige und für heute genug vom Klettern habe. Ein Anflug trotziger Genugtuung überkam ihn. Dann trat Mike hinter dem Vorsprung hervor. Der Raum wirkte zu eng, um genug Platz für beide zu bieten.

»Willst du dir das nicht noch einmal überlegen?«, fragte Mike.

Das war keineswegs als Frage gemeint, aber Sam tat so, als wäre es eine: »Puh! Nein danke! Ich drehe lieber um!«

»Ich finde aber, du solltest den Felsen hochklettern.«

»Und ich finde, ich sollte hinabsteigen.«

»Tu, was ich dir sage, mein Sohn!«

Der Felsvorsprung schien auf ihre Häupter zu drücken.

»Ich will aber nicht!«

Nur seiner Selbstdisziplin war es zu verdanken, dass Mike nicht die Beherrschung verlor. Er würde niemals zulassen, dass ihn der Ärger übermannte, solange er kletterte. Ärger bedeutete Verlust der Selbstkontrolle und das wiederum bedeutete Gefahr. Also ließ er seinen Sohn sicher auf den Boden hinunter und wartete, bis sich dieser von den Seilen losgehakt hatte. Dann wandte er sich wieder um und kletterte die Steilwand hinauf.

Sam rannte auf dem Waldweg davon. Der Schock über seine Tat trieb ihn dazu, sein Tempo immer mehr zu beschleunigen. Als er das Zeltlager erreichte, sah er seine Mutter im Schatten eines Baumes sitzen. Sie verteidigte ihren Sohn später gegen die

Vorwürfe seines Vaters. In diesem Jahr fing Sam mit dem Langstreckenlaufen an.

»Für 2000 habe ich keine Chance mehr, fürchte ich.«

Sie hatten gemeinsam den Tisch abgetragen. Die Talkshow war zu Ende, es wurde gerade ein Werbespot für Instantsuppen gezeigt.

Sam stellte das Geschirr in die Spüle. »Möchtest du einen Nachtisch? Ich habe einen Apple Pie. Allerdings einen gekauften.«

»Warum nicht? Wenn er schon da ist.«

Sam brachte zwei Stücke. Schweigend verzehrten sie den Kuchen. So war es eben. Danach spülte Sam das Geschirr, trocknete ab und hängte das Küchentuch unbewusst so auf, wie seine Mutter es immer getan hatte. Eine Spülmaschine war für Mike nie ein Thema gewesen.

Nun warf Sam einen Blick auf seine Armbanduhr. »Zeit, zum Flughafen zu fahren.«

»Willst du wirklich aufbrechen, bei diesem Wetter?«

Sam senkte den Kopf und tat so, als würde er auf den Wind lauschen. Am liebsten hätte er den Fernseher ausgeschaltet, denn er fürchtete den Wetterbericht, der vielleicht Meldungen über verheerende Straßenverhältnisse brachte und seine Flucht vereitelte.

»Ach, so schlimm ist es gar nicht.« Er holte seine Reisetasche aus dem Schlafzimmer, an dessen Wänden noch immer die Sportlerplakate aus seiner Collegezeit hingen. Dann tat er so, als ob er seine Schlüssel suchte.

»Brauchst du noch was, Dad?« Die Regale waren gefüllt mit Lebensmitteln, und es war auch genug Brennstoff im Haus. Auf dem Stuhl lagen die letzten Ausgaben verschiedener Zeitschriften. Bald würde der Frühling kommen.

»Nicht das Geringste.«

»Dann mache ich mich jetzt besser auf den Weg. Ich rufe dich morgen früh an.« Von Seattle aus, entweder von zu Hause oder von der Arbeit.

»Alles klar.« Der alte Mann rieb sich die Nase und fuhr mit dem

Handrücken darüber. Dann stemmte er sich hoch und stützte sich mit dem Gehstock ab. Beide gingen auf die Tür zu und erreichten sie gleichzeitig. Sam blickte auf seinen Vater herab.

Michael hatte eine schwere Rückenverletzung überlebt. Das fürchterliche Leiden und die langen Jahre, in denen er sich damit plagte, hatten ihn einige Zentimeter an Körpergröße gekostet. Und nicht nur das. Manchmal dachte Sam, dass man das Leben seines Vaters eigentlich nur noch als ein Dahinvegetieren bezeichnen konnte. Der Gedanke, dass Mike so vieles eingebüßt hatte, betrübte Sam und erfüllte ihn zugleich mit einem gewissen Mitgefühl, mit dem er jedoch nicht umzugehen wusste. Außerdem wurde Sam, wenn er sich mit seinem Vater verglich, auf schmerzhafte Weise bewusst, wie fit er selbst körperlich war und wie viele Möglichkeiten ihm offen standen. Dennoch führte auch er ein Leben, das ihm weder Befriedigung verschaffte, noch stand irgendeine unmittelbar greifbare Verbesserung in Aussicht. Wenn Mike seinen Sohn als missraten betrachtete, bestätigte er damit nur seine eigene Ansicht.

»Das mit dem Qualifikationsmarathon tut mir wirklich Leid.«

»Vielleicht nächstes Mal, wie du gesagt hast«, sagte Mike. Mit einer unbeholfenen Geste, die mehr als nur ein Händedruck, aber auch keine richtige Umarmung war, verabschiedeten sie sich voneinander. Dann standen sie sich wieder mit dem gewohnten Abstand gegenüber. »Danke für all die Vorräte, die du gekauft hast. Das wäre nicht nötig gewesen.«

»Pass auf dich auf.«

»Du kennst mich ja.«

Nur allzu gut, dachte Sam. Er schulterte seine Tasche, legte die Hand einen Moment lang auf Mikes Schulter, öffnete dann die Tür und schloss sie hinter sich. Draußen herrschte heftiges Schneetreiben; der Wind wirbelte die Flocken bis in den hintersten Winkel. Sam fuhr durch Wilding und schlug dann den Weg zur Autobahn ein. Er hantierte an den Knöpfen des Autoradios, machte es sich auf dem Sitz bequem und fuhr dann unter ohrenbetäubenden Heavy-Metal-Klängen durch das Schneegestöber zum Flughafen.

»Tut mir Leid, Sir«, sagte der Angestellte am Ticketschalter. »Der Schneesturm hat alles lahm gelegt. Wenn sich das Wetter bessert, startet Ihr Flugzeug vielleicht in einer Stunde.«

»Gut, ich warte«, erwiderte Sam, als ob er die Wahl hätte. Am Zeitschriftenkiosk besorgte er sich die letzte Ausgabe von *Forbes* und bestellte sich dann in der Cafeteria einen Milchkaffee, um endlich den bitteren Geschmack loszuwerden, den das Gebräu seines Vaters im Mund hinterlassen hatte. Unter der Anzeigetafel erspähte er einen Sitzplatz und quetschte sich zwischen einen Jungen mit Snowboard und eine Frau, die ihr Baby auf dem Schoß hielt. Dort saß er, schlürfte seinen Kaffee und beobachtete die Menschen, die auf der Flucht vor dem garstigen Wetter durch die Glastüren ins Innere strömten. Die Halle füllte sich immer mehr. Ununterbrochen gingen Leute an ihm vorbei. Der Junge stellte mürrisch sein Snowboard so, dass es zum Leidwesen der Leute noch immer unter dem Sitz hervorragte.

Sam hatte wohl eine Viertelstunde lang mit seinem leeren Styroporbecher dagesessen, als er sie plötzlich sah.

Wieder hatten sich die Türen geöffnet und der Wind wirbelte Schnee und Eis über den verschmutzten Hallenboden. Aus dem Gestöber betrat eine Frau die Halle, die sich von den anderen Ankömmlingen durch ihre trotz dieses stürmischen Treibens aufrechte Haltung unterschied. Ihre Augen leuchteten. Bei diesem Wetter trug sie leichte, hochhackige Schuhe und einen verblichenen Skianorak. Ihre langen Beine waren vom Schneeregen bespritzt. Außer einer kleinen Reisetasche hielt sie achtlos einen Brautstrauß in der Hand.

Sam fluchte unwillkürlich vor sich hin. Irgend so ein Mistkerl hatte sie also bereits zum Altar geschleppt.

Sein Blick folgte ihr, als sie an den Air-Canada-Schalter trat. Kurz darauf wandte sie sich ab. Sam wäre beinahe aufgesprungen, um ihr entgegenzulaufen, besann sich jedoch im letzten Moment darauf, dass er sie gar nicht kannte. Noch nicht. Er beschränkte sich also darauf zu beobachten, wie sie sich einen Kaffee holte, ihn im Stehen schlürfte und die Anzeigetafel mit den Abflügen studierte. Der Brautstrauß lag neben ihrer Reisetasche am Boden, aber kein Bräutigam erschien, der sie mit süffisantem Grinsen in irgendein Hotel abschleppte, um mit ihr die Flitterwochen zu feiern. Offensichtlich war sie allein.

Sam stand auf und legte seinen Mantel auf den Sitz, der damit der einzige war, auf dem niemand saß. Er zwängte sich an der Menschentraube vorbei, bis er schließlich neben ihr stand. »Wollen Sie sich vielleicht setzen?«

Sie musterte ihn abwägend und wirkte belustigt. »Hier stehen drei schwangere Frauen und mehrere Greise herum, warum fragen Sie also ausgerechnet mich?«

Wahnsinn, dachte er, die Frau hat wirklich Klasse. »Gute Frage.«

Lächelnd setzte sie hinzu: »Trotzdem vielen Dank für das Angebot.« Sie war nicht als schön zu bezeichnen, dafür standen ihre Augen zu weit auseinander und war ihr Kinn zu ausladend. Aber sie hatte etwas, das wichtiger als Schönheit war: Sie war faszinierend.

»Wohin fliegen Sie?«, fragte Sam.

»Zurück nach Vancouver, nach Hause. Und Sie?«

»Äh, ich? Ich auch.« Seattle oder Vancouver, was spielte das schon für eine Rolle. Morgen würde wieder die Arbeit auf ihn warten – und Frannie. Doch Sam schob den Gedanken daran beiseite: All das zählte im Augenblick nicht. Es war lange her, dass er etwas so Unüberlegtes getan hatte.

»Leben Sie in Vancouver?«

»Äh, nicht direkt. Aber ich fahre öfter mal rüber. Sieht so aus, als müssten wir lange warten. Vielleicht sogar bis morgen.«

»Ich gebe die Hoffnung nicht auf. Ich muss unbedingt noch heute Nacht losfliegen.« Sie warf einen Blick auf ihre Armbanduhr. »Außerdem muss ich ein paar Anrufe erledigen. War nett, mit Ihnen zu reden.« Und damit verabschiedete sie sich.

»Übrigens, ich heiße Sam McGrath.«

Sie hatte ihn nicht darum gebeten, sich vorzustellen, antwortete aber mit einem höflichen Nicken: »Finch Buchanan.«

Er bückte sich, hob die Blumen auf und reichte sie ihr. Der Brautstrauß bestand aus zartbeigen Blüten, die einen starken Duft verströmten und von glänzendem Blattwerk umrahmt waren. Irgendwie passte dieser eher biedere Strauß nicht zu der Frau. Außerdem trug sie keinen Ehering.

»Herzlichen Glückwunsch! Ich nehme an, Sie haben geheiratet?«

Die Frage schien sie in höchstem Maße zu belustigen. Sie lachte laut und dabei wurden ihre Zunge und ihre Zähne sichtbar. Wahnsinn, dachte er wieder.

»Ich *war* verheiratet. Es ging mir aber nur um sein Geld. Auf dem Rückweg von der Feier hab ich ihn erschossen.«

»Klug gehandelt.«

»Danke.«

»Und nun? Suchen Sie nach einem Ersatz?«

Das war etwas vorschnell, dämmerte es Sam, kaum dass er die Worte ausgesprochen hatte. Finch zuckte nur leicht mit den Achseln. Sie steckte noch immer in ihrem zerknautschten Anorak. Ungeduldig nestelte sie an dem Klettverschluss. Wie schade, dass sie darunter nicht nackt war. Stattdessen trug sie ein hochgeschlossenes blaues Kostüm, in dem sie wie Ally McBeal aussah. Sie rollte den Anorak zusammen und stopfte ihn in die Tasche.

»Bis dann.« Sie lächelte und schlenderte gemächlich auf die Münztelefone am anderen Ende der Halle zu.

Sie hatte kaum zu telefonieren begonnen, da eilte Sam schnurstracks zum Air-Canada-Schalter und ließ sein Ticket umbuchen. Nachdem Finch ihr angeregtes Gespräch beendet hatte, ließ sie sich weit abseits neben einer Gruppe mexikanischer Nonnen nieder, zog ein Buch aus der Tasche und vertiefte sich hinein.

Langsam zog der Schneesturm nach Südwesten ab. Mit fast dreistündiger Verspätung wurden die Fluggäste nach Vancouver aufgerufen. Sie konnten von Glück reden, denn es war eines der wenigen Flugzeuge, das an diesem Abend noch startete. Die Maschine war voll. Kaum war Sam eingestiegen, da sah er Finch im mittleren Teil des Passagierraums an einem Fenster sitzen. Er schritt den Gang entlang und steuerte geradewegs auf den Platz neben ihr zu, der wie durch ein Wunder frei geblieben war.

»Na, so ein Zufall!«, bemerkte er lächelnd und ließ sich auf dem Sitz neben ihr nieder. In ihrem Schoß lag aufgeschlagen das Buch.

»Die Gesetze der Wahrscheinlichkeit sind mir bekannt«, erwiderte sie kühl und wandte sich wieder ihrer Lektüre zu. Sam sah einen Typen, der wie John Belushi aussah und stirnrunzelnd auf sie zusteuerte. Kurz entschlossen beugte sich Sam hinunter und fischte nach dem Brautstrauß, den Finch unter den Sitz ihres Vordermanns geschoben hatte. Er legte ihn auf die Armlehne zwischen ihnen und rückte so nahe an sie heran, dass sich ihre Köpfe beinahe berührten.

»Ist das nicht ...«, protestierte Belushi gereizt.

Sam zeigte auf seine Bordkarte und erklärte: »Es tut mir wirklich aufrichtig Leid. Ich weiß, es ist Ihr Sitz. Aber wissen Sie, wir sind frisch verheiratet. Würde es Ihnen etwas ausmachen, den Platz mit mir zu tauschen, damit ich neben meiner Frau sitzen kann? Sie leidet außerdem unter Flugangst.«

»Na gut«, brummte der Mann und ging weiter.

Finch konnte darüber gar nicht lachen. Sie wirkte weder schockiert, noch verwirrt, noch verärgert; sie sah ihn einfach nur mit strenger Miene an. Dann griff sie nach den Blumen, legte sie wieder unter den Sitz und schob sie mit der Spitze ihres hübschen Schuhs noch etwas weiter nach hinten. »Was soll das?«, erkundigte sie sich schließlich.

»Sie halten mich bestimmt für einen Idioten, stimmt's?«

»Genau.«

»Ich bin aber keiner. Ich wollte einfach nur hier sitzen.«

»Gut, dann bleiben Sie eben, wo Sie sind«, bemerkte sie trocken. Er blieb neben ihr sitzen, während das Flugzeug auf die Startbahn zurollte und ein zweites Mal vom Eis befreit wurde. Er behielt seinen Platz auch während des Starts und der Begrüßung des Piloten bei, der infolge des schlechten Wetters beträchtliche Turbulenzen ankündigte und empfahl, die Sitzgurte angeschnallt zu lassen. Als das Flugzeug dann mit heulenden Motoren an Höhe gewann, die Wolkenfelder durchstieß, wieder fiel und heftig durchgerüttelt wurde, ließ Finch ihr Buch plötzlich fallen und presste den Kopf gegen die Rücklehne ihres Sitzes. Sie war auffallend blass.

»Der ganze Mist, den Sie vorher verzapft haben, enthielt zufällig ein Körnchen Wahrheit.«

»Und das wäre?«

»Ich hasse das Fliegen.«

»Wollen Sie meine Hand halten?«

»Ich will lieber was trinken.«

Sam blickte über den Vordersitz. Soweit er sehen konnte, waren die Stewardessen noch angegurtet. »Im Moment ist nichts zu bekommen«, erklärte er. »Wollen wir stattdessen ein bisschen reden?«

Seufzend schloss sie die Augen. Das Flugzeug ächzte in allen Fugen und wurde durch und durchgerüttelt. »Wenn Sie wollen«, antwortete sie schließlich.

Sam begann zu erzählen. »Als ich noch ein kleiner Junge war, habe ich mir von einer alten Indianerin die Zukunft voraussagen lassen. Bis zum heutigen Tag erinnere ich mich deutlich an ihre Prophezeiung: ›Du wirst nicht mit der Air Canada 737 irgendwo über der Westküste abstürzen.‹ Sagen Sie, ist Ihnen übel?«

»Danke der Nachfrage, aber falls ich mich erbrechen muss, komme ich allein zurecht. Ich bin Ärztin.«

»Doktor Buchanan also, spezialisiert aufs Abwimmeln aufdringlicher Männer und aufs Erbrechen.«

Das Flugzeug sackte in ein Luftloch. Es trudelte etwa zehn Sekunden lang durch den leeren Raum, bis es sich wieder fing. Ein Kind begann zu weinen, eine alte Frau auf der anderen Seite des Gangs stöhnte laut. Finch umklammerte Sams Hand und vergrub ihre Fingernägel darin. Sie war aschfahl.

»Es ist alles in Ordnung«, beruhigte er sie. Ihre Hand fühlte sich feucht an. Sanft strich er mit dem Daumen über den Handrücken. »Das sind nur ein paar atmosphärische Störungen. Uns geschieht nichts. Sie brauchen keine Angst zu haben.« Er kramte in der Tasche an der Rückseite des Vordersitzes nach einer Spucktüte und legte sie ihr rein prophylaktisch in den Schoß. Dabei entdeckte er, dass es sich bei dem Buch, das nun verdeckt unter der Tüte lag, um einen berühmten Erlebnisbericht über eine Bergsteigerkatastrophe und ihre Folgen handelte.

Mit einer Kopfbewegung Richtung Buch meinte er: »Hab ich auch gelesen. Eine Wahnsinnsgeschichte.«

Sie stöhnte. »Ich glaube, ich würde lieber in einer Gletscherspalte hängen, als hier im Flugzeug leiden.«

»Sehr schmeichelhaft für mich.«

»Hören Sie, erwarten Sie von mir nicht, höflich und freundlich zu sein. Reden Sie einfach mit mir. Erzählen Sie mir von sich, falls Sie Lust dazu haben.«

»Dieser Aufforderung kann kein Mann widerstehen. Wo soll ich beginnen?«

Sam erzählte ihr von dem Besuch bei seinem Vater, sprach übers Laufen, seine Arbeit und seine Probleme. Er versuchte, alles doppelt so interessant erscheinen zu lassen, wie es in Wirklichkeit war. Er vermied es, Frannie zu erwähnen, ertappte sich aber ein paar Mal dabei, wie er »wir« sagte; und er wusste, dass sie es bemerkt hatte. Allmählich ließen die Turbulenzen nach und das Flugpersonal ging durch die Reihen, um Getränke anzubieten. Sam stellte Finch einen großen Wodka und einen Tomatensaft aufs Tablett. Sie trank den Wodka in einem Zug zur Hälfte aus. Ihre Wangen hatten bereits wieder Farbe bekommen.

»Nochmals vielen Dank.«

»Gern geschehen.«

Sie hatte seine Hand schon vor ein paar Minuten losgelassen. Jetzt griff sie wieder nach dem Buch von Joe Simpson. »Ich werde wieder ein bisschen lesen.«

Erst als das Flugzeug in Vancouver zur Landung ansetzte, richtete er erneut das Wort an sie: »Sie wissen jetzt alles über mich, und ich weiß überhaupt nichts über Sie. Das ist doch nicht fair oder?«

Sie lächelte. »Nein, eigentlich nicht. Was wollen Sie wissen?«

Seine direkten Fragen beantwortete sie nicht, aber er erfuhr, dass sie in Oregon gewesen war, um an der Hochzeit ihrer besten Freundin teilzunehmen. Sie unterhielt in der Stadt eine Arztpraxis mit einem Kollegen, hatte vier ältere Brüder, ihr Vater war Architekt – er hatte schon von ihm gehört – und ihre Mutter Hausfrau. Finch lebte allein in einem Apartment. Und sie hatte eine

Beziehung. Sie warf ihm einen warnenden Blick zu, weil er es gewagt hatte, diese Frage zu stellen.

Sie waren jetzt gelandet und das Flugzeug kam langsam zum Stehen. Sam stellte die letzte unvermeidliche Frage, die ihm am Herzen lag. »Darf ich Sie irgendwann anrufen? Vielleicht können wir uns zum Essen verabreden?«

Finch seufzte. Sie hielt den Strauß im Arm und sah aus, als würde sie gleich zum Altar schreiten. »Ich glaube nicht, Sam.«

»Warum nicht? Ich bin harmlos, vielleicht sogar recht amüsant. Was haben Sie zu verlieren?«

»Nichts.« Der Flieger stand jetzt still. Hinter ihrer Schulter perlten Regentropfen am Fenster herab. »Ich werde nicht da sein, ich verreise für eine Weile.«

»Wann?«, fragte er grimmig. Er wollte sie unbedingt wiedersehen, koste es, was es wolle.

»In ein paar Wochen. Und ich habe bis zu meiner Abreise noch eine Menge zu erledigen.«

»Wohin reisen Sie?«

Sie zögerte. Dann formten ihre Lippen ein »Was-soll's-Lächeln«. »Nach Nepal. Katmandu. Hoch zum Everest. Ich schließe mich einer Expedition an, um ihn zu besteigen – als begleitende Ärztin.«

»Sie lesen nicht nur darüber, Sie klettern auch selbst? Das ist ja nicht zu fassen.« Er schüttelte den Kopf und griff im Geiste nach all den Vorhängen, die er in seiner Jugend zur Abschottung zugezogen hatte. Nun riss er diese Vorhänge mit einem kühnen Satz auf.

»Ich klettere auch. Seit meiner Kindheit bin ich verrückt danach.«

Sie kniff die Augen zusammen. »Sie haben doch gesagt, Sie seien Marathonläufer und nicht zu den Olympischen Spielen zugelassen worden.«

»Ja, das stimmt. Wo sind Sie in Katmandu untergebracht?«

»Warum wollen Sie das wissen?«

»Weil ich schon dort gewesen bin. Meiner Erfahrung nach sind einige der dortigen Hotels katastrophal. Ich wollte nur wissen, ob Sie ein anständiges ausgesucht haben.«

Tatsache war, dass er nur bis Hongkong gekommen war. Er versuchte verzweifelt, sich an das zu erinnern, was er über Katmandu gelesen hatte. Es war eine sehr alte Stadt mit starker Umweltverschmutzung. Würde das genügen?

Finch seufzte. »Im Buddha's Garden und ich habe nicht vor, das Hotel zu wechseln. Deshalb ist diese Information für Sie eigentlich nutzlos.«

Die Vordertür des Flugzeugs wurde geöffnet. Die Passagiere vor ihnen standen bereits im Gang. Auch Finch hatte sich erhoben und wandte sich dem Gepäckfach über ihrem Kopf zu.

»Jede Information ist von Wert«, erwiderte Sam. »Darf ich Ihnen mit dem Gepäck helfen? Oder wenigstens Ihren Strauß tragen?«

»Ich komme allein zurecht.«

Sie standen in dem kühlen Gang. Finch entzog sich ihm, aber das spielte keine Rolle. Damit wurde er fertig.

Beim Abfertigungsschalter für Einwanderer wurden sie getrennt. Sam war froh, seinen Pass bei sich zu haben.

»Auf Wiedersehen«, verabschiedete sich Finch. »Ich werde abgeholt. Danke für Ihre Gesellschaft.«

»Bis bald, Finch.«

Dann war sie verschwunden. Sam stand allein in der Halle des Flughafens von Vancouver. In Seattle warteten sein Auto, seine Freundin und sein festgefahrenes Leben auf ihn. Er begab sich zum Taxistand und stellte sich in die Warteschlange. Dort stand bereits John Belushi und bedachte ihn mit einem vorwurfsvollen Blick.

2. Kapitel

Auch im Norden von Wales fiel Schnee. Diese Region war auf der Wetterkarte der Welt nur sehr klein; und die örtlichen Auswirkungen des Schneefalls waren die gleichen wie in Vancouver oder Oregon.

Alyn Hood achtete weder auf den scharfen Wind noch auf die Schneeflocken, die ihm ins Gesicht geweht wurden und sich in seinen Wimpern verfingen. Als wäre es ein lauer Sommernachmittag, blieb er einen Augenblick vor der Haustür stehen und starrte nachdenklich in die Dunkelheit. Dann wandte er sich um, verriegelte die Tür, verstaute den schweren Schlüssel in seiner Tasche und machte sich auf den Weg. Mit offenem Mantel und ohne Kopfbedeckung stapfte er mit gleichmäßigen Schritten durch den Schnee, offenbar unempfindlich gegen die winterliche Temperatur.

Er hatte einen langen, abschüssigen Weg vor sich. Die Schlaglöcher der ausgefahrenen Spur waren unter der dichten Schneedecke verborgen. Alyn Hood war sicher zu Fuß und schritt unbeirrt und gleichmäßigen Schrittes dahin.

Am Torpfosten mündete der Weg in einen engen Pfad. Ein altes, von der Witterung mitgenommenes Schild mit abgesplitterten, halb vom Schnee verdeckten Buchstaben verkündete den Namen des einstöckigen Steinhauses mit Schieferdach: Tyn-y-Caeau. Er bog links in den stillen Pfad ein und setzte seinen Weg ins Tal fort. Seine Schritte hinterließen eine einsame Spur im Schnee. Eine halbe Meile weiter sah er zwischen silbern glänzenden Steinmauern den schwachen Schein gelber Lichter. Es handelte sich um eine Ansammlung von etwa zwölf Häusern und einen gekalkten Pub, dessen strahlendes Weiß durch die Witterung grau geworden war. Der Parkplatz war leer, aber die Bänke und Tische aus Holz im verschneiten Garten ließen vermuten, dass der Pub in einer milderen Jahreszeit ein beliebter Treffpunkt war.

Alyn Hood ging schnurstracks auf die niedrige Tür zu und stieß sie mit geübter Hand auf. Ein schwerer vor Zugluft schützender Vorhang, der an einer Stange befestigt war, bewegte sich. Im Innern befand sich eine von Flaschen und Gläsern eingerahmte Bar. An der Theke saßen zwei Gäste, der Barmann polierte gerade einen Krug. Die Aufmerksamkeit der drei Männer wandte sich dem Neuankömmling zu.

»Hallo, Al«, sagte der Barmann. Die beiden anderen Männer nickten zum Gruß. Der ältere, ein Greis, hatte sich eine Tweedmütze in die Stirn gezogen, der jüngere befand sich in Begleitung eines Schäferhundes, der zu seinen Füßen schlief.

»Bring mir bitte ein Bier, Glyn«, bat Alyn.

»Kommt sofort.« Der Barmann zapfte das Getränk und stellte das überschäumende Glas auf ein Tuch.

»Ziemlich ruhig heute Abend«, bemerkte der Mann mit dem Schäferhund erstaunt, als ob sonst in diesem Raum mit der eintönig tickenden Uhr und dem rauchigen Feuer ausgelassene Stimmung herrschte und die Gäste auf den Tischen tanzten.

»Ein richtiges Hundewetter«, bemerkte Glyn. »Und noch keinerlei Anzeichen von Frühling.«

»Es ist ja erst März«, erwiderte Alyn mild, nahm sein Bier und setzte sich an einen runden Tisch in der Nähe des Feuers.

»Wann brichst du auf?«, wollte Glyn wissen.

»In ein paar Tagen.«

»Ist ja auch nicht angenehm hier«, kommentierte der Mann mit dem Schäferhund.

Alyn lächelte. Stille senkte sich über den Raum. Ungefähr zwanzig Minuten saß Alyn einfach da, nippte an seinem Bier und starrte gedankenverloren in die rote Glut im Kamin. Dann betrat ein junges Paar die Schenke; die beiden verzogen sich in eine Ecke, hielten sich an den Händen und flüsterten miteinander.

Fünf Minuten später ging die Tür erneut auf. Der eisige Lufthauch ließ die Gäste erschauern. Eine junge Frau kam herein und klopfte sich energisch den Schnee von den Stiefeln. Sie blickte sich in der Bar um und entdeckte Al. »Hab ich's mir doch gedacht, dass du hier steckst.«

»Molly, was tust du denn hier?«

»Hm. Vielleicht suche ich dich? Ich war oben bei dir. Dein Auto stand da, aber du warst nirgends zu finden. Und wo könntest du sein wenn nicht hier unten im Pub? Spendierst du mir einen Drink?«

»Eine Cola?«

»Nein.« Molly legte den Kopf auf die Seite. Ihr widerborstiges Haar war feucht vom Schnee. »Ich nehme einen Whisky und ein Gingerale, danke.« Sie sah ihren Vater herausfordernd an.

»Dafür bist du noch nicht alt genug. Bist du mit dem Auto da?«

»Du machst wohl Witze. Ich bin achtzehn, also alt genug. Natürlich bin ich mit dem Auto da. Wie hätte ich sonst von Betws hierher gelangen sollen? Übrigens hat mir Mum ihr Auto geliehen.«

Al seufzte. Sein einziges Kind war jetzt eine erwachsene Frau, zumindest beinahe. Er hatte seit ihrer Geburt viele der winzigen Veränderungen in ihrer Entwicklung nicht mitbekommen und hatte daher nicht das Recht, ihr vorzuhalten, dass sie noch zu jung für Whisky oder Ähnliches sei.

»Bitte, Gwyn, bring uns einen kleinen Scotch und viel Ginger. Und für mich noch ein Bier.«

Vater und Tochter nahmen ihre Getränke von der Theke und setzten sich einander gegenüber. Die Ähnlichkeit war unverkennbar. Köpfe und Hände hatten die gleiche Form und sie nahmen die gleiche Haltung ein; lässig schlugen sie die Beine übereinander, die Fußspitzen in Richtung Kamin gedreht.

»Wie geht's deiner Mutter?«

Molly warf ihm einen Blick zu. »Wie immer.«

»Bist du von ihr geschickt worden?«

»Nein. Na ja, in gewisser Hinsicht doch. Ich habe ihr gesagt, dass ich hierher fahren will, und sie hat mir ihr Auto geliehen.«

Sie hoben gleichzeitig die Gläser und nippten nachdenklich an ihrem Getränk. Der Mann mit der Tweedmütze erhob sich schwerfällig und steuerte auf den Ausgang zu. »Gute Nacht allerseits. Ich hoffe, wir sehen uns wieder, Alyn. Alles Gute.«

Mollys Miene war verschlossen. Sie kniff Augen und Lippen

zusammen. Als sich die Tür hinter ihm geschlossen hatte und erneut kalte Luft in den wohlig warmen Raum drang, sagte sie: »Bitte, geh nicht. Ich will es nicht.«

In den Augen ihres Vaters flackerte es. Sein Blick verriet, dass er ihre Bitte schätzte, sie aber nicht erfüllen würde.

Molly erkannte das und Al wusste, sie hatte verstanden. »Ich muss gehen, Molly, ich kann nicht anders.«

»Nein, du musst nicht. Das ist eine Lüge.«

»Ich versuche wirklich, dich nicht anzulügen, Molly. Hat deine Mutter dir aufgetragen, mir das zu sagen?«

Alyn war das Thema lästig; es war schon x-mal durchgekaut worden. Und Molly hatte schon viel zu lange bei den Streitigkeiten ihrer Eltern vermitteln müssen. Ihre mühsam zur Schau getragene Neutralität erinnerte sie daran.

»Nein. Ich bin aus eigenem Antrieb hier. Bitte, Dad, geh nicht. Ich habe dieses Mal ein ganz ungutes Gefühl.«

Ein unmerkliches Lächeln umspielte Alyns Mundwinkel. Er bedeckte ihre Hände mit den seinen. »Du hast immer ein ungutes Gefühl. Erinnerst du dich? Und ich bin noch jedes Mal zurückgekommen, oder?«

Sie wich seinem Blick aus. Er drehte ihren Handrücken nach unten und betrachtete die weiche Innenfläche. Als Baby hatte sie mit ihren Patschhändchen seinen Zeigefinger umklammert, erinnerte er sich. Schon damals hatte sie sich an ihn geklammert.

»Hör zu. Ich muss diese Reise machen.« Es gab alle möglichen Gründe, weshalb es ihn zurück in die Berge trieb. Er gestand sich ein, dass er diese Gründe aber nicht unbedingt mit seiner Tochter analysieren wollte. »Ich muss das durchziehen und danach hänge ich meine Stiefel an die Wand.«

»Ehrlich?«

Mollys Mutter hatte ihr im Lauf der Jahre des Langen und Breiten sämtliche Fehler ihres Vaters aufgezählt. Dabei wusste Molly selbst ganz genau, wo seine Schwächen und Unzulänglichkeiten lagen. Aber um ihm gegenüber fair zu sein, hatte sie stets insgeheim zur Kompensation dieser Schwächen seine Vorzüge aufgezählt.

Eine seiner positiven Seiten, vielleicht die offensichtlichste, war seine Stärke. Nicht nur seine körperliche, obwohl auch die auffallend war. Alyn war wie Eisen – oder besser noch wie eine Seilwindung, denn Eisen war zu starr, Al dagegen war biegsam. Nie gab er nach, nie ging er Kompromisse ein oder machte einen Rückzieher. Man wusste immer genau, was er anpacken und wie er es tun würde. Und das verlieh ihm eine Art ... Gelassenheit, wenn man es in Worte fassen wollte. Er war wie ein Fels in der Brandung, nicht wie das Wetter, das sich minütlich änderte.

Sie kannte niemanden, der so unerschütterlich an seiner Überzeugung und an seinem Wunsch festhielt wie Al.

Von einem bestimmten Blickwinkel betrachtet, könnte man das als Selbstsucht bezeichnen. Das würde ihre Mutter tun. Aber von einem anderen Blickwinkel bedeutete es Klarheit und Entschlusskraft. Al hielt an seinem Glauben fest und ging unbeirrbar seinen Weg, bis er sein Ziel erreicht hatte, ungeachtet aller Hindernisse. Deshalb war er ein guter Bergsteiger und ihr Versuch, ihn von seinem Vorhaben abzubringen, im Grunde vergeblich.

In Mollys Inneren tobte ein Widerstreit zwischen ihrer Liebe zu ihm und der Angst um ihn. Wie immer war sie diesem Gefühl hilflos ausgeliefert. »Ehrlich?«, wiederholte sie.

»Ja.«

Es stimmte. Er hatte wirklich vor, danach aufzuhören, das heißt, ein Teil von ihm wollte es. Der andere Teil wehrte sich dagegen, diesem Impuls nachzugeben. Das alte, unauflösliche Dilemma des Bergsteigens.

Man spürte einen Adrenalinstoss, wenn man den Berg erklommen hatte. Dieses Gleichgewicht von Konzentration und Angst bedeutete Manifestation von Wirklichkeit. Die scharfsinnige Wahrnehmung, Nervenanspannung und Konzentration erweckten den Eindruck, als könne man direkt in eine andere Dimension wechseln. Und die geistige Reaktion auf diese intensiven Empfindungen wirkte wie ein Betäubungsmittel, das als Gegenmittel gegen den Höhenkoller verabreicht wurde. Diese Reaktion bestand in der inbrünstigen Sehnsucht nach Komfort, darin, dass man Trägheit und Sicherheit gegenüber dem Risiko den Vorzug gab.

Al blickte sich in dem stillen Raum um und lauschte dem monotonen Ticken der Uhr. Was er gesehen und getan hatte, ließ all dies hier nebensächlich erscheinen. Sogar der gesenkte Kopf seiner Tochter. Sobald er wieder zu Hause war, empfand er die Sicherheit als farblos und erdrückend.

Und genau das trieb ihn in die Berge zurück. Immer wieder. Aber er war jetzt fünfundvierzig Jahre alt. Realistisch betrachtet, würde er wohl nicht mehr viele große Expeditionen wie die bevorstehende leiten können.

Molly wartete darauf, dass er weiterredete. »Gut, wie du weißt, werde ich im Auftrag eines amerikanischen Unternehmens, Mountain People, eine Gruppe von Männern den Everest hinaufführen. Es sind wohlhabende Männer mit großen Ideen, die für die Besteigung des Everest eine Menge Geld zahlen. George Heywood, der Firmeninhaber, hält mich für einen kompetenten Führer. Er bezahlt mich gut und ich brauche das Geld. Außerdem bietet mir das die Gelegenheit, selbst den Everest zu besteigen. Ich kenne ihn noch nicht und habe diesen Wunsch lange gehegt, denn die meisten der anderen hohen Berge habe ich bereits bezwungen.«

»K2«, bemerkte Molly trübsinnig.

Nach den Ereignissen auf dem K2 vor fünf Jahren hatte Jen Hood die Nase voll. Entweder hörte er mit dem Bergsteigen auf oder sie beendete ihre Ehe. Zweieinhalb Jahre später waren sie geschieden.

Al nickte, denn er hatte ihre Anspielung verstanden, wollte aber die Erinnerung daran verdrängen. »Ja.«

»Ist das denn so wichtig?«

Al überlegte kurz und erwiderte geistesabwesend: »Ja, das ist es.«

Glyn stellte einen polierten Krug hin und zog energisch an einer Messingglocke, die hinter der Theke hing. »Wer noch etwas bestellen will, der soll's gleich tun, ich schließe nämlich.«

»Ich hätte gern noch einen Whisky und ein Gingerale.«

»Nein. Du kannst mich begleiten und ich mache dir einen Tee, wenn du willst.«

»Na toll.«

Gemeinsam verließen sie das Lokal. Draußen stellten sie fest, dass es nicht mehr schneite. Eine glänzende Schneedecke hatte sich über Steinmauern und Bäume gebreitet. Die Felswände waren schwarze, mit Perlen besetzte Löcher.

»Hübsch«, bemerkte Molly.

Molly öffnete die Tür des verrosteten Wagens und forderte Al mit einem Nicken auf einzusteigen. Im Inneren roch es nach Plastik und Obsession, Jens Lieblingsparfüm. Die Fahrt nach Tyn-y-Caeau war beschwerlich, weil die Hinterräder des Autos in den Schneewehen keinen Halt fanden. »Ich schaffe es allein«, sagte sie verärgert, als ihr Vater ihr zu helfen versuchte. Und es gelang ihr tatsächlich, den Wagen unbeschadet ans Ziel zu fahren.

Der einzige Raum der Hütte roch nach Feuchtigkeit und Rauch. Al begab sich zur Kochnische, um den Teekessel aufzusetzen. Molly legte ihren Mantel über einen Stuhl und ließ den Blick über die spärlichen Besitztümer ihres Vaters schweifen. Auf einem unordentlichen Schreibtisch standen ein Laptop und ein Faxgerät, aus dem einige Faxe hervorsahen. Sie las das oberste; es stammte von Mountain People. Der Inhalt war für sie uninteressant; es war die Rede von Trägern und der Versorgung mit Sauerstoffflaschen. Das zweite bestand aus einer getippten Namensliste, die mit Fragezeichen und handgekritzelten Kommentaren versehen war. *Hugh Rix*, las sie, *Engländer, 54, erfahren, aber ein Idiot. Mark Mason, Engländer, Autor, 36. Geringe Erfahrung. Dr. Finch Buchanan, Kanadierin,*??? Das Fax endete mit den Worten: *Alles wird sich zur rechten Zeit klären. Wir sehen uns in Katmandu. Ken.* Auch das fand Molly nicht besonders interessant.

Das übrige Mobiliar bestand aus einem schäbigen Sofa und einem nicht dazu passenden Sessel, einem kleinen Bücherregal, das überwiegend mit Biografien und modernen Geschichtsbüchern bestückt war, einem runden Tisch und Stühlen sowie ein paar Lampen. Eine davon hatte einen versengten Schirm. Es gab keinen Fernseher und auch keine Bilder an den Wänden. Der Raum verriet, dass hier ein Mann wohnte, der sich wenig aus äußerem Komfort machte und offensichtlich wenig Wert auf das beruhigende Gefühl legte, das der Besitz materieller Güter vermittelte. Es war kalt in dem Zimmer. Molly kniete sich vor den Kamin und schürte das Feuer. Eine kleine Flamme züngelte aus der Asche empor.

»Danke, Mol.« Al brachte auf einem Tablett zwei Becher, einen Teller mit Toast und ein Bier.

»Hast du noch nicht zu Abend gegessen?«, erkundigte sich Molly. Sie hatten auf dem Sofa Platz genommen und sie sah ihm beim Essen zu.

»Nein, ich hatte noch einiges zu erledigen.«

Sie machte ihm Vorhaltungen. Als Reaktion nahm er den Fuß ihres angewinkelten Beines und massierte ihn liebevoll, über Rist und Zehen streichend. Beide erinnerten sich an die vielen Trennungen im Lauf der Jahre, an die Gelegenheiten, da Molly ihn angebettelt hatte, bei ihr zu bleiben, und an die Weigerung Als, den die Entfernung und Gefahr nicht abschreckten. Immer wieder hatte es einen weiteren Berg gegeben, den er besteigen, oder eine Expedition, die er leiten musste. Er würde sich nicht aufhalten lassen. Gelegentlich würde sie seine Stimme in einer knackenden Telefonleitung hören oder einen hingekritzelten Brief von ihm erhalten. Die Wochen würden verstreichen, und eines Tages würde er wieder auftauchen. Hager und wettergegerbt und augenscheinlich glücklich, wieder zu Hause zu sein. Aber schon nach einer Woche würde er am Fenster stehen, sehnsüchtig zum Himmel blicken und die nächste Reise planen.

Als Kind hatte Molly ihn abgöttisch geliebt. Al verkörperte für sie Schlagsahne, Ballons und Feste; Jen dagegen stand für Brot und Butter, für den Alltag.

Sie seufzte und entzog ihm ihren Fuß. Die Scheidung war bitter gewesen, aber sie war jetzt alt genug, um die Gründe ihrer Mutter zu verstehen. Erneut sah sie sich im Raum um, studierte die Buchtitel und den Briefkopf von Mountain People im Faxgerät. Plötzlich verweilte ihr Blick auf einem Schnappschuss von ihr, der mit Klebeband an der Wand neben dem Schreibtisch befestigt war. Das Foto zeigte sie am Strand neben einer schiefen

Sandburg. Sie musste damals vier oder fünf gewesen sein; sie war nackt und ihr Haar kringelte sich in feuchten Locken.

Sie besuchte ihren Vater hier oben nicht sehr oft. Tyn-y-Caeau war zwanzig Meilen von Betws-y-Coed entfernt, wo sie und Jen wohnten, und sie hatte gerade erst ihren Führerschein gemacht. Aber heute wollte sie unbedingt mit ihm reden und ihm ihre sinnlose Bitte vortragen. Sicher, er würde sich wie immer von Jen und ihr verabschieden, aber diese Besuche waren stets mit Stress verbunden. Keiner sagte, was er wirklich dachte. Sie hatten längst erkannt, dass das niemanden ändern würde.

»Dad, ich liebe dich«, sagte Molly unvermittelt. Ihre Stimme klang so nüchtern und frei von jeder Sentimentalität, als ob sie die Uhrzeit verkündete.

Er blickte sie an und ganz spontan ging ihr der Gedanke durch den Kopf, wie er wohl auf Frauen oder Kunden wirkte, die ihm ihr Leben anvertrauten. Denn genau diese Verantwortung übernahm er ja bei seinen Touren. Und wie einmalig er für sie war! Die beiden Perspektiven waren unvereinbar, denn der Mann, dem andere ihr Leben anvertrauten, erfüllte keineswegs die Pflichten, die Väter auf sich nahmen.

Molly erkannte dies zum ersten Mal so deutlich, dass sie es in Worte fassen konnte.

»Ich liebe dich auch«, erwiderte Alyn.

Es war die Wahrheit, das wusste sie. Zu viel für sie und doch nicht genug. Sie neigte den Kopf, um die Tränen zu verbergen, die ihr in die Augen stiegen. Al konnte das nicht sehen, er war anscheinend mit dem Feuer beschäftigt.

»Und ich will nicht, dass du so spät noch nach Hause fährst. Ruf deine Mutter an und sag ihr, dass du über Nacht bei mir bleibst.«

Molly überlegte kurz, griff dann nach dem Handy und tippte die Nummer ein. Jen war sofort am Apparat. Nachdem Molly ihr Bescheid gesagt hatte, schob sie die kleine Antenne wieder zurück.

»Morgen früh um neun Uhr braucht sie den Wagen.«

»Was hat sie sonst noch gesagt?«

»Sonst nichts.«

Sie trank ihren Tee aus, der inzwischen kalt geworden war.

»Ich schlafe hier«, erklärte Al und deutete aufs Sofa. »Du nimmst das Bett.«

Sie war schon ins Bett geschlüpft, als Al ins Zimmer kam. Sie hatte sich auf die Seite gedreht und das Kinn auf die Hand gestützt, wie sie es als kleines Kind getan hatte. Er zog ihr die Decke über die Schultern und strich ihr übers Haar.

Ich decke sie zu, dachte er, wie ... Nur, dass es damals, als sie noch ein Kind war, nicht so viele Gelegenheiten dazu gegeben hatte, weil er meistens nicht bei ihr war.

»Gute Nacht, Al.« Sie nannte ihn selten beim Namen.

»Gute Nacht, Baby.« Auch er nannte sie selten so, denn sie war nie ein babyhaftes Kind gewesen.

Anschließend stützte er über dem schwach flackernden Feuer die Ellbogen auf das Kaminsims und vergrub den Kopf in den Händen. Meine Tochter ist achtzehn, dachte er. Sie ist erwachsen und bereit fürs Leben.

Stille schien sich von ihm auszubreiten, eine Stille, die dieses Haus, den Hügel und die vor ihm liegende Reise umfasste.

Spider kam ihm in den Sinn. Ganz unversehens, wie so oft. Immer wieder war er überrascht, wie lebhaft die Erinnerung an ihn war. Jetzt konnte er sich deutlicher an seine Stimme als an sein Gesicht erinnern, als sie damals den K2 erklommen hatten. Er dachte an ihre gemeinsamen Expeditionen, an ihre glänzenden Erfolge und deprimierenden Misserfolge; sie hatten schwierige Situationen gemeistert, sich betrunken und sich blind auf den anderen verlassen. Spider fehlte ihm heute genauso sehr wie damals. Unwillkürlich musste er an Finch Buchanan denken, an ihr Gesicht.

Kanadierin, ???, hatte Ken Kennedy geschrieben. Das sollte heißen: Ich weiß überhaupt nichts über sie, aber wir werden bald etwas über sie herausfinden. Für Ken war sie lediglich ein Name auf der Expeditionsliste, für Al dagegen war sie ein Wesen aus Fleisch und Blut, das in der Vergangenheit mit Spider und sogar mit Jen verflochten war. Aber niemand außer Finch wusste das.

Er selbst fragte sich, ob sich Finch nach all den Jahren noch an das erinnerte, was zwischen ihnen gewesen war.

Der Wind hatte nachgelassen und die dichte Schneedecke sorgte für eine noch größere Stille. Mühsam riss er sich zusammen, holte sich eine Decke aus dem Schrank und brach damit den Bann.

Jens Haus war ein quadratisches Gebäude aus grauem Stein mit vorgeblendeter Fassade und rotem Schieferdach. Es war etwas von der Hauptstrasse zurückversetzt und über einen kurzen Weg aus viktorianischen glasierten Ziegeln erreichbar. Am nächsten Morgen parkte Al seinen alten Audi vor dem Tor und folgte Molly durch das Eisengatter. Über Nacht war der Schnee geschmolzen, die Autos fuhren durch grauen Matsch.

Molly schob den Schlüssel ins Schloss. »Wir sind da«, rief sie laut.

»Bin in der Küche«, erwiderte Jen. Sie fanden sie in der Waschküche auf der Rückseite des Hauses, direkt hinter der Küche.

Sie trug gelbe Grummihandschuhe und lud Laken aus einem Wäschekorb in eine große Waschmaschine. Nach der Scheidung hatte Jen mit einem Darlehen ihres Vaters dieses viel zu große Haus gekauft und daraus eine Bed-and-Breakfast-Pension gemacht. Viele Bergsteiger, Wanderer und Fischer kamen nach Betws-y-Coed, sogar im März.

»Kann ich helfen?«, fragte Al.

Sie verzog kurz den Mund. »Nein, ich räume das nur schnell ein.«

»Wie läuft das Geschäft?«

»Für die Jahreszeit nicht schlecht. Heute Nacht waren es drei Gäste, am Wochenende bin ich ausgebucht.«

Jen war eine talentierte Köchin, sie heizte die Zimmer gut und sorgte immer dafür, dass die Gäste genug heißes Wasser hatten. Al bewunderte die Umsicht, mit der sie die Pension führte. Während ihrer Ehe war sie nicht so stark und entschlossen gewesen. Seine Aktivitäten hatten sie gehemmt.

Nicht zum ersten Mal und mit einem Anflug von Bedauern dachte er, dass sie ohne ihn besser dran war.

Molly war nach oben gegangen. Jen schloss die Waschmaschinentür, zog die Gummihandschuhe aus und stellte den Waschgang ein. Sie trug immer noch ihren Ehering und den winzigen Diamantring, den er ihr vor zwanzig Jahren geschenkt hatte. Mehr hatte er sich damals nicht leisten können. »Willst du einen Kaffee?«

Sie gingen in die Küche. Das Vorderzimmer wurde meistens von Gästen benutzt, aber das hier war das Reich von Molly und Jen. In dem Raum gab es ein Sofa, über das ein walisischer Bildteppich gebreitet war. An der Wand hingen Strohpuppen, geschnitzte Löffel und Aquarelle einheimischer Künstler; außerdem gab es einen großen Fernseher, einen Wäscheständer mit Socken sowie mehrere Topfplanzen. Die Regale waren mit Muscheln und Krügen, gerahmten Fotos und Schalen voller Krimskrams überladen. Hier entfaltete Jen ihr wahres Naturell. Als sie noch zusammenlebten, hatte Al angenommen, sie teilten die Vorliebe für schlichtes Wohnen. Ihre gemeinsame Wohnung hatte aus weißen Wänden, kahlen Holzböden und Naturbalken bestanden.

Er machte einen Bogen um drei Näpfe mit Katzenfutter, die auf einem Zeitungsregal an der Hintertür standen, und setzte sich aufs Sofa neben den rotgelben Kater. Jen reichte Al in einem Becher Kaffee, auf dem »Croeso i Cymru« zu lesen war. Al betrachtete den Becher stirnrunzelnd. Jen stammte aus Aberstwyth und Al aus Liverpool. Er hatte sich im Alter von zwölf Jahren bei einem Schulausflug in die Berge verliebt und lebte seit fünfundzwanzig Jahren im Norden von Wales, fühlte sich aber immer noch als Außenseiter.

»Vielen Dank, dass sie heute Nacht bei dir bleiben durfte. Ich wollte nicht, dass sie zu dir fährt, aber sie hat es durchgesetzt.«

»Du brauchst dich nicht dafür zu bedanken, dass ich mich um sie gekümmert habe.«

»Wirklich? Immerhin ist es nicht unbedingt die Regel, nicht wahr?«

Da war er wieder, der alte Groll, frisch wie eh und je.

»Ich liebe sie, Jen.«

Und dich, auch wenn es längst vorbei ist, dachte er insgeheim.

»*In absentia*«, erwiderte Jen kühl.

Seine Frau hatte kurzes Haar, war zierlich und knabenhaft. Wenn sie verärgert war, kniff sie genau wie Molly die Lippen zusammen. Sie hatte sich sehr verändert, war jetzt eine andere, beschäftigt mit Frühstück und Mehrwertsteuer, und führte, wie er erfahren hatte, wieder eine Beziehung.

»Bitte, lass uns nicht wieder alles von vorn durchkauen.«

»O nein, das könnte dir schließlich Unbehagen bereiten.«

Ihre Finger schlossen sich um den Kaffeebecher, als versuchte sie, sich daran zu wärmen. Beide lauschten, jeder von seiner eigenen Stille umgeben, auf die ungesprochenen Worte.

Er war zu lange und zu häufig fort gewesen, hatte zu viele Risiken auf sich genommen. Und sie hatte nie begriffen, was ihn dazu trieb, immer wieder einen neuen Berg zu besteigen oder eine neue Gegend kennen zu lernen.

»So«, sagte Jen schließlich. »Wann genau brichst du auf?«

»Vermutlich morgen. Ich habe in London noch einiges zu erledigen.«

»Ah.«

»Hast du dich in Bezug auf den Anbau schon entschieden?«

»Ich glaube, ich werde es anpacken.«

Sie unterhielten sich über Jens Pläne, im Dachgeschoss zwei weitere Zimmer einzurichten, und über Mollys Noten. Al fragte Jen, ob sie noch Geld benötige.

»Nein, ich komme zurecht, mehr brauche ich nicht.«

Selbst wenn sie Geld benötigte, von ihm würde sie es nicht nehmen.

Mit keinem Wort erwähnten sie den Everest. Al trank seinen Kaffee aus und stellte den leeren Becher auf die Spüle. Das mit Kissen überladene Sofa, die Stapel von Frauenzeitschriften auf einem Hocker und der übrige Schnickschnack flößten ihm Angst ein, etwas umzustoßen.

Jen ging zur Tür. »Molly, dein Dad will gehen«, rief sie. Al stand unvermittelt auf und warf dabei den Hocker um; die Zeitschriften landeten auf dem Boden.

»Ich muss noch zum Cash and carry«, sagte sie und sammelte die Zeitschriften auf.

Molly kam die Treppe herunter, ging auf Al zu, schlang die Arme um seine Taille und schmiegte den Kopf an seine Brust.

Er nahm eine widerspenstige Locke und wickelte sie sich um den kleinen Finger. »Okay«, murmelte er.

»Ich werde dich vermissen.«

»Ich bin bald wieder zurück, das weißt du doch.«

Er küsste sie auf den Scheitel und nahm sie fest in den Arm.

»Versprochen?«

»Im Juni.«

Widerstrebend löste sie sich von ihm. Wieder sah er sie in Gedanken als Kleinkind vor sich. »Ruf mich an.«

»Natürlich.«

Jen begleitete ihn zur Haustür. Molly hatte sich beim Abschied immer taktvoll zurückgezogen, damit die beiden ungestört wären. Jen bot Alyn die Wange zum Kuss. Dann öffnete sie die Tür. Absichtlich wich sie seinem Blick aus. »Viel Glück«, wünschte sie ihm. Er nickte, schlüpfte schnell hinaus und ging zu seinem Wagen.

Jen stand in der leeren Diele und ging fünf Schritte in Richtung Küche. Dann blieb sie stehen und presste den Handrücken auf den Mund, fuhr herum und rannte wieder zur Tür. Ungeduldig rüttelte sie am Schloss und riss die Tür so ungestüm auf, dass die Scharniere quietschten.

Die Treppe war eisglatt. Al hatte das Gatter sorgfältig hinter sich geschlossen. Als sie dort angelangt war, sah sie nur noch die Rücklichter seines Audis. Sie umklammerte die Eisenstäbe des Tors und rief seinen Namen. Er konnte sie nicht hören. Innerhalb von fünf Sekunden war er um die Kurve gebogen und ihrem Blick entschwunden.

Jen ließ die Stäbe los und rieb die feuchten Handflächen an ihren Jeans. Langsam kehrte sie in die Küche zurück. Molly saß auf dem Sofa, die Hände um die Knie geschlungen, und musterte ihre Mutter aufmerksam.

»Ich habe immer auf ihn gewartet«, rief Jen ihr zu, »nie habe ich etwas anderes getan als auf ihn gewartet.«

Alyns Weg führte nach Westen, nach Tyn-y-Caeau, wo er die letzten Vorbereitungen vor dem Flug nach Nepal traf. Über eine Strecke von zehn Meilen saß er verkrampft am Steuer. Dann erblickte er den Gipfel von Glyder Fawr, der sich gegen den metallenen Himmel abhob. Da entspannte er sich und lehnte sich gegen den Rücksitz, um den Schmerz in seinem Rücken zu lindern.

Er kannte diese Berge in- und auswendig. Tryfan, Crib Goch und Snowdon, Devil's Kitchen und Buttress, zerklüftete, dunkle Felsen und steile Geröllböschungen. Ihr Anblick und der Gedanke an sie verhieß immer Befreiung.

Al begann zu pfeifen. Eine leise, misstönende Melodie, die seine Vorfreude auf die bevorstehende Klettertour verriet. Er würde den Everest besteigen. Wenn er es hinter sich gebracht hätte, würde er entscheiden, ob dies sein letzter Berg war. In der Zwischenzeit musste er eine Gruppe von Männern sicher zum Gipfel führen und wieder hinuntergeleiten. Wenn Al einen Wunsch frei hätte, würde er sich mehr als alles andere wünschen, dass Spider ihn begleiten könnte – schnell, leichtfüßig und frei.

»Wir schaffen es«, hörte er Spider in seiner gedehnten Sprechweise sagen. »Es ist ja nur der Everest.«

Aber Spider würde nicht dabei sein und er musste seine Verantwortung für die ihm anvertrauten Leute gegen seine eigenen ehrgeizigen Pläne abwägen. Was er Molly gestanden hatte, stimmte – er brauchte das Geld. Er war nicht mehr jung genug, um wie in alten Zeiten von der Hand in den Mund zu leben. Wenn er seinen derzeitigen Job mit anderen Möglichkeiten verglich – er konnte Touristen regionale Landkarten verkaufen, Jen in ihrer Pension helfen oder in irgendeinem Büro arbeiten –, wusste er genau, dass keine andere Tätigkeit ihn glücklich machen und mit Stolz erfüllen würde.

Pfeifend setzte er seine Fahrt fort.

3. Kapitel

Der Bell-A-Star-Hubschrauber flog knatternd zwischen den Tannenbäumen des Flusstals hindurch und steuerte geschickt die Landebahn hinter den Lodges an. Finchs ältester Bruder James stand am Fenster der größten Lodge und beobachtete, wie die Rotoren, die nur verschwommen zu erkennen waren, langsamer und dadurch deutlicher sichtbar wurden. Schließlich kamen sie ganz zum Stillstand.

»Kitty, sie sind zurück«, wandte er sich an seine Frau. Sie legte ihr Buch zur Seite, erhob sich und humpelte zum Fenster. Ein Knie war fest bandagiert. Die Tür des Hubschraubers öffnete sich und der Pilot, immer noch mit Helm, sprang heraus.

»Ralf hat den Hubschrauber geflogen.«

Der Mann streckte die Hand aus, Finch ergriff sie und landete neben ihm auf dem Boden, lachend den Kopf schüttelnd. Hinter den beiden tauchte ein Mann im Overall auf und nahm zwei Paar Skier aus dem am Rumpf befestigten Korb. Im Austausch gegen den Helm reichte er sie hinunter und verschwand im Hubschrauber. Sobald die Frau und der Mann außer Sichtweite waren, fingen die Rotoren wieder an zu kreisen; der Hubschrauber hob ab und flog weiter.

Finch und Ralf kamen auf die Lodge zu. Ralf hatte ihr den freien Arm um die Schultern gelegt und sie blickte lachend zu ihm auf.

»Sie wirken sehr glücklich«, bemerkte Kitty und lächelte verschmitzt.

»Sie sind verliebt«, erwiderte James.

Eine Minute später wurde die Tür aufgerissen; Finch und Ralf betraten die Lodge und brachten kühle Luft mit herein. Sie waren beim Skilaufen gewesen und ihre Wangen von der frischen Luft gerötet. Sie halfen sich gegenseitig beim Ausziehen ihrer Skistiefel und schälten sich dann aus den Anzügen.

»Der Tee ist fertig«, verkündete James.

Finch ging auf Kitty zu. »Wie geht's deinem Knie? Hast du Eiswürfel draufgelegt, wie ich es dir verordnet habe?«

Kitty war am Vortag gefallen und hatte sich eine Zerrung zugezogen. James war bei ihr geblieben und so hatten Finch und Ralf den Tag, den Hubschrauber samt Piloten und die weißblauen Hänge der Monashee-Berge ganz für sich allein. Kitty setzte sich mit schmerzverzerrtem Gesicht und legte das Bein auf die Sofakissen, damit Finch das geschwollene Knie untersuchen konnte.

»Ja, habe ich. Zwanzig Minuten lang, wie du es mir empfohlen hast. Es ist schon viel besser.«

»Fein. Ich glaube zwar nicht, dass etwas gerissen ist. Aber du solltest trotzdem eine Röntgenaufnahme machen lassen.«

Ralf Hahn stand neben Finch. Er organisierte das Helikopter-Skilaufen und hatte daraus ein erfolgreiches Unternehmen für betuchte Skiläufer aus allen Teilen der Welt gemacht. Er war Österreicher, ein großer, wettergegerbter blonder Mann aus Zell am See, der, kaum dass er laufen konnte, auf Skiern gestanden hatte.

Er und Finch waren seit fast zwei Jahren ein Liebespaar.

»Bist du sicher, dass du in Ordnung bist, Kitty? Eiswürfel sind ja gut und schön, aber ich kann dich ins Krankenhaus bringen. Es sind nur zwanzig Minuten ...«

Kitty lachte; sie genoss die Fürsorge. »Wozu? Wir haben hier doch die beste Ärztin, die man sich vorstellen kann.«

»Wo denn?« Finch blickte sich suchend um. Mit diesem kleinen Scherz versuchte sie, ihre angeborene Bescheidenheit zu überspielen.

James legte Holz auf und sie setzten sich vor den Kamin. Es gab einen Korb mit frisch gebackenem Brot und dreierlei Sorten Kuchen; Ralfs Koch verstand sein Handwerk, das Essen in der Lodge war köstlich.

Finch räkelte sich wohlig und legte vor dem Kamin die Füße hoch. »Das ist der schönste Augenblick des Tages«, seufzte sie.

»Wirklich?«, neckte Ralf sie.

»Na ja, fast«, korrigierte sie sich schnell. Kittys Blick wanderte von einem zum anderen.

Als sie den Tee getrunken hatten, kündigte Ralf an, dass er sich für eine Stunde in sein Büro zurückziehen müsse. Finch begleitete ihn, vorbei an den Lodges, zu seinem Blockhaus. Allmählich wurde es dunkel, die Tannen ragten empor wie schwarze Kulissen; an ihren Spitzen zeigten sich bereits die ersten Zeichen des Frühlings. Der letzte Hubschrauber, ein geräumiger Zwölfsitzer, hatte soeben Skiläufer mit ihren Führern abgeladen. Plaudernd steuerten sie die Hauptlodge an und riefen Finch im Vorbeigehen etwas zu. In den Fenstern der hübschen Lodges flammten gelbe Lichter auf.

In Ralfs Blockhaus angekommen, entledigte sie sich ihrer Kleidung und ließ Badewasser ein. Das Haus war ihr fast so vertraut wie ihre Wohnung in Vancouver. Sie kam so oft wie möglich mit Ralf zum Skilaufen hierher, aber das würde nun ihr letztes Wochenende der Wintersaison sein. In drei Tagen würde sie nach Katmandu fliegen.

Nachdenklich tauchte sie in das warme Wasser; was ihr bevorstand, erfüllte sie mit Unruhe. Es war ihre erste Reise zum Himalaja. Freunde und Bergsteiger, die bereits dort gewesen waren, warnten sie, dass sie von der Größe und der wilden Schönheit der Berge überwältigt sein würde. Sie hatten Angst um Finch. Aber sie kannten sie auch und waren daher kaum überrascht zu hören, dass Finch mit dem Everest beginnen wollte. Sie machte sich weniger Sorgen um den Aufstieg und die Bedingungen als um ihre Aufgabe als begleitende Ärztin. Wenn sie es schaffte, dem Gipfel so nahe wie möglich zu kommen, würde das genügen. Sie war davon überzeugt, das subtile Gleichgewicht zwischen reinem Risiko und sorgfältigem Abwägen begriffen zu haben, denn das war beim Bergsteigen das Wichtigste. Nie würde sie das Hochgefühl vergessen, das sie auf dem Gipfel des McKinley oder eines der anderen Berge, die sie bezwungen hatte, empfunden hatte. Auch an der Expedition zum McKinley hatte sie als Ärztin teilgenommen, hatte die Verantwortung dieser Aufgabe deutlich empfunden. Zum Glück war der schwerste Notfall die

Behandlung eines Backenzahnabszesses gewesen. Aber der Everest war viel höher und folglich war es viel schwieriger, im Notfall Hilfe zu bekommen; die Risiken waren hier unvergleichlich höher.

Jemand konnte stürzen, eine Lawine konnte sich lösen, in der Schwindel erregenden Höhe konnte sich plötzlich ein Gehirnödem bilden, auch Koma und sogar ein Todesfall waren nicht auszuschließen. Und sie sollte mit den beschränkten medizinischen Mitteln, die ihr zur Verfügung standen, alles schnell und effektiv behandeln.

Finch starrte auf den silbrigen Dunst, der sich über den Wasserhähnen gebildet hatte. Sie wusste, sie war eine fähige Ärztin. Ihr besonderes Interesse galt der Bekämpfung von Höhenkrankheiten, die sie jahrelang studiert hatte. Vor achtzehn Monaten war sie auf die Werbung der teuren, von Mountain People veranstalteten Everest-Expedition aufmerksam geworden; dort wurde ein entsprechend qualifizierter Arzt zur Betreuung der Teilnehmer gesucht. Natürlich sollte er eine starke Ermäßigung erhalten. Sie war nach Seattle geflogen, um sich von George Heywood, dem Expeditionsleiter, interviewen zu lassen. Er hatte sich als onkelhafter, kurz angebundener Gesprächspartner erwiesen. Zum Schluss hatte er sie gefragt: »Glauben Sie, Sie werden es schaffen?«

»Ja«, hatte sie geantwortet, überzeugt, dass sie die Aufgabe sowohl als Ärztin als auch als Bergsteigerin meistern konnte.

»Ich glaube es auch«, stimmte er ihr zu.

Sie hatte den Job bekommen und ihr Name sowie ihr Gipfel-Permit wurde in die Expeditionsliste, neben den Namen der Führer Alyn Hood und Ken Kennedy, eingetragen.

Sie betrachtete sich kritisch von oben bis unten. Ihr Bauch war flach und muskulös, ihre Waden und Schenkel dank monatelangem Joggen und Skifahren durchtrainiert. Außerdem hatte sie jede Woche an einer vierstündigen speziellen Bergsteigergymnastik teilgenommen, so dass ihre Schultern und Arme ebenfalls muskulös geworden waren. Sie war für alle Strapazen gerüstet und gut vorbereitet.

Das Überprüfen ihrer körperlichen Fitness führte sie direkt zum letzten Bestandteil des Rätsels: Alyn Hood.

Finch richtete sich so brüsk auf, dass Wasser über den Rand der Badewanne schwappte. Sie kletterte schnell heraus und trocknete sich ab, froh über die Ablenkung. Sie hüllte sich in ein Badetuch und schlang sich ein Handtuch um den Kopf. Dann ging sie ins Wohnzimmer, trat ans Fenster und blickte hinaus in die Dämmerung. Als Ralf ins Zimmer kam, stand sie noch immer gedankenverloren an der gleichen Stelle.

»Hier ist es ja ganz dunkel«, bemerkte er und knipste eine Lampe an. Er betrachtete ihre nackten Schulten und die blasse nackte Haut ihres Halses.

»Ich habe gerade nachgedacht.«

Er ging auf sie zu, löste ihren Turban, fuhr mit den Fingern durch ihr feuchtes Haar, küsste ihren Hals und saugte die Wassertropfen auf ihren Schultern auf. »Über den Everest?«

»Ja.«

Er würde ihr nicht sagen, dass es ihm lieber wäre, wenn sie bliebe, dafür war Ralf zu rücksichtsvoll und zu großzügig. Sie aber hörte seine unausgesprochenen Worte dennoch: Geh nicht. Bleib bei mir und lass mich für dich sorgen. Das Leben mit ihm wäre klar umrissen, ein sicheres Leben.

Stattdessen forderte er sie auf: »Komm ins Bett.« Er zog die Vorhänge zu, schloss damit die Dunkelheit, die Bäume und den glitzernden Schnee aus und schälte sie aus dem Badetuch.

Finch lag mit geschlossenen Augen in seinen Armen. Sie bemühte sich, sich ganz auf ihren Körper zu konzentrieren, ihren Verstand auszuschalten. Ralf war ein guter Liebhaber und auch ein guter Mensch. Er war ehrgeizig, arbeitete hart und besaß einen nüchternen Verstand. Beim Skifahren folgte sie ohne Zögern seiner Spur, und auch sonst schätzte sie seinen Rat und seine Meinung. Er beherrschte vier Sprachen und brachte sie in den beiden, die sie verstand, zum Lachen. In intimen Momenten wie diesem flüsterte er ihr auf Deutsch zärtliche Koseworte zu, die sie nicht verstand, die ihr aber ein wohliges Prickeln verursachten.

Ralf liebte sie, daran bestand nicht der geringste Zweifel. Eine Zeit lang waren die Waagschalen Denken und Fallenlassen im Gleichgewicht. Doch dann gewann ihr Körper die Oberhand. Sie atmete tief durch und seufzte. Ralf küsste sie leidenschaftlich. Als sie beide dem Höhepunkt zustrebten, öffnete sie die Augen weit und las in seinen blauen Augen die Zärtlichkeit, die er für sie empfand. Dennoch hatte sie das Gefühl, ihren Körper mit einem Fremden zu vereinen.

Später lag sie da, den Kopf an seine Schulter geschmiegt. Er streichelte ihre Hüfte. »Heute war ein herrlicher Tag, nicht wahr?«, murmelte er.

»Ja.«

Finch war eine gute Skiläuferin, würde Ralf aber nie einholen. Er war ihr in einer steilen, von Bäumen gesäumten Rinne vorausgefahren. Als sie sich zwischen den dunklen Baumstämmen durchschlängelten, veränderten sich die Farben von strahlendem Weiß und Silber in Schwarz, Bleifarben und Perlmutt. Zweige knacksten und schneebedeckte Äste bestäubten sie, als sie geduckt zwischen ihnen durchfuhren. Dann öffnete sich die Rinne zu einem breiten, sonnenbeschienenen Felsvorsprung mit unberührt glitzerndem Schnee. Am Ende des Hangs stand bereits der Hubschrauber für sie bereit.

Sie blieben am Rand des Abhangs stehen, dann hörte man Ralf geschmeidig mit einem leichten *Schschsch* weiterfahren. Finch beobachtete seine perfekten Schwünge; er schien schwerelos über die Hänge zu gleiten. Lächelnd griff sie nach ihren Stöcken, um seiner Spur zu folgen. Immer wieder kreuzte sie diese Spur, so dass die sanften Bögen eine Kette von Achterfiguren bildeten.

Finch beschleunigte ihr Tempo. Mit geröteten Wangen genoss sie den gleichmäßigen Rhythmus der Abfahrt. Der Pulverschnee stäubte und funkelte, im Sonnenschein glitzernd wie Diamanten. Finch war schwerelos, unbekümmert und schenkte ihre gesamte Aufmerksamkeit dem Hang und dem Schnee.

Dann hatten sie den Hubschrauber erreicht, der zwei Schneefahnen hinter sich herzog. Ralf pflanzte seine Skistöcke in den Schnee und rutschte ihr auf seinen Skiern entgegen, um sie zu küssen. Die Abfahrt hatte ihnen Spaß gemacht und sie waren in bester Stimmung.

»Wir sind ein gutes Team«, stellte er fest und umarmte sie. Sie hörte die Schwingung seiner Stimme in seinem Brustkorb und lauschte schweigend. Er erwartete ihre Zustimmung, aber sie schwieg.

Ralf schwang sich aus dem Bett, tappte nackt in die Küche und kehrte mit einer Flasche und zwei Gläsern zurück. Den Kopf ins Kissen geschmiegt, beobachtete Finch, wie er die Flasche entkorkte und die Gläser mit perlendem Champagner füllte.

»Das ist mein Abschiedsfest.« Sie lächelte. Morgen früh würde sie nach Vancouver fliegen.

Ralf reichte ihr ein Glas und hob seines. »Komm gesund zurück. Und dann … Willst du mich dann heiraten?«

Finch begriff, welche Absicht er heute verfolgt hatte. Er hatte sie in die Berge geführt und ihr die Schönheit der Landschaft gezeigt, die herrlichen Skihänge und den Hubschrauber, der sich vor den Bergen wie ein Spielzeug abhob. Nicht zu vergessen die gut geführte Unterkunft mit dem prasselnden Kaminfeuer, den Blockhütten, dem Champagner und der vorzüglichen Küche.

All das konnte er ihr bieten, inklusive Ehe und Loyalität und der damit einhergehenden Gewohnheit, die wie ein Hufeisen unter dem Schnee verborgen war.

Die Ungerechtigkeit ihrer Antwort erfüllte sie mit Scham, die sich in hastigen Worten Luft machte. »Ralf, danke. Ich … ich kann nicht ja sagen.«

»Heißt das, du sagst nicht nein?«

»Nein. Ja … nein, das heißt es nicht.«

»Ist es wegen dieser Expedition zum Everest? Wenn ja, dann sag es mir. Ich weiß, dass es viel schwieriger ist, eine Entscheidung zu treffen, wenn man eine solche Reise vor sich hat.«

Während der Stille, die folgte, hoben sie ihre Gläser und tranken. Unbewusst ahmte einer die Bewegungen des anderen nach.

Behutsam begann Finch: »Wie du weißt, habe ich im Leben immer Glück gehabt.«

Natürlich wusste er das. Ralf hatte Finchs drei ältere Brüder mit ihren Frauen und Kindern kennen gelernt und mochte sie. Er war beeindruckt von den Buchanans und ihrem schönen Haus in Vancouver, wo er eine Zeit lang gewohnt hatte. Finch stammte aus einer bemerkenswerten, wohlhabenden Familie, deren Mitglieder untereinander starke Zuneigung sowie der Stolz auf die persönlichen und gemeinsamen Erfolge verband. Seine eigene Herkunft war das genaue Gegenteil davon, und dass Finch diese seriöse Stabilität in Frage stellte, fand er gerade an ihr anziehend.

»Es klingt undankbar und verwöhnt, wenn ich sage, dass einem sogar ein Wohlgefühl zu viel werden kann. Aber genau das empfinde ich. Ich habe es immer leicht gehabt, deshalb stellt das Bergsteigen eine echte Herausforderung für mich dar, die nichts mit meinem sonstigen Leben zu tun hat.«

»Und mit mir.«

»Ja, das stimmt.« Sie war ihm die Wahrheit schuldig. Zumindest einen Teil von ihr, den Teil, den sie sich selbst eingestand. »Ich weiß, es ist egoistisch, aber ich muss es tun. Es gibt sonst nichts, was mir eine so eiserne Entschlossenheit abverlangt und eine so absolute Befriedigung verschafft.«

Ralf senkte den Kopf und sie studierte die scharfen Linien, die Sonne und Wind in seine Wangen gegraben hatten. All das hatten sie bereits besprochen. Es war Finch nie gelungen, ihm klarzumachen, welche Macht sie in die Berge trieb. Genau dieses unwiderstehliche Verlangen hatte sie heute Abend barsche Worte sagen lassen. Sie wusste, sie hatte ihn verletzt, und sie war traurig und beschämt.

»Ich verstehe«, sagte er nach einer Ewigkeit, griff nach der Champagnerflasche und füllte nach. »Komm gesund zurück«, wünschte er ihr und führte sein Glas zum Mund.

»Das werde ich«, versprach Finch. Sie glaubte fest daran, allerdings war ihr auch klar, was ihr bevorstand, bis es so weit war. Beim Gedanken daran wurde ihr eng in der Brust.

Sie tranken ihren Champagner aus und kleideten sich für das Abendessen an. Dann gingen sie zum Speisesaal der Lodge, wo Ralf von Tisch zu Tisch schlenderte und die Gäste begrüßte.

Nach dem Dinner traf er sich, wie jeden Tag, mit den Skilehrern und Piloten. Finch kehrte in ihr Haus zurück, zu James und Kitty, die sich auf ihren Stock stützte. James war müde und zog sich ins Schlafzimmer zurück; die beiden Frauen gingen auf die Terrasse hinaus. Es war eine sternenklare Nacht.

Kitty schob mit dem Stock einen Holzdeckel zur Seite, und eine Rauchwolke stieg aus türkisblauem Wasser empor. »Wie wär's mit einem heißen Bad?«, fragte sie.

»Ja, gern«, willigte Finch ein.

Kitty drückte auf den Knopf und das Wasser fing an zu sprudeln. Sie entledigten sich ihrer Kleider, stöhnend wegen der eiskalten Luft auf ihrer Haut. Dann ließen sie sich ins nach Kiefern duftende heiße Wasser gleiten, das ihnen bis zum Kinn reichte, und lehnten sich, zufrieden seufzend, zurück.

Nach einer Minute fragte Kitty anzüglich. »Und?«

»Was heißt hier ›und‹?«

»Du weißt genau, was ich meine.« Kitty war immer über alle Neuigkeiten in der Familie auf dem Laufenden und außerdem unterstützte sie Finchs Mutter in dem Bestreben, Finch von einer langfristigen Bindung zu überzeugen.

»Also gut. Ralf hat mir einen Heiratsantrag gemacht und ich habe nein gesagt.«

Kitty stöhnte. »Finch! Warum?«

»Weil ich nicht in ihn verliebt bin.«

»Es hat aber ganz so ausgesehen.«

»Nein. Ich bin nicht verknallt genug.«

Kitty steckte eine feuchte Haarsträhne in ihren Knoten zurück. »All das hier könnte dir gehören. Alles, was du willst, und dazu ein Mann, der dich vergöttert.«

»Verrückt, nicht wahr?« Finch überlegte, ob sich James und Kitty gefunden hatten, weil sie in dem anderen all das sahen, was sie sich erträumten. Kittys »all das« enthielt keine Spur von Neid. James war ein erfolgreicher Anlageberater und konnte gut für seine Familie sorgen. Sie hatten Zwillinge, zwei Mädchen von zwei Jahren, die das Wochende bei ihren Großeltern verbrachten, von denen sie über alles geliebt wurden. Finchs ältere Brüder waren alle drei sehr erfolgreich. Marcus, der älteste, war wie sein Vater Architekt, und Caleb, der jüngste, war Marineökologe und Filmemacher. Sein jüngster Film über das Zwergseepferdchen war ein internationaler Erfolg geworden. Alle drei waren verheiratet und hatten hübsche Frauen und Kinder.

Finch hob ein Bein aus dem Schaum. Die Luft war so bitterkalt, dass sie es schnell wieder ins Wasser gleiten ließ.

Kein Wunder, dass ihre Familie sie für schwierig hielt. Aber sicherlich war der Widerspruch, dass sie all das ablehnte, was ihr eigentlich gefallen müsste, weniger groß, als es den Anschein hatte. *Alles, was du willst.* Vermutlich hatte Kitty die Berge, das Skilaufen, die finanzielle Sicherheit und den liebenden Mann gemeint. Wenn sie sich dafür entschied, würde sie ein ganz normales Leben wählen und nicht mehr.

Sie hatte Angst vor dem, was sie in Nepal erwarten würde. Aber die Angst vor dem Unbekannten erfüllte sie gleichzeitig mit einem prickelnden Gefühl der Erwartung.

Kitty lehnte sich in der Holzwanne zurück. »Armer Ralf. War er am Boden zerstört?«

Finch überlegte. Eigentlich hatte Ralf nicht wie am Boden zerstört gewirkt. »Nein.«

»Aber er liebt dich wirklich.«

»Ja.«

Finch war nur einmal in ihrem Leben verliebt gewesen – aber nicht in Ralf. »Wie geht es deinem Knie?«

»Versuch nicht, dem Problem auszuweichen, indem du die besorgte Frau Doktor spielst.«

»Das würde mir nicht im Traum einfallen.«

Kitty griff lachend nach Finchs Arm. »Wir alle wollen, dass du glücklich wirst. Der ganze Buchanan-Clan.«

»Ich bin glücklich«, gab Finch leise zurück.

Nachdem Kitty aus der Wanne geklettert war, saß Finch noch ein paar Minuten allein da und blickte durch den Dunstvorhang hoch zum Sternenhimmel.

Am Nachmittag des nächsten Tages brachte Ralf sie mit dem Hubschrauber nach Kamloops, von wo aus sie nach Vancouver zurückflogen. Er begleitete Finch zum Gate, und als die Fluggäste aufgefordert wurden, an Bord zu gehen, gingen James und Kitty diskret voraus.

»Du weißt ja, wo du mich findest.«

Finch zögerte und schämte sich, weil sie plötzlich die Versuchung spürte, ihre Worte im Tausch gegen Sicherheit und Komfort zurückzunehmen. Ralf war ein stattlicher Mann, hoch gewachsen, stark und beruhigend. Mühsam unterdrückte sie ihren Impuls. »Natürlich weiß ich das.«

Er küsste sie – nicht auf den Mund, sondern auf die Wange, genauso brüderlich wie James. »Und ruf mich an, wenn möglich.«

»Natürlich.«

Es war zu Ende; sie wussten es beide. Das hast du doch gewollt, oder?, meldete sich Finchs innere Stimme voller Ungeduld.

Er trat einen Schritt zurück, um sie gehen zu lassen. Sie wandte sich noch einmal nach ihm um, winkte und ging dann weiter.

Im Flugzeug nahm sie ihren Platz vor Kitty und James ein. Kitty wirkte traurig, ließ die Mundwinkel hängen und James nickte. Der Platz neben Finch war leer. Als das kleine Flugzeug abhob und unsanft die Wolkenschichten durchdrang, dachte sie an den Mann, der auf dem Flug von Oregon neben ihr gesessen hatte. Meine Frau hat Flugangst, hatte er gegenüber einem anderen Fluggast behauptet. Sie hatte seinen Namen bereits vergessen.

Finch atmete so gleichmäßig wie möglich und lehnte sich zurück. Übermorgen würde sie bereits wieder im Flugzeug sitzen. Ihre Expeditionsausrüstung war gepackt, überprüft und stand, mit Etiketten versehen, in ihrem Apartment bereit. Die Medikamente, die sie mit George Heywoods Erlaubnis angefordert hatte, waren bereits mit den Vorräten für die Expedition nach Katmandu vorausgeschickt worden. Es blieben nur noch zwei Tage und ein Familienessen.

»Alles in Ordnung«, erklärte Finch der letzten Patientin an diesem Tag und streifte ihre Gummihandschuhe ab. Sie unterhielt sich mit der Frau, während diese sich ankleidete. Die Patientin erklärte sich damit einverstanden, die Hormontherapie weitere zwölf Monate fortzusetzen. Sie hatte Finch heute zur Nachuntersuchung im Anschluss an eine Operation aufgesucht. An der Tür wandte sie sich um und fragte: »Wann kommen Sie zurück?«

»In ungefähr drei Monaten.« Finch lächelte. Ihr war so eng ums Herz, dass sie glaubte, keine Luft zu bekommen. »Wenn Sie in der Zwischenzeit etwas benötigen, können Sie sich an Dr. Frame wenden.«

»Viel Glück«, wünschte die Patientin und Finch dankte ihr herzlich.

Dann ging sie ins Bad, duschte und schlüpfte in ein dunkelblaues Kleid mit tiefem V-Ausschnitt. Sie legte Ohrringe an und schminkte sich. Es war Zeit für das Abschiedsessen im Kreis der Familie. Marcus und Tanya sowie James und Kitty würden da sein. Caleb und Jessica kamen ihretwegen extra aus San Diego, wo Caleb an einem Film über Mutterwale arbeitete.

Finch schloss die Praxis ab und fuhr zum Nordufer von Vancouver, zu dem Haus, in dem Angus und Clare Buchanan ihre drei Kinder großgezogen hatten. Sie parkte ihren Honda hinter Marcus' Lexus und betrat das Haus durch die Hintertür. Eine Haustür gab es hier nicht. Angus hatte dieses lange, niedrige, zweistöckige Haus selbst entworfen. Die Schlafzimmer, die Bäder und Angus' Arbeitszimmer befanden sich im Parterre und eine ausladende Treppe führte in den zweiten Stock, der aus einem großen Raum mit Fensterfront bestand. Von dort aus blickte man auf einen Felsvorsprung und weiter südlich über einen großen See Richtung Victoria.

Finchs Eltern, James und Marcus und die beiden Frauen saßen mit ihren Drinks in einer gemütlichen modernen Sitzecke in der Mitte des Raums. Ihre Eltern sammelten primitive Kunst, und die holzgeschnitzten Indianer und riesigen bemalten Masken aus Papua-Neuguinea ließen die Menschen in dem Raum kleiner erscheinen. Als Finch noch ein Kind war, hatten die Masken sie regelmäßig im Traum verfolgt.

»Liebes«, begrüßte Clare ihre Tochter fröhlich, »wie hübsch du aussiehst, findest du nicht auch, Angus?«

Clare hatte von jeher mit Vorliebe das attraktive Äußere ihrer Tochter hervorgehoben. Als Finch noch klein und gefügig war, wollte Claire, dass sie blumige Blusen und Schürzen trug, bis Finch nach groben Kattun- und Plaidhemden verlangte, wie ihre Brüder sie trugen.

»Aber nach drei großen Jungs bist du mein einziges Mädchen«, pflegte sich Clare gegenüber ihrer aufmüpfigen Tochter zur Wehr zu setzen. »Kannst du es mir da verübeln, dass ich dich mit rosa Schleifen sehen möchte?«

Man konnte Clare nichts vorwerfen. Sie war eine hingebungsvolle Mutter, eine gute Köchin und Gärtnerin, Hobbymalerin und eifrige PR-Frau für das Geschäft ihres Mannes. Sie war zartgliedrig, hatte eine feine, glatte Haut und war im höchsten Maße eigensinnig.

»Ja, du hast Recht«, pflichtete ihr Mann Clare bei und küsste Finch auf den Scheitel. »Hallo, Bunny.« So nannte er sie immer.

Bunny Wunnikins, hätte Suzy gemault, sich zwei Finger in den Mund gesteckt und angewidert mit den Augen gerollt. O Mann, deine Familie ist nicht zum Aushalten.

Angus war ungewöhnlich groß und obwohl Anfang Siebzig, noch immer attraktiv. Alle drei Söhne glichen ihm. Finch hatte den dunklen Teint ihrer Mutter, aber nicht ihre Zartgliedrigkeit geerbt. Sie küsste ihre Brüder und deren Frauen zur Begrüßung und griff nach dem Glas Chardonnay, das ihr Vater ihr eingeschenkt hatte.

»Viel Glück für dich und Gottes Segen«, toastete Angus ihr zu, aber Clare unterbrach ihn.

»Liebling, bitte warte mit deiner Rede, bis Caleb und Jessica hier sind. Ich möchte, dass heute Abend alles perfekt ist. Es ist das letzte Mal, dass wir alle zusammen sind für … für …« Ihr Blick verschleierte sich.

Suzy hätte aufgestöhnt – verdammte Reden. Wir alle lieben

dich so sehr. Und Finch hätte geantwortet: Für dich ist das in Ordnung, du kommst aus einer kaputten Familie.

Laut sagte sie: »Ich werde jetzt für drei Monate weg sein, um etwas zu tun, das mir wirklich Spaß macht. Das ist kein Grund zur Traurigkeit!«

Tanya zerrte an ihrem Rock, der hochgerutscht war. Unten fiel die Tür ins Schloss – Caleb war eingetroffen.

»Da sind sie ja.«

»Es ist herrlich, die ganze Familie um sich zu haben.«

»Ich hole Gläser.«

»Nun, Finch, mein Vogel, alles bereit für die große Reise?«

Ihr jüngster Bruder und seine Frau waren direkt vom Flughafen hierher gefahren. Ihr sechsjähriger Sohn war bei Jessicas Schwester geblieben, aber den Zweijährigen hatten sie mitgebracht. Jessica hielt das schläfrige Kind im Arm. Von den drei Schwägerinnen war sie die hübscheste. Vor der Ehe hatte sie als Model gearbeitet und vor den Geburten sogar in ein paar Filmen mitgewirkt. Aber im Augenblick lag ihre Karriere beim Film auf Eis, wie sie zu sagen pflegte.

»Endlich sind wir da.«

»Tut mir Leid, dass wir so spät kommen. Wir haben keine Landeerlaubnis erhalten, könnt ihr euch das vorstellen? Hallo, Mommy, du siehst großartig aus.«

»Clare, kann ich dem Kleinen etwas zu trinken geben? Wenn ich ihm eine Geschichte vorlese, schläft er vielleicht ein. Während des Flugs war er hellwach …«

»Gib mir einen Kuss.«

»Willst du ihn hierhin legen, den Kopf auf dem Kissen, Liebling? Oder möchtest du ihn ins Bett bringen? Hallo, mein Kleiner. Bist du Omis süßer Junge?«

Sie sind extra hergekommen, um sich von mir zu verabschieden, dachte Finch. Für unsere Familie spielen Geburtstage und Weihnachten eine große Rolle. Es ist schließlich nicht ihre Schuld, dass ich am liebsten unbemerkt abreisen und mich lieber später mit ihnen treffen würde, wenn ich etwas Interessantes zu erzählen habe, statt jetzt schon darüber zu sprechen.

Am anderen Ende der Sitzgruppe hatte Angus mit seiner Rede begonnen. »... und Gott behüte dich, Finch, und wache über dir, damit du gesund zurückkehrst«, schloss er mit Entschiedenheit. Alle erhoben ihre Gläser und murmelten Worte der Zustimmung.

»Ich würde auch gern mitkommen.« Caleb grinste.

Caleb, der ihr innerlich am nächsten stand, aber örtlich am weitesten enfernt lebte, war von jeher ihr Lieblingsbruder. Sie legte den Arm um ihn und zerzauste liebevoll sein Haar. »Du bist oft genug an exotischen Orten. Jetzt bin ich dran.«

Als sich die Stimmung durch den Wein gelockert hatte, setzten sie sich an den Esstisch. In dem großen Raum bildete der Eichentisch eine eigene kleine Insel. Das Besteck stammte aus Skandinavien, die Gläser aus Italien und das Porzellan aus Frankreich. Und draußen erhellten die Lichter am Küstenstreifen die dunkle Nacht. Als kleines Kind hatte Finch den Kontrast zwischen der Ordnung und dem Luxus im Haus und der dahinter liegenden Wildnis immer stark empfunden. Trotz aller Annehmlichkeiten hatte sie ihr Haus nie als komfortabel betrachtet. Ihr war bewusst, dass nur sie so fühlte – alle anderen liebten das Haus. Marcus hatte sein eigenes etwas weiter oben an der Küste sogar im gleichen Stil gebaut.

Beim Kompott aus Winterobst überlegte Marcus, welches Familienfest als Nächstes auf dem Plan stand. »Wann werden wir neun wieder zusammenkommen?«, fragte er fröhlich.

»Ich hoffe, bei Finchs Verlobungsfeier«, erwiderte Clare.

Finch legte klirrend den Löffel auf den Teller. »Oh, bitte.«

»Ich kann mir doch wünschen, dass mein einziges Mädchen einen Mann heiratet, der sie glücklich macht, oder?«

Finch sah ihre Mutter an und erkannte, dass Kitty sie über Ralfs Heiratsantrag und die Ablehnung informiert hatte. Clare verbarg ihre Enttäuschung hinter einem Lächeln, konnte sich aber eine Anspielung nicht verkneifen. Die Unterhaltung am anderen Ende des Tisches verstummte; alle lauschten voller Unbehagen.

»Das ist aber nicht das, was ich will«, erklärte Finch schroff.

Während der darauf folgenden Stille hätte sie sich wegen ihrer Empfindlichkeit ohrfeigen können. Sie hätte einfach lächeln und die Bemerkung ignorieren sollen.

Suzy hätte ihr geraten: Sag nichts, schluck es runter. Das ist viel einfacher. Wirst du es denn nie lernen?

Caleb legte seine Hand auf die seiner Schwester. »He, nimm's leicht!«

Finch riss sich zusammen. »Tut mir Leid. Ehrlich. Ich weiß, was du mir wünschst und warum. Ich bin so glücklich, dass wir heute Abend alle zusammen sind. Wenn ich euch so sehe ... habe ich das Gefühl, dass ich vielleicht doch sesshaft werden sollte.«

Die anderen trauten ihren Ohren nicht. Finch hatte nach dem Examen ein Jahr in Asien gearbeitet und ein Nomadenleben geführt. Und als sie nach Vancouver zurückgekehrt war, hatte sie regelmäßig an Gebirgsexpeditionen teilgenommen. Alle außer Clare akzeptierten ihren Lebensstil.

Angus sagte: »Du weißt, wir mögen Ralf. Wir hätten uns gefreut, wenn du ihn genommen hättest, aber wenn du ihn nicht willst, ist das auch in Ordnung.«

Kitty machte eine Geste der stummen Entschuldigung, weil sie dies alles ausgelöst hatte.

»Du hast noch genug Zeit, Liebes«, sagte Clare. »Geh erst mal los und besteig den Everest ...«

»Ich gehe nicht bis zum Gipfel, ich betreue nur die Bergsteiger.«

»Und das sollen wir dir glauben?«, bemerkte Caleb lachend.

»... und dann kommst du heim. Und danach bist du vielleicht bereit.«

Suzy: für die ernste Angelegenheit, die sich Leben nennt.

Finch glaubte, ihre Freundin diese Worte sagen zu hören.

Vielleicht, fügte sie im Stillen hinzu. Und vielleicht kann ich das nur durch diese Expedition herausfinden.

Irgendein geheimer Instinkt in ihr trieb sie zur Verwirklichung eines Traumes an, der nicht zu ihrem sonstigen Leben zu passen schien. Sonst hätte sie sich nicht für die Teilnahme an genau dieser Expedition entschieden.

»Wer bringt dich morgen zum Flughafen?«, wollte Angus wissen. »Deine Mutter und ich würden es gern tun.«

»Dennis bringt mich hin«, erwiderte Finch entschlossen. »Wir müssen noch ein paar Dinge besprechen. Patienten, Organisatorisches und dergleichen.«

Dennis Frame war Finchs Partner in der Praxis. Sie kannte ihn seit der Highschool. Er und Suzy waren ihre engsten Freunde.

»Ich bin das letzte Kind auf der Welt, das den Namen Dennis erhielt«, erklärte er, wollte aber nicht Den oder Denny genannt werden. Er war tolerant, etwas in sich gekehrt und schwul. Finch bewunderte ihn sehr. Zusammen mit zwei Kollegen würde er sich während ihrer Abwesenheit um ihre Patienten kümmern.

Der Abend neigte sich dem Ende entgegen. Das Kind von Caleb und Jessys hatte das Dinner verschlafen; aber jetzt war der Kleine aufgewacht und fing zu weinen an. Tanya erklärte, dass sie am nächsten Morgen früh aufbrechen müsse, und James hatte einen Flug nach Toronto gebucht. Sie erhoben sich, umarmten einander und tauschten die üblichen Wünsche aus. Schreib mal, ruf mal an, schick mir eine E-Mail.

Das war das System, das Finch umgab. Heute Nacht fühlte sie sich eingeengt, fest darin eingeschlossen, aber sie wusste, wenn sie das Ganze etwas distanzierter betrachtete, würde sie den Wert dieser engen Bindungen erkennen.

Alle acht begleiteten sie, um zum Abschied zu winken. Die Luft roch nach Regen und Salz.

»Ich hätte nichts sagen sollen. Verzeihst du mir?«, flüsterte Kitty.

»Ich bin froh, dass du es getan hast. So musste ich es nicht ansprechen.«

Ihre Brüder nahmen sie in die Arme und baten sie, vorsichtig zu sein. Durch diese Fürsorge fühlte sie sich wieder wie ein kleines Mädchen, das zu beweisen versuchte, dass sie genauso weit laufen und genauso hoch springen konnte wie sie.

Tanya und Jessica küssten sie und wünschten ihr alles Gute. Warum Finch an der Expedition teilnehmen wollte, war ihnen völlig unverständlich. Clare und Angus ergriffen ihre Hand und zogen sie an sich, bemüht, nicht all ihre guten Wünsche zu wiederholen.

Schließlich kletterte Finch in ihren Wagen. Ihre Familie stand geschlossen vor den gelben Lichtern des Hauses und winkte. Sie fuhr in die Stadt zurück, zu ihrem Apartment, das ungelüftet und verwaist war. Es gab hier ein paar Bücher, ein paar Kissen und Kerzen, die meisten davon Geschenke; im Übrigen aber waren die Räume fast kahl, als wäre sie nur auf der Durchreise. Finch wollte nicht die imposanten architektonischen Effekte ihres Elternhauses nachahmen. Hätte sie ihrem Geschmack freien Lauf gelassen, hätte sie ihre Wohnung vermutlich mit afghanischen Teppichen, Topfpflanzen und Patchworkdecken geschmückt. Doch sie hielt sie karg und schlicht, fast ohne Dekoration.

Mitternacht war bereits vorbei. Sie ging an ihrem ordentlich verstauten Gepäck vorbei und blieb mit dem Rücken zur Diele stehen. Dann senkte sie die Schultern und lockerte die geballten Fäuste wie eine Katze, die sich vor Erleichterung und Unbekümmertheit rekelt. Alles war bereit und sie würde die Reise tatsächlich antreten.

Sie musste eine Aufgabe erfüllen, sich in ein Team einfügen. Sie stand vor der größten Herausforderung ihres Lebens. Jetzt gab es kein Zurück mehr und sie fühlte sich erleichtert und war bereit. Es würde kommen, was kommen musste. Sie schaltete das Licht aus und zog sich in ihr Schlafzimmer zurück.

Sam saß in seinem Apartment in Seattle und starrte auf den Computer. Es war schon spät, nach Mitternacht. Das gedämpfte Licht seiner Schreibtischlampe und die gähnende Dunkelheit dahinter verstärkten sein Gefühl der Einsamkeit. Durch das Fenster drangen die nächtlichen Geräusche der Stadt – eine ferne Polizeisirene, ein Ambulanzwagen und das monotone Prasseln des Regens. Es war ein stumpfsinniger Märzabend, der Ausdruck seines in engen Bahnen verlaufenden Lebens zu sein schien.

Er betätigte die Tasten und pfiff zufrieden durch die Zähne, als er fand, wonach er suchte. Erneut tippte er etwas ein, beugte sich vor und wartete, bis die gewünschte Information auf dem Bildschirm erschien. Die Welt der Datenvermittlung faszinierte ihn nicht mehr so stark wie früher. Er starrte auf den Bildschirm und fragte sich, was ihn wirklich interessierte. Was suchte er?

Vor einer Stunde hatte Frannie nach ihm geschaut. Sie stand in ihrem Kimono in der Tür, eine Tasse Kräutertee in der Hand. »Kommst du ins Bett?«

Er warf ihr einen kurzen Blick zu. »Noch nicht.« Sie zuckte die Achseln und zog sich zurück.

Die Homepage, die er suchte, trug den Titel »The Mountain People«. Das Logo hob sich gegen eine schneebedeckte Bergspitze und einen strahlend blauen Himmel ab. Recht gut gemacht, stellte er fest und klickte die Option »Everest und Himalaja« an. Nach wenigen Sekunden erschienen die gewünschten Informationen. Details über die bevorstehende Everest-Expedition. Ungeduldig scrollte Sam weiter nach unten. Es gab Bilder über Expeditionen der vergangenen Jahre, lächelnde Gesichter und Sherpas in wattierten Jacken. Dann folgten Einzelaufnahmen vom Expeditonsleiter und Organisator des Basislagers sowie von zwei kräftigen Männern. Um die Taille hatten sie Beutel mit Kletterausrüstung geschlungen, in der Hand hielten sie Eispickel – die Führer der diesjährigen Expedition. Es folgte ein beeindruckender Bericht über ihre bisherigen Erfahrungen, dessen Lektüre sich Sam sparte.

Da war, was er suchte.

Dr. Finch Buchanan, Ärztin und Bergsteigerin.

Sie war vor einem schlichten blauen Hintergrund abgebildet, nicht vor einem bezwungenen Berg, und trug eine weiße Bluse, die am Ausschnitt gebräunte Haut sehen ließ. Sie blickte nicht direkt in die Kamera und wirkte ernst und nachdenklich. 32 Jahre, eine erfahrene Skifahrerin und geübte Bergsteigerin. Training beim UBC, in Baluchistan Tätigkeit für die UNESCO, derzeitiger Wohnort Vancouver, dort Praxis als Ärztin für Allgemeinmedizin. Sie hatte den Aconcagua in Argentinien und den McKinley in Alaska bestiegen, ebenfalls als ärztliche Betreuerin der Expedition. Im Lauf ihrer Gipfelbesteigungen hatte sie starkes Interesse für die Bekämpfung von Höhenkrankheiten entwickelt.

Das war alles. Sam las die kurzen Informationen mehrmals, als ob er dadurch Subtileres und Befriedigenderes erfahren könnte. Er berührte sogar mit den Fingerspitzen den Bildschirm, ihr dunkles Haar, doch es war nur mit einer leichten Staubschicht überzogenes Glas. Die Daten der Expedition fielen ihm ins Auge sowie die Aufforderung, in den nächsten Wochen durch tägliche Berichte vom Basislager den Verlauf der Expedition zu verfolgen. Vermutlich war sie bereits auf dem Weg nach Nepal, dachte Sam.

Etwa fünf Stunden hatte er mit ihr verbracht – von ihrem Eintreffen in der Flughafenhalle bis zu ihrem Verschwinden im Gedränge nach der Ankunft. Und ungefähr fünfzig Stunden hatte er an sie gedacht. Er drehte den Stuhl herum, betrachtete das vertraute Chaos auf seinem Schreibtisch und versuchte herauszufinden, warum. Es war nicht nur ihr Aussehen, ihre Coolness oder die Erkenntnis, wie verletzlich sie mit ihrer Flugangst war, auch wenn das alles zählte. Er war beeindruckt von ihrer Entschlossenheit und beneidete sie darum. Die Begegnung mit ihr war die erotischste, die er je mit einer Frau gehabt hatte – und doch ging es nicht um Sex.

Sam seufzte. Finch Buchanan stellte das krasse Gegenteil seiner Selbsteinschätzung dar. Sein Leben schien eingeschränkt, wenig dynamisch, und würde schließlich wie ein Strom in der Dürre austrocknen. Die Arbeit befriedigte ihn immer weniger. Sein Vater war enttäuscht von ihm und vice versa. Vergeblich hatte er Energie in den Marathonlauf investiert. Und die Frau, mit der er sein Leben teilte, schlief in einem anderen Zimmer, von ihm getrennt, und das machte ihm nicht einmal viel aus.

Ich wünschte, ich hätte mich dieser Everest-Expedition angeschlossen, dachte er. Diese kühne Idee brachte ihn zum Lächeln. Dann wurde er nachdenklich.

Wenn er als Kind mit seinem Vater beim Bergsteigen gewesen war, hatte er sich geängstigt. Michael hatte ihn zu sehr gedrängt; ab und zu träumte er noch von seinen damaligen Ängsten. Aber diese Frau – oder etwas, das mit ihr zusammenhing – besaß ein Kraftfeld, das ihn anzog. Er fühlte sich zu ihr hingezogen und die

Angst war von ihm auf Finch übergegangen. Noch bevor sie im Flughafen von Vancouver verschwunden war, und selbst neben ihr im Flugzeug, wusste er, dass er sie wiederfinden würde. Er hatte sich das Warten auf ihre Wiederkehr vorgestellt. Er würde sie in Vancouver aufspüren.

Die Kargheit seines Lebens ließ plötzlich eine Wüstenblume aufblühen, die in seiner Vorstellung irisierende Farben annahm. Er musste nicht auf ihre Rückkehr warten. Er war klug genug gewesen, sich nach ihrem Aufenthaltsort zu erkundigen, und genau dorthin konnte er sich begeben. Wenn er sich in ihrer Nähe aufhielt, konnte er vielleicht dafür sorgen, dass sie in Sicherheit war.

Du bist ein hoffnungsloser Optimist, McGrath, dachte er. Die Frau ist eine begeisterte Bergsteigerin und du hast dich mit vierzehn ausgeklinkt. Und trotzdem bildest du dir ein, du könntest dich um sie kümmern? Sie wird dich für einen Verrückten halten.

Damit musste er fertig werden. Optimismus war gut; es war zu lange her, dass er aus irgendeinem Grund optimistisch gewesen war. Nutze den Augenblick!

Sam verweilte noch eine Zeit lang vor dem Bildschirm, um die Werbung von Mountain People zu Ende zu lesen.

Als er Frannies Schlafzimmer betrat, stellte er überrascht fest, dass sie noch nicht schlief. Sie lag auf der Seite, den Ellbogen aufgestützt, und las ein Buch über Gartenarbeit. Die Feuerleiter ihrer Stadtwohnung bot ihr nicht genug Raum für Pflanzen. Frannie wünschte sich ein Haus und einen Garten und Sam konnte es ihr nicht verdenken. Er setzte sich auf die Bettkante und sie blickte von ihrem Buch auf.

»Hast du gearbeitet?«

»Ja.« Er löste die Schnürsenkel und streifte seine Sneaker von den Füßen. Dann öffnete er die Knöpfe seiner Manschetten. Frannie lehnte sich zurück und beobachtete ihn, wartete, dass er zu ihr ins Bett schlüpfte. Sie lebten seit drei Jahren zusammen und die äußeren Zeichen davon waren über die Regale und Schubladen verteilt. Eine Decke aus Mexiko, wo sie ihren letzten Urlaub verbracht hatten, war über das Bett gebreitet. Auf der

Frisierkommode stapelten sich Einladungen, auf denen beide Namen standen. Sogar in der Staubwolke des Futters von Hosentaschen und hochgeschlagenen Hosenbeinen zeigte sich ihr gemeinsames Leben: Sand von Strandspaziergängen, Staub von Kinobesuchen, Teppichfusseln von einem Besuch bei Freunden. In Anbetracht dieser Einheit wäre eine Trennung offenkundig sehr einschneidend.

»Mach das Licht aus«, murmelte Frannie, als er ins Bett schlüpfte. Sie rollte sich so, dass sie ihn ansehen konnte, und ihr Atem schlug ihm warm entgegen, als sie näher rückte. »Hm?«

Sam lag ruhig da und dachte über das Ausmaß von Betrug nach.

»Stimmt was nicht?«, flüsterte sie.

Er hob mühsam eine Hand und legte sie auf die nackte Stelle an ihrer Hüfte, an der ihr T-Shirt hochgerutscht war.

»Ich weiß nicht«, log er. Er konnte doch nicht sagen, dass er sich eingeengt fühlte, aussteigen wollte, dass sie einen Mann verdiente, der sie besser behandelte als er? Stattdessen schlief er mit ihr, wobei er sich allerdings nicht gegen eine Anwandlung von schlechtem Gewissen erwehren konnte.

Anschließend schlief Frannie mit dem Rücken an seinem Bauch ein, er dagegen lag wach und überlegte sich eine Vorgehensweise und behutsame Worte, um es ihr beizubringen.

Frannie war Lehrerin. Sie stand früh auf, um in Ruhe den Unterricht vorzubereiten. Als ihr Wecker um 6.50 Uhr schrillte, sprang sie sofort aus dem Bett und lief zwischen Bett und Bad hin und her, während sich Sam die Decke über die Ohren zog. Er hörte, wie sie duschte, ihre Kleider herrichtete und sich vor den Spiegel stellte, um Mascara aufzutragen. Als sie in die Küche ging, um Kaffee zu kochen, streifte er die Decke zurück und schwang sich aus dem Bett, um ihr zu folgen.

»Toast?«, fragte sie ihn und führte mit einem Messer eine Geste aus. Gewöhnlich frühstückte jeder für sich. Dafür nahmen sie das Abendessen gemeinsam ein, tranken Wein, unterhielten sich und kochten zusammen. So war es zumindest bisher.

»Nein, nur Kaffee.«

Er setzte sich an den Tisch und starrte in seine Kaffeetasse. »Fran, ich möchte eine Zeit lang weggehen.«

Kaum hatte er die Worte ausgesprochen, war ihm klar, dass sie es geahnt, ja vermutlich Angst davor gehabt hatte. Die Spannung zwischen ihnen war beinahe mit Händen zu greifen.

Sie legte die Stirn in Falten und kniff die Lippen zusammen. »Wohin?«

»Ich möchte nach ... Nepal, vielleicht zum Everest.«

Sie musterte ihn. »O ja, natürlich. Wann?«

»Ich glaube, sofort.«

Frannie schüttelte den Kopf, die roten Flecken auf ihren Wangen wirkten wie Fingerabdrücke. »Und warum?«

Weil ich von hier wegmuss? Weil meine Arbeit nicht befriedigend ist und weil ich nicht so schnell laufe, wie ich gern möchte, und weil wir nicht glücklich miteinander sind? Weil ich gerade bei meinem Vater war und wir nicht miteinander reden könnnen, weil ich weiß, dass ich ihn enttäuscht habe? Oder nur, weil ich am Flughafen eine Frau gesehen und sie begehrt habe?

Sam murmelte: »Ich kann es dir nicht erklären. Ich möchte gehen, weil es mir in den Sinn gekommen ist.« Das war feige, aber wäre die Wahrheit freundlicher gewesen?

Frannies Augen füllten sich mit Tränen; sie stand auf und wandte sich ab. Ein heftiger Wasserstrahl schoss aus dem Waschbecken empor, als sie ihren Frühstücksteller abspülte. »Du tust sowieso immer, was du willst.«

Ihre Worte überraschten ihn. Im Allgemeinen hatte Sam das Gefühl, dass er sein Leben fast genauso verbrachte, wie man es von ihm erwartete – Kunden, Freunde und Frannie. Vielleicht kompensierte er auf wenig effektive Weise, dass er Michaels Erwartungen nicht erfüllte. Er hatte sich schon seit zu langer Zeit unnütz gefühlt. »Wirklich?«

»Ja.« Sie erhob die Stimme. »Du hältst es geheim, aber du tust es. Und du gehst allem aus dem Weg, was dir nicht passt. Du bist nie ganz da. Du wirkst immer so, als ob du durch das Fenster etwas sehen würdest, das wir nicht sehen können. Ich hasse das.«

»Tut mir Leid, Fran.« Seine Unfähigkeit, ihr zu gefallen, war Teil des totalen Chaos, zu dem sein Leben geworden war. Er hatte es gründlich satt. Sein Entschluss war unumstößlich.

Sie warf das Besteck in die Spüle. »Was ist, wenn ich nach deiner Rückkehr nicht mehr hier bin?«

Ihre Blicke begegneten sich.

»Damit befasse ich mich, wenn es so weit ist.«

Schweigen. Durch die Wand hörten sie das morgendliche Radioprogramm des Nachbarn.

Fran kehrte der Spüle den Rücken zu. »Ich muss jetzt in die Schule. Wir müssen uns später unterhalten.«

»Es ist keine augenblickliche Laune«, sagte er ruhig.

»Es ist mir egal, was es ist«, fauchte Frannie.

Als sie gegangen war, wandte Sam sich seinem Schreibtisch zu. Seine Jacke lag noch auf der Stuhllehne, wo er sie gestern Abend abgelegt hatte. Er nahm sie und strich geistesabwesend über das Revers. Auch er musste zur Arbeit. Er hatte eine Verabredung mit einem Reiseagenten, der eine Website mit Angeboten von Last-minute-Skitouren aufbauen wollte.

Los, ermahnte er sich. Vielleicht waren die Gründe, die für die Reise sprachen, schwach, aber ihm fiel kein einziger ein, der gegen sie sprach.

4. Kapitel

Kommst du?«, fragte Adam Vries Finch.

Eine Gruppe von sieben Männern stand vor dem Speisesaal des Buddha's Garden. Mit ihren Plaidhemden, Kampfhosen und fröhlichen T-Shirts mit Werbung hätten sie eine beliebige Touristengruppe sein können, aber bei näherem Hinsehen hätte man sicherlich bemerkt, dass diese Männer weit überdurchschnittlich trainiert waren. Sie hatten gerade ein ausgezeichnetes Abendessen genossen und ihre heiteren Mienen verrieten die Absicht, sich den Rest des Abends zu amüsieren.

»Los, wir gehen zu Rumdoodle.«

»Was zum Teufel ist das?«, fragte Finch.

»Sie ist neu hier, nicht wahr?«, scherzte ein hoch gewachsener grauhaariger Mann mit breitem Yorkshire-Akzent. Er hieß Hugh Rix. Auf seinem T-Shirt stand: »Rix Trucking. Heute hier, morgen dort«.

»Ist ne Bar«, erklärte Ken Kennedy kurz angebunden. Er war Anfang vierzig, nicht besonders groß, aber athletisch gebaut. Er trug sein Haar kurz geschoren und seine hoch gekrempelten Hemdsärmel enthüllten am linken Oberarm einen tätowierten Skorpion.

»Ich gehe nicht mit«, widersetzte sich Finch. »Ich werde mein Bett genießen – solange ich noch die Gelegenheit dazu habe.«

»Feigling.«

»Lass sie in Ruhe, Rix. In den nächsten Wochen wird sie deine Gesellschaft bis zum Überdruss genießen können«, besänftigte Ken ihn.

»Gute Nacht.« Die Männer verabschiedeten sich von Finch und begaben sich in geschlossener Formation zur Tür. George Heywood hatte als einziger der zehn aus dem Westen stammenden Mitglieder von Mountain People ein schnelles Dinner zu sich genommen und sich dann mit den Sherpas getroffen, die sie bei der Besteigung des Everest begleiten würden. Alyn Hood war noch nicht eingetroffen. Es hieß, er habe einen zweitägigen Zwischenstopp in Karatschi eingelegt.

Finch ging hinauf in ihr kleines Zimmer und schickte eine E-Mail an Suzy.

Hallo, junge Ehefrau,

wie schmecken deine Flitterwochen?

Ich bin also gelandet. Die Reise verlief reibungslos, das Hotel ist einfach, aber leidlich sauber (wie Mutter sagen würde).

Heute Abend gemeinsames Abendessen mit dem Rest der Gruppe, außer dem Führer, der noch nicht eingetroffen ist. Sie sind in Ordnung! George Heywood kenne ich bereits, Adam Vries ist der Kommunikationsmanager, hübsches Gesicht (aber nicht mein Typ, eher deiner), spielt sich gern auf. Ken Kennedy, der zweite Führer, hat eine Tätowierung, spielt den harten Mann, hat aber vermutlich ein Herz aus Gold. Hugh Rix und Mark Mason, beide Engländer, sind Kunden; sie stammen aus dem gleichen Ort. Rix (so nennt er sich selbst) ist der typische Selfmademan, duldet keinen Unsinn, es sei denn, er hat ihn verursacht. Mark ist ruhiger und sensibler. Dann gibt es noch einen langhaarigen australischen Gipfelstürmer namens Sandy Jackson sowie Vern Ecker und Ted Koplicki, zwei resolute Amerikaner, die schon letztes Jahr hier waren und von Lager vier zurückkehrten. Im Moment zischen sie alle noch ein Bier.

Mich lockt das Bett. Falls ich überhaupt schlafen kann vor lauter Aufregung.

Aber ich möchte weder woanders sein noch etwas anderes tun als das hier. Das weißt du. Gib Big J einen Kuss von mir.

Deine Finch

Vor dem Schlafengehen trat Finch ans Fenster. Sie öffnete den Laden und blickte über die Bäume des Gartens und eine geschnitzte Buddhastatue auf die verkehrsreiche Straße hinter dem Tor. Über der Straße lag eine Dunstglocke, so stark war hier die Umweltverschmutzung. Katmandu lag in einer von hohen Bergen umgebenen Senke und der Rauch und die Abgase hüllten die Landschaft in einen grauen Schleier. Finch starrte gedankenverloren zum Fenster hinaus und entdeckte in der Dunkelheit einen Mann, der über den Rasen auf das Tor zuging und dann auf die Straße trat. Er winkte einen Rikscha-Fahrer heran, der vor dem Hoteleingang lauerte, und schwang sich auf den überdachten Sitz. Der alte Mann trat kräftig in die Pedale, die angespannten Muskeln seiner mageren Beine zeichneten sich deutlich ab. Im Nu war die Rikscha ihrem Blick entschwunden. Finch lehnte sich mit der Schulter gegen den Fensterrahmen und sog den Geruch von Holz, Räucherstäbchen und Curry, der zu ihr aufstieg, ein. Dann schloss sie die Läden und machte sich zum Schlafengehen bereit.

In der Rikscha war es überraschend gemütlich. Sam ließ den Blick über die wahllos angeordneten Straßen und die alten Holzhäuser auf beiden Seiten der gepflasterten Fahrbahn gleiten. An den Hauswänden stapelten sich Beutel mit faulenden Abfällen, die achtlos hier abgeladen worden waren und penetrant nach Gemüse rochen. Sam beugte sich zum Fahrer vor. »Ist es noch sehr weit?«

Ein dreieckiges dunkles Gesicht blickte kurz über die Schulter nach hinten. »Nein, Sir, wir sind bald da.«

Sam war vor sechs Stunden in Katmandu gelandet und hatte in der Nähe des Buddha's Garden ein ordentliches Hotel gefunden. Er hatte kurz etwas gegessen, sich dann geduscht, rasiert und umgezogen. Sein komisches Gefühl in der Magengrube hatte nichts mit dem sämigen *dal bhaat* zu tun, das er gegessen hatte – es war die Vorfreude. Schon lange hatte er nichts Ähnliches empfunden. Nicht einmal das Laufen konnte ihm mehr einen Kick geben. Bevor er in Pittsburgh zum Wettbewerb angetreten war, hatte er versucht, all seine Energie und Begeisterung dafür einzusetzen, war aber gescheitert. Eine Stimme in ihm sagte, dass es Wahnsinn sei, einen so langen Weg auf sich zu nehmen, um eine Frau zu treffen, mit der er knapp fünf Stunden verbracht hatte. Aber es hatte nicht nur mit Finch zu tun. Er war jetzt in Katmandu und das war auf jeden Fall besser, als zu Hause dahinzuvegetieren.

Als er Finchs Hotel endlich gefunden hatte, erklärte ihm der zuvorkommende Empfangschef, dass Miss Buchanan hier untergebracht sei. Aber er glaube, dass alle Bergsteiger ausgegangen seien – vor etwa fünf Minuten –, um im Thamel-Viertel eine Bar zu besuchen.

Sam ließ sich Namen und Adresse der Bar nennen und machte sich auf den Weg. Mit der Rikscha würde er wohl am schnellsten vorankommen. Er setzte sich auf dem durchhängenden Sitz weiter nach vorn, als ob er dadurch den Fahrer bewegen könnte, noch stärker in die Pedale zu treten. Staub verschleierte die Sicht und blinzelnd nahm er die Menge von Menschen und Autos wahr, ein Gähnen unterdrückend. Vielleicht hätte er doch lieber zu Bett gehen und bis morgen warten sollen. Aber der Gedanke, ihr so nahe zu sein, und die Angst, dass sie irgendwie in den Bergen verschwinden könnte, bevor er sie gesehen hatte, waren übermächtig.

Endlich lehnte sich der alte Mann auf seinem Sattel zurück und die Rikscha kam schaukelnd zum Stehen. Sie waren bei einem Torweg angelangt, der in eine Reihe von geöffneten Geschäften eingebettet war. Bunte T-Shirts und Baumwollhosen wehten wie Flaggen. Durch enge Gassen schoben sich Trauben von Kauflustigen. Es roch durchdringend nach gewürzten Speisen, Patchouli und Marihuana. Zwei Hunde dösten auf einer verschmutzten Treppe.

Die Bar befand sich oberhalb einer Treppenflucht aus Holz. Es war ein großer Raum und die durch Verstärker dröhnende Musik und die lautstarke Unterhaltung der Gäste verursachten einen Höllenlärm. Die meisten waren sehr junge Männer aus dem Westen. Es waren typische Rucksacktouristen: braungebrannt, mit gebleichtem Haar und zerrissenen Shorts. Auch ein paar Thais und Japaner hatten sich unter sie gemischt. Sam bahnte sich seinen Weg zur Bar, vorbei an dem Gemisch amerikanischer, englischer und sonstiger undefinierbarer Akzente. Er ließ seinen Blick über die Anwesenden schweifen.

Finch war nicht hier. Dessen war er sich nach kürzester Zeit sicher. Er studierte die Gäste, während er ein dünnes Bier trank. Immerhin bestand die Chance, dass sie nur kurz verschwunden war. Nach kurzer Zeit hatte er die Everest-Gruppe ausfindig gemacht. Sie saß an zwei kleinen wackeligen Tischen. Die Männer dieser Gruppe waren älter als die anderen. Einer von ihnen trug einen Spitzbart und hatte sein langes Haar zu einem strähnigen Pferdeschwanz gebunden, ein anderer hatte sein dünnes blondes Haar in die Stirn gekämmt. Die Köpfe der Übrigen waren kurz geschoren. Und alle hatten wettergegerbte, eher herbe Gesichtszüge. Der Anblick war Sam vertraut: Jahrelang hatte er auf den Bergen des Yosemite-Nationalparks sowie beim Biertrinken mit seinem Vater derartige Männer erlebt, die sich über geheimnisvolle Details der Routen und entfernte Gipfel unterhielten.

Neben dem Blonden war ein Stuhl frei. Sam schlenderte durch den Raum und blieb neben diesem Stuhl stehen. »Haben Sie etwas dagegen, wenn ich mich setze?«

»Aber nein, bitte.«

Er nahm Platz und stellte umständlich sein Glas auf den Tisch. Entspannt blickte er sich um und ließ sich von der Unterhaltung einlullen.

»Der Kerl ist ein Arschloch. Vergesst die Berge. Mit dem als Führer würde ich nicht einmal bis zur Bronx gehen ...«

»... in einen Scheißhaufen, wie ich zu dem Kerl sage. Dieser Ort ist eine Latrine ...«

»Eine funkelnagelneue Kamera, eine Nikon AX.«

»Ich bin bereit. Aber wenn ich es dieses Jahr nicht packe, komme ich wieder. Und ich werde so lange zurückkehren, bis ich es schaffe.«

»Du wirst es packen. George Heywood hat bereits 35 Touristen zum Everest geführt. Warum nicht dich? Und Al Hood ist ein guter Führer.«

»Aber er hat ihn nie bestiegen.«

»Dafür alle anderen verdammten Berge, die es gibt.«

Nachdenklich leerte Sam sein Glas. Diese Männer würden zwei Monate lang Finchs Gefährten sein. »Haben Sie eine Klettertour vor?«, fragte er den Blonden freundlich.

»Ja, und ob.«

»Was für eine?«

»Den großen Berg rauf, den Everest.«

Sam pfiff anerkennend durch die Zähne. »Tatsächlich? Ich beneide Sie. Wollen Sie alle den Gipfel stürmen?«

»Es ist eine organisierte Expedition mit sechs Touristen oder vielmehr fünf, wenn man die schicke Ärztin nicht mitzählt. Es gibt zwei Führer – unseren Ken hier und noch einen weiteren. Der Manager des Basislagers nimmt auch daran teil, er hat den Everest schon zweimal bezwungen. Ich bekleide den Posten des Versorgungs- und Kommunikationsmanagers und hoffe auf das berühmte Aha-Erlebnis auf dem Gipfel. Ich sorge dafür, dass alles funktioniert.«

»Hört sich gut an.«

»Wollen Sie auch hinauf? Darf ich mich vorstellen: Adam Vries.«

»Nein, dieses Mal nicht. Ich bin Sam McGrath«, erwiderte Sam vorsichtig. Er wollte sich nicht aus der Gruppe, zu der Finch gehörte, ausschließen.

»Schade. Darf ich Ihnen einschenken?« Vries hielt einen Bierkrug hoch und Sam schob ihm sein Glas hin, damit er es auffüllte.

»Danke. Woher kommen Sie?«

Adam nannte eine Kleinstadt in Connecticut, fügte aber hinzu, dass er als Jugendlicher in Genf gelebt hatte. Sam versuchte, ihn mit geschickt gestellten Fragen auszuhorchen. Adam stellte seinen Stiefel auf die Sprosse eines Stuhls, verschränkte die Hände hinter dem Kopf und berichtete von seinen Klettertouren in den Alpen. Seine zarten, fast mädchenhaften Gesichtszüge leuchteten bei der Erinnerung an die beeindruckenden Gipfel von Eiger und Mont Blanc. Sams anfängliche Antipathie war verflogen. Er war ihm sympathisch, auch wenn er Finch als »schicke« Ärztin bezeichnet hatte. Für einen Bergsteiger war er sogar ein ungewöhnlich netter Kerl.

Adam erfuhr von Sam Einzelheiten seiner Bergsteigerkarriere. Er schüttelte den Kopf. »Mann, das ist stark. Aber Sie können immer noch klettern, oder? Ohne Ihren alten Herrn, meine ich.«

»Ich glaube schon.«

Er war jetzt in die Gruppe integriert. Die beiden englischen Expeditionsteilnehmer hatten sich als Mark Mason und Hugh Rix vorgestellt. »Nennen Sie mich einfach Rix«, forderte ihn der Mann mit den groben Gesichtszügen auf – und Ken Kennedy streckte ihm die Hand entgegen. Sein Händedruck war kräftig wie eine Saftpresse.

Der Bierkrug wurde immer wieder nachgefüllt und der Geräuschpegel stieg.

»Was tun Sie in Katmandu?«, fragte Rix mit erhobener Stimme.

»Ich bin als Tourist hier und will mich einfach von der Welt erholen.«

»Das hört sich so an, als ob Sie eine interessante Kletterpartie verpassen.«

Sam lachte. »Könnte sein. Wetten, dass Sie es bis zum Gipfel schaffen?« Wenn Finch deine Frostbeulen und deine Verstopfung behandelt und darauf achtet, dass du keine Ödeme bekommst, du rundköpfiger Bastard.

Rix beugte sich vor. Sein Gesicht war vom Alkohol gerötet, und sein Yorkshire-Akzent war jetzt noch deutlicher. Er legte seine großen, fleischigen Hände auf den Tisch. »Hört zu, ich weiß, was man hier munkelt. Von der alten Brigade professioneller Bergsteiger, die leere Gesäßtaschen hatten und nur von diesem Berg träumten, Leute, die sich ihren Weg zum Gipfel erkämpft haben oder unterwegs gestorben sind. Man sagt, die Südroute sei ein Jak-Weg und jeder fette Scheißer, der fünf Riesen übrig hat, könne sich da hochschleppen, wenn er vorher ein paar Monate zweimal pro Woche Gymnastik betreibt. Der Everest sei von den Firmen in einen Abenteuerspielplatz für Softwareverkäufer verwandelt worden, die jeden, der es sich finanziell leisten kann, den Berg hochschleppen.

Vielleicht stimmt das auch. Ich weiß nur, dass ich schon als Rotznase in Halifax davon geträumt habe, eines Tages auf diesem Gipfel zu stehen. Ich habe den Makalu und den Cho Oyu, den Aconcagua und einige Berge in den Alpen bezwungen und ich bin immer noch so gierig nach dem Everest wie als kleiner Junge. Letztes Jahr um diese Zeit habe ich es versucht, wurde aber in 8300 Metern Höhe von dem schlechten Wetter abgeschreckt. Aber ich habe genug Geld verdient und möchte es dafür ausgeben. Niemand wird mich aufhalten. Ich werde den Berg besteigen, das steht außer Frage.«

»Ich verstehe«, bemerkte Sam nachdenklich.

Adam war inzwischen recht angetrunken. Er lehnte seinen Blondschopf gegen die Wand. »Rix hat Recht. Ich kenne das Gefühl. Seit meiner ersten Bergbesteigung habe ich es mir gewünscht und seitdem dafür gelebt. Mit jedem bestiegenen Gipfel wächst die Gewissheit, dass mein Wunsch in Erfüllung gehen kann. Und wissen Sie« – er deutete auf die Gruppe, die über zwei Tische verteilt war –, »da ist auch noch diese Familie. Wenn Sie ein Yankee-Kind sind, das in eine Schweizer Schule gesteckt wurde, wo es sich nicht einmal mit den schlechtesten Schülern der Klasse unterhalten kann, geschweige denn mit den intelligenten, und wenn Ihr Vater immer auf Reisen ist und Ihre Mom auf Shoppingtour, wenden Sie sich dem Bergsteigen zu, weil Sie dort Gleichgesinnte finden. Sie sind in den Bergen und Sie sind nicht mehr allein. Es ist ...« Er bewegte den Kopf hin und her, die Augen fielen ihm zu. »Ich bin ausgelaugt ... aber es ist alles, was man braucht.«

Für kurze Zeit herrschte Stille. Dann öffnete Adam die Augen wieder. »Sie wissen, was ich meine, denn Sie sind auch ein Bergsteiger.«

Sieben Augenpaare wandten sich dem Neuankömmling zu.

»Ja«, bestätigte Sam.

Als die Bar einige Zeit später schloss, waren alle außer Ken betrunken. »Los, Jungs, ins Bett«, befahl er ihnen.

Adam und Sam torkelten gemeinsam die Treppe hinunter. Adam hatte den Arm um Sams Schulter gelegt.

In der intensiv duftenden Nachtluft war ihr Gang leicht schwankend und Adam hustete vor Lachen. »Nach dem vielen Bier brauche ich einen Scotch, damit sich mein Magen wieder beruhigt. Kommst du mit ins Hotel? Dann genehmigen wir uns noch einen.«

In Sams Kopf drehte sich alles, Ohren und Zunge waren mit dem dumpfen Wattegefühl des Jetlag verstopft; er erkannte, dass es nicht klug wäre, in diesem Zustand im Buddha's Garden aufzukreuzen und zu riskieren, dass er Finch begegnete.

»Nein. Aber morgen komme ich bei dir vorbei.«

»Aber bitte nicht zu früh«, stöhnte Adam.

Es war bereits nach zwölf Uhr mittags, als Sam erneut den mit üppigem Grün bepflanzten Garten betrat. Die Bäume warfen indigoblaue Schatten. Er hatte zehn Stunden geschlafen. Er trug ein weißes Hemd und eine khakifarbene Hose. Er würde nirgendwo hingehen und nichts anfangen, bevor er Finch Buchanan aufgetrieben und sie dazu gebracht hatte, seine Einladung zum Dinner anzunehmen.

In der Lobby saßen Ken Kennedy und ein glatzköpfiger Mann. Über ihnen an der Decke war ein Ventilator befestigt. Die beiden beugten sich über einen Stapel Papiere. Sam ging an ihnen vorbei, ohne sie zu stören. Am Empfang nannte man ihm Adams Zimmernummer und deutete auf die Treppe. Sam rannte zwei Treppen hoch und fand die gesuchte Nummer. Er klopfte an und wurde von einem Gemurmel begrüßt, das er als Aufforderung deutete, einzutreten.

Adam lag auf einem zerwühlten Bett, nur in Shorts. Ein Arm hing schlaff über den Bettrand. Mit der anderen Hand bedeckte er die Augen, um sie vor dem Sonnenlicht zu schützen, das durch die geschlossenen Läden drang. »Ah, du bist's.«

»Was ist los?«

»Das weiß der Himmel. Ich habe noch nie so viel gekotzt. Das kann doch nicht nur am Bier liegen.«

»Oje, das ist schlimm. Kann ich etwas für dich tun?«

»Wie wär's mit einem Gewehr, damit ich mich erschieße? O Gott!«

Adam richtete sich halb auf und erbrach eine grünliche Flüssigkeit in eine Schüssel aus Email. Sam verzog das Gesicht und versuchte wegzuschauen, während Adam spuckte. Dann sank Adam erschöpft in die Kissen zurück. »Du könntest mir unten in der

Bar ein paar Flaschen Wasser besorgen; der Roomservice lässt nämlich zu wünschen übrig.«

»Aber gern«, erwiderte Sam.

Es dauerte zehn Minuten, bis er einen Barmann ausfindig gemacht hatte. Sam besorgte Mineralwasser und kehrte dann in Adams Zimmer zurück. Dieses Mal trat er ein, ohne anzuklopfen.

Finch beugte sich gerade über Adam. Sie hielt sein Handgelenk und blickte auf ihre Armbanduhr. Nach fünf Sekunden hatte sie den Puls gemessen und wandte sich dem Eindringling zu. Sie trug eine ärmellose Khakijacke mit Taschen und ein weißes T-Shirt mit dem Logo von Mountain People. Sie wirkte weniger angespannt und somit jünger als auf dem Flug nach Vancouver.

»Ich habe ihm Mineralwasser besorgt.« Sam lächelte. »Es ist doch hoffentlich nichts Ernstes?«

»Das ist die Ärztin«, erklärte Adam.

Finch blickte Sam an. Die Überraschung in ihrem Gesicht wich der Verärgerung.

»Was tun Sie denn hier?«, fragte sie kühl.

»Das habe ich Ihnen doch gerade gesagt. Ich bringe dem Kranken Mineralwasser.«

»Macht es Ihnen etwas aus, uns allein zu lassen, damit ich meinen Patienten untersuchen kann?«

»Natürlich nicht. Ich kann ja die Verantwortung für ihn nicht übernehmen.«

»Sie kennen sich?«, fragte Adam.

»Ja.«

»Nein«, widersprach Finch. »Also, wann hat das mit dem Brechen angefangen?«

»Vor zwölf Stunden.«

»Gut.« Finch holte eine kleine Phiole aus ihrer Arzttasche und entnahm ihr eine große Kapsel. »Ich gebe Ihnen etwas, das den Brechreiz stoppen soll.«

Adam streckte die Hand aus und deutete auf die Flasche mit Mineralwasser.

»Nicht oral, Sie würden es sofort wieder ausspucken. Es ist ein Suppositorium, das in den After eingeführt werden muss. Ich kann es für Sie erledigen, oder Sie tun es selbst, ganz wie Sie wollen.«

»Ich mache es selbst.«

»Fein. Trinken Sie in den nächsten Stunden viel Wasser, aber nehmen Sie keine feste Nahrung zu sich.«

Allein der Gedanke an Essen verursachte Adam Übelkeit. Sein feuchtes Haar war schweißnass. Finch betrachtete ihn und berührte sanft seine Schulter. Dann nahm sie die Schüssel und spülte sie im Badezimmer aus.

Sie ist ein Engel, dachte Sam. Würde sie sich auch so um mich kümmern, wenn ich krank wäre? Würde sie die Hand auch auf meine Schulter legen?

»Adam, Sie haben eine Magenverstimmung. Es wir Ihnen bald besser gehen. Versuchen Sie zu ruhen. Gegen sechs Uhr sehe ich wieder nach Ihnen. Ihr Freund wird Ihnen ja hoffentlich Gesellschaft leisten.« Finch lächelte honigsüß.

»Ich habe eigentlich gehofft ...«, setzte Sam an.

Sie schloss energisch ihren Koffer. »Bis später, Adam. – Auf Wiedersehen ... hm.«

»Sie kennen meinen Namen.«

Finch war schon halb zur Tür hinaus.

»Einen Moment. Ich bin gleich wieder da«, rief er dem Kranken zu.

Adam hatte erneut die Hand über die Augen gelegt. »Mach dir um mich keine Sorgen«, murmelte er.

Sam rannte den Flur entlang, Finch hinterher. Sie erkannte, dass sie ihn nicht so ohne weiteres loswürde, wandte sie sich leicht verärgert um und blickte ihn an. »Sie sind also in Katmandu. Was wollen Sie? Ich bin beschäftigt, ich habe hier eine Aufgabe.«

»Ich möchte Sie zum Dinner einladen. Ist das zu viel verlangt?«

»Sind Sie mir bis hierher gefolgt?«

»Ja, ich bin vor vierundzwanzig Stunden gelandet.«

»Warum?«

»Weil die Flugpläne es so wollten.«

»Machen Sie sich nicht noch mehr zum Idioten, als Sie es schon sind. Warum sind Sie mir gefolgt?«

Sam zögerte. »Hören Sie zu, ich weiß, dass es sich banal anhört. Ich habe Sie getroffen, wir haben uns unterhalten und ich wollte Sie wiedersehen. Aber es ist nicht so bizarr, wie es klingt. Sie haben vom Everest geschwärmt und Ihre Begeisterung hat mir gefallen. Mein Leben scheint zur Zeit festgefahren. Deshalb hielt ich es für eine gute Idee, eine Zeit lang Abstand zu gewinnen. Und warum nicht hier? Ich war noch nie in Katmandu.«

»Das haben Sie mir nicht gesagt.« Sie wirkte etwas besänftigt.

»Wenn ich nicht behauptet hätte, Katmandu zu kennen, hätten Sie mir dann Ihre Pläne anvertraut?« Offenheit, dachte er, war vermutlich die beste Verteidigung.

Sie standen neben der Treppe. Rix, Mark Mason und Sandy Jackson kamen von der Lobby herauf und alle bedachten Sam im Vorbeigehen mit einem freundlichen Gruß.

»He, Doc, wie geht's dem Patienten?«, erkundigte sich Sandy.

»Er wird's überleben.« Sie wandte sich wieder an Sam. »Sie kennen sich?«

Er zuckte die Schultern. »Nun, ein wenig. Wie sieht's aus mit heute Abend?«

Finch seufzte. Wie gern, dachte er, hätte er ihr Haar gelöst, das mit einem Band zusammengebunden war, damit es ihr locker auf die Schultern fiel.

»Hören Sie zu …«

»Sam.«

»Ja, ich weiß. Hören Sie gut zu, Sam, unterlassen Sie weitere spontane Taten. Erstens: Ich bin bei dieser Expedition für die Gesundheit von zwanzig Männern verantwortlich. Zweitens: Ich versuche, bei der Besteigung des Everest so weit wie möglich zu kommen. Ich erwarte nicht, es bis zum Gipfel zu schaffen, aber ich will der Sache gerecht werden. Ich habe Geld gespart, um mir das leisten zu können, und ich habe mich physisch und mental vorbereitet. Zur Zeit habe ich nur dafür Platz in meinem Leben, sonst für nichts.«

Sie sagt das Gleiche wie die Jungs gestern Abend, dachte Sam. Bergsteiger, Bergfexe, einseitige Bergidioten. Aber das änderte nichts an seinem Verlangen danach, Finchs an einen Schnürsenkel erinnerndes Haarband zu lösen, mit der Fingerspitze ihren Mundwinkel zu berühren, ihre Stimme in seinem Ohr zu hören. Ihre eiserne Entschlossenheit beeindruckte ihn und sein Wunsch, mit ihr zusammen zu sein, wurde nur noch größer. Lächelnd hob er die Hände. »Es ist nur ein Abendessen. Ein Glas Wein und ein Gulasch, Dessert nach Belieben. Es soll keine zusätzliche Belastung bedeuten, kein emotionales Engagement.«

Sie musterte ihn kurz und überlegte, ob er eine Bedrohung darstellte oder harmlos war. Dann legte sie einen Augenblick die Hand auf seinen Arm. »Nein danke, Sam.«

Sie lächelte unmerklich und ließ seinen Arm los. Sam hatte bei Frauen keine besonders glückliche Hand. Aber es traf ihn, dass er sogar unter so ungewöhnlichen Umständen wie diesen entschlossen abgefertigt wurde. Dahinter steckte wohl mehr, als auf den ersten Blick erkennbar war.

»Warten Sie. Wollen Sie wirklich etwas Hilfreiches tun?«, fügte sie hinzu.

»Ja.«

»Dann bleiben Sie eine Weile bei Adam Vries. Ich muss meine Vorräte an Medikamenten überprüfen. Sie sind gerade vom Flughafen eingetroffen.«

»Ich kümmere mich um ihn.«

»Danke.« Sie senkte den Kopf und ging die Treppe hinunter. Sam folgte ihr mit den Blicken und erinnerte sich an ihre langen Beine unter dem Skianzug.

Adam hatte eine andere Stellung eingenommen. »Uff, ich habe das Ding hinten reingesteckt. Wie kann sie wissen, dass ich nicht scheiße, bevor ich kotze?«

»Erstklassige medizinische Diagnose.«

»Hm. Ich wollte nicht, dass sie ihren Finger da reinsteckt.«

»Ja. Obwohl es vielleicht ganz …«

Adam rang sich ein schwaches Lächeln ab. »Du auch? Vergiss es. Im College kannte ich eine knallharte Medizinstudentin, die wir den Eisschrank nannten.«

»So?« Sam setzte sich auf einen Stuhl und schlug die Beine übereinander. Durch eine Ritze zwischen den Läden erspähte er eine Baumspitze und die Seitenmauern einiger Häuser. Auf einem Balkon schälte eine alte Frau über einer Plastikschüssel Gemüse. Ihr zu Füßen spielte ein knuddeliges Baby, bis eine junge Frau, eigentlich mehr ein junges Mädchen, dazukam und den Kleinen auf den Arm nahm. Das Baby nahm den Daumen in den Mund, lutschte daran und schmiegte den Kopf an ihre Schulter. Die Mutter stützte seinen Kopf mit der Hand und strich ihm übers Haar. Sam beobachtete sie, bis sie mit dem Baby in der Wohnung verschwand. Dann überlegte er, wie Finch wohl mit einem Baby aussehen würde.

Was auch immer Adam von ihr halten mochte, sie war auf jeden Fall kein Eisschrank. Etwas an ihrem Blick, der Haltung ihres Kopfes und am Schwung ihrer Hüften verrieten ihm das.

Als er wieder nach Adam schaute, war dieser eingedöst. Am liebsten hätte er sich davongeschlichen, um mit Rix und den anderen ein Bier zu trinken. Aber er befürchtete, ihn aufzuwecken, wenn er sich bewegte. Also lehnte er sich in seinem Stuhl zurück und schloss die Augen.

Gestern Abend hatte er sich an seinen Vater erinnert.

Michael sprach auf die gleiche Weise und mit den gleichen Worten über die Berge wie diese Männer. Er erinnerte sich an Gespräche, die Michael und Mary in lauen Sommernächten vor dem Zelt geführt hatten, in dem Glauben, Sam schliefe. Er vernahm den Klang der Stimme seines Vaters, wenn dieser auf Marys Fragen »Warum« und »Wofür« antwortete, und er vernahm auch die eigenen, unausgesprochenen Worte »Gefahr«, »Absturz« und »Tod«, die ihm ständig durch den Kopf gingen.

»Ich brauche dieses Erlebnis als Erfahrung von Wirklichkeit. Wenn ich nicht die Berge hinaufklettere, verliere ich den Bezug zur Wirklichkeit und habe das Gefühl, dass nichts existiert.«

»Auch ich und der Junge nicht?«

»Natürlich weiß ich, dass es euch gibt. Aber das ist etwas anderes. Nichts ist vergleichbar mit dem Gefühl, einen Felsen zu erklimmen und unendliche Weite um sich zu spüren. Ich kann mich nicht gut ausdrücken, ich kann mit Worten nicht erklären, wie sehr ich das brauche, um mich lebendiger zu fühlen. Aber wenn man einmal damit in Berührung gekommen ist, verlässt einen dieses Gefühl nie wieder.

»Sam und ich, wir sind immer da. Wir wollen nicht, dass dir etwas zustößt.«

Sam erinnerte sich, wie er sich in seinem Schlafsack hin und her gedreht und versucht hatte, den Kopf zu vergraben und die Ohren zu verstopfen, um nichts mehr zu hören. Aber die Stimmen waren nicht zum Schweigen zu bringen, weder in seinem Kopf noch vor dem Zelt.

Michael lachte beruhigend. »Es wird nichts passieren. Es ist eine Frage der Konzentration. Wenn man sich voll und ganz konzentriert, macht man keine Fehler.«

Sam stellte sich Michael in seiner heutigen Verfassung vor, wie er in seiner Einsamkeit mühsam durch das alte Haus humpelte. Seine einzige Abwechslung war das Fernsehprogramm. Wenn ich zurück bin, schwor er sich, werde ich ihn öfter besuchen. Vielleicht ist es an der Zeit, mein Geschäft mehr in seine Nähe zu verlegen. Falls es überhaupt noch ein Geschäft gibt, wenn ich diese Eskapade hinter mir habe.

Eine Stunde später wachte Adam auf. »Ich sterbe vor Durst«, flüsterte er.

Sam reichte ihm ein Glas Wasser, hielt es aber so, dass er nur daran nippen konnte. »Sonst spuckst du es gleich wieder aus.«

»Vielen Dank, Krankenschwester.« Adam fuhr sich mit dem Handrücken über die rissigen Lippen.

Sam ging ins Bad, nahm einen Waschlappen, tauchte ihn in kaltes Wasser und gab ihn Adam.

»Sehr nett, aber lieber wäre mir, wenn mir die Ärztin Händchen halten würde.«

»Zur Hölle mit dir.«

»Na, ich weiß nicht. Du solltest mich mal erleben, wenn ich in Bestform bin.«

»Sie hat mir aufgetragen, dich im Auge zu behalten.«

»Ah, verstehe.« Adam lehnte sich wieder ins Kissen zurück.

»Das ist nett von ihr. Ich glaube, ich schlafe wieder ne Runde. Du brauchst mich wirklich nicht mehr zu hüten. Ehrlich.«

Sam erhob sich. »Ich sehe später noch mal nach dir.«

»Fein.«

Unten war weit und breit niemand zu sehen. Sam war einen Augenblick lang unschlüssig; er hoffte, dass Finch vielleicht auftauchte. Dann gab er auf. Ein paar hundert Meter vom Hotel entfernt stieß er auf eine Bar, setzte sich an einen klapprigen Eisentisch unter einem Bambusvordach und hielt Ausschau.

Er hatte keine Ahnung, was er als Nächstes tun würde.

Inzwischen war Al in Katmandu gelandet und saß in einem Taxi, das ihn zum Hotel bringen sollte. Da er schon x-mal in Katmandu gewesen war, schenkte er der verkehrsreichen Straße und den Betonhäusern links und rechts der Fahrbahn wenig Beachtung. Bewegungslos saß er auf dem Rücksitz des klapprigen alten Mercedes und starrte auf den verschmutzten Hemdkragen des Fahrers.

Spontan hatte er einen alten Bergsteigerfreund in Karatschi besucht. Sie hatten ein Glas Whisky nach dem anderen gekippt. Dabei waren sie recht schweigsam gewesen und hatten es genossen, in Gegenwart des anderen ihren Erinnerungen nachzuhängen. Als es Zeit zum Aufbruch war, hatte Stuart Al zum Flugplatz gebracht.

»Wenn du den großen Berg bezwungen hast, komm doch auf dem Rückweg kurz bei mir vorbei und berichte.«

»Vielleicht.«

Stuart beobachtete, wie sich Al vor dem Abfertigungsschalter in die Schlange verschleierter Frauen und Männer im Kaftan einreihte. Er überragte alle, sah fit und entspannt aus. Als er fertig war, wandte er den Kopf und nickte seinem Freund noch einmal zu. Stuart hob die Hand zum Gruß. Sie kannten sich seit vielen Jahren und hatten vor Expeditionen oft voneinander Abschied genommen. Auch heute war es nicht anders. Für die Bergsteiger zählten die Gegenwart und die Zukunft.

Als sich das Taxi Buddha's Garden näherte, gestand sich Al ein, dass der Besuch bei Stuart Frost eine Verzögerungstaktik war. Bis zum letzten Augenblick hatte er gezögert, nach Katmandu zu fliegen und sich der Gruppe anzuschließen. Aber jetzt, da er hier war, konzentrierte er sich auf das, was als Nächstes zu tun war. Es war ein Job wie jeder andere, und eine Klettertour.

Als er im Hotel eincheckte, neben sich die bewährten Gepäckstücke, kam George Heywood aus der Bar. Er schüttelte Al beide Hände. George hatte eine Glatze, sein Gesicht war von Falten durchzogen und der Blick seiner grauen Augen war durchdringend.

»Freut mich, dich zu sehen, Al. Habe schon befürchtet, du hättest dich unerlaubt von der Truppe entfernt.«

»Warum?«

George lachte. »Jetzt, da ich dich leibhaftig vor mir habe, erkenne ich, dass ich mir umsonst Sorgen gemacht habe. Du siehst gut aus.«

»Sind alle hier?«

»Ja, du bist der Letzte.«

»Fein.«

»Ken ist mit Pemba und Mingma in der Bar. Vermutlich willst du dich erst ein bisschen frisch machen. Aber ich hoffe, dass du dann zu uns kommst?«

»Das tu ich«, versicherte ihm Al.

Als George den hoch gewachsenen Al zum Tisch geleitete, erhoben sich die drei Männer. Pemba Chhotta und Mingma Nawang waren die Träger – erfahrene Sherpas, die Al und Ken unterstützen würden. Sie hatten schon in der Vergangenheit mit Al gearbeitet und sie bezeugten ihm ihre Sympathie, indem sie ihn breit angrinsten.

»*Namaste*, Alyn«, sagte Pemba steif.

Ken war pragmatischer. Er drückte Al kurz die Hand. »Hallo, Junge.«

»Ich habe Stu in Karatschi besucht, er lässt dich grüßen.«

Sie warfen einander einen flüchtigen Blick zu. Dann nahmen sie alle Platz und George bestellte Getränke. Sie sprachen über Vorräte, Logistik, Träger und Jaks. George beschrieb kurz die sechs Kunden, vor allem wegen der beiden Sherpas, die Ken und

Al als zweite Führer dienen würden. Die beiden Engländer waren im Vorjahr auf dem Everest gewesen, aber mit einer anderen Gesellschaft, die sie ihrer Meinung nach übers Ohr gehauen hatte. Sie hatten sich an George und seine in den USA ansässige Firma Mountain People gewandt, um einen weiteren Versuch zu unternehmen. Die beiden Amerikaner waren ebenfalls erfahrene Bergsteiger; der Australier war weniger bekannt, aber von ehemaligen Kunden empfohlen worden.

Die kanadische Ärztin, erklärte George, hatte den McKinley mit einer von Ed Vansittart geleiteten Gruppe bestiegen. Am Tisch nickte man bestätigend. Ed hatte ihm geschrieben, dass Dr. Buchanan eine ausgezeichnete Ärztin sei, die wirklich etwas von den Anforderungen hochalpinen Kletterns verstehe. Sie nehme in der Gruppe eine einmalige Rolle ein, weil sie die betreuende Ärztin sei, also zum Personal gehörte, aber gleichzeitig auch eine Kundin, die hoffte, gemeinsam mit den Männern den Gipfel zu erreichen. Sie besitze nicht viel Erfahrung, sei aber körperlich und geistig in guter Verfassung und konnte es mit den anderen aufnehmen. Außerdem sei sie eine angenehme Person, fügte er hinzu.

»Ich glaube, wir haben Glück, dass sie uns begleitet«, bemerkte George abschließend.

»Ich finde es auch in Ordnung«, meinte Ken.

Al hörte sich das alles unbewegt an und fuhr sich mit dem Daumennagel über den Mundwinkel.

George warf einen Blick auf seine Liste. »Adam Vries ist krank.«

Ken schnalzte mit der Zunge.

»Was hat er denn?«

»Eine Magenverstimmung. Die Ärztin sagt, in ein oder zwei Tagen ist er wieder auf den Beinen. Wir brechen übermorgen auf, wie geplant.«

Nachdem die letzten Gepäckstücke und Stapel von Lebensmittelvorräten zusammengestellt waren, hatten die Expeditionsmitglieder nichts mehr zu tun, als das letzte heiße Bad und eine Nacht in einem bequemen Bett zu genießen, denn diese Freuden würden ihnen in den nächsten zwei Monaten versagt bleiben.

»Noch ein Bier?«, fragte George seine Gefährten.

Plötzlich sagte George, der von seinem Platz hochgeblickt hatte, mit einem warmen Unterton in der Stimme: »Spricht man vom Teufel …« Die anderen folgten seinem Blick.

Finch stand unentschlossen im Türrahmen. Die kleine Gruppe von Gipfelstürmern saß vor einer Wand, die zum größten Teil von einer riesigen Fotografie eingenommen wurde. Der riesige Bergkamm und Gipfel des Nuptse hob sich gegen einen leuchtend blauen Himmel ab. Zur Linken erkannte man etwas weiter im Hintergrund den Everest, der kleiner als sein Nachbar schien; im Vordergrund sah man den riesigen vereisten Wasserfall und das schmutzige graue Geröll des Khumbu-Gletschers.

George winkte fröhlich, hob den Kopf und verdeckte auf diese Weise den Südpass. »Da ist ja unsere Frau Doktor. Kommen Sie her, Finch.«

Sie kam an den Tisch. Ken erhob sich von seinem klapperigen Stuhl und bot ihn ihr an, aber sie lächelte nur. »Ich habe gerade noch mal nach Adam gesehen.«

»Und?«

»Es ist eine böse Alkoholvergiftung. Aber ich denke, dass er bis zu unserem Abmarsch wieder auf dem Damm ist.«

»Finch, das sind Pemba und Mingma.« Sie gab ihnen die Hand. »Und Alyn Hood.«

Al hatte sich erhoben. Er war einen Kopf größer als Finch, aber als sich ihre Blicke trafen, schienen sie auf einer Ebene zu sein.

»Hallo«, begrüßte Finch ihn.

Al schwieg. Einen Moment lang hielt er ihre Hand, dann ließ er sie behutsam los. Bei dem allgemeinen Durcheinander des Vorstellens bemerkte niemand, dass sich ihre Blicke trafen und Erkennen darin aufblitzte. Niemand wäre auf die Idee gekommen, dass sie sich nicht zum ersten Mal begegneten.

5. Kapitel

Dieser Hubschrauber war nicht mit dem flotten A-Star von Ralf vergleichbar, in dem sie gemeinsam über die silbernen Gipfel der kanadischen Berge glitten. Die Asian Airlines setzte für den Flug von Katmandu nach Lukla eine ausrangierte russische Maschine ein, die unsanft von der Startbahn abhob und durch den grauen Dunst des Tals in Richtung Berge ruckelte.

Finch legte den Gurt an und versuchte ihre Flugangst zu bekämpfen. Ihre Knie wurden gegen das Expeditionsgepäck gedrückt, das sich im Inneren der Maschine stapelte und durch Haltenetze gesichert war. Sie hatte bereits alles einer Prüfung unterzogen und ließ die Gepäckstücke mit der ärztlichen Versorgung nicht aus dem Auge. Das war allemal besser, als zum Fenster hinauszuschauen, hinunter auf steile Felswände oder auf die Nebelwand, die die Gipfel verhüllte. Neben ihr saß Adam Vries. Der Lärm der Rotoren machte eine Unterhaltung fast unmöglich. Trotzdem stupste sie ihn an und fragte: »Alles in Ordnung?«

Er nickte müde. Man sah ihm die Strapazen der beiden letzten Tage an. Sein Teint war fahl und er wirkte apathisch.

Der Hubschrauber stieg höher; er kreiste und änderte die Richtung. Finch schloss die Augen und schluckte, um den Druck in ihren Ohren auszugleichen. Als sie die Augen wieder öffnete, stellte sie fest, dass Sam McGrath sie von der anderen Seite des Gangs angrinste. Sie versuchte gelassen zu wirken. Auf dem schrecklichen Flug nach Vancouver war er Zeuge ihrer Flugangst geworden und es entzückte sie keineswegs, dass er sie ein zweites Mal in einer solchen Situation erlebte.

Sie wusste nicht, wie er es geschafft hatte, sich hier einzuschmuggeln. Aber er saß hier im Hubschrauber. Vermutlich würde er sich der Expedition auf dem Weg zum Basislager am Fuß des Gletscherbruchs für ein paar Tage anschließen. Während des letzten Tages in Katmandu war er unsichtbar gewesen. Daraus hatte sie ohne einen Anflug des Bedauerns geschlossen, dass sie ihn abgeschüttelt hatte.

Aber sie hatte sich zu früh gefreut. Plötzlich tauchte er im Morgengrauen am Flughafen auf. Er stand mit Rix und Mark Mason am Check-in nach Lukla und überragte die japanischen Touristen, die auf eine Wetterbesserung für ihre Rundflüge um den Everest warteten.

»Was tut der denn hier?«, hatte sie George zugeflüstert.

»Sie waren noch mal zusammen aus, und Rix und Sandy haben mich gefragt ob er sich unserer Gruppe anschließen könne. Sie scheinen ihn zu mögen.« George zuckte die Achseln. »Mir ist es egal, solange er zahlt. Vielleicht erweist er sich sogar als nützlich. Er scheint gut in Form zu sein. Du kennst ihn doch, oder?«

»Nein, das kann ich nicht behaupten. Ich habe ihn auf einem Flug nach Vancouver kennen gelernt.«

»Welch ein Zufall.«

Finch stellte fest, dass Sam gut in die Gruppe passte. Er trug offenbar bewährte Wanderschuhe und entsprechende Kleidung, die sich von der der anderen nicht unterschied. Und er sah genauso fit aus. Aber er wäre ja, erinnerte sie sich, bei den Olympischen Spielen fast als Marathonläufer angetreten. Vermutlich war er sogar zäher als die anderen.

»Guten Morgen«, begrüßte er sie fröhlich. »Na, Sie scheinen ja bei meinem Anblick nicht gerade Freudensprünge zu machen!«

»Ist das denn wichtig?«

»Ja, natürlich.« Er hatte eine irritierend jungenhafte Art.

Sie bemühte sich neutral zu klingen. »Für mich ist es völlig unwichtig, ob Sie an der Expedition teilnehmen.«

Er lächelte sie an. »Ich freue mich darauf. Es wird bestimmt großartig.«

Ihr Blick aus dem Fenster fiel auf zarte Nebelschleier, die den blauen Himmel verdeckten, und der Hubschrauber ruckelte durch die Luftböen. Dann löste sich der Nebel auf und Gewitterwolken türmten sich auf. Warme, feuchte Luft stieg von den Tälern nach oben. Das Wetter hier war wechselhaft, immer unvorhersehbar.

Finch betrachtete die Gesichter ihrer Begleiter. Mingma und Pemba wurden von zwei weiteren Sherpas begleitet. Hinter ihnen saß Al. Er hatte den Kopf zurückgelehnt, die Augen geschlossen und schien trotz des unruhigen Flugs seelenruhig zu schlafen. Zwei tiefe Furchen hatten sich neben seinen Mundwinkeln eingegraben. Sie wandte den Blick ab, denn sie wollte nicht, dass er plötzlich die Augen aufschlug und sie dabei ertappte, wie sie ihn musterte. Beim dem gemeinsamen Essen gestern Abend hatte er sie nicht aus den Augen gelassen und sein Blick hatte sie so gehemmt, dass sie linkisch mit ihrem Besteck hantiert hatte. Über die Schulter von Vern Eckers hinweg hatte er sie gefragt, wie sie sich fühle und ob sie zu der Kletterpartie bereit sei. Ja, hatte sie ihm versichert. Sie freute sich auf die Herausforderung.

»He, Al. Ted möchte gern wissen, wie du mit Vansittart den Lhotse bezwungen hast.«

Er hatte sich abgewandt und Finch starrte auf ihren Teller. Das Essen war kalt geworden.

Die Landebahn im Bergdorf Lukla war sehr kurz. Sie stieg leicht an und endete dann unvermittelt unterhalb eines Felsens. Der Hubschrauber setzte zur Landung an. Finch war froh, nicht in einem Starrflügel-Flugzeug zu sitzen. Am Rand der winzigen Landebahn drängten sich Menschen und Jaks.

Beim Verlassen des Hubschraubers sagte Sam zu ihr: »Dieser Flug war immerhin angenehmer als unser letzter.«

Al hatte seine Worte vernommen und musterte Sam und Finch nachdenklich. Offensichtlich wurde er erst jetzt auf Sam aufmerksam.

Das Expeditionsgepäck wurde ausgeladen. Bereits am Vortag war eine weitere Ladung mit den Labels von Mountain People hergeflogen worden. Das Gepäck sollte nun auf die wartenden Jaks verteilt werden. Die Träger kümmerten sich unter der Anleitung von George und Pemba darum. Kommandos wurden erteilt, man schrie durcheinander. Adam war immer noch sehr blass und versuchte Ordnung zu schaffen. Finch erkannte, dass sie hier nichts ausrichten konnte, und entfernte sich. Sie setzte sich auf eine niedrige Steinmauer und ließ den Blick übers Tal schweifen. Die steilen Hänge waren mit Bäumen bedeckt, die dahinter liegenden Höhen in Nebel gehüllt. Die kühle Luft roch nach Rauch und Jakdung. Lukla war eine Ansammlung weißer Steinhäuser und schmutziger Gassen.

Zwei kleine Kinder schlichen sich heran und blieben vor ihr stehen. Das ältere, ein Mädchen, trug einen langen Rock aus bedrucktem Baumwollstoff und schmutzige rosa Socken in übergroßen Stiefeln. Mit dem Kopftuch über ihrem rabenschwarzen Haar sah sie wie eine zierliche alte Frau aus. Sie hielt ihren kleinen Bruder, dessen Gesicht schmutzig und verschmiert war, an der Hand.

»*Namaste*«, begrüßte Finch die Kinder.

Sie erwiderten ihren Gruß, bewegten dabei aber kaum die Lippen und starrten Finch neugierig an.

Etwa zwei Stunden später waren die Träger und Jaks mit dem Gepäck beladen und marschbereit. Die Expeditionsteilnehmer setzten sich zu zweit oder zu dritt gemächlich in Bewegung. Bald kehrten sie Lukla den Rücken. Da sie sich bereits in einer Höhe von fast dreitausend Metern befanden, durften sie nicht zu schnell gehen. Finch versuchte ihren Rhythmus zu finden und sich an das Gewicht auf ihrem Rücken zu gewöhnen. Sie spürte nervöse Anspannung, die sich legte, als sich ihre Muskeln aufwärmten. Das grauweiße Wasser des Gletscherflusses versickerte in einer Felsspalte. Von Zeit zu Zeit führte der Weg sie über hohe schwankende Brücken aus Seilen und Brettern. Die schwer beladenen Jaks trotteten mühsam darüber hinweg. Ab und zu bockte eines der Tiere und wurde dann vom Träger mit Stöcken angetrieben.

Der Marsch auf dem festen, ausgetretenen Weg war angenehm. Die Bäume trieben Knospen und unter ihren knorrigen Ästen sammelte sich Laub. Die Luft war feucht und erfreulich kühl. Finch blickte auf Rix' grauen Haarschopf und Mark Masons kurz geschorenen Kopf. Die beiden unterhielten sich angeregt. Gelegentlich lachte Rix laut, doch das Geräusch wurde vom Wasser gedämpft. Finch ließ den Blick über die anderen Expeditionsteilnehmer schweifen. Ted und Vern, die beiden Amerikaner, bewegten sich zügig und mühelos vorwärts.

Sie hatte schon befürchtet, Sam McGrath würde sich ihr an die Fersen heften, aber nachdem er sie höflich gefragt hatte, ob sie Hilfe benötige, was sie verneint hatte, hatte er sich Sandy Jackson angeschlossen. Ken Kennedy marschierte in Begleitung von Pemba und George, Al dagegen allein. Er schlug ein flottes Tempo an, wodurch sein Abstand zur Gruppe immer größer wurde.

Nach einer Weile wandte Finch sich um. Adam und Mingma bildeten die Schlusslichter. Adam ging sehr langsam, den Kopf gesenkt. Sie setzte sich auf einen Felsen am Wegesrand, tat so, als ruhte sie sich aus, und wartete, bis er aufgeholt hatte.

»Wie geht es dir?«

»So einigermaßen«, murmelte er.

Sie bot ihm ihre Wasserflasche an, aber er lehnte ab. »Ich habe genug getrunken. Außerdem willst du ja wohl nicht, dass ich meine Bazillen verbreite.«

»Fühlst du dich noch schlapp?«

»Ein wenig.«

Finch schulterte ihren Rucksack wieder und marschierte neben ihm her. Sie kamen durch einige Siedlungen, kleine Ansammlungen niedriger Steinhäuser mit Schiefer- oder Wellblechdächern. Kinder rannten aus den Häusern, um ihnen nachzugaffen, und die Frauen entboten ihnen ihren Gruß. »*Namaste, namaste.*«

Am zweiten Tag überquerten sie eine Brücke aus Brettern und Seilen, die sich Hunderte von Metern über die Schlucht spannte. Nun verließen sie das Tal und den Fluss und begannen den Aufstieg. Finch entdeckte die Zickzacklinie des Weges, der an der Steilwand eines bewaldeten Felsens entlanglief. Der Weg führte nach Namche Bazar, die alte Sherpa-Hauptstadt. Hier drängten sich Trekker, Jaks und Dorfbewohner. Letztere hatten ein Band um den Kopf geschlungen, an dem auf dem Rücken ein schwerer Korb befestigt war. Sie alle hatten das gleiche Ziel: den Wochenendmarkt in Namche.

Der Aufstieg war lang. Finch folgte den schwer beladenen Jaks. Häufig blieb sie stehen, um Atem zu holen. Es war der erste ernsthafte Akklimatisierungstest und sie spürte einen Druck hinter der Stirn, das erste Warnzeichen. Im Talgrund schlängelte sich der Fluss und der Weg stieg weiter an. Unter den Bäumen mit bemoosten Ästen war es schattig und sehr ruhig. Sie konzentrierte sich auf die körperliche Anstrengung und ließ ihre Gedanken schweifen. Allmählich ließ der Druck in ihrem Kopf nach. Im Sonnenschein leuchteten die blühenden Rhododendren rosa und gelb.

Als sie sich umblickte, sah sie Adam gerade um eine Biegung kommen, von Mingma begleitet. Seine Schritte waren jetzt fester. Außer ihm klagte niemand über irgendwelche Beschwerden.

Mark Mason hatte Husten. In der gestrigen Nacht war sie aufgewacht und hatte ihn gehört. Aber als sie ihn am Morgen nach dem Husten fragte, antwortete er leichthin: »Es ist nur die stickige Luft in Katmandu. Ich bin völlig in Ordnung.«

Verglichen mit der Überschwänglichkeit und Aggression von Rix, schien sein Gefährte ruhig. Aber Marks verkrampfte Haltung und seine ausdruckslose Stimme verrieten eine eiserne Entschlossenheit, die Finch nicht entging.

Am Spätnachmittag bogen die Kletterer und Träger in die Stadt Namche ein, die hufeisenförmig an einem Felsvorsprung lag und wie ein Amphitheater über der steilen Schlucht wirkte. Die niedrigen Häuser und Hütten hatten kleine Fenster mit hellblauen Rahmen und flache blaue oder grüne Dächer. Die ansteigenden Straßen waren matschig und auf beiden Seiten von Läden gesäumt, in denen Hippie-Kleidung, Lebensmittel und gebrauchte Kletterausrüstung angeboten wurden. Da die Stadt knapp dreitausend Meter hoch lag, wurde es gleich nach Sonnenuntergang kühl. Finch setzte ihren Rucksack ab, holte eine Fleecejacke und eine Mütze mit Ohrenschützern heraus und stieg die Treppe zum Gästehaus hoch. Die ersten Ankömmlinge saßen bereits auf der zur Straße liegenden Veranda.

»Willst du ein Bier?«, begrüßte Sandy Jackson sie.

»Lieber Tee«, rief sie zurück.

Vern Ecker und Sandy rückten am Holztisch zur Seite. Eine junge Sherpani brachte ihr ein Glas Tee. Finch trank gierig. Von nun an würden sie vier Liter Flüssigkeit pro Tag zu sich nehmen, um der Austrocknung entgegenzuwirken. Mark hustete wieder.

»Sind alle wohlauf?«, fragte sie. Al Hood saß etwas entfernt von ihr. Er hatte die Stiefel ausgezogen und die Füße mit den dicken Socken auf einen Stuhl gelegt.

»Ja. Ist Adam schon da?«, erkundigte sich Vern. Er trug einen dunklen, mit Grau durchsetzten Stoppelbart.

»Er und Mingma sind hinter mir gegangen«, erwiderte Finch. »Sie müssen jeden Moment auftauchen.«

Sam ging um den Tisch herum. Er hatte den Reißverschluss seines roten Parkas hochgezogen. Er wirkte eifrig und seine Augen strahlten. Finch seufzte innerlich.

»Darf ich mich zu Ihnen setzen?«

Auf der stark frequentierten Veranda war nur noch der Stuhl, auf den Al seine Füße gelegt hatte, frei. Al nahm sie herunter, wenn auch sichtlich unwillig.

»Wir sind einander noch nicht vorgestellt worden.« Sam setzte sich und lächelte ihn an. »Ich heiße Sam McGrath.«

»Wer bist du?«, fragte Al. Das Duzen war unter Bergkameraden üblich.

»Sam McGrath.«

»Den Namen habe ich schon richtig gehört, Sam. Ich habe dich gefragt, wer du bist.«

»Das ist eine schwierige Frage. Wer weiß schon, wer er ist?«

Es herrschte kurzes Schweigen.

Sandy spielte mit seinem Pferdeschwanz und tätschelte ihn, als wäre er ein kleines Tier. Amüsiert lauschte er dem Gespräch.

Als Miene verriet keine Regung. Er wartete noch immer auf Sams Antwort.

»Ich habe diese Jungs in einer Bar in Katmandu getroffen und wir kamen gut miteinander aus. Ich bin allein und sie haben mich aufgefordert, mich ihnen anzuschließen. Ich bin das erste Mal hier.«

»Bist du Bergsteiger?«

Schwere Stiefel stapften eine Holztreppe hinauf, Biergläser klirrten und in der Bar wurde, dem Geräusch rollender Kugeln nach zu urteilen, Billard gespielt.

Finch hatte ihm auf dem Flug nach Vancouver dieselbe Frage gestellt. Sam wusste, dass sie am Tisch saß, halb verborgen von Ted Koplicki. Al starrte ihn herausfordernd an und wartete, dass er Farbe bekannte. Plötzlich dachte er an seinen Vater zu Hause in Wilding, der sich die Talkshows ansah und keine Illusionen mehr hatte.

»Ja.« Die Antwort klang zu seiner eigenen Überraschung entschlossen.

»Ah.«

Al hatte seine Aufmerksamkeit bereits von Sam abgewandt. George Heywood war in der Tür zur Veranda aufgetaucht und die junge Sherpani wurde beauftragt, noch mehr Bier zu bringen. Wolken waren aufgezogen und verhüllten die Berge und am Ende der Straße stieg ein dünner, kühler Nebel auf. Ted erhob sich und ging in die Bar, sodass zwischen Sam und Finch ein Stuhl frei wurde. Überraschenderweise lächelte sie ihn an, ein flüchtiges Zeichen von Sympathie.

»So, da wären wir also«, sagte Sam und verfluchte sich innerlich wegen dieser banalen Worte.

»Sehen Sie sich um.« Sie deutete auf die Straße, wo Sherpas dahineilten und tibetische Straßenhändler Silberschmuck mit Türkis- und Korallensteinen anboten. Von der Bäckerei unter ihnen stieg der Duft nach Äpfeln und Zimt auf. Über und hinter ihnen ragten die unsichtbaren und erträumten Berge des Himalajas auf, nah genug, um sie an ihr Ziel zu erinnern. Finch und Sam dachten beide an den Zeitungsstand am Flughafen, wo sie sich kennen gelernt hatten, an den Flug nach Vancouver und die Routine, die sie hinter sich gelassen hatten. Diese Erinnerung und das unausgesprochene Wissen darum war der erste zwischen ihnen angeschlagene, gemeinsame Akkord.

Sam sah, wie sich in der kühlen Luft die Haut über ihren Wangenknochen spannte und ihre Augen vor Abenteuerlust blitzten. »Was haben Sie heute Abend vor?«, fragte er.

»Das Gleiche wie alle. Abendessen und dann schlafen, hoffe ich zumindest.«

»Bitte, essen Sie mit mir.«

Finch fing an zu lachen. »In Namche? Sollen wir in ein italienisches, französisches oder japanisches Restaurant gehen?«

»Es gibt ein Curry-Haus, ich bin gerade daran vorbeigekommen.«

Sie wurde unschlüssig und war im Begriff nachzugeben. Ja, sie würde mit ihm zu Abend essen, würde eine Stunde mit ihm statt mit Rix, Sandy und den anderen verbringen.

Am liebsten hätte er übermütig auf den Tisch getrommelt. In Seattle oder sogar in Vancouver wäre das leichter gewesen, aber Namche Bazar gab diesem ersten kleinen Sieg einen besonders köstlichen Beigeschmack.

Mingma bahnte sich einen Weg vorbei an den Rücklehnen der Stühle. Den Mantel hatte er ausgezogen. Darunter trug er ein pinkfarbenes Polohemd von Lacoste. Die meisten Sherpas trugen voller Stolz die Kleidung, die ihnen Bergsteiger und Trekker aus dem Westen geschenkt hatten.

»Madam? Kommen zu Mr. Adam. Er krank.«

Finch stand sofort auf. »Wo ist er?«

»Drinnen.«

»Tut mir Leid, Sam.«

Er blickte ihr nach und starrte dann auf die matschige Straße.

Adam lag auf einem der unteren Betten in einem Zimmer mit drei Doppelstockbetten. Sein Gesicht war grau; er sah erschöpft aus und hielt sich die Hand über die Augen. Finch betrachtete ihn und öffnete ihren Arztkoffer.

Der sechste Schlafplatz im Raum gehörte Sam. Als dieser nach einer halben Stunde des Wartens auf der kühlen Veranda das Zimmer betrat, standen George, Al und Finch um den Patienten herum. Adam hatte die Augen geöffnet, seine Beine lagen auf einem Schlafsack. Offensichtlich führten sie ein ernstes Gespräch.

»Hallo, Junge«, begrüßte Sam den Patienten.

»Sie versuchen mich runterzuschicken«, sagte Adam. »Ich will nicht. Ich habe sie gebeten, bis morgen zu warten und mich dann noch mal zu untersuchen.«

Finch bedeutete ihm, sich wieder hinzulegen. »Die Höhe ist zu viel für dich«, sagte sie leise. »Bleib ein paar Tage unten in Phakding. Dann kannst du nachkommen und erneut versuchen dich zu akklimatisieren.«

»Das ist nicht nötig«, widersprach Adam. »Ich habe noch nie Schwierigkeiten mit der Höhe gehabt. Morgen bin ich wieder gesund.«

»Ich werde Mingma und einen der Träger noch heute Abend mit dir runter nach Phakding schicken«, sagte George. »Sie machen sich gerade fertig.«

»Nein.« Adams Weigerung klang jetzt matt.

George warf Finch einen Blick zu. Sie schüttelte den Kopf.

Sam sah die Verzweiflung und die Herausforderung in Adams angespanntem Gesicht. Dieser Ausdruck war ihm sehr vertraut, wenn auch aus einem anderen Zusammenhang. Er begriff, wie sehr sich Adam nach der Bergbesteigung sehnte. Es war grausam, sie ihm zu verwehren, noch bevor der Berg in Sicht war. »Gebt ihm eine Chance«, mischte er sich ein.

Al wandte den Kopf und musterte Sam mit kühlem Blick, als sähe er ihn zum ersten Mal. »Ich habe einmal einen Mann einem Gehirnödem erliegen sehen und das war wahrlich kein Vergnügen.«

Finch warf ihm einen flüchtigen Blick zu. Al ließ seinen Blick weiter auf Sam ruhen. Sie legte das Stethoskop zusammen und verstaute es in ihrem Arztkoffer. »Ich behaupte nicht, dass er ein Ödem hat. Sein Kopfweh, seine Erschöpfung, die Übelkeit und Benommenheit deuten auf akute Höhenkrankheit hin und wir befinden uns in einer Höhe, in der das zum Problem werden kann. Es ist oft schwer zu erkennen, wann sich die Höhenkrankheit zu einem Gehirn- oder Lungenödem entwickelt. Aber sobald nur der geringste Zweifel besteht, ist Abstieg die beste Medizin.«

Sam sagte: »Kann er denn nicht selbst entscheiden, ob er gehen oder bleiben möchte?«

»Nicht, solange ich die Expedition leite. Er tut, was ich ihm sage. Und ich befolge den ärztlichen Rat«, gab Al zurück.

Adam protestierte noch immer, wenn auch schwächer. »Hör zu, ich habe da oben eine Aufgabe zu erfüllen. Tut mir Leid, George.«

Georges grauer Haarkranz umgab seinen Eierkopf wie ein Heiligenschein. Er war unrasiert und sein sympathisches Gesicht wirkte besorgt. »Ich stimme Al und der Ärztin zu. Mach dir keine Sorgen. Du solltest dich erst akklimatisieren und kannst uns dann weiter oben einholen.«

Mingma erschien in der Tür. Neben ihm stand ein Träger, knorrig wie ein Baumstamm und sehr kräftig. Sein Leben lang hatte er für ein paar Rupien pro Tag Lasten zum Everest hoch- und wieder hinuntergeschleppt. Es gehörte ebenfalls zu seinen Aufgaben, einen Kletterer hinunterzubringen, damit der wieder besser atmen konnte.

»Wir sind bereit.« Mingma war wieder in seinen Mantel geschlüpft. Es herrschte Stille, während Finch und Sam dem Patienten halfen, aufzustehen und seinen Parka anzuziehen.

Die kleine Gruppe begab sich zur Hauptstraße. Mingma ging mit seinem Rucksack voraus, Adam wurde von dem Träger mit einem Griff um die Schulter gestützt. »O Gott, mein Kopf!«, murmelte Adam und setzte sich mühsam in Bewegung. Die drei Männer trugen Stirnlampen, obwohl die beiden Sherpas den Weg auch blind finden würden.

»Ich komme zurück. Macht euch keine Hoffnungen«, knurrte Adam noch. Seine Enttäuschung und das Gefühl des persönlichen Scheiterns war für alle bedrückend. Alle, außer Sam, waren mit der Absicht hierher gekommen, so weit und so hoch wie möglich zu klettern. Dass einer von ihnen so früh schon aussteigen musste, erinnerte sie auf unliebsame Weise an ihre eigene Fehlbarkeit.

»Natürlich kommst du nach. In ein paar Tagen sehen wir uns wieder«, beruhigte Sam ihn.

Der Strahl der Taschenlampen wanderte über die Häuserfront.

Die anderen Teilnehmer der Expedition sahen Adam nach.

Als er außer Sichtweite war, wandte sich Al an Sam. »Hör zu, misch dich nicht in die Angelegenheiten dieser Expedition, verstanden?«

Sam war wieder zehn Jahre alt und wurde von seinem Vater vor Publikum abgekanzelt. Er kämpfte gegen das ungute Gefühl kindlicher Entrüstung, gegen Demütigung und Erwachsenenzorn an. »Du kannst mich mal!«, schnappte er.

Al wandte sich stillschweigend ab und kehrte zum Gästehaus zurück. Die anderen lungerten noch eine Weile herum. Als sie erkannten, dass kein Kampf in Sicht war, zogen sie sich ebenfalls zurück. Schließlich waren nur noch Finch und Sam übrig.

»Al ist nicht so, wie es scheint«, sagte Finch.

»Woher wollen Sie das wissen? Und warum verteidigen Sie ihn?«

»Das spielt keine Rolle. Aber Ihr Eintreten für Adam hat mir gefallen.«

»Trotzdem haben Sie angeordnet, dass er ins Tal hinabsteigt.«

»Auch ich habe hier meine Arbeit zu erledigen, Sam. Das heißt nicht, dass Adam mir nicht Leid täte oder dass ich seine Enttäuschung nicht verstehen würde. Ich will genauso wie er hoch zum Gipfel. Aber aus medizinischer Sicht war es die richtige Entscheidung. George erwartet das von mir und Al verlässt sich darauf. Möglicherweise wäre er morgen früh wieder fit gewesen. Aber genauso gut könnte sich sein Zustand verschlimmern. Warum soll man das Risiko eingehen, wenn man nicht sicher ist?«

Sam überlegte, wie schwer es wohl für Finch sein musste, ein Gleichgewicht zwischen ihrer Aufgabe als begleitender Ärztin und Teilnehmerin zu finden. Niedergeschlagen erkannte er, dass sein Eingreifen für sie nicht hilfreich gewesen war. »Dieser Satz erinnert mich an jemanden.«

»Darf ich fragen, an wen?«

Sie stand dicht neben ihm, und er sah wie ihr Atem in der feuchten, kalten Luft kleine Wolken zauberte. Sie verhielten sich nun recht freundlich gegenüber dem anderen. »An meinen Vater.«

»Erzählen Sie.«

»Beim Dinner.«

»Sam, nicht heute Abend.«

»Was muss ich denn tun?«

Plötzlich lächelte sie und ihre Zähne blitzten im fahlen Licht. Aus einer Bar drang Musik. Sie zog den Reißverschluss ihrer Fleecejacke hoch bis zum Kinn und wieder sah er den Hauch ihres Atems. »Hm, mal überlegen. Den Everest besteigen?«

»Ist das alles?«

Finch und Sam amüsierten sich sichtlich über ihre Plänkelei.

»Absolut alles. Tun Sie's und ich gehöre Ihnen.«

»Betrachten Sie es als getan.«

Sie schlenderten zurück zum Gästehaus.

»Und Sie erzählen mir mehr über Ihren Vater?«

»Nicht heute. Sie sehen: Was Sie können, kann ich auch.«

Finch lachte. »Das werde ich Ihnen austreiben.«

Rix und Vern spielten Billard und einige australische Trekker sahen ihnen dabei zu. Ihr Wettgeld, ein Bündel zerknitterter Geldscheine, lag beschwert von einem Glas auf dem Tisch. »Sam, holst du uns bitte ein Bier?«

Finch hatte eines der unteren Betten im zweiten Schlafsaal belegt. Sie legte ihren Schlafsack auf die harte Matratze und stopfte die Daunenjacke in einen Baumwollbeutel, um daraus ein Kissen zu machen – eine vertraute Routine auf Expeditionen. Dann kletterte sie in Thermounterwäsche ins Bett.

»Wie hältst du es auf solchen Expeditionen mit Waschen und dergleichen?«, hatte Suzy sie einmal gefragt. Finch lächelte beim Gedanken an Suzys vor kurzem entwickelte Schönheitspraktiken und an die Ablage über dem Waschbecken mit all den Tuben von Clarins und Linique. Irgendwann hatten sie im Laufe ihrer langen Freundschaft die Rollen getauscht: Finch hatte sich, je mehr sie sich dem Einfluss ihrer Mutter entzog, von der Vancouver-Prinzessin in eine begeisterte Bergsteigerin verwandelt und Suzy war jetzt die gepflegte, modische Kinderärztin und frisch vermählte Mrs. Jefferey Sutton.

»Wegen der Kälte schwitzt man nicht so sehr und wird deshalb auch nicht so schmutzig.«

»Du wäschst dich also eigentlich gar nicht?«

»Nein, eigentlich nicht.« In den niedrigeren und wärmeren Regionen war es schwieriger. Finchs Lächeln wurde noch breiter, als sie sich Suzys Entsetzen vorstellte, wenn sie das Bad hier sehen könnte. Aber es war in Ordnung, fand sie. Alle saßen im selben Boot, jeder roch gleich.

Mark hatte das Bett ihr gegenüber belegt und schlief bereits tief. Deshalb verzichtete Finch darauf, die Stirnlampe anzuknipsen und zu lesen. Sie lag still in der Dunkelheit da und lauschte den Geräuschen, die an ihr Ohr drangen. Im Hof unter den Fenstern bellten ein paar Hunde. Über ihr stapften Stiefel über die Holzböden und aus der Bar drang gedämpfte Musik. Türen wurden zugeschlagen, Holzbalken und Bettgestelle knarzten, als sich die Gäste für die Nacht bereit machten. Namche war kein erholsamer Ort. Weiter oben auf dem Gletscher, unter den hohen Gipfeln, würde es ruhiger sein.

Al saß allein auf der Veranda und blickte die Straße hinunter. Die Dunkelheit war nebelverhangen und kühl. Während die anderen die wohlige Wärme der Bar genossen, zog er die Einsamkeit hier draußen vor.

Sein Zorn über den jungen Mann, der sich in seine Angelegenheit gemischt hatte, war schnell verflogen. Die Episode war für ihn erledigt. Er dachte an die verschiedenen Persönlichkeiten und Fähigkeiten seiner sechs Kunden, so weit er diese bereits beurteilen konnte, und an ihre Chancen, den Gipfel zu erreichen. Er hielt die beiden Amerikaner, Vern und Ted, für fit und stark;

sie würden es vermutlich schaffen, wenn das Wetter es zuließ. Rix war ein Scheißer, der zu viel redete, aber ebenfalls von eiserner Entschlossenheit. Mark Mason schien immer in dessen Schatten zu stehen. Al fürchtete, dass Mark, wenn Rix aus irgendeinem Grund ausfallen würde, womöglich nicht das Durchhaltevermögen hätte, allein weiterzumachen. Aber ich kann mich auch täuschen, dachte er. Er hatte schon ruhige, zurückhaltende Menschen mit der größten Willenskraft gesehen. Sandy Jackson machte ihm da eher Sorgen. Er war neurotisch und sorgte gern für Missstimmung. Außerdem besaß er keinen Teamgeist und das könnte Ärger bedeuten. Al mochte ihn nicht, würde aber sein Bestes tun, das zu verbergen. Spider pflegte zu sagen, Energie, Geschicklichkeit und Toleranz seien die drei wesentlichen Dinge beim Bergsteigen. In einem Lager hoch oben auf dem Berg, vom Sturm umtobt, fiel Toleranz besonders schwer.

»Dir ganz besonders, mein Junge«, würde Spider ihm lachend vorhalten.

Als professioneller Führer war es seine Aufgabe, fair zu sein und die Moral der Gruppe aufrechtzuerhalten. Um Adam Vries tat es ihm Leid. Vries war angenehm und seine gute Laune hätte die anderen möglicherweise aufgeheitert. Denn Tiefpunkte würde es bestimmt geben. Vielleicht würde es Vries nach ein paar Tagen in geringerer Höhe besser gehen.

Und dann war da Finch Buchanan. Mit ihrem charakterlichen Ernst würde sie ihre Sache gut machen. Morgen würde er vielleicht eine Gelegenheit zu einem Gespräch unter vier Augen finden.

Unvermittelt erhob er sich. Er verbannte den Gedanken an diese Frau und konzentrierte sich wieder auf die Expedition. Die Gruppe war nicht übel; er hatte schon ganz andere Männer zum Gipfel geführt.

Unwillkürlich blickte Al zum Himmel. Er würde alles tun, um das Risiko auf ein Minimum zu beschränken. Aber er wusste auch, dass Gefahr nicht immer absehbar war. Wenn sie in den Bergen auftrat, ging oft alles sehr schnell. Sie waren dem Wetter, dem Eis und dem Wind ausgeliefert, viel größeren Gewalten, mit denen verglichen ihre eigenen Ambitionen unbedeutend schienen.

All das war ihm nicht neu. Al zog die Jacke fester um sich und ging zurück ins Haus.

Die anderen begaben sich allmählich zu Bett. Finch wusste, dass es Al war, als sich die Tür öffnete. Sie erkannte ihn an seinem Schatten, an seinen Bewegungen. Reglos lag sie da, während er sich auszog und seine Kleider auf den Boden fallen ließ. Plötzlich merkte sie, dass sie den Atem angehalten hatte. Geräuschvoll atmetete sie ein. Sein Bett befand sich in der gleichen Reihe wie ihres, aber er lag mit dem Kopf in der anderen Richtung. Er legte sich nieder, sie hörte das Rascheln seines Schlafsacks, dann war es ruhig. Der einzige Lichtfleck im Raum war ein schmaler heller Streifen neben dem Fenster. Mark Mason schnarchte. Finch hätte mit den Füßen fast die von Al berühren können. Es war der engste Kontakt seit Beginn der Expedition. Seltsam, dieses Gefühl, fast Zeh an Zeh mit ihm in einem engen Raum zu liegen, der nach Männerfüßen, Staub und Kleidern roch. Mit weit aufgerissenen Augen starrte sie in die Dunkelheit.

Es dauerte lange, bis sie in einen traumschweren Schlaf fiel.

Den nächsten Tag verbrachten sie in Namche, um sich zu akklimatisieren und zu erholen. Sie lagen entweder in ihren Betten oder hingen in den Bars und Cafés herum. Finch beschloss, vor dem Abstieg eine Wanderung bergauf zu machen. Sie wusste aus Erfahrung, dass man besser schlief, wenn man sich tagsüber weiter oben aufgehalten hatte. Nach einer Nacht ohne die Erquickung des Schlafs fühlte sie sich müde und benommen.

Ein steiler Weg führte aus dem Dorf, an niedrigen Steinmauern entlang. Sie schritt in gleichmäßigem Tempo voran, die Hände in den Taschen ihrer Jacke vergraben. Von hier konnte man irgendwo den ersten Blick auf den Everest erhaschen, aber heute waren die Chancen gleich Null. Von der Schlucht unterhalb von Namche stiegen dicke Wolken auf und verwehrten die Aussicht.

Nach einem halbstündigen Aufstieg blieb sie stehen und rastete auf einer Felsnase. Auf einem kleinen Grasflecken darunter blühten blaue Bergenziane. Jemand war ihr gefolgt und näherte sich jetzt mit schnellen Schritten.

Es war Al. Ohne sich von der Stelle zu bewegen, blickte sie ihm entgegen.

In Gedanken überlegte sie, was sie sagen würde. Fragen und Erklärungen gingen ihr durch den Kopf. Aber als er vor ihr stand, begriff sie, wie unbedeutend Worte waren. Sie erhob sich und versuchte auf dem schlüpfrigen Boden nicht auszurutschen.

Er legte ihr eine Hand auf den Arm. Sie sahen sich an, studierten minutenlang jede Linie im Gesicht des anderen. Immer noch ohne ein Wort zu sagen, zog er sie näher an sich. Ihre Lippen berührten sich, fühlten sich in der kalten Luft kühl an. Der Kuss war innig; er war keine Erkundung, sondern ein Eingeständnis.

Ihre Lippen lösten sich voneinander und er hielt sie immer noch in den Armen, wie um ihr Entfliehen zu verhindern. Es gab so viel zu sagen. Plötzlich sprudelten die Worte nur so hervor.

»Fünf Jahre«, bemerkte Finch erstaunt.

»Es gab keinen Tag, an dem …« begann er. Sie lächelte über den Klang seiner Stimme, über den Protest darin. Er bemerkte ihr belustigtes Lächeln und küsste sie erneut.

»Vor achtzehn Monaten habe ich deinen Namen auf einem Fax gelesen. Ich glaubte, ich hätte es mit der Übersetzung aus einer fremden Sprache zu tun. Aber dann begriff ich und wusste, dass genau dies geschehen würde. Ich brauchte nur abzuwarten.«

»Ein Fax?«

»Ja, von George. Er schrieb, du wolltest die Expedition als Ärztin begleiten. Er zählte deine Erfahrung und deine Qualifikationen auf und wollte wissen, ob ich dich kenne oder von dir gehört habe.«

»Ah. Und was hast du geantwortet?«

»Ich habe gesagt … dass ich dich vom Hörensagen kenne. Und dass du sicherlich ideal für den Job seist.«

»Danke. Und daraufhin hat er mich eingestellt. Und du hast also gewusst, dass ich komme?«

»Natürlich, Finch.«

Natürlich. Nichts entzog sich je seiner Kontrolle. Sie blickte ihm in die Augen. »Und ich dachte schon, du hättest alles vergessen, hättest mich vergessen.«

Er hielt ihrem Blick stand. »Nein, ich habe es nicht vergessen und ich habe alles ernst gemeint. Es ist kein Tag vergangen, an dem ich nicht an dich gedacht habe.«

»Wie geht es deiner Familie?«

»Gut, danke. Molly ist fast erwachsen.«

Plötzlich schien es Finch absurd, in ihrer Umarmung eine höfliche Konversation über Als Familie zu führen. Nach fünf Jahren waren sie begierig, alles Trennende aus dem Weg zu räumen. Ich zumindest, dachte sie, bin begierig. Wie er empfindet, weiß ich nicht und habe es nie genau gewusst.

Sie trat ein wenig zurück. Ihr Gesicht verschloss sich, aber er hielt sie so fest umschlungen, dass es fast weh tat.

»Jen und ich haben uns getrennt. Ein Jahr nach meiner Rückkehr. Wir sind seit zwei Jahren geschieden.«

Finchs Anspannung verwandelte sich in Erstaunen. »Warum hast du es nicht …«

»Es dir mitgeteilt? Dich besucht?«

»Ja.«

»Du bist eine starke Frau, Finch. Kein Kind, niemand, der von jemandem abhängig oder Teil eines anderen ist. Wer bin ich, mir anzumaßen, erneut in dein Leben zu treten? Auch du bist genauso wenig in meines getreten.«

»Du hast das Fax abgewartet.«

Er dachte darüber nach. »Ich wusste, dass wir uns wiedersehen würden. Ich wusste nicht, wo oder wie lange es dauern würde, aber ich war mir sicher, dass es passieren würde. Und ich hatte auch Angst vor der Bedeutung dieser Begegnung, aus all den Gründen, die du kennst und verstehst.«

Ja, dachte Finch. Das Engagement und der Verlust der Freiheit, die Dinge, vor denen jeder Bergsteiger Angst hatte.

»Dann habe ich deinen Namen gesehen. Er wirkte wie eine Übersetzung.«

Er war aufrichtig. Auch damals war er aufrichtig gewesen.

Er blickte sich um, studierte den perlmuttfarbenen Himmel und die Aufwärtswindungen des Weges. In ein paar Metern Entfernung stand ein niedriges Steingebäude, das auf die Schlucht blickte. Er nahm ihre Hand und führte sie dorthin. Er nahm seinen Rucksack ab, ließ ihn auf den Boden fallen und half Finch, den ihren abzunehmen.

»Komm, wir wollen uns setzen.«

Sie nahmen Platz und lehnten sich gegen den bröckelnden Stein. Die Sonnenwärme löste den Nebel allmählich auf. Über ihnen färbte sich der Himmel zartblau. Al holte eine Tafel Schokolade aus seinem Rucksack und streifte das Papier ab. Dann öffnete er eine rote Wasserflasche aus Metall und reichte sie ihr. Sie trank warmen Schwarztee, er zerteilte die Schokolade in Riegel und drückte ihr einen in die Hand. Dann befeuchtete er seine Fingerspitze mit Speichel, pickte die Schokoladenreste von ihrer Handfläche und leckte seinen Finger ab. Die Intimität dieser kleinen Geste erregte sie stärker als ein sexuelles Vorspiel. Sie schloss die Augen, weil das Verlangen nach ihm sie zu überwältigen drohte, und lehnte den Kopf gegen den kühlen Stein. Sie spürte die Sonnenhitze auf der Stirn. Der Schokoladengeschmack in ihrem Mund war köstlich.

»Und du?«, fragte Al.

Nach all der Zeit hatte sie ihm eine Menge zu erzählen.

Sie berichtete von ihrer interessanten und sinnvollen Arbeit, die recht gut bezahlt war und von Dennis belebt wurde. Sie erzählte von Suzy und anderen Freunden, die inzwischen fast alle verheiratet waren. Von ihrer Familie und von Ralf, der bis vor ein paar Wochen eine Rolle in ihrem Leben gespielt hatte. Sie erzählte ihm, dass sie sich seit ungefähr einem Jahr auf diese Expedition vorbereitet hatte und der Zeitaufwand eigentlich größer war, als sie es sich leisten konnte. All das fasste sie in wenigen Worten zusammen, ohne sich mit Details aufzuhalten.

Sie hatten die Schokolade aufgegessen und saßen nun ruhig da, dem Glockengebimmel der Jaks lauschend.

»Warum bist du hier?«, fragte Al sie schließlich. Sie saßen so dicht nebeneinander, dass sich ihre Schultern und Hüften berührten, auf gleicher Höhe und und mit leicht angezogenen Knien.

»Weil ich klettern will.« Das stimmte, obwohl es Finch nicht darum ging, die Angst zu besiegen. Finch wusste, dass sie reich war und auf der Sonnenseite des Lebens stand. Aber ein gewisser Ehrgeiz nagte an ihr, setzte ihre Leistungen in der privilegierten Welt herab und ließ sie Ausschau halten nach einer anderen, umfassenderen Herausforderung. »Und weil ich deinen Namen in einer Anzeige der Expeditionsleitung, in der ein Arzt gesucht wurde, entdeckt habe. Da dachte ich mir, wenn der Prophet nicht zum Berg geht, muss der Berg eben zum Propheten kommen.«

Ehrlichkeit verdiente Ehrlichkeit, dachte sie. Al schien in den Anblick seiner gefalteten Hände vertieft. Finch wartete. Unbewusst fiel ihr Blick auf die Frühlingsblumen.

»Danke«, sagte er schließlich. Und dann: »Schau!«

Sie hob den Kopf. Die Sonne hatte die letzten Nebelstreifen aufgelöst. Über ihnen in den Wolken hatte sich ein großer, in Silber gefasster blauer Spalt aufgetan und die fernen Gipfel schienen wie Segel riesiger Galeonen vorbeizuziehen. Sie schienen noch bedrohlicher und gleichzeitig noch großartiger. Finch erkannte den Gipfel des Nuptse und dahinter, in einen hauchdünnen Schleier aus Zirruswolken gehüllt, den des Everest.

Ken und George saßen im Dorf auf der blau bemalten Veranda ihres Gästehauses und beobachteten die Hauptstraße. Hier tummelten sich Sherpas und Trekker, die auf dem Weg zum Markt waren oder von dort kamen. Zwei Frauen gingen den Berg hinunter; eine trug Aluminiumpfannen- und töpfe auf dem Kopf, die andere einen Korb mit roten und grünen Paprikaschoten.

»Wo ist Al?«, erkundigte sich George.

Ken gähnte und zuckte die Schultern. »Ich habe ihn beim Frühstück gesehen, er macht vermutlich einen Spaziergang. Wie immer verliert Al nie ein überflüssiges Wort. Gibt es etwas Neues von Adam?«

»Finch und ich haben ihn heute Morgen angerufen. Es geht ihm besser als gestern, aber noch nicht gut genug. Die anderen sind aber okay, oder?«

Ken nickte. »Ja, alles in Butter. Nur Mason hat Probleme mit dem Husten und Rix hat ein zu loses Mundwerk, ist aber sonst gut in Form.«

»Wir müssen uns überlegen, wer Adams Job übernimmt, wenn er nicht rechtzeitig zurückkommt. Wir brauchen dringend noch einen Träger. Die Vorräte besorge ich selbst, aber die Funkgeräte, das Satellitentelefon und die E-Mails sollte vielleicht ein anderer übernehmen.«

»Das kann doch nicht so schwierig sein, George. Al, du und ich, wir können es unter uns ausmachen, wenn wir das Basislager erreicht haben.«

»Natürlich.«

In diesem Moment stieg Sam McGrath die Treppe zur Veranda hoch. In einer Hand trug er eine Tüte mit winzigen Äpfeln vom Markt, in der anderen schwang er seinen Parka. Die Mittagssonne brannte.

»Sam, willst du etwas trinken?«, fragte Ken.

»Dafür bekommst du einen Apfel.«

Ken nahm den Apfel entgegen und warf ihn George zu. Sam nahm auf einem Stuhl Platz, zog ein Taschenmesser hervor und schälte den Apfel spiralenförmig. Dann biss er kräftig hinein und kaute gedankenverloren.

»Kann ich kurz mit euch reden?«

George nickte zustimmend.

»Ich wollte euch fragen, ob ich Adams Platz einnehmen kann.«

Ken lachte, offenbar ehrlich amüsiert, und George drehte den Apfel in der Hand.

»Danke für das Angebot, Sam. Du siehst topfit aus, aber der Berg ist nicht zu unterschätzen und wir leiten eine kommerzielle Expedition. Ich muss meinen Kunden die bestmögliche Chance bieten, den Gipfel zu besteigen. Dazu gehört auch das bestmögliche Trägerteam.«

»Ohne Adam«, versetzte Sam.

»Adam klettert seit seiner Kindheit auf hohe Berge. Dieses Mal hat er einfach Pech gehabt. Das kann jedem passieren. Aber er war für diesen Job entsprechend qualifiziert.«

»Er sollte sich doch um die Vorräte und die Nachrichtenübermittlung kümmern. Um die Konzeption, in Theorie und Praxis. Ich arbeite zur Zeit als Websitegrafiker und kann beides vereinen; ich kenne mich aus. Ich kenne den Unterschied zwischen GIF und JPEG. Ich beherrsche HTML, JavaScript und CGI.«

George hob abwehrend die Hände. »Wow.«

»Ich kann problemlos einen Generator, einen Sender oder ein Satellitentelefon ausrüsten und E-Mails verschicken. Ich habe auch einen MBA. Wenn ihr mich instruiert, kann ich bestimmt alle Aufgaben, die Adam zugedacht waren, zufrieden stellend erledigen.«

Wieder legte Ken sein wettergegerbtes Gesicht in Lachfalten. »Du hast Mumm, Junge, und gibst nicht auf.«

Sam würdigte ihn keines Blickes; er konzentrierte seine ganze Aufmerksamkeit auf George.

George erklärte ihm freundlich: »Hör zu, es kann gut sein, dass du der beste Websitegrafiker der Welt bist. Aber das hilft dir noch nicht den Berg hoch. Adam sollte nicht nur eine Liste mit Konservenbüchsen aufstellen und ein paar Knöpfe betätigen. Er sollte Al, Ken und die Sherpas unterstützen. Ich selbst bin ein alter Mann und schaffe es nur bis zum Basislager.«

Sam hatte es sich auf seinem Stuhl bequem gemacht. Er ließ eine Minute oder zwei in nachdenklichem Schweigen verstreichen. Dann sagte er: »Mein Vater ist Mike McGrath.«

George legte den Apfel auf den Tisch. »Mike? Du bist Mikes Sohn? Ich dachte, er wäre …«

»Nein, er lebt in Oregon, kann aber nicht mehr klettern. Aber als ich klein war, hat er mich auf jeden Berg mitgenommen. Er hat immer gesagt, ich würde den Cap noch vor dem zwanzigsten Lebensjahr besteigen. So war es leider nicht. Hast du auch Kinder, George?«

»Drei. Einer meiner Söhne ist in Los Angeles in der Filmbranche tätig.«

»Aber du hast offenbar nichts gegen väterliche Wünsche.«

»Ja. So scheint es«, stimmte George zu. »Ich finde es nicht schlimm, dass dein Vater mit den Bergen verheiratet ist. Ken, Al und ich sind es auch.«

»Ich habe mich stattdessen auf den Marathonlauf verlegt. Meine beste Zeit sind zwei Stunden zwanzig Minuten. Leider habe ich mich nicht für Sydney qualifiziert, aber die Wettläufe waren vor sechs Wochen und seitdem bin ich regelmäßig gelaufen. Ich bin immer noch gut durchtrainiert.«

»Das bist du bestimmt.«

»Und ich kann klettern, George. Ich kann dieselben Lasten tragen, die Adam getragen hätte. Wenn es darum geht, die Kunden bis zum Gipfel zu führen, bin ich dafür genauso geeignet wie du und Ken.«

Die beiden Männer musterten ihn.

»Gebt mir den Job«, bat Sam.

»Erstens ist es harte Arbeit, schlecht bezahlt, zweitens erwirbt man dabei kaum Ruhm. Und drittens: Wenn es jemand bis zum Gipfel schafft, dann die zahlenden Kunden. Warum willst du unbedingt zum Gipfel?«

Sam blickte ihm fest in die Augen. »Weil es meinem alten Vater gefallen würde.«

George nickte.

Damit hatte er ins Schwarze getroffen. Nun, es war schließlich die Wahrheit, dachte Sam. Es würde Mike gefallen, sofern ihm irgendetwas, das sein Sohn tat, gefallen konnte. Sams Angaben zu seinem Beruf waren ebenfalls korrekt; allerdings gaben die nackten Tatsachen nicht wieder, in welches Chaos sein Leben sich in letzter Zeit verwandelt hatte. Er wollte sich der Expedition anschließen, weil er mit seiner Zeit nichts anderes anzufangen wusste. Außerdem wollte er in Finchs Nähe sein, auch wenn das eine romantische Illusion war. Jeder braucht im Leben etwas, woran er sich festhalten kann, sagte er sich. Wenn Finch Buchanan die Frau ist, die ich will, und das ist sie, habe ich mehr als noch vor einem Monat.

»Okay«, willigte George ein. »Was meinst du, Ken?«

Der andere zuckte die Achseln. »Was haben wir zu verlieren?«

»Ich werde anrufen und fragen, ob es möglich ist, dich an Adams Stelle auf die Liste zu setzen. Aber wenn Adam zurückkommt, bist du arbeitslos. Außerdem ist Al der Expeditionsleiter und hat das letzte Wort.«

»Ich verstehe«, sagte Sam gelassen.

Al und Finch saßen da und betrachteten die Berge, bis diese wieder hinter Wolken verschwanden. Finch fröstelte leicht. Ohne Sonne war es kalt hier oben. Al griff nach ihrer Hand und half ihr hoch. Er nahm ihre Hände in seine und sie studierte sein Gesicht. In den letzten Jahren hatte sie sich in Gedanken seine Gesichtszüge, seine Augen, seinen Mund und sein Haar vorstellen können, aber nicht das Gesamtbild oder seine Mimik. Sie war überrascht, wie vertraut er ihr war. Sie waren nur so kurze Zeit zusammen gewesen und doch hatte er sich ihr tief eingeprägt.

»Und was jetzt?«, fragte sie.

Er hob den Kopf in Richtung Berg. »Wir klettern dort hinauf.«

»Und dann?«

»Dann haben wir es erledigt.«

Diese Konzentration auf eine Sache war so charakteristisch für ihn, dass Finch zu lachen anfing. Die tiefen Linien in Als dunklem Gesicht, die sich um seine Augen und seinen Mund eingegraben hatten, glätteten sich plötzlich und er stimmte in ihr Lachen ein. Sie hielten sich in den Armen und bebten vor Lachen. Unvermittelt umfasste er ihr Gesicht und küsste sie. Das Lachen erstarb, als sie sich ihrem Gefühl hingaben, ihrem Verlangen nach mehr.

»Ich weiß nicht, wie es weitergeht, aber ich bin so froh, dass du hier bist«, sagte er. »O Gott, hört sich das albern an. Es übertrifft meine kühnsten Hoffnungen, dich zu sehen und zu berühren. Ich verdiene es nicht, aber ich danke dir.«

»Natürlich verdienst du es. Aber ich verdiene keinen Dank für mein Vorhaben.«

Ihr Glück strahlte heller als die verblasste Sonne. Es färbte das Gras und die Enziane, die wie Märchenblumen aussahen. Die blauen und grünen Dächer des hufeisenförmig angeordneten Dorfes waren deutlich zu erkennen. Einen Moment lang gaben sie sich dem Anblick hin, ohne ihre Umarmung zu lösen.

»Ich muss wieder hinunter«, sagte Al mit Bedauern.

»Dann wollen wir gehen.«

Er nahm ihre Hand und sie wandten sich talabwärts.

Ken hatte sich über das Geländer der Veranda gebeugt und blickte ein paar hübschen Australierinnen nach, die die Straße hochkamen. »Schau mal die beiden da. Ah, und da kommt Al mit unserer Doktorin.«

Einen Moment später stieg Finch die Treppe hinauf. Al folgte ihr dicht auf den Fersen. Ken unterhielt sich gerade angeregt, daher entging ihm ihr Gesichtsausdruck. Aber George musterte sie, ließ sich dann schwerfällig auf seinen Stuhl nieder und überlegte.

Auch Sam hatte die beiden bemerkt. Das Glück stand ihnen so sichtbar ins Gesicht geschrieben wie auf einer Reklametafel am Times Square. Noch nie hatte er Finch so strahlen sehen. In seinem Kopf und in seinen Ohren hörte er ein Poltern, so laut, als hätte sich eine Lawine gelöst.

»Al, hast du einen Moment Zeit?«, fragte George.

»Aber ja.«

»Sam möchte gern Adams Platz einnehmen. Er scheint gute Referenzen zu haben. Ich habe ihm gesagt, wenn wir die Erlaubnis bekommen, versuchen wir es mit ihm. Was hältst du davon?«

Al schien kaum zuzuhören. »Warum nicht?« Er streckte Sam die Hand hin. »Willkommen im Team.«

Finch versuchte durch Kopfschütteln ihre Missbilligung kundzutun, aber niemand beachtete sie.

6. Kapitel

Der Lama saß mit gekreuzten Beinen auf einem mit einem Plüschkissen gepolsterten Schemel. Hinter ihm stand unter einem prunkvollen Baldachin eine große goldene Buddhastatue, in Musselintücher gehüllt. Die Mönche saßen ebenfalls auf gepolsterten Schemeln, in dunkelrote Gewänder gehüllt, die sie vor der Kälte schützen sollten. Leise setzten sie ihren leisen, an Gemurmel erinnernden Gesang fort. Die Bergsteiger betraten schweigend den schwach beleuchteten Tempel, gingen an den geschnitzten und bemalten Pfeilern und den kleinen Fenstern aus Bleiglas vorbei. Sie warfen einen Blick hinaus auf Wolkenfelder und gezackte Felsspitzen. Die Männer stellten sich in einer Linie vor dem Lama auf und überragten die Mönche.

Als Finch an der Reihe war, überreichte sie ein Geschenk, das Pemba und George ihr empfohlen hatten. Es war ein weißes Fransentuch, genannt *kata*. Sie kniete vor dem alten Mann nieder und er bedankte sich, indem er sie segnete und ihr eine rote seidene Schnur um den Hals legte. Seine Finger waren trocken und erstaunlich warm. Finch war ganz benommen von dem monotonen Gesang und dem Weihrauch. Beim Aufstehen hätte sie fast das Gleichgewicht verloren. Sie stützte sich auf Marks Arm, verließ schwankenden Schritts den Tempel und trat hinaus ins gleißende Licht des Innenhofs. Neben der Tür bildeten die Stiefel der Bergsteiger einen Kreis. Sie setzte sich auf die Treppe, um in ihre zu schlüpfen. Da entdeckte sie Al, der an einem Pfeiler lehnte.

»Bist du nicht im Tempel gewesen?«, fragte sie ihn und tastete nach dem Schmuck an ihrem Hals. Sie drehte die Schnur zwischen den Fingern, bis sie sich besser anschmiegte.

»Ich bin bereits gesegnet worden«, erklärte er ihr. »Und ich fühle mich gesegnet.«

Eine Brise erfasste die Wäschestücke auf der Leine über dem Fenster und blähte sie wie Segel auf. Al und Finch waren noch ganz in den Anblick des anderen versunken, als Sam und die anderen Männer herauskamen und sich auf ihre Stiefel stürzten.

Das Kloster von Thyangboche stand auf einem Grat über dem Weg, der zum Everest führte. Sie gingen jetzt auf einem Höhenweg weiter, der sie vom Kloster entfernte. Finch blickte sich ein paar Mal um. Sie sah die vergoldete Spitze über dem Dach wie einen Pfeil in den Himmel zeigen.

Von Namche bis zum Basislager brauchten sie vier Tage. Sie übernachteten in Teehäusern, rauchigen kleinen Steinhäusern, in denen sich Trekker und Expeditionsteilnehmer drängten, die hoch zum Khumbu wollten. Die Männer nahmen reichhaltige Mahlzeiten zu sich und scharten sich anschließend zum Karten- oder Schachspiel um die Feuerstelle. Finch vertiefte sich in ein Buch, führte Tagebuch oder unterhielt sich mit den anderen. Es gab keine Intimsphäre. Sam, der im Schach unschlagbar war, schenkte ihr keine besondere Beachtung. Mingma und Pemba mochten ihn besonders gern, weil er ihnen Frisbee werfen beibrachte. Er zauberte eine silberne Plastikscheibe aus seinem Gepäck hervor und sie lachten vergnügt, wenn er versuchte, die Scheibe zu fangen und dann verfehlte. Daraus machte er eine regelrechte Show. Sherpas und Träger stellten sich an, um ihm zu zeigen, wie viel geschickter sie waren. An einem anderen Nachmittag stellten Sam und Sandy zwei Teams zusammen und spielten Fußball.

Besteig den Everest. Nach ein paar Tagen war Finch davon überzeugt, dass Sam ihre flapsig dahingesagte Herausforderung nicht ernst genommen hatte. Bestimmt hatte er seine eigenen Gründe für diese Expedition.

Finch überließ Al seinen Gesprächen mit George oder Ken und marschierte allein los oder schloss sich dem einen oder anderen der fünf Kunden an. Bei dieser Gelegenheit erfuhr sie mehr über Rix' eiserne Entschlossenheit, dieses Mal den Gipfel zu erreichen. »Ich schaffe es, was auch immer geschehen mag. Das darfst du mir glauben.« Und Mark Mason erklärte ihr, er sei eher ein Wochenendbergsteiger, nicht zu vergleichen mit dem fanatischen Rix. Er schritt beharrlich bergan, den Blick gewöhnlich auf den Boden statt auf die Gipfel gerichtet. Er war Reisejournalist und mit seinen Berichten über die Expedition und seine eigene Gipfelbesteigung, die er an eine englische Zeitung schickte, finanzierte er diese Klettertour zum Teil.

Finch stellte fest, dass Vern und Ted sehr reich waren. Die Bezwingung des Everest war für sie eine Art natürlicher Fortsetzung der geschäftlichen Erfolge. Ted besaß in den Südstaaten mehrere Grundstückserschließungs- und Vertriebsfirmen und Vern war Inhaber einer Gesellschaft, die die modernsten Klinikausstattungen entwickelte und herstellte. Im Laufe des Gesprächs erfuhr sie eine Menge über die neuesten Errungenschaften auf dem Gebiet der Babypflege.

Sandy Jackson war schwerer einzuordnen. Er berichtete, dass er vor kurzem eine Beziehung mit jemandem, den er als »meine Frau« bezeichnete, beendet hatte. Er pendelte zwischen Perth und Sydney hin und her und war offenbar in der Branche der Sportkleidung tätig. Finch fragte sich, ob er eventuell Drogenhändler sein könnte, aber dafür war er nicht gerissen genug. Vermutlich hatte er einfach einen reichen Vater.

All diesen Männern war etwas gemeinsam: Ihr Engagement für das Ziel der Expedition war so stark, dass es einen erschreckte. Sie wollten unbedingt den Gipfel erreichen. Auch wenn sie miteinander scherzten – es war ihnen todernst. Finch fühlte sich in ihrer Gegenwart dilettantisch und sehr weiblich. Sie hatte ihre Ersparnisse angetastet und sogar ein Darlehen aufgenommen, um die Expedition zu bezahlen (der Preis war trotz der Ermäßigung hoch). Aber sie war nicht so besessen vom Gipfel wie die Männer. Vielleicht sind sie auf diese Weise reich geworden, dachte sie. Sie haben in jedem Hindernis einen Gipfel gesehen, der bezwungen werden musste. Oder eine Schranke für ihr Ego, die überwunden werden musste.

Finch war wegen Al Hood hier. Natürlich wollte sie den Everest ebenfalls besteigen, aber die eigentliche Motivation, die sie hierher geführt hatte, war die Fortsetzung ihrer abgebrochenen Beziehung.

Bei diesem Gedanken musste sie über sich selbst lachen. Sie ließ Al keinen Moment aus den Augen. In der mittäglichen Wärme hatte er die Hemdsärmel hochgekrempelt; sein Rucksack schien schwerelos. Der Anblick raubte ihr stets aufs Neue den Atem; sie musste stehen bleiben, um ihren Rhythmus wiederzufinden. Sie sprachen wenig miteinander, aber sie wusste, dass er ebenfalls auf sie wartete und nach ihr Ausschau hielt. Sie hatten genug Zeit vor sich, alles würde sich von selbst ergeben.

Die Expedition erreichte schließlich die Moräne des Khumbu-Gletschers in fünftausend Metern Höhe. Der wilde Felsen, der Schotter und das Eis lagen unter eine Kruste Winterschnee. Ab jetzt würden sie kein liebliches Grün mehr sehen. Hier war die Welt erbarmungslos hart und einfarbig. Auf einem kahlen Plateau neben dem Gletscher ragten Dutzende von schlichten Steinhügeln auf. Jeder einzelne erinnerte an einen Everest-Gipfelstürmer, der zu Tode gekommen war.

Die höchste Siedlung hier war das Dorf, aus dem Pemba und Mingma stammten. Direkt am Wegrand befand sich ein *stupa*, ein kleiner Sakralbau aus Felsgestein. Finch änderte die Richtung, um gemäß dem Brauch links des *stupa* zu gehen. In einer Mauernische drehte sich langsam eine Reihe von Gebetsmühlen. Als Finch eine entdeckte, die sich schneller drehte, wurde sie auf Sam aufmerksam, der direkt unter dem *stupa* Platz genommen hatte. Sie brachte die anderen Mühlen in Schwung und setzte ihren Weg fort. Er trat neben sie und schweigend gingen sie weiter, den Blick auf die Gipfel gerichtet.

»Als einziges Gebet ist mir die Bitte eingefallen, da oben nicht den Tod zu finden«, sagte er schließlich. Finch warf ihm einen strengen Blick zu. Es war unvorstellbar, dass Ted, Rix oder einer der anderen so etwas sagen würde.

»Ich weiß. Mir ging es mit dem Lama genauso.«

»Haben Sie auch Angst?«

»Ja. Wenn man da hochschaut, bekommt doch jeder Angst.« Seit sie den wolkenverhangenen Berg zum ersten Mal gesehen hatte, ließ die Angst, deren Ausmaß sie erschreckte, sie nicht mehr los. »Warum tun Sie das, Sam?«

»Weil Sie sonst nie meine Einladung zum Dinner annehmen.«

»Und was ist der eigentliche Grund?«

»Lassen Sie das nicht gelten?«

Sie sagte nichts und er lachte. »Und weil ich wissen will, was ich leisten kann. Ich bin selbst überrascht, wie wichtig mir das ist, aber es ist so.«

»Das Gleiche gilt für mich.«

»Aber das ist noch nicht alles.«

Das klang nicht wie eine Frage. Nach einer Weile erwiderte Finch: »Nein.«

Das Dorf bestand aus einer Ansammlung trostloser Steinhäuser auf steil abfallendem Grund über einem verschmutzten Flussrinnsal.

Der Küchenjunge der Expedition erwartete sie an einer Biegung mit einem großen Emailkessel zwischen den Knien. Sobald er sie entdeckte, sprang er hoch und füllte zwei Emailbecher. »Tee, Sir. Tee, Madam.«

»Ich heiße Sam«, erwiderte Sam, nahm den Becher und reichte ihn Finch.

»Ja, Sir.«

Sie genossen den heißen Tee. Am Weg standen Khumbu-Frauen und hießen ihre Männer willkommen. Es würde einen anregenden Abend im dörflichen *chang*-Haus geben, bei dem so manches süße Reisbier die Kehle hinunterfließen würde.

»Wie lange kennen Sie und Al sich?«, wollte Sam mit starr geradeaus gerichtetem Blick wissen. »Und tun Sie nicht so … tun Sie nicht so, als wüssten Sie nicht, was ich meine.«

Sie hörten das leise Läuten der Glocken, als die Träger und Jaks, mit dem Gepäck der Mountain-People-Gruppe beladen, langsam vorbeigingen. Finch sah ihnen hinterher.

»Seit fünf Jahren. Wir haben uns im Karakorum, in der Nähe des K2, kennen gelernt. Es waren nur fünf Tage und seither haben wir uns nicht mehr wiedergesehen.« Sie verschwieg ihm, dass Al damals noch verheiratet gewesen war.

Sam stand unbeweglich da. Der Geruch von verbranntem Dung erfüllte die Luft und die Felsen waren von dunklem Grau.

»Und dass ich da hinaufgehe, ändert daran nichts, oder?«, fragte er. Enttäuschung erfasste ihn.

»Das wussten Sie doch. Es sei denn, es verändert etwas in Ihnen.«

»Ich bin hier, um den Everest zu besteigen. Wir können uns unterhalten und vielleicht Freunde werden, oder?«

Sie mochte seine direkte Art, die zum Vorschein kam, wenn er aufhörte zu flirten. Am liebsten hätte sie sich bei ihm untergehakt, aber sie widerstand dem Impuls. »Ja. Sie wollten mir aber von Ihrem Vater erzählen, erinnern Sie sich?«

»Das ist eine lange Geschichte. Und dafür müssen Sie mir auch eine erzählen.«

»Einverstanden. Meine Mutter bietet immer Gesprächsstoff genug.«

Er lachte. »Abgemacht.«

Sie gingen weiter bergauf und steuerten das erleuchtete Teehaus an.

Am nächsten Tag erreichten die Expeditionsteilnehmer das Basislager am Fuß des Everest.

Das Lager, vorübergehend in das Schnee- und Felsgeröll des Gletschers eingebettet, war ein Dorf für sich. Es war eine farbenfrohe Siedlung, die aber neben den Mauern aus Fels und Eis winzig wirkte.

Die Mitglieder der Mountain-People-Gruppe stellten ihre Zelte in einer ordentlichen Reihe auf der Westseite des Lagers auf. Es waren zehn einzelne Kuppelzelte für die Kletterer und Führer und zwei große grüne Zelte – Speisezelt und Küche. Außerdem gab es ein Zelt für die ärztliche Versorgung, ein Kommunikationszelt und eins für die Sherpas. Jaks und Träger hatten sich mühsam hochgekämpft. Die Träger luden nun das Gepäck ab und stapften dann ohne ihre Lasten wieder talwärts.

George Heywood wachte im schwachen Dämmerlicht über die Arrangements der anderen Expeditionen, die ebenfalls einen Gipfel-Permit besaßen. Neben ihm befand sich eine kleine Gruppe von Schweden. Sie zogen es vor mit leichtem Gepäck zu reisen und zwängten sich in ein paar winzige Zelte. Dann war da ein französisches Team, das einen schnellen Aufstieg anstrebte, eine chaotische Gruppe von Südamerikanern sowie ein Team der indischen Armee, das unbedingt zum Gipfel des Lhotse wollte.

Insgesamt waren es mehr als hundert Zelte. Menschen gingen zwischen den verschiedenen Außenposten hin und her, damit beschäftigt, ihr Reich abzustecken. Die Saison hatte gerade erst begonnen. In den nächsten sechs Wochen würde dieses Dorf für die meisten ein Heim und Sicherheit bedeuten. Es herrschte eine Atmosphäre von Optimismus und Erwartung.

Die Mountain-People-Mitglieder waren besser ausgestattet und untergebracht als die meisten anderen. Kunden, die viel Geld zahlten, wie Rix und Ecker und die übrigen Teilnehmer, erwarteten Unterstützung ihres Vorhabens durch optimale Ausrüstung. George hatte in langen Jahren die Erfahrung gemacht, dass sich die neuesten wetterbeständigen Zelte, die ausgefeilteste Planung und die erfahrensten Führer auszahlten.

Ein schwerer Arm in einer Daunenjacke legte sich auf seine Schulter.

»Hier oben geht es ja zu wie am Broadway«, bemerkte Ted Koplicki.

George nickte. »In den nächsten Tagen werden sie den Höhenweg stürmen, und wir auch.«

»Aber klar doch.« Ted tätschelte ihm den Rücken. »Sieht gut aus.«

»Ich denke schon – wenn das Wetter mitspielt.«

»Das tut es bestimmt.« Ted lachte. Pessimismus war nicht seine Sache.

George blickte nach oben. Er hatte den Kopf in den Nacken gelegt und drückte ihn immer weiter nach hinten, bis seine Halswirbel aus lauter Protest knirschten. Als die Sonne hinter dem Pumori, einem kegelförmigen Gipfel im Westen, versank, lag der Felsen im Dunkeln. Übrig blieben formlose tintenblaue und schwarze Höhlen, in ihrer Konturlosigkeit jetzt weniger bedrohlich als in der tristen Wirklichkeit. Über den glitzernden Schneegebieten, die immer noch in Licht getaucht waren, war der Himmel dunkelblau. Die Luft hier oben war dünn. Über dem Gletscherbruch und dem westlichen Kar, über der Steilwand des Lhotse und dem Südpass, erhob sich der Gipfel des Everest. Unten am Gletscher herrschte Windstille, aber hier oben blies der Wind Schnee und Eis von den Felsen. George fröstelte unten im Lager wegen der nächtlichen Kälte; in seiner Vorstellung hörte er das Toben des Windes. Er war da oben gewesen und bei der Erinnerung an die Geräusche schüttelte es ihn.

»Kommst du zum Essen?«, fragte Ted.

»Gleich.«

George lauschte auch dem schwachen Klicken, als Sam McGrath versuchte, eine defekte Antenne am Funkgerät zu reparieren. Er stand am Eingang des Zeltes für medizinische Versorgung und hatte seine Stirnlampe angeknipst. Er summte leise bei der Arbeit vor sich hin. Der Junge war anpassungsfähig und schien etwas zu können, dachte George. Aber er wollte ihn nicht vor dem Abend loben, sondern erst sehen, ob es ihm morgen gelingen würde, den Generator anzulassen und einen schweren Rucksack zu schleppen.

Sam blickte auf und merkte, dass er beobachtet wurde. Er lächelte. »Dürfte nicht so schwierig sein. Brauchst du es noch heute Abend?«

»Nein. Der Wetterbericht hat Zeit bis morgen früh. Komm, lass uns essen.«

Aus dem Zelt der Südamerikaner klang plötzlich fröhliches Gelächter. Es klang es wie eine Herausforderung, verklang aber schnell in der weiten, gähnenden Leere.

Sam legte das Gerät behutsam beiseite und blickte über die Schulter in das beleuchtete Innere. Dann folgte er George. Ihre Stiefel knirschten auf dem Schotterboden.

Die Hälfte des Speisezeltes war für die ärztliche Versorgung vorgesehen. Finch hielt sich hier auf. Eine Wand trennte die beiden Hälften, damit die Patienten sich etwas ungestörter fühlten. Die Ärztin packte ihr Zubehör und ihre Arzneien aus, überprüfte die Vorräte an Dexamethason, Acetazolmid, Nifedipin sowie den Rest. Alles war unversehrt, das baute sie auf. Der Weg hierher war nicht zu schwierig gewesen. Und jetzt, da das erste größere Hindernis, der Gletscherbruch direkt über ihnen, zu meistern war, fühlte sie sich weniger schüchtern. Dort herrschte ein schreckliches Gewirr von Gletscherspalten, gefährlichen Séracs und tückischem Eis. Sie überlegte, wie sie die Seile und leichten Leitern festmachen würden, um die Vorräte zum nächsten Lager zu bringen. Der Gipfel lag dreitausend Meter über ihnen.

Irgendwo hinter einer Zeltwand hörte sie Mark husten. Er rang vor dem nächsten Hustenanfall nach Luft. Finch holte aus einer wasserdichten Kiste eine Flasche mit Kapseln und steckte sie in die Tasche. Mark musste ein Antibiotikum schlucken, obwohl es in dieser Höhe nicht unbedingt wirken würde.

Die Führer und alle anderen Teilnehmer saßen bereits im großen Speisezelt am Tisch. Heute Nacht benutzten sie Kerosinlampen, aber ab morgen würden sie dank des Generators und der Sonnenkollektoren in den Genuss von elektrischem Licht kommen. Es gab hier eine kleine Bücherei mit Taschenbüchern und einen CD-Player mit verschiedenen CDs. Sobald die Sonnenkollektoren installiert waren, konnte man sogar Schmelzwasser aufwärmen und mittels Rohren heißes Wasser zum Duschen bereitstellen. Finch kannte dies alles theoretisch, aber als sie es mit eigenen Augen hier in diesem Cañon sah, am Fuß des höchsten Berges der Welt, erfüllte sie erneut tiefe Bewunderung für Georg Heywood. In den neun Jahren, in denen er kommerzielle Expeditionen leitete, hatte er 35 Kunden zum Gipfel geführt.

Vorfreude beschleunigte ihren Herzschlag und verdrängte die Beklommenheit.

Warum nicht ich?, dachte Finch. Plötzlich erfasste sie ein Ehrgeiz, so stark wie sexuelles Verlangen.

»Komm, setz dich«, forderte George sie auf. »Wir wollen erst essen, dann halten wir eine kurze Besprechung ab.«

Sie setzte sich auf den letzten freien Stuhl. Ken und Al nahmen George in ihre Mitte, dann folgten Pemba und Mingma. Die anderen acht Sherpas – vier Kletterträger, zwei Sherpas fürs Basislager, Dorje der Koch und der Küchenjunge – aßen im Küchenzelt. Finch musterte die Männer an dem Tisch; alle lächelten. Sam steckte sich Bratkartoffeln in den Mund und hatte nicht die geringste Lust, mit Rix über die heutige Jugend zu diskutieren, die seiner Meinung nach arbeitsscheu war. Al saß entspannt da und beobachtete die Männer, zufrieden, dass sie es alle bis hierher geschafft hatten. Nur Adam Vries hatte bedauerlicherweise zurücktreten müssen. Sie waren ein starkes Team – allerdings würde die Arbeit erst beginnen.

Als er flüchtig in das glühende Gesicht der Frau am Tischende sah, trafen sich ihre Blicke unvermittelt. Der Ausdruck von Finchs Augen ließ Al an Alternativen denken. Die Zukunft barg Möglichkeiten, die nichts mit Kälte und Gefahr zu tun hatten, die den Willen und den Körper zu keiner weiteren Bergbesteigung zwangen. Vielleicht gab es irgendwo einen luxuriösen Ort, wo er sein Glück fand, weil erstaunlicherweise Finch Buchanan an diesem Ort lebte.

Er musste seinen Blick abwenden. Er beugte sich zu Mingma hinüber, bemüht, ihm zuzuhören und seine eigene plötzliche unbändige Freude, die man ihm sicherlich ansah, nicht preiszugeben.

Finch deutete seinen Gesichtsausdruck richtig. Sie hatte das Gefühl, ihn bereits ihr Leben lang zu kennen. Sie widmete ihre Aufmerksamkeit den anderen, beobachtete, wie sie das heiße und schmackhafte Essen genossen. Trotz der den Appetit mindernden Höhe nahmen heute Abend alle ein anständiges Mahl zu sich.

George schlug mit der Gabel gegen einen Metallbecher, woraufhin sich alle Köpfe in seine Richtung drehten.

»Willkommen im Basislager.« Er lächelte. »Ich will euch jetzt meinen Angriffsplan vortragen.«

Angriff war der passende Ausdruck. Die Planung und Organisation dieser Expedition erfolgte nach militärischen Mustern.

Georges Rezept einer erfolgreichen Gipfelbesteigung bestand aus langsamer und gründlicher Akklimatisierung. Rix, Mark, Vern und Ted hatten den Everest bereits bestiegen, hörten aber genauso aufmerksam zu wie die drei Neulinge. Das erste Ziel war die Errichtung eines Lagers siebenhundert Meter über ihrem derzeitigen Standort, am Rand des vereisten Wasserfalls im westlichen Kar. Sie würden erst auf- und dann wieder absteigen, vermutlich zwei Mal, und beim zweiten Besuch von Lager eins würden sie über Nacht bleiben. In der gleichen Zeit würden die Sherpas Lebensmittel, Sauerstoff, Kochgeschirr und Zelte in ein anderes Lager – Lager zwei – an der Spitze des Kars bringen.

»Al und ich erwarten nicht, dass ihr Gepäck schleppt, aber wer Hand anlegen will, bekommt bestimmt keinen Korb. Vielleicht stellt ihr sogar fest, dass es euer Durchhaltevermögen stärkt und euch bei der Akklimatisierung hilft.«

Rix saß mit verschränkten Armen auf seinem Stuhl. Er lächelte. »Wofür zahlen wir gutes Geld, George?«

»Damit eure Ausrüstung hochgeschleppt wird, wie ich bereits sagte, wenn du das vorziehst«, erwiderte George höflich.

Es würden noch zwei weitere Lager errichtet werden, auf der Steilwand des Lhotse und am Südsattel; in beiden würde man sich zunächst akklimatisieren und dann zur Erholung ins Basislager zurückkehren.

»Wir besteigen den Gipfel vom Südsattel aus, aber wir hoffen auch, dass wir für den Notfall Sauerstoff, Lebensmittel und ein Zelt zum Südgrat transportieren können. Al und ich sprechen uns mit den anderen Führern ab, damit wir nicht in einen Stau von Gipfelstürmern geraten, die alle am selben Tag nach oben wollen. Wenn das Wetter mitspielt, erobern wir den Gipfel in der zweiten Maiwoche.«

Die erste Aprilwoche ging gerade zu Ende. Alle nickten eifrig.

Jetzt ergriff Al das Wort. »Wir arbeiten in zwei Teams. Mingma und ich mit Rix, Mark und Sandy. Ken und Pemba mit Vern, Ted und Finch. Aber wir sind natürlich flexibel und können jederzeit Änderungen vornehmen, wenn wir oben sind. Aber im Augenblick gilt dieses Arrangement, zumindest bis zum Lager zwei.«

Finch blickte auf ihre Hände. Er hat Recht, sagte sie sich. So ist es besser. Man soll die Dinge nicht noch komplizierter machen. Nicht, bis die Expedition zu Ende wäre.

»Ich würde gern beim Gepäck helfen. Welchem Team soll ich mich anschließen?«, fragte Sam.

Al warf George einen fragenden Blick zu. Dieser zuckte die Achseln, als wollte er sagen, lass es ihn versuchen. »Du kannst mit mir kommen«, erwiderte Al kurz angebunden.

»Danke.«

Schweigen breitete sich aus. Mark Mason runzelte die Stirn und Rix grinste anzüglich. Das gemeinsame Ziel schien plötzlich nur noch eine höchst zerbrechliche Hülle, die eine entzündliche Mischung verschiedener Ambitionen und Egos mit einschloss. Finch verhielt sich abwartend. Freundschaftlichkeit konnte sich ganz plötzlich wie Nebel auflösen.

»Bitte, stellt morgen eure Ausrüstung bereit, damit Al und Ken sie überprüfen können«, fuhr George fort. »Sorgt dafür, dass ihr alles Notwendige bereit habt. Sam und ich werden uns hier um die Kommunikationsvorrichtungen kümmern. Wenn übermorgen alle wohlauf sind und der Weg über den Gletscherbruch begehbar ist, beginnen wir mit dem Aufstieg. Alle einverstanden?«

Alle murmelten ihre Zustimmung.

»Morgen machen wir auch *puja*«, fügte Mingma hinzu. Er war zierlich, hatte ein ruhiges Wesen und war älter als der temperamentvollere Pemba.

»Ja, morgen. So, Jungs, ihr könnt tun, was ihr wollt, aber ich gehe jetzt schlafen«, sagte George.

Al, Mark und Vern schlossen sich ihm an. Als sie gegangen waren, zog Rix eine Flasche Johnnie Walker hervor. »Wir wollen auf unseren Erfolg trinken.« Großzügig füllte er die Metallbecher.

Sam stieß mit Finch an. »Viel Glück. Haben Sie etwas dagegen, wenn wir uns duzen?«

Finch in ihrer Hochstimmung war einverstanden.

Sie nahm einen großen Schluck und verschluckte sich. Seit Katmandu war das der erste Alkohol, den sie zu sich nahm.

»Sachte«, ermahnte Ted sie.

Sam zog ein sauberes Taschentuch heraus und gab es ihr, damit sie sich die Tränen aus den Augen wischen konnte.

Am nächsten Tag sah es im Lager im Bereich von Mountain People aus wie auf einem Flohmarkt. Rucksäcke mit Ausrüstung waren ausgepackt und überall lag Kletterzeug herum. Finch legte ihre Bergstiefel aus Plastik und ihre Steigeisen, ihre ganze Kletterausrüstung, Sicherungsseile und Eispickel, Gletscherbrille und Stirnlampe neben ihre Fleecejacke und ihren Daunenanzug. Sie verstaute Handschuhe, Gletscherbrille, Wasserflasche und Energienahrung im Rucksack. Ein paar Meter weiter kümmerten sich Sam und George um die Sonnenkollektoren. Al saß im Eingang des Speisezeltes, in die Lektüre von ein paar Computerausdrucken vertieft. Im Sonnenschein sahen die Berge lieblich aus, sogar das große Silbertuch aus Schnee, das vom Gipfel des Everest herunterflatterte.

Ken stapfte über den eisigen Boden zu Finchs Zelt und bückte sich, um ihre Ausrüstung zu überprüfen. Er nahm ihre Stiefel in die Hand und bewunderte sie. »Die sind wohl erprobt. Ich habe schon Jungs mit brandneuen Stieflen hier gehabt. Innerhalb von zwei Tagen waren ihre Fersen blutig. Ich werfe noch kurz einen Blick auf deine Steigeisen.«

Er prüfte mit dem Daumen die Spikes an den Sohlen ihrer Stiefel, die auf dem Schnee und Eis Halt geben sollten. »Scharf wie ein Messer und blitzsauber, genau wie du.«

Finch lachte. Sie mochte Ken. »Ich nehme das als Kompliment.«

Ken hatte sich wieder aufgerichtet und wollte weitergehen. »Du und Al, ihr kennt euch?«

»Ist das so offensichtlich?«

»Er hat nie ein Wort darüber verloren. Er schweigt wie ein Grab, was sein persönlichen Angelegenheiten betrifft. Aber ich kann zwei und zwei zusammenzählen.«

Finch nickte.

»Nun, ich würde mich freuen, wenn er sich wie ein Mann benehmen würde und nicht wie ein Roboter.« Kens Worte klangen barsch, aber seine Miene verriet Zuneigung. »Ich wünsche euch alles Gute.«

»Ich danke dir.«

Drei Träger schleppten große Steine herbei. Unter Mingmas Anleitung wollten sie neben dem Lager einen *puja*-Altar errichten.

Am Spätnachmittag war der quadratische, steinerne Altar fertig. Darüber war eine hohe Holzstange mit vier hellen Gebetsfahnen errichtet, die hinter dem Altar am Boden befestigt wurden. Ein betagter Lama schleppte sich von Mingmas Dorf hoch, um die Einweihungszeremonie abzuhalten, die Glück bringen und das Wohlwollen des Berges anrufen sollte.

Finch zog ihre Daunenjacke an und begab sich zum Altar, um der Zeremonie beizuwohnen. Die Sherpas von Mountain People hatten sich um den Altar geschart; die Teilnehmer der Expedition standen in einer Reihe hinter ihnen, in der kühlen Luft fröstelnd.

Die Bergausrüstung lag noch immer herum und im Kommunikationszelt hatte Sam das Satellitentelefon und das Fax bereits aufgestellt. Der Lama umschritt jetzt den Altar im Uhrzeigersinn, murmelte einen Gesang und streute Reis und Korn in alle vier Himmelsrichtungen. Mingma entzündete auf dem Altar ein paar Zweige des Wacholderbeerstrauchs; der duftende Rauch stieg auf und vermischte sich mit Küchendünsten. Dorje und die Sherpas des Basislagers würden das Feuer schüren, bis alle Kletterer wieder unten waren.

Die Gebetsfahnen waren scharlachrot, safrangelb und smaragdfarben; das Dunkelrot der Mönchsgewänder schien die fahle Luft blutrot zu färben, als sehnte sich dieser feindliche Ort nach Wärme. Finch fröstelte trotz ihres Daunenanzugs. Der Kontrast zwischen der respektvollen Würde dieses Rituals und ihren eigenen prosaischen Vorbereitungen für die Gipfelbesteigung war erschreckend stark.

Bald war die kleine Zeremonie zu Ende.

»Amen«, schloss Rix.

Der Lama schlurfte talabwärts und die Sherpas machten sich wieder an die Arbeit. Nur Mingma schürte das Feuer und legte frische Zweige bereit.

George tätschelte im Vorübergehen Finchs Schulter. »Kein Aufstieg ohne Errichtung eines *puja.*«

Inzwischen waren alle bereit. Die Männer zogen sich früh in ihre Zelte zurück, die Whiskyflasche blieb heute verschlossen.

Als Finch bei ihrem eigenen Zelt angelangt war, wartete Al in der Dunkelheit auf sie. Er warf einen Blick auf die stillen Zelte. »Viel Glück«, wünschte er ihr.

»Dir auch.«

Sie wussten beide, welch große Rolle das Glück spielte. Er küsste sie auf den Mundwinkel und strich mit der Hand über ihre Wange. Dann zog sich jeder in sein Zelt zurück.

Sam schlief unruhig. Die Höhe machte ihn nervös und der Gedanke an den nächsten Tag trocknete ihm den Mund aus und hinterließ einen Kloß in der Kehle. Um 4 Uhr stand er auf und überprüfte nochmals seine Ausrüstung. Er hörte das Geklapper von Geschirr im Speisezelt und die Geräusche der anderen Expeditionsteilnehmer, die sich bereitmachten. In Namche hatte er ein Paar gebrauchte Bergstiefel und Steigeisen gekauft. Der Großteil seiner übrigen Ausrüstung gehörte Adam. Auf die Vorderseite seines roten Daunenanzugs war ein Label mit dem Schriftzug »Adam Vries« gestickt. Er saß an der Tür seines Zeltes und schnürte seine Stiefel. Dann schloss er den Reißverschluss der Nylonkuppel und begab sich zum Speisezelt.

»Jungs, jetzt geht's los.« Ted rieb sich die Hände. Er war bereits mit seinem Reisbrei fertig.

»Ja, auf geht's«, erwiderte Sandy.

Finch saß in einer Ecke und schlürfte ihren Tee.

Al betrat das Zelt und warf einen Blick auf seine Armbanduhr. »Um halb ist Abmarsch.«

Sie wollten Lager Eins oberhalb des Gletscherbruchs erreichen und dann zum Basislager zurückkehren, bevor das Gletschereis durch die Sonne noch unsicherer wurde.

Pemba hielt sich in Als Nähe auf. Mingma stand vor der Tür; in der Morgendämmerung wirkte er wie ein verlorenes Bündel.

»Mingma ist unglücklich«, flüsterte der Sirdar Al zu.

Al zog ihn ins Zelt und versuchte, ihm ins Gesicht zu sehen.

Aber Mingma wich seinem Blick aus. Das Gesicht des Sherpa war aschfahl. »Was ist los, Mingma?«

Vern und Sam, die in seiner Nähe standen, wandten sich um und lauschten.

»Ich hatte bösen Traum. Sah toten Mann neben diesem Feuer, in unserem Lager hier.«

Al nickte. »Wir haben alle schlechte Träume. Das kommt in den Bergen nur allzu oft vor.«

»Nicht gut zum Klettern.«

»Ich verstehe. Willst du hier bleiben?«

Der ernste kleine Mann zögerte, dann raffte er sich auf. »Ich komme mit.«

»Okay, das ist fein. Danke, Mingma.«

Die Kletterer, Führer und die beiden Sirdars versammelten sich in der Morgendämmerung. An dem klaren Himmel stand eine schmale Mondsichel und die Reflektion durch den Schnee machte die Stirnlampen im Grunde überflüssig. Die vier Klettersherpas hatten sich bereits auf den Weg gemacht und schleppten riesige Rucksäcke auf dem Rücken.

George Heywood schüttelte jedem die Hand. »Viel Glück. Der Wetterbericht kündigt für heute und morgen klares Wetter an. Danach wird es wechselhaft.« Die neuesten internationalen Wetterberichte wurden vom Basislager in Seattle per Fax oder Telefon übermittelt und mit Lokalberichten ergänzt, die Georges Agenten in Katmandu lieferten.

»He, hättest du nicht Lust mitzukommen?«, rief Sandy ihm zu.

»Ja, und wie«, erwiderte George. »Wir sehen uns beim Mittagessen. Passt auf, wo ihr hintretet.«

Al zeigte auf das Gepäck, das Sam tragen sollte. Sam nahm gehorsam den Rucksack und schnallte ihn sich auf den Rücken. Es waren ungefähr vierzig Pfund, viel weniger, als die Träger und die Führer schleppten, aber trotzdem eine Bürde. Dabei trugen die Kunden heute nur ihre leichten Rucksäcke.

Es war fünf Uhr. Der Himmel im Osten war grau, als sich elf Menschen auf den Weg zum Gletscherbruch machten.

Sam befestigte seine Steigeisen. Als er sich wieder aufrichtete, hämmerte es in seinem Kopf. Dann erblickte er den Gletscherbruch, grau und perlfarben, gerippt, bogenförmig und bedrohlich zerklüftet.

Der Gletscher erstreckte sich über den Rand des Cañon über ihnen und sank jeden Tag etwa einen Meter. Er veränderte sich ständig, brach immer wieder neue Spalten auf und drückte die des Vortags wie Kleenexpapier zusammen. Er errichtete Eistürme und ließ andere ohne Vorwarnung einstürzen. Die ständige Bewegung verursachte ein leises Knirschen und Knarren, ein bedrohliches Gemurmel, das umso beängstigender war, als es aus allen Richtungen kam. Sam hatte in Mikes Büchern und Zeitschriften alles über den Gletscherbruch gelesen. Es war der gefährlichste Abschnitt. Hier waren mehr Menschen ums Leben gekommen als irgendwo anders an diesem Berg. Die meisten von ihnen waren Träger, die Lasten zum westlichen Kar schleppten.

Er versuchte einen Schritt mit seinen Steigeisen zu tun. Das Gewicht seines Rucksacks brachte ihn kurz aus dem Gleichgewicht. Er stolperte und fiel zur Seite; Adams Kletterhelm hatte ihm die Seitensicht eingeschränkt. Als er sich wieder aufrichtete, merkte er, dass Al Hood ihn von weitem mit kühlem Blick beobachtete.

Vor ihm wagte Rix bereits den Aufstieg. Mingma zeigte den Weg, und Sandy blickte begierig nach oben.

»Bist du in Ordnung?«, rief Rix nach unten.

»Ja«, erwiderte Sam und fluchte innerlich. Er setzte einen Fuß vor, und die vorderen Spikes seiner Steigeisen fanden Halt im Eis. Mit der rechten Hand betätigte er den Eispickel, um auf Nummer Sicher zu gehen.

Seine letzte Klettertour lag schon lange zurück.

Durch das bedrohliche Gemurmel des Gletschers hörte er die Stimme seines Vaters an sein Ohr dringen. »Peile immer drei sichere Haltegriffe an.«

Er stellte sich auf die Zehen, umklammerte den Eispickel und schob sein Sicherungsseil in die markierte Linie. Nichts war so, wie er es in Erinnerung hatte. Damals war er Michaels Spuren gefolgt und hatte sich sicher gefühlt.

Sein Vater pflegte voranzuklettern und er war durch die Nabelschnur aus Perlon, die er während seiner ganzen Jugend zu durchtrennen versuchte, mit ihm verbunden. Und nun hing er hier an dem verdammten vereisten Everest. Die Ironie des Ganzen reizte ihn unwillkürlich zum Lachen.

»Worauf wartest du, Sammy?«, fragte Mason von unten.

Heute kletterten sie alle einzeln, waren jedoch aus Sicherheitsgründen am Fixseil festgeklemmt. Das Seil schlängelte sich aufwärts, statt, wie sonst, die Teilnehmer miteinander zu verbinden. Der gesamte Gletscherbruch war mit Seilen versehen und mit Aluminiumleitern ausgestattet. Georges Expeditionsteilnehmer und die meisten anderen Kletterer hatten Tausende von Dollars für die Benutzung der Seile und Leitern, die zu Beginn der Saison hier angebracht wurden, gezahlt. Sams Klettergürtel war mit einem Karabinerhaken an das Seil geklemmt. Falls er fiel, würde er lediglich zum nächsten Haltegriff oder Pfosten, an dem das Seil befestigt war, abrutschen und dann wie ein Fisch an der Angel baumeln. Die einzige Gefahr bestand darin, dass sich die Fixseile auf Grund der ständigen Bewegungen des Gletschers lösten oder das Eis in der Sonne schmolz.

Denk nicht daran, ermahnte sich Sam. Steig einfach weiter.

Er kämpfte sich nach oben, von einem Halt für die Fußspitzen zum nächsten. Rutschen, dann wieder Schritt. Man musste den Eispickel einhacken und sich hochhangeln, wenn es zu steil war, um einen Schritt zu tun. Der schwere Rucksack drohte ihn nach unten zu ziehen. Jeder Atemzug war ein Kampf, die dünne Luft optimal zu nutzen.

Während der ersten halben Stunde hatte Sam das Gefühl, es nie bis zum Lager eins zu schaffen. Unvorstellbar, wie viele Stunden fürchterlichen Kampfes noch vor ihm lagen und wie viele Male er den gleichen Weg rauf und runtergehen musste, bis er die Höhe gewohnt war und den Gipfel schaffen konnte.

Rix war ein gutes Stück voraus. Schotter und Eisstücke, die durch seine Schritte gelöst wurden, regneten Sam auf den Kopf und prallten von seinem Helm ab. Mark Mason lag zurück; Sam konnte dessen rasselnden Atem hören. Er blieb stehen, um sich zu erholen und Wasser zu trinken, und entdeckte Al, der sich mühelos am Seil hochhangelte. Die Gruppe von Finch und Ken befand sich in einiger Entfernung unter ihm. Der Weg war zu beschwerlich, als dass er sie im Auge behalten konnte.

Nach einer Stunde wurde ihm bewusst, dass der Aufstieg, der ihm vor wenigen Minuten noch als Unding erschienen war, lediglich ungeheuer unbequem war. Die Steigeisen fühlten sich wie nützliche Erweiterungen seiner Füße an und der Rhythmus seiner Schritte und das Eishacken wurden geschmeidiger. Die Sonne erhob sich über Tibet, Tageslicht überflutete die Eislandschaft. Sam gelang es, sich umzublicken.

Die Landschaft besaß eine eigenartige Schönheit; sie bestand aus einem Dschungel irisierender Eistürme, die sich über Abgründe aus Silber, Blau und Eisengrau erhoben. Alle waren bizarr zerklüftet, gezackt und mit Reif bedeckt. Eisflächen, die die Sonne gestern geschmolzen hatte, waren erneut gefroren und leuchteten wie gerade freigelegte Knochen. Stahlpfähle und Schrauben, die das Seil festhielten, fraßen sich in das Eis. Die Minotaurus-Route führte nun unter einem vereisten Gipfel vorbei, der einen bizarren Winkel bildete. Sam ging an dem fußbreiten Rand entlang, klammerte sich an das Seil und drückte die Schultern gegen die Flanke, als wollte er sich mit ihr paaren. Die Alternative wäre gewesen, sich über den Rand zu hängen.

Als er um die nächste Kurve bog, kauerte Rix dort neben der Spalte, die jetzt eine Breite von etwa 3,6 Metern hatte. Die Seiten waren am Rand glatt und farblos, aber darunter enthüllte sich kräftiges, gefräßiges Dunkelblau. Sam verspürte kein Bedürfnis, noch tiefer hinunterzublicken.

»Der Sérac wirkt ein wenig unsicher.« Diese Bemerkung hätte Rix sich sparen können. Wenn die massive Spitze irgendwann herunterfiel – und damit war früher oder später zu rechnen –, und wenn jemand zufällig in diesem Augenblick unter ihr vorbeiging, würde er ohne die geringste Überlebenschance unter Tausenden von Tonnen Eis begraben.

Sam wollte nicht an den gefährlichen Sérac denken; er hatte ihn gerade hinter sich gelassen. Vor ihm lag die Gletscherspalte. Unterwegs waren an zwei bis drei Stellen der vereisten Steilwände Aluminumleitern angebracht. Voller Freude über die Abkürzung war er hochgeklettert. Aber jetzt erforderten die Leitern eine andere Handhabung. Zwei davon waren zusammengebunden und horizontal befestigt. Sie bildeten über den klaffenden Rand der Gletscherspalte eine schmale Brücke. Das Sicherungsseil baumelte neben der Brücke. Auf der anderen Seite führte Sandy gerade erschöpft die Wasserflasche zum Mund. Mingma wartete ungerührt, die Hände mit den Fäustlingen unter den Achseln.

»Auf und hoch«, murmelte Rix. Er ging zur Leiter und vergewisserte sich, dass sein Strick fest ans Seil geklemmt war. Er stellte sich aufrecht hin und kletterte die Leiter hoch, setzte einen Fuß, dann den anderen und blieb stehen, wenn die Sprossen knarzten und unter seinem Gewicht ächzten. Dann ging er weiter.

Sam beobachtete ihn und sein Magen drehte sich vor Entsetzen um. Es gibt keinen Ausweg, sagte ihm sein Verstand. Absolut keinen.

Rix war auf der anderen Seite angelangt und hob die Faust. Wie kommt es, dass er noch so viel Energie hat?, überlegte Sam. Jetzt hörte er Mark vorsichtig um den Sérac gehen. Es gab nur zwei Möglichkeiten: Entweder machte er kehrt und rutschte schmachvoll an Al Hood vorbei nach unten, oder er vollführte den Balanceakt über dem Abgrund aus Eis.

Er trat an den Rand und überprüfte sein Seil, wie Rix es getan hatte.

Dann setzte er einen Stiefel auf die erste Metallsprosse. Schau nach vorn, halte das Gleichgewicht. Dann tu den nächsten Schritt. Der Rucksack belastete ihn, versuchte, ihn nach hinten zu ziehen. Die Steigeisen klirrten auf der bedrohlich schwankenden Leiter.

In der Mitte angekommen, wo sein Gewicht die Brücke nach unten drückte, senkte er den Blick. Zwischen seinen gespreizten

Beinen sah er den blauen Schacht, der in das Innere des Gletschers führte. Wenn er fiel, würde er am Sicherungsseil baumeln, vom Eisschlund umfangen.

Plötzlich hielt er inne und spannte die Muskeln seines Hinterteils an, um zu verhindern, dass sich sein Darm entleerte.

Wenn sich die Schrauben lösten oder die Verbindungsstelle zwischen den beiden Leitern riss, oder wenn sich der Abgrund selbst plötzlich veränderte …

»Los, Mann.«

Rix stand einen guten Meter von ihm entfernt. Er wirkte so entspannt, als wartete er auf dem Golfplatz auf seinen Partner. Sam stöhnte, schaffte aber irgendwie auch den nächsten Schritt. Noch einen und Rix streckte ihm den Arm entgegen. Sam ergriff ihn und wäre fast von den letzten beiden Sprossen gefallen. Mingma lachte. Sein breites Gesicht zeigte Mitgefühl und Sympathie. Er schien sich seit dem frühen Morgen wieder gefangen zu haben.

»Du lieber Himmel«, flüsterte Sam und stellte fest, dass ihm der Schweiß auf der Stirn stand. Er wischte ihn mit dem Fäustling ab.

»Geh es nächstes Mal lockerer an«, empfahl Rix ihm. Inzwischen kam Mark, anscheinend völlig unbeschwert, auf sie zu. Mingma setzte sich wieder in Bewegung und folgte dem Seil durch das tückische Gewirr.

Die nächsten vier Stunden waren sie mit dem Aufstieg beschäftigt. Sie passierten das unebene Eis, überquerten Gletscherspalten und umgingen Séracs. Es war beschwerlich, aber nicht unmöglich. Solange sich Sam unbeirrt auf den nächsten Schritt konzentrierte und sich nicht seinen Wenn-Spekulationen hingab, lief alles glatt.

Sandy war Mingma gefolgt und hatte sehr gut angefangen; aber nach zwei Stunden fing er an zu ermüden. Er blieb häufiger stehen, war grau im Gesicht, keuchte und wurde immer langsamer. Schließlich fiel er so weit zurück, dass er und Al nicht länger zu sehen waren. Die beiden Engländer schritten beharrlich voran. Sam war von ihrem Durchhaltevermögen beeindruckt.

Die Sonne brannte auf sie herunter und es wurde unangenehm heiß.

»Zeit vergeht schnell«, sagte Minigma mit einem Blick zum wolkenlosen Himmel.

Gegen elf Uhr nahmen die vier Männer den letzten Abschnitt in Angriff. Das westliche Kar zeigte sich als breiter, sanft abfallender Cañon, der direkt hoch zur Lhotse-Flanke führte. Die Sonne schien erbarmungslos. Sam stolperte auf das Lager eins von Mountain People zu und legte dabei den Arm über die Augen, als reiche die Gletscherbrille nicht aus, seine Augen vor dem blendenden Sonnenlicht zu schützen.

Vier kleine Zelte waren wie ein Quadrat angeordnet. Zwei der vier Sherpas erwarteten sie mit Tee, der in einer Thermoskanne warm gehalten wurde. Sam konnte sich kaum noch auf den Beinen halten und ließ sich in den Schnee fallen.

»Du guten Aufstieg gemacht«, versicherte Mingma ihm mit einem kleinen Lächeln. »Vielleicht etwas zu ängstlich auf der Leiter.«

»Gib mir bitte einen Tee«, krächzte Sam. Die warme süße Flüssigkeit war wie Nektar. Er trank seinen Becher aus und starrte den Hang hinauf, an dem er zwei dunkle Punkte entdeckte. Es waren die beiden anderen Sherpas, mit Zelten und dem ersten Vorrat an Sauerstoff und Lebensmitteln, auf dem Weg zu Lager zwei.

Zwanzig Minuten vergingen, dann tauchte Pemba auf. Ted, Vern und Finch gingen vor Ken, Al und Sandy schlossen auf.

Sandy ließ sich neben der Gruppe nieder und flüsterte: »Mann, bin ich geschafft.« Eine Weile verharrte er beinahe reglos.

Finch kümmerte sich um Mark. »Wie geht es deiner Brust?«

Sam sah Finch an. Sie sah müde aus, aber viel weniger erschöpft, als er sich fühlte. Sie war auch über diese schreckliche Leiterbrücke gegangen und hatte alle weiteren Anforderungen dieses Morgens erfüllt, die er selbst kaum gemeistert hatte. Und darüber hinaus kam sie ihrer Aufgabe als Ärztin nach. Sie war die erstaunlichste Frau, die er je kennen gelernt hatte. Er war ihr verfallen, ohne etwas von ihr zu wissen, damals, als sie im Flughafen unter ihrem Skiparka nackt zu sein schien.

Sie hatte ihn nie ermutigt, nie versucht, die Dinge anders darzustellen, als sie waren. Ihr bis nach Katmandu zu folgen, sich in den Kletteranzug eines anderen zu zwängen und sich diese klaffende Höllenküche aus Eis hinaufzuquälen, das war wohl die sinnloseste, verwirrendste und fruchtloseste Anstrengung, die ein Mann je wegen einer Frau unternommen hatte.

Im Basislager nahm Al über Funk Kontakt mit George auf, um ihm zu berichten, dass sie alle heil und sicher in Lager eins angelangt waren. Er nickte den beiden Sherpas zu, die den Ofen in einem der Zelte abluden, alles sicher verstauten, den Reißverschluss hochzogen und wieder zum vereisten Wasserfall aufbrachen. Sie würden auf dem Weg nach unten die Fixseile überprüfen. Diese Sicherheitsüberwachung lag George besonders am Herzen.

Sam blickte nach oben, zum Kar. Überrascht stellte er fest, dass er froh war, heute Morgen hier hochgeklettert zu sein.

Sechs Teilnehmer des südamerikanischen Teams tauchten am Höhenweg auf und steuerten auf ihre Zelte zu. Im Vorbeigehen nickten sie zum Gruß.

»Macht euch bald bereit«, wandte sich Al an seine Gruppe. Der Abstieg wartete.

»Nur noch fünf Minuten«, bettelte Sandy.

Al warf ihm einen prüfenden Blick zu. »Okay. Du gehst mit Ken, Finch kommt mit uns.«

Sie schnallte sich den Rucksack um und griff nach ihrem Eispickel.

Als sie sich zu den Männern stellte, grinste Sam sie an. »Wie war's denn?«

»Das erzähl ich dir unten.«

Sie schlugen den Weg talwärts ein. Die Sonne verwandelte die Eishänge in schwitzende, in Grau getauchte Blöcke und die Schatten färbten sich in ätherisches Hellblau. Sam dachte sehnsuchtsvoll an sein Zelt, an die Möglichkeit, seine schmerzenden Glieder auszustrecken. Plötzlich ertönte ein scharfes Krachen, gefolgt von einem Geräusch, das sich wie Donnergrollen anhörte. Das Grollen der Lawine, die sich löste und an Geschwindigkeit gewann, schien so nah, dass er in die Hocke ging und sein Gesicht zum Schutz in den Händen vergrub. Aber er wurde nicht unter einer Schneemasse begraben und blickte wieder hoch. Die anderen Gipfelstürmer standen ähnlich erstarrt.

»Unter uns«, sagte Al gepresst. Und sie setzten ihren Weg ins Tal fort.

Ein paar Meter weiter unten machte Mingma plötzlich einen Satz nach vorn. Sam sah sich um und entdeckte einen Mann, der oberhalb einer Muräne im Schnee lag. Es war Namje, einer der beiden Sherpas, der vorangegangen war. Er blickte flehend zu ihnen hoch.

Die beiden Männer hatten die Fixseile kontrolliert und waren daher aus Sicherheitsgründen aneinander gegurtet. Die Lawine hatte sie mit sich fortgetragen und die mit Seilen versehene Route unter sich begraben. Namje hatte mit übermenschlicher Kraft irgendwie mit Eispickel und Füßen Halt gefunden und damit verhindert, dass die Lawine sie mit ins Tal fortriss. Ang, sein Partner, war irgendwo unter ihm, entweder begraben oder am Seil baumelnd. Al war bereits beim Sherpa und suchte seinen Partner.

»Er ist hier«, rief Al ihnen zu. »Es ist eine Gletscherspalte. Rix und Mark, ihr sichert euch ab. Mingma und Finch, ihr seilt euch an und kommt zu mir herunter. Wir müssen ihn bergen.«

Sofort begannen die beiden Engländer, mit ihren Eispickeln den gefährlichen Schneehang zu bearbeiten. Sie formten zwei sattelförmige Sitze mit Vertiefungen für ihre Füße, zwischen sich einen festen Schneezapfen als Widerstand, gegen den sie sich pressen konnten. Sie setzten sich in die Sättel und schlangen sich die Seile um die Taille, um im Falle eines Sturzes Finch und dem Sherpa Halt zu geben. Hilflos beobachtete Sam diese Vorkehrungen.

Nachdem sich die beiden Männer so gut wie möglich abgesichert hatten, klemmten Mingma und Finch ihre Seile an ihnen fest und ließen sich zu Al hinunter. Sie konnten erkennen, dass

Ang bewusstlos war. Er baumelte hilflos am Seil, nachdem die Lawine in den Abgrund gedonnert war. Er hing gefährlich über der klaffenden Tiefe.

Sam knabberte nervös an seinen Fäustlingen, während er das Rettungsmanöver verfolgte.

Sehr langsam ließ sich Al, dessen Seil an dem Mingmas festgeklemmt war, über den Rand herunter. Finch lehnte sich mit ihren Steigeisen zurück und hieb mit dem Eispickel auf den Schnee ein. Um die Taille hatte sie Mingmas Seil geschlungen. Über ihr thronten Rix und Mark regungslos in ihren Schneesitzen, darauf vorbereitet, einen weiteren fallenden Körper aufzufangen. Al war eine Ewigkeit nicht zu sehen. Finch wartete. Sie beugte sich über den Schnee und studierte offenbar die Überreste der Lawine.

»Zieht ihn hoch«, hörte man Al schließlich rufen.

Mingma begann, das Seil hochzuziehen. Ang tauchte auf, reglos, und mit vereinten Kräften hievten die Retter ihn aus dem Schnee. Finch kümmerte sich um den Verletzten. Sie öffnete seine Kleider, um seinen Atem und seinen Puls zu prüfen, und Al betastete die gespreizten Glieder. Sam fühlte sich wie in einer Filmszene, während er die harmonische Zusammenarbeit beobachtete.

Namje hatte den Kopf in den Händen vergraben. Er zitterte. Rix legte ihm einen Arm um die Schultern.

Über Angs Stirn verlief bis zum Haaransatz eine riesige klaffende Wunde. Sein schwarzes Haar war blutverkrustet.

Jetzt tauchten hinter ihnen Pemba und die anderen Expeditionsteilnehmer auf. Die beiden Führer beratschlagten und Ken zog das Funkgerät heraus, um George zu informieren.

»Wir müssen ihn hinunter ins Basislager schaffen«, sagte Al.

Finch klebte ein Pflaster auf die Wunde. Sein Kopf fiel zur Seite, als er hochgehoben und ihm ein Seil unter den Armen befestigt wurde.

»Ihr alle geht mit Pemba und Mingma hinunter«, erklärte Al den Männern. »Ken, Finch und ich bringen ihn hinunter.«

»Kann ich nicht helfen?«, bot sich Sam an.

Al würdigte ihn keines Blickes. »Tut, was ich sage.«

Schweigend entfernten die Männer sich. Unter der Stelle, an der sich die Lawine gelöst hatte, waren die Fixseile noch an ihrem Platz.

Zwanzig Minuten später waren sie am Fuß des Gletschers angelangt. George und die Sherpas des Basislagers erwarteten sie. Erst nach einer weiteren halben Stunde kam der Rest der Gruppe in Sicht. Ang wurde von Ken und Al getragen; an den steilsten Abschnitten jedoch ließen sie ihn am Seil herunter. Finch ging neben ihnen. Als sie unten angelangt waren, hoben die Sherpas den Verletzten hoch und begannen den Abstieg zum Lager von Mountain People. Ang wurde sofort ins Krankenzelt gebracht; Finch und die beiden Führer folgten ihm.

Dorje, der Koch, brachte Sam einen Becher Tee.

»Sehr schlecht«, bemerkte Dorje. »Erster Tag.«

Sam nickte. Er lehnte sich mit dem Rücken an die Steine des *puja*-Altars. In der Sonne war es warm. Mingma schürte das Feuer mit Zweigen des Wacholderbeerstrauchs.

7. Kapitel

In dieser Nacht hatte Sam seinen ständig wiederkehrenden Traum. Er lag im trüben grünen Licht des alten Firstzeltes zusammengerollt in seinem Schlafsack. Draußen hörte man Töpfe klappern; seine Mutter räumte nach dem Abendessen auf und sein Vater murmelte leise vor sich hin. Alles war sicher und vertraut und er verhielt sich ganz still vor lauter Angst, die Sicherheit könnte sich auflösen. Und dann war er – wie jedes Mal – plötzlich irgendwo anders. An einem unbekannten Ort. Er sah eine Bergspitze vor sich in den Himmel ragen, einen zackigen Gipfel, der sich gegen das Blau des Himmels abhob, von Vögeln umkreist. In der Nähe der Bergspitze hing eine Spinne, die mit menschlichen Bewegungen den Felsen hochkletterte, durch die Schwindel erregende Höhe auf einen schwarzen Fleck reduziert; fast zu klein, um sie sehen, und zu weit entfernt, um sie retten zu können. Aber Sam wusste, dass Rettung Not tat, denn die Spinne war sein Vater.

Hilf mir, rief sein Vater. *Sag mir, was ich tun soll.*

Sams Lippen bewegten sich, aber er blieb stumm.

Ich falle!

Die Spinne schrumpfte, wie von einer Flamme berührt, und wirbelte durch die Luft, sich unzählige Male überschlagend. Auf einmal hatte sie Hände und Füße, Arme und Beine. Sie fiel und schrie immer noch »Ich falle!« und landete auf dem Boden. Sam schrie auf, rieb sich in seinem Schlafsack im Basislager den Schlaf aus den Augen und spürte den Nachhall des Schreis noch in der Kehle. Er rollte sich auf den Rücken und schob die Kapuze aus dem Gesicht. Langsam erholte er sich von den Schrecken des Albtraums. Mit weit aufgerissenen Augen lag er da und versuchte, ruhig zu atmen. Aus Erfahrung wusste er, dass er nach diesem Traum nicht wieder einschlafen würde.

Er hörte, wie jemand hastig aus einem der anderen Zelte stürzte und sich dann übergab.

Beim Frühstück fehlte Vern, aber Sam entdeckte ihn später in einem Liegestuhl neben dem Speisezelt. »Alles okay?«

Der große Amerikaner sah schlecht aus, rang sich aber ein Lächeln ab. »Klar. Nach dem gestrigen Morgen hatte ich wahnsinnige Kopfschmerzen. Ich konnte mich mehrere Stunden lang nicht regen und die Schmerz stillenden Mittel nicht bei mir behalten. Es war wie eine schlimme Migräne. Die Nacht war ziemlich unangenehm, aber die Ärztin hat mir etwas Wirkungsvolles gegen Erbrechen verabreicht, und jetzt geht's mir gut. Ist nur eine Frage des Akklimatisierens, ist ja nicht das erste Mal.«

»So ein Pech.«

»Ach, halb so schlimm. Gut, dass wir heute einen Ruhetag haben. Wie fühlst du dich?«

»Geht so.« Sam hatte nach dem Traum tatsächlich nicht mehr einschlafen können, wie er befürchtet hatte. Ihm war noch immer schlecht und er fühlte sich matt. Die Vorstellung, nochmals den Gletscherbruch hochklettern zu müssen, vielleicht sogar mehrmals, war ganz und gar unerträglich. Und doch wusste er, dass er es tun würde, denn die Alternative war aufzugeben. Ein wenig Verständnis mischte sich unter die vielen Vorurteile, die er seinem Vater gegenüber hatte, und veränderte seinen Blickwinkel.

Vern nickte anerkennend. »Du warst gestern ziemlich gut.«

»Danke. Ich bin mir allerdings nicht sicher, ob Al das auch so sieht.«

»Der ist manchmal ein richtiges Ekel, nicht?«

Sam zuckte mit den Schultern. Er wollte sich nicht auf eine Diskussion über den Expeditionsleiter einlassen. Stattdessen suchte er Dorje und trank eine Tasse Tee, den Blick hinunter ins Tal gerichtet. Wolken waren aufgezogen und hatten die Sicht fast völlig bedeckt.

Im Lager war es still. Die meisten Bergsteiger ruhten in ihren Zelten oder saßen im Speisezelt und lasen. Das Plätschern von Wasser hinter der Trennwand neben der Küche verriet, dass jemand duschte.

Gestern Nachmittag, nachdem Angs Zustand dank Finch so stabil wie möglich geworden war, trugen Al und zwei der Sherpas ihn zurück ins Tal, nach Pheriche. Dort gab es ein nach westlichen Standards organisiertes Krankenhaus. Al hatte George am Abend angerufen, um zu berichten, dass der verletzte Sherpa wieder bei Bewusstsein und seine Kopfwunde genäht worden sei. Er hatte eine ausgekugelte Schulter, gequetschte Rippen und Platzwunden, würde aber zweifellos wieder auf die Beine kommen. Al würde den Ruhetag zum Aufstieg ins Basislager nutzen.

George verschickte gerade vom Kommunikationslager aus Faxe. Er begrüßte Sam mit leichtem Kopfnicken.

»Kann ich mal telefonieren, wenn du fertig bist?«, erkundigte sich Sam.

»Klar. Vier Dollar pro Minute in die USA.«

»Danke.«

Fünf Minuten später nahm Mike in Wilding, Oregon, den Telefonhörer ab.

»Hallo, Pa. Rat mal, wo ich bin!«

George Heywood warf ihm einen Blick zu und verließ taktvoll das Zelt.

Sam lauschte dem leisen, durch den Satelliten hervorgerufenen Echo seiner eigenen Stimme und dachte daran, wie oft sein Vater ihm vom Everest vorgeschwärmt hatte. Du wirst den Cap besteigen, bevor du zwanzig bist, mein Sohn. Und dann wirst du all die berühmten Routen in den Alpen und im Himalaja machen – Orte, die dein alter Vater nie sehen wird.

»Ich dachte, du bist in Katmandu.«

»Ganz in der Nähe. Nur viel besser.«

»Ich weiß nicht, mein Sohn.« Der alte Mann hörte sich müde an.

»Basislager Everest.«

Einen Moment lang herrschte Schweigen. Dann lachte sein Vater, ungläubig und doch voller Hoffnung.

»Ja, wirklich. Gestern bin ich über den Gletscherbruch hoch bis zum Kar geklettert und wieder runter.«

»Wie ist denn das möglich?«

»Reine Glücksache. Habe einen Job bei einer Expedition bekommen. Übrigens habe ich deinen Namen genannt.«

»Sam, du hältst mich doch hoffentlich nicht zum Narren, oder?«

Habe ich mir jemals so einen Scherz erlaubt? War ich je so grausam? Sam hielt den glatten Hörer fest umklammert und dachte, verdammt noch mal, ich muss weinen. Nach all der Zeit muss ich weinen. »Nein. Es ist wahr. Ich habe einem Mann namens George Heywood erzählt, dass ich dein Sohn bin, und er hat mich als Ersatzmann für jemanden angeheuert, der krank geworden ist. Ich unterstütze die Kunden, die den Gipfel zu erklimmen versuchen; aber man weiß ja nie, vielleicht kann ich noch ein wenig höher steigen.«

»Ich glaube, ich erinnere mich an George. Es war vor langer Zeit, oben auf den Bergen des Yosemite-Nationalparks. Er war damals noch ein Kind. Hör zu. Schau mal nach draußen und sag mir, was du da siehst, ja? Beschreib mir alles ganz genau.«

Sam tat einen Schritt nach vorn, um aus dem Zelt zu spähen. Bei seiner Beschreibung der Aussicht beschönigte er alles ein bisschen, weil sich Wolken zusammenzogen.

»Kannst du den Gipfel sehen?«

»Ja, kann ich.«

Mike stieß einen tiefen Seufzer aus. »Das ist ja ein Ding!«, sagte er. »Das muss doch wirklich toll sein!«

Sam starrte angestrengt auf die gewundenen Fels- und Eisformationen. »Ich wünschte, du könntest es auch sehen.«

»So ist es fast genauso gut. Hör zu, mein Sohn. Du kletterst jetzt so, wie ich es mir immer vorgestellt habe. Ich höre es an deiner Stimme, erzähl mir nicht, es sei nur ein Job. Aber ich will, dass du vorsichtig bist. Erinnerst du dich, wie ich dir immer gesagt habe, wie wichtig die Konzentration ist?«

»Ja, ich erinnere mich.«

»Und wenn du den Gipfel erreichst, sag einfach meinen Namen und den deiner Mutter.«

»Pa, ich bin nicht …«

»Sag ihn einfach.«

»Okay, mach ich. Allerdings ist es ein riesiges ›Falls‹, kein

›Wenn‹. Ich spiele bei der Expedition nur eine Nebenrolle. Wenn der Mann, der krank geworden ist, sich wieder erholt und es bis hierher schafft, kann ich Leine ziehen.«

Aus dem fernen Wilding drang ein eigenartiges Geräusch an sein Ohr. Es war, als ob sein Vater kicherte. »Ja klar. Aber du denkst trotzdem dran, nicht wahr?«

»Eure Namen zu sagen?«

»Nein, daran, vorsichtig zu sein.«

»Ja.«

»Erinnerst du dich, wie oft ich dich als Kind mitgenommen habe?«

»Ich war immer eine Niete.«

»Du hast viel gelernt.«

Sam bemerkte einen Schatten hinter der Zelttür. »Ich rufe vom Satellitentelefon der Expedition an, Pa, es kostet vier Dollar pro Minute, ich mache lieber Schluss.«

»Klar. Ich bin wirklich stolz auf dich, Sammy. Viel Spaß!«

Als Sam aus dem Zelt stolperte, entfernte sich Finch gerade vom Eingang. Er riss sich mühsam zusammen.

»Entschuldigung. Wolltest du ins Krankenzelt?«

»Ich wollte auch telefonieren. Stimmt etwas nicht?«

Sam schüttelte den Kopf und Finch schlüpfte an ihm vorbei ins Zelt.

Sie wollte mit Suzy sprechen. Hier oben funktionierte ihr Laptop nicht. Die eingehenden E-Mails landeten im Büro in Katmandu; vom Landeplatz in Lukla wurden von Postboten Ausdrucke hochgetragen. Finch hatte ihre Faxe verschickt und mitgeteilt, dass sie heil im Basislager angekommen seien, aber nun wollte sie ungeachtet der Entfernung ein richtiges Gespräch führen.

Der Gletscherbruch war entsetzlich gewesen. Theoretisch war ihr klar gewesen, wie anstrengend es werden würde; sie hatte um die bedrohlichen Verschiebungen, die extreme Hitze und Kälte gewusst, aber die Wirklichkeit hatte sich als viel schrecklicher erwiesen. Gestern war ihr ihre eigene physische Feigheit in Gestalt eines Bergsteigers erschienen, war kraftvoll vor ihr hergeschritten oder hatte boshaft am Rand der Gletscherspalte und unter den gefährlichen Séracs gelauert. Sie hatte sich für mutig genug gehalten, doch die Erscheinung baute sich vor ihr auf und blockierte ihr den Weg. Zuweilen schien es, als könne sie die Willenskraft, noch einen einzigen Schritt neben dieser Gestalt herzugehen, nicht mehr aufbringen. Und dann, als die Anstrengung fast vorbei war, löste sich die Lawine, dann das Gesicht von Mingma, der flehend zu ihnen hinaufschaute, und der Moment, als Al sich in den Abgrund hinunterließ und man ihn nicht mehr sehen konnte. Am liebsten hätte sie wie ein Kind geschrien, sich an das Seil geklammert, um ihn wieder hochzuziehen.

Sie hatte bei der Bergung geholfen und ihr Möglichstes für den Verletzten getan. Dabei hatte sie sich selbst aus einer gewissen Distanz beobachtet und gedacht, du bist eine Schwindlerin und außerdem eine Belastung. Du bringst es einfach nicht. Al wird enttäuscht sein.

Nachdem die Männer Ang den Berg hinab nach Pheriche getragen hatten, wurde ihr Gefühl der Hilflosigkeit noch stärker. Sie hatte nicht genug für ihn getan. Es gab hier keinen Behandlungsraum, weder Geräte noch die ganze medizinische Versorgung, die für sie und Dennis in Vancouver so selbstverständlich waren. Beim Gedanken an das, was sie all den Leuten in dieser feindlichen Umwelt schuldig war, fragte sie sich, wie sie die Verantwortung so ungeniert hatte auf sich nehmen können. Es war eine lange, unangenehme Nacht gewesen.

Jeff nahm den Hörer ab, aber einen Moment später war Suzy am Apparat. Die Wärme der vertrauten Stimme machte das Gefühl der Isolation für kurze Zeit erträglicher.

»Ja. Mir geht's gut. Heute ist Ruhetag. Gestern war's recht abenteuerlich.«

Sie berichtete von der Lawine und den angespannten Minuten der Bergung und beschrieb Angs Verletzungen.

»O Gott. Es hätte auch dich treffen können«, rief Suzy aus. »War dir klar, dass so etwas passieren konnte? Wenn du gewusst hättest, dass es so gefährlich sein würde, wärst du doch bestimmt nicht mitgegangen, oder?«

Ungeniert ist das richtige Wort, dachte Finch. Sie hatte ungeniert die medizinische Verantwortung übernommen und geglaubt, sie besäße den Mut, den Berg zu besteigen. »Ich weiß nicht, Suzy. Vielleicht hätte ich mich nicht darauf eingelassen, wenn ich es gewusst hätte, aber ich bin trotzdem froh, dass ich hier bin.«

»Finch, das alles ist total verrückt. Ich habe Angst um dich.«

»Brauchst du nicht. Ich habe selbst schon genug Angst. Noch mehr Angst wäre wirklich überflüssig. Wie geht's dir denn?«

Suzy hielt inne und sagte dann lachend: »Ich bin schwanger.«

»Wie?«

»Gleich beim ersten Mal. Nicht übel, was?«

»Das sind ja tolle Neuigkeiten. Das ist ja wunderbar, Suzy.« Jetzt lachten sie beide. Dann sprachen sie eine Weile über Termine und Trimester, plötzlich nicht mehr im medizinischen, sondern im Sinne der sich anbahnenden Mutterschaft, und Finch vergaß völlig, wo sie war und was ihr noch bevorstand.

»Du hörst dich gut an«, sagte Suzy zum Schluss.

»Ja, es geht mir auch gut.« Vielleicht stimmte das wirklich. Sie war mit Al zusammen. Und was auch immer geschehen würde, es war ihre eigene Entscheidung gewesen.

»Ich denke jeden Tag an dich, da oben.«

»Und ich an dich. Jetzt noch öfter. Ich muss Schluss machen, George will den Wetterbericht hören.«

»Steig auf den Gipfel und dann komm zurück, hörst du?«

»Pass auf dich auf, *primagravida*.«

Draußen stießen dicke Wolkentürme aneinander und verdeckten Himmel und Gipfel. Ein leichter Wind zerrte an den Nylonwänden der Zelte und bog die Gebetsfahnen um. Ein paar Schneeflocken wirbelten durch die graue Luft. Sam war ruhelos um das Lager spaziert, um das Gefühl des Gefangenseins abzuschütteln. Plötzlich sah er Finch aus dem Zelt kommen.

»Wer ist im Speisezelt?«, fragte sie.

»So gut wie alle.« Einige spielten Karten und Sandy hatte eine CD von Van Morrisons bekanntesten Hits aufgelegt. »Alle, außer Al«, fügte Sam hinzu. »Er ist noch nicht aus Pheriche zurück.«

»Ah.«

»Du könntest mit zu mir kommen, wenn du nicht ins Speisezelt willst.«

Allein ihr Lächeln war bereits eine Belohnung. »Danke. Das hört sich gut an.«

Die Zelte von Mountain People waren so geräumig, dass zwei Personen darin Platz hatten. Sams Zelt war aufgeräumt, sein Schlafsack ordentlich gefaltet, Kleider und Bücher lagen in kleinen Packen am oberen Ende. Finch nahm seitlich Platz und benutzte einen Beutel mit Kletterzeug als Rückenlehne und Sam lehnte sich auf seinem Schlafsack zurück. Der Wind wurde stärker, schlug gegen die Zeltspitze und zerrte an ihr, sodass sie lauter sprechen mussten.

»Ich habe gerade erfahren, dass meine beste Freundin ein Baby erwartet.«

»Ist das ein Grund zum Feiern?«

»Auf jeden Fall. Sie hat vor kurzem geheiratet, ich kam gerade von ihrer Hochzeit, als wir uns am Flughafen begegnet sind.«

Sam gefiel diese Erwähnung ihrer gemeinsamen Geschichte, auch wenn sie noch so unbedeutend war.

»Dann wollen wir uns auf die Schokolade stürzen.«

Er fand eine Tafel, wickelte sie aus dem Silberpapier und brach für jeden ein Stück ab. Finch knabberte gierig daran, obwohl ihr leicht übel war. Es ist die Höhe, dachte sie geistesabwesend, keine Schwangerschaft. Iss, was du runterkriegst, und trink, so viel du kannst.

»Hast du zu Hause angerufen? Deine Freundin?«

»Meine Freundin und ich hatten einen Punkt erreicht … wir haben, kurz bevor ich hierher kam, festgestellt, dass es keinen Sinn mehr hat.«

Finch starrte auf ihr Stück Schokolade und beschloss, das Thema nicht weiter zu verfolgen.

»Ich habe mit meinem Vater gesprochen.«

Sie lehnte ihre Schultern auf das improvisierte Kissen, voller Ruhe auf seine Erzählung wartend. Die Enge des Zeltes, das dämmrige grüne Licht und die synthetischen, klebrigen Gerüche erinnerten Sam an die Expeditionen mit seinen Eltern und an den

Traum. Es war beunruhigend, mit Finch in dieser intimen Enge zu sitzen. Die gestrige Gefahr und die Nachwirkungen der Lawine hatten ihre Reserviertheit aufgebrochen. Sie blickten sich jetzt ganz offen an. Am liebsten hätte er die Hand ausgestreckt und sie auf die sanfte Wölbung ihres Wadenmuskels gelegt. Stattdessen begann er zu sprechen.

Er erzählte Finch von seiner Kindheit und von den haushohen, Schrecken einflößenden Felsbrocken, die er hochklettern sollte, um Michaels Wunsch zu entsprechen. Er versuchte, ihr das wütende, kindliche Unverständnis zu vermitteln, das er dem kletterbesessenen Vater und der seltsamen Gleichung von Risiko und Leistung entgegengebracht hatte.

»Ich habe es nie begriffen und nie auch nur einen Hauch von Verständnis dafür gehabt – bis gestern. Da hat mich plötzlich das Grauen gepackt, hemmungsloses Grauen, aber ich wollte trotzdem weitergehen. Und ich muss wieder da hoch.«

»Ich kenne das Gefühl«, sagte Finch. »Jeder von uns kennt es.«

»Ich habe meinen Vater angerufen, um ihm zu sagen, wo ich bin und was wir gestern gemacht haben. Er wusste nicht einmal, dass ich bei der Tour dabei bin.«

»Und was hat er gesagt?«

»Er hat mich gebeten, seinen Namen und den meiner Mutter zu sagen, wenn ich den Gipfel erreiche.«

Sie lächelte.

»Und er hat gesagt, er sei stolz auf mich. Vermutlich hat er mir das früher schon mal gesagt, aber ich kann mich nicht erinnern. Auch nicht, wann das hätte sein sollen.«

»Und?«, fragte Finch nach einer Weile.

Sam furchte die Stirn.

»Da ist doch noch was anderes, oder?«

»Er ist abgestürzt«, sagte Sam.

Es war jetzt fast zehn Jahre her. Sam war natürlich nicht bei ihm gewesen, als es passierte. Er hatte schon lange zuvor klargestellt, dass er nicht klettern wollte, weder mit seinem Vater noch mit irgendjemand anderem. Niemand war dabei gewesen; Mike hatte es immer vorgezogen, allein zu klettern.

Es geht nicht um Sicherheit, sondern um Reinheit.

Er war ungesichert eine Felsspitze hochgeklettert und einer Route mit dem Namen Jam Today gefolgt, die er selbst festgelegt hatte. Es war eine schmale Spalte, die vertikal nach oben zu einem Überhang, ungefähr 25 Meter über dem Boden, verlief und gerade genug Halt für die Fingerspitzen bot. Für Michael McGrath, der die Schwindel erregenden Höhen der Berge im Yosemite-Nationalpark liebte und einen schwierigen Aufstieg von mehreren hundert Metern auf einem vereisten Wasserfall in Alaska genoss, war es vergleichsweise ein Nachmittagsspaziergang.

Er war gerade im Begriff, seine Finger rasch von dem vertikalen Riss zu einem winzigen unsichtbaren Halt am Überhang über seinem Kopf zu bewegen. Die einzige Möglichkeit, das zu schaffen, war, sich dabei nach oben zu hangeln und in die unsichtbare Spalte zu krallen.

Wenn man nur nach oben klettern kann, indem man einen sicheren Halt aufgibt, sprechen die Bergsteiger von Engagement. Engagier dich, mein Sohn, hatte sein Vater ihm zugerufen, als er mit sich kämpfte, um die Willenskraft für ein derartiges Manöver aufzubringen.

An jenem milden Samstagnachmittag, als es bei einer Route, die er schon dutzende Male geklettert war, darauf ankam, engagierte er sich zu spät oder zu zögerlich und seine Finger verfehlten den Haltegriff.

Er fiel über 25 Meter weit zu Boden und lag bewegungslos da.

Sam hatte die schwarze, stürzende Gestalt in seinen Träumen gesehen, immer wieder. Niemand sah den eigentlichen Absturz und doch hatte er sich Sam lebhaft und unauslöschlich eingeprägt.

Michael brach sich bei dem Sturz die Wirbelsäule und hatte noch weitere Verletzungen. Er lag bei vollem Bewusstsein mit höllischen Schmerzen eine Stunde lang reglos da, bis zwei Wanderer vorbeikamen und ihn fanden. Es war eine abgelegene Gegend und er hatte Glück, dass es nicht noch länger dauerte.

Sam war im ersten Studienjahr. Er war beim Joggen gewesen und sein Mitbewohner war übers Wochenende weggefahren. Ein unbekannter Etagenbewohner hatte eine Nachricht übers Telefon entgegengenommen und einen Zettel an seiner Tür befestigt. Er sollte ein bestimmtes Krankenhaus anrufen (die Nummer war angegeben) und nach einem gewissen Dr. Shapiro verlangen. Auf diese Weise hatte er von dem Unfall erfahren.

»Ich habe mich nicht konzentriert«, sagte Mike bitter, als Sam ihn im Krankenhaus besuchte. »Ein einziges Mal habe ich mein Können für selbstverständlich gehalten.«

Michael kehrte im Rollstuhl in das alte Haus in Wilding zurück. Zuerst musste Sam ihn betreuen, ihn ins Bett und auf die Toilette heben. Er gab das College auf und bereitete sich darauf vor, einen verbitterten Krüppel zu pflegen. Noch heute schämte er sich beim Gedanken an den Widerwillen, den er empfunden hatte. Er nahm eine Stelle als Verkäufer in einem Computergroßhandel am anderen Ende von Wilding an.

Aber er hatte nicht mit dem eisernen Willen seines Vaters gerechnet.

Michael lernte wieder laufen, einen mühsamen Schritt vom Rollstuhl zum Küchentisch und dann zwei. Und dann stützte er sich mit dem Schwung seiner starken Arme und Schultern, dabei die Beine nachziehend, um sich vom Bett in den Rollstuhl zu hieven. Er gab trotz heftiger Schmerzen nicht auf und schlurfte in der unaufgeräumten Küche vom Stuhl zum Tisch.

Aber die Atmosphäre im Haus drohte beide zu vergiften. Sam litt unter Platzangst und dem bösen Mundwerk seines Vaters. Michael wusste, dass er nie wieder klettern würde; die Ärzte waren pessimistisch, selbst was das Gehen ohne fremde Hilfe anging. Seinen Frust und seine Wut ließ er an seinem Sohn aus, mit dem er unzufrieden war.

Sam entfloh dem Ganzen durch Laufen. Er rannte Hunderte von Kilometern, immer größere Entfernungen in immer kürzeren Zeiten, in äußerster Konzentration. Wenn er nach Hause zurückkehrte und seinen Vater grübelnd im Sessel vorfand oder bei einem Gehversuch ertappte, wäre er am liebsten gleich wieder umgekehrt, noch weiter weg und noch schneller gelaufen.

Nach und nach gewann Michael ein wenig die Kontrolle über

seine untere Körperhälfte zurück. Er lernte, sich im Haus mit Krücken zu bewegen, dann mit zwei Stöcken und zuletzt mit einem. Er fing wieder an Auto zu fahren; bis zum Lebensmittelladen oder in die Stadt. Eines Tages sagte er unvermittelt: »Geh ruhig.«

»Wohin?«

»Zurück aufs College. Ich brauche dich hier nicht.«

Ein Jahr nach dem Unfall nahm Sam sein Studium wieder auf. Man hatte ihm sein Sportstipendium freigehalten und sein Dank dafür war, dass er die Meisterschaften des Staates Oregon und mehrere nationale Wettbewerbe gewann. Es war nicht leicht, die Freude über diese Triumphe mit Michael zu teilen, in dessen Eingeweiden die Bitterkeit über die eigene physische Unzulänglichkeit wie ein Tumor wucherte.

Der Wind auf dem Gletscher wurde stärker. Sam musste wieder lauter sprechen, um das Trommeln auf dem Nylonzelt zu übertönen.

»Da sind wir stehen geblieben. Ich wollte nicht klettern und er interessierte sich für nichts anderes«, schloss Sam.

Finch hatte ihm aufmerksam zugehört und seinen Gesichtsausdruck studiert. »Das hört sich außergewöhnlich an. Im medizinischen Sinne, meine ich.«

»Vielleicht ist das hier alles nur wegen ihm. Ich hatte schon immer ein verborgenes, unterschwelliges, uneingestandenes und doch brennendes Verlangen, den Everest zu besteigen, um endlich die Anerkennung meines Vaters zu bekommen, die er mir bisher verweigert hat.«

Finch überlegte. »Das hoffe ich sehr. Denn das würde bedeuten, dass der ganze Blödsinn mit mir und dem Abendessen keinen Sinn ergibt.«

Beide zögerten.

Dann nahm Sam ihre Hand und hielt sie fest und sie ließ es geschehen. Ganz bewusst nahm er die warmen Finger, die ovalen Fingernägel und den leicht gebogenen Daumen wahr. »Ich brauche mir keine Hoffnung zu machen, oder?«

»Nein«, erwiderte sie leise.

»Ich würde ihn am liebsten umbringen.«

»Nein, das würdest du nicht.«

»Na ja, wenn du meinst.«

Er ließ ihre Hand los und sie nickte.

»Ich muss einiges erledigen, Sam. Mark Mason hustet immer noch und ich muss nach Vern schauen. Vielen Dank für – dafür, dass du mir all das erzählt hast.«

»Keine Ursache.«

Sie krochen aus dem engen Zelt und waren nun dem stürmischen Wind voll ausgeliefert. Plötzlich wurde ihnen klar, dass sie noch genug Zeit zum Erzählen haben würden. Das Lager wirkte auf dem Gletscherbett winzig, verstreut und verletzlich und wegen des launischen Wetters saßen sie wie in einer Falle. Niemand konnte etwas dagegen tun, sie konnten nur warten, dass es besser würde.

Finch schmiegte sich fester in ihren windundurchlässigen Anorak und zog die Kapuze tief ins Gesicht. Sie entdeckte Al, der sich ein paar Schritte entfernt mit George unterhielt, sie aber dabei ansah. Seine Kapuze und die Schultern seines Parkas waren voller Schnee und sein schwarzer Stoppelbart war grau vom Eis. Er war also endlich aus Pheriche zurück. George schlug Al auf die Schulter und Schnee fiel herunter. Geduckt traten sie durch den niedrigen Eingang des Speisezeltes. Ein Lichtstrahl fiel kurz auf das verschneite Wirrwarr der Gesteinshügel im Gletscher.

Finch folgte ihnen. Alle außer Sam und Vern saßen um den großen Tisch herum und warteten auf das Abendessen. Zwei oder drei lasen, Ken und die anderen spielten Karten. Al hatte sich am vorderen Ende des Tisches auf einen Stuhl fallen lassen.

Finch ging direkt auf ihn zu und legte ihm den Arm auf die Schulter.

Sie war sich der plötzlich eintretenden Stille bewusst und spürte, wie die Blicke auf ihnen ruhten. Die anderen flüsterten und zogen offensichtlich ihre Schlüsse.

Das war gut so. Sie wollte, dass sie es wussten. Und dann vergaß sie einfach, dass da noch andere außer Al waren.

Al umfasste ihr Handgelenk und blickte zu ihr auf. »Er wird wieder auf die Beine kommen«, sagte er.

»Gut.«

»Vielen Dank für deine Hilfe.«

»Ich habe wohl kaum genug getan. Wie geht's dir?«

»Es war ein weiter Weg, das ist alles.«

Sie ließen einander los. Finch merkte, wie alle wieder ihre Aktivitäten aufnahmen, als ob sie nichts bemerkt hätten. Sandy Jackson grinste hinter seinen Karten. Sie setzte sich auf einen leeren Stuhl an den Tisch und die zwanglose Unterhaltung um sie herum wurde wieder aufgenommen. Sam und Vern kamen herein. Nach ein paar Minuten erschien der Küchenjunge mit Besteck. Es folgte Dorje, der das Essen auftrug.

Vern aß fast nichts. »Morgen wird es mir wieder besser gehen«, versicherte er Finch.

Die anderen stocherten auf ihren Tellern herum.

Nach der abendlichen Einsatzbesprechung hielt George den Wetterbericht hoch. »Es stehen uns zwei bis drei Tage schlechtes Wetter bevor. Das müssen wir durchstehen. Gott sei Dank sind wir noch nicht weiter oben. Nutzt die Gelegenheit, ruht euch aus und sammelt Kräfte.«

Viele Bergsteiger anderer Gruppen befanden sich in höheren Lagern Richtung Südsattel. Der Wind und die Kälte da oben waren sicherlich grauenhaft. Über Funkgeräte gelangten sporadische Nachrichten in die verschiedenen Lager. Sie würden durchhalten, in ihren Zelten sitzen und auf das Ende des Sturms warten.

»Al?«

Al beugte sich vor. Sam hatte ihn unwillkürlich beobachtet, doch jedes Mal, wenn er versuchte wegzuschauen, wanderte sein Blick zu ihm zurück.

Der Mann strahlte eine innere Ruhe aus, die sich in seiner gelassenen Miene widerspiegelte. Er reagierte lebhaft auf die Unterhaltungen, die um ihn herum geführt wurden, wirkte aber distanziert. Er hatte eine starke Präsenz, ohne etwas von sich preiszugeben.

Finch hatte Recht, Sam empfand keinen Hass auf ihn, auch wenn er gewünscht hätte, dass es so wäre; er hatte eher Achtung vor ihm.

»Wie ihr alle wisst, wurde Ang gestern schwer, aber nicht lebensgefährlich verletzt. Er befindet sich momentan in Pheriche unter ärztlicher Aufsicht. Euch allen vielen Dank für eure Hilfe auf dem Berg. Ihr habt den Wetterbericht gehört.« Er hielt inne, neigte den Kopf und horchte auf den Wind. »Sobald sich der Wind legt, gehen wir wieder hinauf zu Lager eins und bleiben dort eine Nacht. Die gleichen Gruppen wie beim letzten Mal.«

Sam setzte zum Sprechen an, um ein zweites Mal die gleiche Frage zu stellen, aber Als Blick hielt ihn davon ab.

»Hat jemand noch etwas Wichtiges hinzuzufügen?«

Niemand sagte etwas.

»Okay. Bleibt konzentriert.« Mit einem Nicken entließ er die Männer. Sie schoben ihre Stühle zurück und standen auf.

»Hast du einen Moment Zeit?«, wandte sich Al an Sam.

»Natürlich.«

Al machte eine Kopfbewegung Richtung Zelteingang. Sam stand auf und folgte ihm nach draußen. Es war zu stürmisch, um sich mühelos zu unterhalten, und Al deutete hinüber zum Kommunikationszelt. Drinnen angekommen, fragte Al ohne Umschweife: »Hast du schon mal Steigeisen an den Füßen gehabt?«

»Ja. Allerdings nicht in letzter Zeit.«

»Es sah nicht so aus.«

»Tut mir Leid. Ich dachte, ich hätte mich recht wacker geschlagen.«

»Ich kann hier niemanden gebrauchen, der Mist baut.«

»Nein.« Sam hielt seine Stimme unter Kontrolle und nahm sich zusammen.

»Du hast behauptet, du seist Bergsteiger.«

»Ich glaube, ich habe behauptet, stark und willig zu sein.«

Al sah ihn an. »Warum bist du hier?«

»Das geht dich wohl einen feuchten Kehricht an.«

»Ich leite die Expedition, mein Junge. Alles, was hier geschieht, geht mich was an.«

Der Ausdruck »Junge« war der Auslöser. Hinzu kam, dass Finch diesen Mann liebte, und Sam verstand auch, warum.

Wut und Demütigung übermannten Sam. Er ballte die Faust,

schwang den Arm herum und schlug Al ins Gesicht – allerdings nicht sehr fest. Al konterte sofort und traf viel besser. Sam stolperte und stieß gegen den Tisch mit dem Satellitentelefon und dem Radio. Alles wackelte und rutschte, aber Al streckte seelenruhig die Hand aus und hielt den Tisch fest. Sam blinzelte und rang nach Luft, tastete seine Wangen und sein Kinn ab und fragte sich, wie viele Backenzähne er wohl verloren hatte. Sein Gesicht fühlte sich an wie in Einzelteile zerfallen. Er ließ sich wie ein nasser Sack auf Georges Stuhl nieder.

Als Al sich vergewissert hatte, dass die Kommunikationsgeräte keinen Schaden erlitten hatten, fasste er Sam am Kopf, drehte ihn zu sich und begutachtete ihn. »Bluterguss. Du wirst's überleben und dein hübsches Gesicht hat keinen Schaden erlitten.«

»Hast du das … wegen ihr getan?«, fragte Sam leise und tastete mit der Zungenspitze nach der klebrigen Masse in seinem Mund.

Al steckte die Hände in die Taschen seiner Fleecejacke und dachte über die Frage nach. »Hab ich das? Nein. Sag mir, bist du wegen ihr hier? Du kannst ruhig ehrlich sein. Es macht keinen Unterschied, was mich betrifft.«

Es war nicht einmal Arroganz, dachte Sam. Es war ganz einfach die Wahrheit. In den Augen von Finch und Al Hood zählte er überhaupt nicht. Er legte den Ellbogen auf den Tisch und stützte mit der Hand die unversehrte Wange. »Ja, am Anfang schon.«

»Aber seit gestern hat sich was geändert?«

Sam dachte an den Aufstieg und an sein Gespräch mit Michael. »Ja.«

»Das habe ich mir gedacht. Ich habe dich da oben beobachtet.«

»Na prima, du hast dich wohl über meine Klettertechnik lustig gemacht.«

»Du bist wirklich ein rotznäsiges kleines Arschloch. Aber ich habe festgestellt, dass du fit, stark und ziemlich entschlossen bist. Man könnte sagen, weitaus besser als einige meiner Kunden. Und ich habe dich zu diesem kleinen Gespräch gebeten, weil mir jetzt ein äußerst klettererfahrener Sherpa fehlt. Ich kann Ang durch einen anderen Mann ersetzen, aber ich kann die Nische, die er im Team besetzt hat, nicht ausfüllen. Neue Gesichter können Probleme schaffen. Wenn du also beim Tragen aushelfen willst und genau das tust, was man dir sagt, dann hast du einen Job bei der Expedition, auch wenn Adam wiederkommt.«

»Ich hab mir da oben vor Angst fast in die Hosen gemacht.«

Zu Sams Überraschung lachte Al. »Mann, das geht uns allen so. Bei jedem Aufstieg. Und wenn man keine Angst hat, passt man wahrscheinlich nicht genug auf. Willst du den Job? Ich zahle dir nichts, aber du kannst zusammen mit den anderen in der Gruppe klettern.«

»Ja«, erwiderte Sam, ohne zu zögern.

»Gut. Und was die andere Sache angeht: Finch Buchanan weiß genau, was sie will.«

»Ja, das stimmt«, gab Sam zu.

»Also wäre es totaler Schwachsinn, uns den Kopf darüber zu zerbrechen, wer sie erobern wird.«

»Und uns gegenseitig die Fresse zu polieren.«

»Das nennst du polieren?« Wieder lachte Al, offensichtlich amüsiert. »So, jetzt muss ich ein paar Anrufe erledigen. Ich bin froh, dass du bei uns arbeitest. Vielleicht willst du die Ärztin bitten, sich mal dein Gesicht anzuschauen, damit du keine bleibenden Schäden davonträgst.«

»Nein, ich glaube, das ist nicht nötig.«

»Dann gute Nacht«, sagte Al kühl.

Sam ging zurück in sein Zelt. Er lag in seinem Schlafsack und lauschte dem wütenden Sturm. Er erinnerte sich daran, dass er und Ricky Arnaz in der zehnten Klasse in ein Mädchen verliebt gewesen waren, das Linda Camino hieß, lange Beine und ein Koboldgesicht hatte. Er hatte Ricky zutiefst gehasst, fühlte sich ihm aber immer noch irgendwie verbunden.

Es waren zwei trübselige Tage.

Der Sturm ließ nicht nach und die Expeditionen, deren Bergsteiger weiter oben am Berg festsaßen, hatten Mühe, den Funkkontakt aufrechtzuerhalten. Eine Atmosphäre ängstlicher Apathie breitete sich im Basislager aus. Die Gruppen warteten und hörten den Wetterbericht, versuchten sich zu beschäftigen und zu entspannen und sich nicht gegenseitig auf die Nerven zu gehen. Die Gemeinschaftszelte waren verschmutzt, überall lagen Essensreste, Habseligkeiten und träge Teilnehmer herum; die Einzelzelte wurden zu klaustrophobischen Orten stinkender Kleidung und unruhiger Nächte voller Angstträume. Auf dem Eis und den Felsen um die Zelte herum lag Neuschnee; durch den Sturm wurde er zu Krusten geformt, die wie Eischnee glänzten.

Die Kunden von George Heywood hatten sich in Katmandu und auf dem Anmarsch von Lukla als eine gut harmonierende Gruppe erwiesen. Jetzt, da sie sich gut genug kannten, waren individuelle Eigenheiten plötzlich nicht mehr amüsant, sondern gingen auf die Nerven.

Rix' durchdringende Stimme war immer laut und überall zu hören. Er hatte wenig Geduld und war unbeherrscht. Die anderen Kunden gingen ihm im Speisezelt aus dem Weg und Mark Mason, sein Partner, verbrachte die meiste Zeit mit dem Verfassen von Berichten, die er an seine Zeitung in England faxte.

»Verdammt noch mal, was kann man denn überhaupt erzählen?«, fragte Rix gereizt. »Hier passiert doch nicht das Geringste.«

»Dann berichte ich eben, dass nicht das Geringste passiert«, erwiderte Mark und begab sich zum Faxgerät.

»Um das zu lesen, würde ich keinen Pfennig zahlen«, rief Rix ihm nach. Ted Koplicki sah von seiner Lektüre – Carl Hiaasen – auf und runzelte die Stirn.

Al und Ken gingen zu einer Besprechung mit den Leitern des südamerikanischen Teams. Sie wollten gemeinsam überlegen, wie man in den höher gelegenen Lagern Vorräte teilen könnte, und als Al verschwunden war, fragte Sandy Jackson: »Wo ist denn dein Liebster hingegangen?«

Sam starrte auf den Brief, den er gerade schrieb. Am liebsten hätte er dem Kerl den Pferdeschwanz an den Haarwurzeln herausgerissen und ihn dann gezwungen, ihn zu essen.

»Er ist nicht mein Liebster.«

Sandy grinste viel sagend. »Sondern?«

Finch überlegte. »Er ist mein Freund, hoffe ich. Außerdem ist er Leiter der Expedition, an der du und ich teilnehmen, und das ist momentan das Wichtigste. Wenn du ihn dringend brauchst – er kann nicht weit sein.«

Am liebsten hätte Sam sie für ihre Gelassenheit geküsst. Sandy hörte auf zu grinsen.

Es fiel Finch schwer, mit der Untätigkeit, dem beengten Raum und dem ängstlichen Warten fertig zu werden. Sie versuchte sich auf die Bedürfnisse ihrer Gruppe zu konzentrieren. Sam hatte eine große Prellung auf dem rechten Wangenknochen. Sie schaute ihn an und untersuchte die Verletzung genau. Er starrte sie an und und forderte sie damit zu einer Bemerkung heraus, doch sie schwieg.

Verns Kopfschmerzen hatten aufgehört und seine gute Laune kehrte zurück. Sie mochte die beiden Amerikaner; sie waren optimistisch und von ihren Fähigkeiten überzeugt, ohne penetrant oder dogmatisch zu sein. Mark Masons Husten hatte sich etwas gebessert, vermutlich nicht unbedingt wegen der Antibiotika, sondern eher wegen der Ruhe. Einer der Träger hatte sich beim Gemüseschneiden in den Finger geschnitten; sie nähte die Wunde mit zwei Stichen. Ein anderer suchte sie auf und zeigte ihr scheu seinen Nacken, die Ellbogen und Kniekehlen, die von schuppigen, nässenden Ekzemen überzogen waren. Sie schickte ihn fort, sich zu waschen, rieb ihn dann mit Hydrokortisoncreme ein und sagte ihm, er müsse jeden Tag zu ihr kommen und sich Arznei holen.

»Ja, Madam«, flüsterte er lächelnd und zeigte dabei mehrere Goldzähne.

Ken Kennedy hatte Durchfall. Er riss Witze darüber und schilderte seinen Zustand bis ins letzte Detail. Dennoch war es ein Missgeschick; er brauchte seine ganzen Kräfte für den Job und ständige Darmbeschwerden würden ihn schwächen.

»Du kennst die Spielregeln, Ken. Trink viel und nimm mindestens einen Tag lang keine feste Nahrung zu dir, damit sich dein Darm beruhigt.«

Er nickte stoisch und stapfte wieder zur Latrine.

Wenn sie keine Sprechstunde hatte, verbrachte Finch die Zeit mit Lesen, Nachdenken und Schlafen, wie alle anderen auch. Das

Brausen des Windes war lähmend, man konnte ihm nicht entweichen. Jedes Mal, wenn die Platzangst sie hinaustrieb und sie zwischen den Zelten hin und her ging, schlug ihr die Kälte entgegen. Sie besuchte drei Franzosen in ihrem kompakten Speisezelt und trank mit ihnen Kaffee. Zwei Leute aus deren Gruppe saßen am Südpass fest und warteten auf eine Wetterbesserung, um den Gipfel zu erreichen. Wenn die Besserung nicht bald eintrat, hätten sie nicht mehr genug zu essen und müssten umkehren.

»*On espère.*« Der attraktive Basisleiter zuckte mit bewundernswerter Gelassenheit die Schultern. »*On verra.*«

Am zweiten Nachmittag, als sie durch einen ungewöhnlichen Zufall das Kommunikations- und Medizinzelt eine Stunde lang für sich hatten, tranken Sam und Finch schwarzen Tee und aßen noch ein wenig Schokolade.

»Ich wünschte, ich hätte es neulich abends nicht alle sehen lassen«, gestand Finch ihm. »Aber ich dachte, es ist schließlich kein Geheimnis, dass ich ihn mag. Warum sollte es auch eines sein? Aber die Sache ist nur komplizierter geworden. Ich denke da an den verdammten Sandy Jackson und sein dreckiges Lachen.«

»Was sagt Al dazu?«

Finch drehte die Handflächen nach außen, eine Geste, die ein wenig Enttäuschung, aber auch Zuneigung ausdrückte. »Wir hatten keine Gelegenheit, darüber zu sprechen. Aber ich glaube nicht, dass es Al etwas ausmacht.«

Der elende Bastard, dachte Sam.

»Er will seine Aufgabe erfüllen«, fügte Finch leise hinzu. Sie sah an Sam vorbei Richtung Tür. Ihr Gesicht glühte. Sie stellte sich einen Ort vor, den er nicht erreichen, ja sich nicht einmal ausmalen konnte und das machte ihn sehr traurig. »Er will, dass alle den Gipfel erreichen und heil wieder runterkommen. Und dann ...« Sie ließ dem »Und dann« nichts mehr folgen, aber Sams Fantasie war lebhaft genug.

»Erzähl mir, wie ihr euch kennen gelernt habt«, bat er stattdessen. Aber Finch schüttelte den Kopf. Sie erzählte ihm wie versprochen von ihrer Familie. Am Ende verstand er besser, warum sie hier sein wollte und nicht im vertrauten Vancouver, wo die Frühlingssonne das Wasser der Meerenge erwärmte.

Je mehr er über sie erfuhr, desto mehr wollte er wissen.

Am Abend legte sich der Sturm. Aus dem schwarzen, wirbelnden Nichts tauchte langsam der Himmel auf, formte eine stille Sternenkuppel. Noch nie in seinem Leben hatte Sam so viele Sterne gesehen und in der Kälte funkelten sie viel heller.

Bei der abendlichen Einsatzbesprechung hielt George den schriftlichen Wetterbericht hoch. Der bestätigte nur, was man ohnehin wusste, nämlich dass die Sicht wieder frei war und die Stürme von einem Hoch aus Südwesten abgelöst würden. So viel Neuschnee erschwerte den Aufstieg und erhöhte die Lawinengefahr und doch war es genau, was all die Gruppen, die in ihren Zelten eingesperrt waren, hören wollten. Man konnte sich wieder bewegen.

Aus dem französischen Lager wurde bekannt, dass die beiden Bergsteiger am Südsattel zur Gipfelbesteigung bereit waren. Sie würden um ein Uhr morgens aufbrechen. Die lähmende Atmosphäre der beiden letzten Tage wich einem prickelnden Gefühl der Erwartung.

»Wie sehen deine Pläne aus, Boss?«, fragte Rix. Er saß zurückgelehnt auf seinem Stuhl, die Hände hinterm Kopf verschränkt.

»Wir warten hier noch einen Tag.«

Von allen Seiten hörte man bestürztes und enttäuschtes Gemurmel.

»Alle anderen Scheißer sind auf dem Weg nach oben.«

»Deshalb sollten wir ihnen etwas Spielraum lassen.«

Rix und die Amerikaner protestierten, aber Al blieb eisern. Die Routen würden durch die Anstrengungen der anderen wieder freigelegt und die lawinengefährdeten Hänge getestet werden. Die Mountain-People-Mitglieder würden den rechten Augenblick abwarten.

»Ein ganzer Tag vertan«, murmelte Rix bissig, doch Al ignorierte die Bemerkung. Die Bergsteiger verteilten sich einer nach dem anderen auf die unangenehm engen Zelte.

Finch lag eingemummt in ihrem muffigen Daunenschlafsack

und las beim Licht der Stirnlampe. Wenn sie sich bewegte, projizierte der Lichtstrahl einen grünlichen Schein auf die Nylonwand nahe an ihrem Gesicht. Sie hörte, wie sich jemand einen Weg durch die Schneemassen bahnte und näher kam. Sie erschrak nicht, als sie eine Stimme flüstern hörte.

»Bist du wach?«

Es war Al.

»Darf ich kurz reinkommen?«

»Natürlich.«

Er öffnete den Reißverschluss am Zelteingang und kroch hinein, ein großes dunkles Etwas in den konzentrischen Kreisen der erleuchteten Taschenlampe. Finch rückte auf der Schlafunterlage zur Seite und er legte sich neben sie. Einen Augenblick lang horchte einer auf den Atem des anderen. Dann nahm Al sie in die Arme, legte die Lampe beiseite, strich ihr das Haar zurück und küsste sie auf die Stirn. Seine Haut und die Bartstoppeln fühlten sich wegen der kalten Luft draußen kühl an.

Finch presste ihren Mund auf seine Wange. Seine Nähe raubte ihr den Atem. »Warum bist du hier?«, flüsterte sie. Er lächelte und sie fühlte, wie seine Gesichtsmuskeln arbeiteten.

»Möchtest du es nicht?«

»Doch, das weißt du sehr gut.«

Es stimmte. Ihre Frage bezog sich auf all die Augen und Ohren um sie herum. Die Sherpas waren abergläubisch hinsichtlich eines Verhaltens, das den Berg kränken könnte; die Teilnehmer aus dem Westen könnten Als Autorität in Frage stellen, wenn er sich auf andere Dinge als die Gipfelbesteigung konzentrierte.

Er hauchte ihr seinen warmen Atem ins Ohr. »Ich möchte nur fünf Minuten mit dir zusammen sein. Sonst nichts. Du riechst so gut.«

Er roch nach Holzfeuer und Schweiß und darunter lag der saubere Geruch seiner Haut, den sie auch während der fünf Jahre ihrer Trennung nie vergessen hatte. Sie spürte Erregung in sich aufsteigen. Sie hatte wohl in ihrem ganzen Leben noch nie jemanden so begehrt, wie sie Al in diesem Augenblick begehrte.

»Du auch.«

Die Stirnlampe lag unter einer Nylonfalte. Sie waren in Dunkelheit gehüllt, versteckt, und dennoch den Ohren der Nacht und den eiskalten Sternen ausgesetzt.

Sein Mund legte sich auf ihren.

Nach diesem Kuss sprach er zuerst. »Wir haben beide eine Aufgabe zu erfüllen. In den kommenden zwei oder drei Wochen werden wir nicht viel Zeit haben.«

»Das weiß ich.«

»Aber vielleicht kann ich vor dem Gipfelsturm eine Pause einlegen, dann können wir eine oder zwei Nächte unten verbringen.«

Sie küsste ihn wieder, um ihm den Mund zu verschließen. »Wir werden viel Zeit haben – danach.«

Al antwortete nicht. Aus dem Nichts stieg Furcht auf und strich mit kaltem Finger über ihr erhitztes Gesicht. »Al?«

»Ja, ich bin hier. Lass mich dich berühren.«

Er streichelte sie. Wegen der vielen wattierten Schichten hatte ihre Figur keine Konturen. Finch legte den Kopf zurück und seufzte tief.

Als Hand ruhte einen Moment lang schwer auf ihr. Dann löste er sich von ihr und setzte sich auf. »Wenn ich jetzt nicht gehe, schaffe ich es nicht mehr. Dann bleibe ich die ganze Nacht und was würden Rix und dein amerikanischer Junge wohl davon halten?«

Sie akzeptierte den Abstand, den er zwischen ihnen schuf. Das hatte er schon einmal getan, als es gerade so aussah, als würde nichts sie trennen können. »Hast du ihn geschlagen?«

»Wen, Rix? Wenn ich's nur getan hätte …«

»Nein, nicht Rix.«

»Ach so. Ja, aber er hat mir zuerst einen Schlag versetzt.«

»Warum?«

»Ich habe etwas wenig Schmeichelhaftes über seine Steigeisentechnik geäußert.«

Finch musste unwillkürlich lachen.

»Gute Nacht«, sagte Al. Er küsste sie noch einmal flüchtig und hockte sich auf die Fersen. »Hör mal zu. Ich bin gekommen, um dir was zu sagen. Ich bin glücklich, dass du hier bist. Das klingt so lau, aber es ist wahr und mir fallen keine anderen Worte ein. Und ich möchte, dass du auch glücklich bist.«

»Ich bin glücklich«, sagte Finch.

»Ich liebe dich.« Das sagte er ihr zum ersten Mal. Dann kroch er rückwärts aus dem Zelt. Er schloss den Reißverschluss vorsichtig und überließ sie erneut ihrer Einsamkeit.

Der Morgen war klar und es war windstill. Beim Aufgehen der Sonne konnte man die beiden französischen Bergsteiger erkennen, zwei scheinbar unbewegliche Punkte auf dem Schneerücken der Westflanke. Die meisten anderen Teams waren vor Sonnenaufgang zum Gletscherbruch gegangen; im Basislager waren nur wenige zurückgebliebenen, beobachtend und wartend.

Um 13.10 Uhr hörte man Geschrei aus den französischen Zelten dringen und der attraktive Basisleiter rannte hinaus ins Sonnenlicht. Die zwei Bergsteiger hatten sich gerade über Funk gemeldet. Sie standen auf dem Gipfel. Es war die erste erfolgreiche Besteigung der Saison. Finch und Sam tanzten auf den Felsbrocken auf und ab und klatschten sich gegenseitig in die Hände. Dorje bereitete ein besonderes Mittagessen mit Pommes frites und Fleisch-Curry. Rix saß lächelnd neben Al. Mark Mason kam mit seiner Kamera, um ein Gruppenfoto zu machen.

Am nächsten Morgen um 4 Uhr setzten die beiden Gruppen den Aufstieg fort. Mittags erreichten sie am oberen Ende des Gletscherbruchs Lager eins. Nachmittags stiegen sie das Kar ein Stück weiter hoch, über den breiten Gletscherhang. Dann kehrten sie zurück und machten es sich für den langen Abend in den engen Zelten bequem. Sie verbrachten eine rastlose Nacht, wälzten sich herum, horchten auf das Stöhnen und Gemurmel ihrer Gefährten und sehnten sich nach Schlaf.

8. Kapitel

Die Sonne stand bereits hoch, ein großes weißes Auge an einem grellen Himmel. Finch konnte das helle Licht und die Hitze nicht länger ertragen und hielt bei ein paar Felsblöcken an, die einen schmalen Schattenstreifen boten. Sie machte Saddiq, ihrem Führer, mit der Hand ein Zeichen. Er blieb stehen und die beiden Träger, die hinter ihnen herschlurften, folgten seinem Beispiel gehorsam. Der ältere der beiden ließ sofort den Rucksack von der Schulter gleiten und suchte in dem um die Taille geschlungenen Beutel nach Tabak, mit dem er seine dünne Tonpfeife füllte.

»Ich würde gern eine Pause machen, Saddiq. Und vielleicht etwas trinken und essen«, sagte Finch.

Der Führer nickte. Zwei Wochen lang hatte er die junge Amerikanerin durch das Hushe-Tal im Karakorum und über den Gondokhoro-Pass in Richtung Concordia geführt. Nun waren sie im Gebirgs-Amphitheater, unterhalb der hohen Gipfel an der Grenze zwischen China und Pakistan. Das weiße Massiv des K2 ragte direkt hinter ihnen schroff und strahlend in den Himmel.

Während der zwölf Tage ihres Aufstiegs hatte die Ärztin kaum eine Schwäche gezeigt. Für eine junge, unverheiratete Frau aus dem Westen schickte es sich eigentlich nicht, allein in diese Gegenden aufzubrechen, dachte Saddiq, nicht einmal unter dem untadeligen Schutz eines Führers wie ihm. Doch an ihrer Robustheit und ihrem Durchhaltevermögen gab es nichts auszusetzen. Sie war so zäh wie ein Mann, das gestand er sich voller Respekt ein. Wenn die junge Frau nun, hoch oben auf dem Baltoro-Gletscher und nur wenige Stunden vom K2-Basislager entfernt, eine Rast machen wollte, war das wohl gerechtfertigt.

Finch nahm ebenfalls ihren Rucksack ab und ließ sich in dem schmalen Schatten, den die Felsen ihr boten, nieder. Der Gletscher war ein Konglomerat von nackten Felsen, schmutzigem Eis, feinem Schotter und windgepeitschtem Schnee. Sie streckte die Beine aus, lehnte den Kopf gegen den Stein und seufzte so genüsslich, als wäre es ein Federkissen.

Gebannt schaute sie hoch zur Spitze des K2. Er war nur der zweithöchste Berg, doch der Aufstieg war viel beschwerlicher als die gewöhnlichen Routen auf dem Everest. Näher würde sie ihm nie kommen und noch immer zog er ihren Blick und ihre Fantasie in den Bann.

Finch hörte das Gemurmel der Träger nicht, die den Herd anzündeten, um Wasser zu kochen. Sie träumte mit offenen Augen, während Saddiq die Träger dabei überwachte, wie sie im Kochgeschirr Tee aufbrühten und in ihren Blechbecher gossen.

Aber sie hörte deutlich die Stimme des Mannes, die in ihren Kopf drang und sich in ihren Gehirnkammern einnistete. Er hatte schon längst aufgehört zu sprechen, da hallten nicht nur die Worte, sondern auch ihr Klang, die einzelnen Töne, noch minutenlang in ihrem Ohr wider.

Er stellte seine Frage so unvermittelt, als wären es die ersten Worte, die er seit vielen Tagen von sich gab. »Kann ich etwas davon haben?«

Die Stimme sprach britisch mit einem schwachen Akzent, den sie nicht einordnen konnte.

Sie blickte sich um, wollte sehen, woher die Stimme kam. Dort stand er, der unerbittlichen Sonne ausgesetzt, den Rücken der Bergkette zugewandt. Als Erstes sah sie ein ausgemergeltes Gesicht mit einem schwarzen Bart und wettergegerbter Haut. Saddiq richtete sich auf und stellte sich schützend vor sie. Die Träger traten einen Schritt näher an das Gepäck heran.

Der Fremde bemerkte ihren Argwohn. »Ich möchte nur etwas trinken. Ich habe Durst.«

»Bitte.«

Finch rappelte sich hoch und bot ihm den unberührten Tee an.

Er umfasste den Blechbecher mit beiden Händen, offensichtlich um sie, ungeachtet der Hitze, zu wärmen. Dann leerte er den Becher in einem Zug. Die Sehnen an seinem Hals spannten sich. Finch sah, dass er sehr mager, ja beinahe ausgemergelt war.

Der Mann reichte ihr den leeren Becher. »Danke.«

»Möchten Sie noch mehr? Etwas zu essen?«

Saddiq kniff die Lippen zusammen.

»Was können Sie denn anbieten?«

»Trockenobst. Kräcker. Konserven und abgepacktes Zeug. Keine große Auswahl. Wir sind auf dem Rückweg.«

Der Mann fuhr sich mit der Hand übers Gesicht. Sie merkte, dass er erschöpft war, und bedeutete Saddiq, den Becher erneut zu füllen.

»Danke«, sagte der Mann wieder. Seine Lippen waren so rissig, dass sie schmerzen mussten.

»Wir können zusammen essen«, schlug Finch vor. Ihre Begleiter brachten mit jeder Bewegung ihre Missbilligung zum Ausdruck, begannen jedoch mit der Zubereitung der Mahlzeit. Der Kerosinbrenner zu ihren Füßen zischte.

Der Mann trug einen schweren Rucksack auf dem Rücken. Finch deutete darauf. »Nehmen Sie ihn ab. Setzen Sie sich hin und ruhen Sie sich aus.«

Er kam ihrer Aufforderung nach, wirkte aber geistesabwesend, als nehme etwas anderes seine ganze Aufmerksamkeit gefangen. Er setzte sich ein wenig entfernt von ihr hin, den Rücken gegen den Felsen gelehnt, das Gesicht den Bergen zugewandt. Er betrachtete den hohen Gipfel nicht so ehrfürchtig und fasziniert wie Finch, sondern starrte ihn ausdruckslos an, als würde er gleichzeitig irgendwo anders hinschauen.

»Sie sind Bergsteiger?«, begann Finch.

»Gewesen«, antwortete der Mann knapp. Nichts an ihm lud zu einer Unterhaltung ein und sie unternahm keinen weiteren Versuch. Er nahm den Teller mit Thunfisch aus der Dose und dem aus einem Konzentrat zubereiteten Kartoffelbrei, den Finch ihm reichte, und aß. Mechanisch leerte er seinen Teller, offenbar weil er etwas zu sich nehmen musste, und nicht, weil er Appetit hatte.

»Danke«, sagte er ein letztes Mal, nachdem er alles aufgegessen hatte. Er trank noch einen Becher schwarzen Tee, nahm die Hand voll getrockneter Aprikosen an, die Finch ihm reichte, steckte das Obst in eine Seitentasche seines Rucksacks und hievte sich diesen wieder auf die Schulter.

»Können wir noch irgendetwas für Sie tun?«, fragte Finch.

»Nein, ich muss weiter. Ich bin auf dem Rückweg.«

Er wandte sich ab. Sein Rucksack kippte kurz zur Seite, bevor er ihn mit einer müden Schulterbewegung zurechtrückte und die Riemen festzurrte. Finch schaute ihm nach. Für einen Mann, der am Ende seiner Kräfte war, bewegte er sich sehr schnell. Noch ehe Saddiq und seine Träger die Essensreste beseitigt und den winzigen Herd abgebaut hatten, war der Mann nichts weiter als ein Fleck auf der blendenden Weite des Gletschers.

»Gefährlicher Kerl«, murmelte Saddiq.

»Nein, das glaube ich nicht. Verzweifelt vielleicht, aber nicht gefährlich.«

Zwei Tage später erreichten Finch und ihre Begleiter das Dorf Skardu. Damit war ihre gemeinsame Expedition beendet. Die Träger wurden bezahlt und machten sich sofort wieder auf den Rückweg zu ihren Dörfern im Hushe-Tal. Finch hatte erwartet, dass ein gemieteter Jeep sie auf der Karakorum-Autobahn hinunter nach Islamabad bringen würde. Von dort aus würde sie nach Hause fliegen. Wie sich herausstellte, gab es mit dem Jeep jedoch ein kleines Problem. Vielleicht hatte er unterwegs eine Panne gehabt, oder vielleicht hatte ein anderer Reisender ihn zu einem höheren Preis für sich beschlagnahmt. Saddiq war sich nicht sicher – oder er war nicht bereit, die Geschichte vollständig zu erzählen. Finch hatte die Möglichkeit zu warten, in einem anderen Fahrzeug mitzufahren oder den Bus zu nehmen. Sie prüfte die Alternativen und die Entscheidung fiel ihr leicht. Sie würde warten. In der dickeren Luft hier unten fühlte sie ihre Kräfte wiederkehren. Sie konnte ihre Rückkehr leicht noch ein paar Tage verschieben.

Saddiq machte ihr klar, dass er ebenfalls bleiben würde, um sie sicher der Obhut des Jeepfahrers zu übergeben. »Sardu gefährlicher Ort«, sagte er mit finsterer Miene. Beim Sprechen strich er ängstlich über seinen Schnurrbart und warf einen raschen Blick zur Seite. Vermutlich wartete eine weitere Trekkinggruppe auf ihn und er befürchtete, das Geschäft könne ihm durch die Lappen gehen.

Er fand eine Unterkunft für sie. Es war ein zweistöckiges Gebäude aus Schlamm und Stein mit Wellblechdach. Tagsüber war es unter dem Dach heiß, nachts hingegen kühl, doch Finch hatte oben eine Nische für sich allein und ein Holzbett mit einem in den Rahmen gespannten Geflecht aus Kordel, das als Matratze diente. Nachdem sie nächtelang oben auf dem Gletscher gezeltet hatte, war dies fast luxuriös. Das Gästehaus schien seit mehreren Generationen Frauen zu gehören. Die älteste saß den ganzen Tag im Schatten der Tür, die schwarzen Gewänder fest um sich geschlungen. Die Frauen mittleren Alters fegten und schrubbten und bereiteten ein Finchs hohen Ansprüchen genügendes Essen vor. Die jüngsten, die zu klein waren, um sich an der Arbeit zu beteiligen, spielten im Schmutz des Hinterhofes inmitten dürrer Hühner. Einige Häuser in der Stadt sahen nicht gerade wie ein vertrauenswürdiger Zufluchtsort aus, aber in diesem fühlte Finch sich wohl.

»Ich möchte, dass du gehst, Saddiq. Ich weiß, du hast zu tun. Ich bin eine starke Frau, erinnerst du dich?«

Das hatte er ihr mit einem Anflug von Schalkhaftigkeit am Ende der Reise gesagt.

»Nicht möglich, Madam«, begann er. »Mein Ruf steht auf dem Spiel.«

Aber es war nur eine Art Handel. Saddiq ließ sich gern überreden. Nach einer einstündigen Verhandlung war er, stattlich entlohnt, bereit zu gehen. Doch bis zum letzten Moment hielt er den Eindruck aufrecht, dass er es unfreiwillig tat. Er gab ihr zum Abschied nicht die Hand, sondern verbeugte sich. »Ich wünsche Ihnen eine sichere Rückkehr nach Amerika.«

»Kanada«, korrigierte sie ihn, nicht zum ersten Mal, freundlich.

Saddiq lächelte breit, zärtlich und völlig verständnislos. Es tat ihr Leid, sich von ihm zu verabschieden. Er hatte ihr in den letzten Wochen Freunde und Familie ersetzt und sich gut um sie gekümmert.

Finch verließ das Gästehaus und ging die chaotische Hauptstraße zum Fluss hinunter, umgeben von Tieren, Menschen und Fahrzeugen und einer unverständlichen, an Gejammer erinnernden Sprache. Wie einsam sie doch an diesem abgelegenen Ort war.

Schon bald kam sie zu einer kleinen, offenen Fläche. Es war nicht gerade ein öffentlicher Platz, sondern ein trockenes Stück geharkter Erde unter einigen verkümmerten Aprikosenbäumen. Dort saßen drei alte Männer und rauchten Pfeife. Auf einer anderen Seite saß noch jemand, bewegungslos, den Blick ins Nichts gerichtet. Es war der Gletschermann.

Finch blieb etwa einen Meter von ihm entfernt stehen. »Alles in Ordnung?«, fragte sie.

Sein Gesicht war völlig eingefallen und von Schatten unterhöhlt. Sein Blick ließ sie erschaudern. Instinktiv trat sie einen Schritt vor, beugte sich zu ihm hinunter und schaute ihm direkt in die Augen. »Sie können mit mir reden.«

Irgendetwas im Innern dieser Maske aus Bart und wettergegerbter Haut zitterte. »Er ist gestorben«, sagte der Mann.

»Wer ist gestorben?«

»Ich konnte ihn nicht retten.«

Drei Jungen in zerlumpter, grauer Kleidung, die einen staubigen Ball zwischen sich hin und her kickten, rannten an ihnen vorbei. Ein ausgehungerter Hund lief ihnen hinterher.

»Wer ist gestorben?«, beharrte sie.

Er fuhr sich mit der Hand übers Gesicht, die gleiche müde Geste, die sie oben auf dem Gletscher gesehen hatte. »Ein Freund von mir. Mein ältester Freund. Wir sind geklettert und dann ist er gestorben.«

Der Ball prallte im Schmutz neben ihnen auf und die Kinder rannten ihm hinterher, blieben dann plötzlich stehen und beäugten die Menschen aus dem Westen. Finch stoppte den Ball mit der Fußspitze und stupste ihn zu den Jungen hinüber.

Plötzlich stand der Mann auf. »Lassen Sie uns einen Spaziergang machen.«

»Wenn es hilft.«

Schweigend gingen sie einen schlammigen Hohlweg zum Fluss hinab und schritten dann am Ufer entlang. Das Wasser war milchig weiß und strömte geräuschvoll durch eine Felsenschlucht. Dann kamen sie zu einem Abschnitt mit Wildwasser und einem Tümpel, an dem Frauen auf Steinen am Wasserrand Kleidungsstücke einseiften. Finch wurde bewusst, dass der Mann sie anstarrte, als bemerkte er sie zum ersten Mal.

»Was machen Sie hier?«

Sie antwortete langsam, ruhig und kaum laut genug, um das sprudelnde Wasser zu übertönen. Er wollte nur jemanden reden hören; es spielte keine Rolle, was sie sagte. Sie erzählte ihm von ihrer Wanderung von Gondokhoro zum K2 und nach Concordia. Dass sie ein Jahr lang im ländlichen Baluchistan im Rahmen eines Programms für Schutzimpfungen und medizinische Erziehung für die UNESCO gearbeitet habe. Diese Wanderung war ihr privates Abenteuer vor ihrer Rückkehr nach Vancouver und ihrer Tätigkeit als Ärztin in einer Gemeinschaftspraxis mit ihrem Freund Dennis Frame, den sie an der Medizinischen Fakultät kennen gelernt hatte. Dass sie die vergangenen acht Monate mit dem Agronom Michael Dickinson zusammengelebt hatte, erwähnte sie nicht, denn das war vorbei. Schließlich nannte sie dem Mann ihren Namen.

Er hörte einfach nur zu. Als sie dann zu sprechen aufhörte, schien er unter größter Willensanstrengung seine Gedanken zu sammeln. »Ich hatte Glück, Sie oben auf dem Gletscher zu treffen, Finch Buchanan. Ich hatte nichts mehr zu essen und war fast am Ende meiner Kräfte.«

»Was ist passiert?«

Er musterte sie nachdenklich. »Sie haben gesagt, ich könne mit Ihnen reden.«

»Das war ernst gemeint.«

Sie waren nun außerhalb der Randbezirke von Skardu. Bemooste Bäume bildeten ein Dach über dem Pfad und die Luft war von Wacholderduft erfüllt. Der Mann, dessen Namen sie nicht kannte, marschierte rastlosen Schrittes voran, getrieben von Bildern, die für Finch unsichtbar waren. Am liebsten hätte sie ihn festgehalten, um sein Gesicht zwischen die Hände zu nehmen und ihn zu zwingen, ihr in die Augen zu sehen. Sie brauchte diesen ganz natürlichen Impuls nicht in Frage zu stellen. Seit er auf dem glatten Eis des Baltoro seine Bitte geäußert hatte, verfolgte seine Stimme sie.

»Ich kenne Spider von klein an. Wir waren zusammen in der Grundschule. Seine Eltern wohnten zwei Straßen weiter.«

Der schwache Akzent, der sie beunruhigt hatte, weil sie ihn nicht einordnen konnte, war nun etwas stärker und sie musste an John Lennon denken, wie er an einem Klavier saß und gefühlvoll »Imagine« in ein Mikrofon sang. Das war es. Liverpool.

»Wir haben zusammen klettern gelernt. Sind aus der Schule abgehauen, um nach Llanberis zu trampen. Den Sommer haben wir in Chamonix verbracht und von Porridge- und Kaffeeresten gelebt – und von allem, was wir klauen konnten. Wir haben ausgemacht, den K2 zu besteigen. O Scheiße. Verdammte Scheiße. Der elende Kerl ist gestorben.«

Die letzten Worte klangen wie ein Schrei. Der Mann stolperte und presste die Handballen in die Augenhöhlen. Er weinte.

Finch nahm seinen Arm und führte ihn zu einem Felsen, damit er sich setzen konnte. Sie umfasste seinen Kopf und drückte ihn an ihre Brust. Er schluchzte so heftig, dass es ihn schüttelte. Als sie eine Wange an sein schmutzstarrendes Haar schmiegte, atmete sie Dreck und Schweiß und darunter den Eigengeruch des Mannes ein. Sein Leid und sein Zorn lösten in ihr eine nicht minder starke Reaktion aus. »Weinen Sie«, forderte sie ihn auf. Sie spürte Verlangen nach ihm.

Der Ausbruch war bald vorbei. Einen Moment später hob er den Kopf und rückte von ihr ab. Er wischte sich mit den Händen das Gesicht ab und als er wieder zu sprechen begann, klang seine Stimme ruhig. »Ich kann nicht glauben, dass er tot ist. Wir waren hoch oben, aber auf dem Abstieg. Wir waren bis zum Gipfel gekommen, an der Südwand, wie wir es immer geplant hatten. Klettern im Alpinstil.«

Finch wusste, was er damit sagen wollte. Diesen Satz hatte Reinhold Messner, der große Bergsteiger, geprägt. Er bedeutete: keine Sauerstoffflaschen, keine Träger, keine Fixseile oder im Voraus eingerichteten Lager oder Berge von Verpflegung. Nur zwei Männer an einem Seil, wie die frühen Alpinisten, die kletterten, einander sicherten und ihr Leben in perfekter Symbiose ganz in des anderen Hand legten. Sie wusste auch, dass die Südwand aus fast dreieinhalbtausend Metern senkrecht abfallendem Fels und Eis bestand, durchsetzt von Schluchten, in denen Lawinengefahr drohte und gesplitterte Schwerter gefährlichen Gletschereises hervorragten. Das Unternehmen erforderte enormen Mut und Selbstvertrauen. Eine Leistung, die fast ihr Vorstellungsvermögen überstieg. Aber die beiden mussten geglaubt haben, dass sie es schaffen könnten.

»Beim Abruzzi-Sporn sind wir heruntergeklettert. Es war spät und das Wetter wurde schlechter. Spider bewegte sich immer langsamer. Er sagte, er könne nicht richtig sehen. Ich dachte, er sei einfach nur desorientiert vor Erschöpfung. Ich konnte zweifellos auch nicht mehr klar denken. Der Wind war heftig und der Neuschnee hatte unsere Fußabdrücke verwischt. Wir wanderten orientierungslos umher. Ich wusste, dass wir ernsthafte Probleme bekommen würden, wenn wir weitergingen. Wir hatten ein leichtes Zelt und ich beschloss zu biwakieren. Wir konnten wirklich nichts anderes mehr tun. Ich baute das Zelt auf und wir krochen hinein. Spider bewegte den Kopf hin und her und murmelte vor sich hin, dass er nichts sehen könne.

Dann kam Sturm auf. Er tobte die ganze Nacht und den nächsten Tag über. Als es dunkel wurde, flaute er ab. Wir hatten kaum noch etwas zu essen und sehr wenig Brennstoff und konnten keinen Schnee mehr schmelzen, um etwas zu trinken. Spider hatte die ganze Zeit über ruhig in seinem Schlafsack gelegen. Ich beschloss, dass wir im Dunkeln den Abstieg zu einem Lager versuchen sollten, das einigen spanischen Bergsteigern gehörte, um Hilfe zu erbitten. Ich forderte Spider auf, sich auf den Aufbruch vorzubereiten.

Er konnte seine Steigeisen nicht befestigen. Er hielt sie in den hohlen Händen, als seien sie eine Art ... seltene Frucht; er starrte sie an, als habe er so etwas noch nie gesehen.

Ich sagte ihm, dass wir losgehen müssten, und versuchte, sie ihm an seinen Stiefeln zu befestigen.

Dann sagte er: ›Mikey, mein Kopf tut weh.‹ Mikey ist sein großer Bruder.«

Bis zu diesem Punkt hatte der Mann die Geschichte ruhig und unbewegt erzählt. Doch jetzt zog er die Schultern ein, kreuzte die Arme vor der Brust und konnte, vom Schmerz überwältigt, nicht weitersprechen.

»Ataxie, Desorientiertheit, Halluzination«, zählte Finch mechanisch auf. »Gehirnödem.«

Zu viel Flüssigkeit im Gehirn, erhöhter Blutfluss, zerebrale Thrombose und Punktblutung. In dieser Höhe, wo es keine Hilfe und nur eine Grundausstattung mit Medikamenten gab, wo die beiden dem Tosen des Sturms ausgesetzt waren, bedeutete das Koma und darauf würde so gut wie sicher der Tod folgen. Jeder Bergsteiger wusste von dieser Gefahr, betete, dass es ihm nicht passieren würde – und kletterte weiter. Der Verstorbene hatte vermutlich den warnenden Kopfschmerz gespürt, den Beginn der Desorientiertheit und den Verlust des Koordinationsvermögens. Der Versuch, den K2 im Alpinstil zu besteigen, war an sich ein waghalsiges Spiel, doch das Einsetzen der Höhensymptome zu ignorieren, war purer Leichtsinn. Vermutlich hatte Spider, im Zustand geistiger Beeinträchtigung, geglaubt, das Risiko lohne sich, und war weitergegangen. Sein Körper bewies ihm schließlich, dass er Unrecht hatte.

Der Gletschermann nahm unvermittelt seine Erzählung wieder auf.

»Ich konnte ihn nicht den Berg hinunterbringen, ich konnte dort oben nichts für ihn tun. Wir legten uns wieder hin und ich hielt ihn fest. ›Tut mit Leid, Kumpel‹, sagte er. Doch die meiste Zeit hatte er sich ganz in sich selbst zurückgezogen. Als der Morgen anbrach, lag er im Koma. Ich blieb den Rest des Tages bei ihm. Mir war klar, dass ich ihn abends ohnehin dort allein lassen musste, tot oder lebendig. Ich konnte keinen Schnee mehr schmelzen und würde selbst keine Chance haben, wenn ich nicht aufbrach. Dann ging alles sehr schnell. Plötzlich war er tot. Ich wickelte ihn in das Zelt, bedeckte ihm Gesicht und Kopf. Und ließ ihn dort oben auf der Südschulter zurück. Ich kletterte nach unten und fand zufällig das spanische Lager, in dem man das Ende des Sturms abgewartet hatte. Man gab mir heiße Suppe und ich legte mich einige Stunden in eines der Zelte. Ich brauche Ihnen nicht zu sagen, wie meine Träume beschaffen waren.«

Finch stand immer noch vor ihm. Ihre Hand ruhte auf seiner Schulter. Sie schaute flussaufwärts und betrachtete den Strom geschmolzenen Gletscherwassers. Das Tosen des durch die Felsen strudelnden Wassers schien anzuschwellen.

»Bei Anbruch der Dämmerung stieg ich weiter den Gletscher hinab Richtung Basislager. Dort habe ich Sie getroffen. Ich musste Spiders Frau anrufen, um ihr zu sagen, dass er gestorben ist, und dann musste ich auch meine Frau informieren. Sie hatte Spider am gleichen Tag wie mich kennen gelernt.«

Natürlich hatte er eine Frau. Er war in den Vierzigern und er war nicht nur Bergsteiger, sondern auch Ehemann und Familienvater. Sie hielt die Augen fest auf das milchige Wasser gerichtet.

Ganz langsam neigte der Mann den Kopf wieder nach vorn, seine Stirn ruhte an Finchs Brustkorb. Sie spreizte die Finger der rechten Hand und fuhr ihm sanft durch die harten Haarsträhnen, die Rundung seines Kopfes mit der Handfläche umfassend.

»Es war meine Schuld.«

Sie ließ sich die Fakten noch einmal durch den Kopf gehen. »Nur insofern, als Sie beide überhaupt auf diese Weise dort hochgeklettert sind. Ihr Freund hat sich aus freiem Willen dazu entschieden.«

Finch spürte sein leichtes Kopfnicken. »Gehen Sie nicht weg. Verlassen Sie mich nicht«, bat der Mann ruhig. »Nur für heute.«

»Ich werde nicht gehen«, versprach sie.

Seine Hand tastete nach ihrer Linken und hielt sie fest. »Mein Name ist Al Hood«, sagte er.

Sie saßen lange am Flussufer, bis die Dämmerung einbrach und Dunkelheit sie schließlich umhüllte. Es war eine klare, kalte Nacht und der Himmel eine Kuppel metallisch leuchtender Sterne. Auf dem Rückweg in die Stadt ließ Al ihre Hand nicht los. Sie zeigte ihm ihr Gästehaus, aber er führte sie daran vorbei zu einer Mechanikerwerkstatt am Straßenrand, neben der abgefahrene Reifen zu einer losen Pyramide gestapelt waren. Hinter der Werkstatt war unter einer ausladenden alten Kiefer ein alter Lastwagen geparkt. Er hatte ein hohes Fahrerhaus; der hintere Teil bestand aus einem Rahmen mit einer über Metallösen gespannten Abdeckplane. Al Hood öffnete die Verschnürung der hinteren Öffnung und half Finch über die Ladeklappe hoch. Sie duckte sich unter der Abdeckplane hindurch und blinzelte, als er eine Petroleumlampe anzündete und sie in eine der Metallösen hängte. Im hinteren Teil vor der Fahrerkabine lagen aufgerollte Matratzen und an beiden Seiten waren Metallbänke festgeschraubt, unter denen verschlossene Kisten standen. Al tastete nach Schlüsseln und schloss die am nächsten stehende Kiste auf. Sie enthielt eine Menge ordentlich gestapelter Konserven und einen Campingkocher. Eine andere Kiste war voll mit Bierdosen.

»Das ist unser Basislager. Wir haben den Laster von einem alten Freund geliehen, der in Karatschi wohnt und ihn hierher gefahren hat. Auf diese Weise konnten wir billig reisen und mit ganz leichtem Gepäck klettern.«

Er nahm ein Bier heraus, riss den Dosenring auf und reichte es ihr. Finch nippte an dem silbrigen Schaum.

»Möchten Sie etwas essen?«

»Ja. Wenn Sie etwas essen.«

Sie saßen sich auf dem Boden des Lasters gegenüber und aßen Bohnen und Würstchen von Blechtellern.

Nach dem Essen tranken sie noch ein Bier. Al nahm ein Taschenmesser und eine Armbanduhr aus der Tasche seiner Fleecejacke, wickelte beides in ein Taschentuch und verstaute es in der am besten gesicherten Kiste. Diese Dinge, erklärte er ihr, gehörten Spider; er musste sie mitnehmen und seiner Familie bringen.

»Einen Jungen«, sagte er als Antwort auf ihre unausgesprochene Frage. »Von vierzehn Jahren.«

»Und Sie?«

»Ich habe eine Tochter. Molly. Sie ist ein Jahr jünger als Spiders Sohn. Sind Sie verheiratet?« Er schaute auf ihre Hände, die die Bierdose umfassten.

»Nein.«

Nach allem, was bereits zwischen ihnen vorgefallen war, war dieser Austausch von elementaren Informationen etwas seltsam.

Aus der gleichen Tasche, in der sich die Armbanduhr und das Taschenmesser befunden hatten, holte Al einen alten Karabiner hervor, abgewetzt und silbrig. Er drehte die Schraube zwischen Daumen und Zeigefinger herum. »Der hat auch ihm gehört. Fünfundzwanzig Jahre lang hat er ihn überall mitgenommen. Sollte ihm Glück bringen. Ich glaube, er würde wollen, dass ich ihn behalte.«

Einen Moment lang saßen sie schweigend da. Es war spät geworden. In der Stadt war es ruhig. Nur die Hunde bellten den Himmel an.

»Bleiben Sie?«, fragte er.

Finch überlegte. »Ja. Wenn Sie es möchten.«

Er rollte die beiden Gummimatratzen auseinander und legte sie in den Tunnel zwischen den Sitzen. Der Zwischenraum war so schmal, dass sie fast vollständig überlappten. Es waren zwei normale Schlafsäcke. Finch vermutete, dass die beiden Männer leichte Expeditionsschlafsäcke mit auf den Berg genommen hatten. Spider war in seinen noch eingewickelt. Al blies die Lampe aus.

Sie legten sich hin und breiteten einen Schlafsack über sich. Ihre Gesichter berührten sich und Finch spürte, dass Al zitterte. Sie legte die Arme um ihn und hielt ihn umfangen, bis das Zittern aufhörte. Bald atmete er langsamer und ruhiger und fiel dann in den tiefen Schlaf, der körperlicher und geistiger Erschöpfung folgt.

Auch Finch fiel in Schlaf. Sie wusste nicht, wie lange sie geschlafen hatte, aber sie wusste, dass Al ebenfalls wach war. Ihre Lippen trafen sich.

Er glaubte, bei ihr so etwas wie Abwehr wahrzunehmen, die ihr selbst nicht bewusst war.

»Spider ist tot«, sagte er. Seine Stimme klang genau wie in dem Moment, als Finch sie zum ersten Mal gehört hatte. »Aber wir sind noch am Leben.«

Als Antwort nahm sie seine Hand und führte sie zur Schnalle ihres Gürtels, die sie gemeinsam öffneten. Beide spürten, wie Begierde sie erfasste. Zwischen den Streben der Sitze eingekeilt, stieß sich Finch den Kopf an, als sie ihm die Hüften entgegenwölbte. Der Gestank von Maschinenöl und der muffige Geruch des Schlafsacks drangen ihr tief in die Nase. In der Dunkelheit stieß sie an scharfe Kanten. Das Metall dröhnte, als sie mit dem Kopf daran schlug, aber alles, was sie wollte, war, ihn in sich zu fühlen.

Später schliefen sie auf einem Knäuel von feuchtem Nylon und einer verdrehten Matratze ein.

Am Morgen öffnete Finch die Augen und starrte hoch zu der khakifarbenen Abdeckplane, die von verschwommenem Sonnenlicht erwärmt wurde. Neben ihr war niemand. Sie zuckte zusammen, als sie die Finger auf ihre Beule am Hinterkopf legte. Die Erinnerung daran, wie sie zu dieser Beule gekommen war, war tief in ihren Gliedern verankert; körperliche Befriedigung als ein Gefühl matter Schwere. Sie wehrte sich dagegen, es zu rationalisieren oder zu bereuen. Zumindest für den Moment. Sie kroch nach hinten zur Öffnung der Abdeckplane und blickte in den strahlenden Morgen hinaus. Al saß auf dem Boden, vor sich eine Blechschüssel mit Wasser und einen Spiegel, den er an einen Stein gelehnt hatte. Den Bart hatte er sich zur Hälfte säuberlich abrasiert.

Finch lachte bei diesem Anblick und Al schaute sofort zu ihr hoch. Auf seinem Gesicht breitete sich ein Lächeln aus und verstärkte den bizarren Kontrast zwischen der blassen Haut und der buschigen Schwärze. Finch lachte noch lauter.

Er stand auf und drehte seinen Kopf von einer Seite zur anderen, damit sie ihn begutachten konnte. »Nun, wie findest du das?«

»Hm. Mir gefällt der Bart besser. Ich finde, du solltest ihn lassen.«

»Mist.«

Auch zum Frühstück aßen sie Bohnen und Würstchen. Nur das Bier ersetzten sie durch Tee.

»Und nun?«, fragte Finch.

»Ich muss nach Islamabad fahren und offiziell Spiders Tod melden, und dann nach Karatschi zu Stu, um den Laster zurückzubringen. Kommst du mit?«

»Ja.«

Finch hatte noch ein paar Tage Zeit, bevor sie zurück nach Hause musste. Sie fuhren nach Süden, fort von den Bergen, und hockten auf den schäbigen Plastiksitzen in der öligen Kapsel des Fahrerhauses. Drei Tage lang waren sie unterwegs. Während der Fahrt erzählten sie einander Dinge aus ihrem Leben, erhoben die Stimme, um das Heulen des Motors und des Getriebes zu übertönen. Die Zukunft erwähnten sie mit keinem Wort. Finch wünschte sich eine Zukunft, aber Al machte ihr nicht die geringste Hoffnung. Sie erfuhr, dass seine Ehe schwierig war und sich durch das Klettern eine Kluft zwischen ihm und seiner Frau aufgetan hatte, die sich jetzt nach Spiders Tod noch vertiefen würde. Aber das war alles. Die Feststellung eines bedauerlichen Tatbestandes. Kein *wenn nur*, kein *vielleicht eines Tages* …

In gewisser Weise atmete sie auf. Das erleichterte ihr den Umgang mit der plötzlichen, erstickenden Intensität ihres Verlangens. Sie wusste, dass es nach dieser Reise durch den Staub und die Hitze Pakistans zu Ende sein würde.

Al sprach kaum noch über den Tod seines Freundes. Nachdem er seinen Schmerz am Ufer des Flusses oben in Skardu zum Ausdruck gebracht hatte, schloss er ihn in seinem Inneren ein und lebte mit ihm. Finch wusste, dass er das tat, denn sie lag nachts neben ihm, Zeugin des Schreckens und der Ruhelosigkeit seiner Träume. Seine Weigerung, sie an seiner Trauer teilhaben zu lassen oder diese offen einzugestehen, war das verräterischste Zeichen seines unbeirrbaren Willens und seiner Einsamkeit.

Nur einmal versuchte sie, ihn herauszufordern. »Warum redest du nicht mit mir darüber? Schämst du dich dafür, weil du mir dort deinen Schmerz gezeigt hast?«

Er schaute ihr direkt in die Augen. »Du hast gesagt ›Sie können mit mir reden.‹ Erinnerst du dich?«

»Ja, ich erinnere mich.«

»Ich wusste, dass ich es konnte, sobald ich dich gesehen hatte, und ich weiß nicht, was ich getan hätte, wenn du nicht vor mir aufgetaucht wärst. Und ich habe mit dir geredet. Ich bin dir dankbar. Du bist mit mir gekommen und geblieben und das werde ich nie vergessen. Aber du kannst nicht immer wieder darauf herumreiten. Das Einzige, wofür ich mich schäme, ist die Tatsache, dass ich das Leben meines Freundes nicht retten konnte. Niemand hätte das gekonnt. Einige Bergsteiger sterben, andere überleben und andere Menschen leben weiter. Man muss weitermachen.«

Finch hätte gern geantwortet, dass sie das nicht so nüchtern sah. Dass Liebe und Leid voller Überraschungen seien, und nicht geradlinig und messbar. Dass man sie nicht den eigenen Wünschen gemäß kodifizieren könne. Doch sie schwieg und schaute nur durch die Windschutzscheibe hinaus auf die graubraune Landschaft, das mit weit aufgerissenen Augen am Straßenrand stehende Kamel und die Gruppe von Frauen, die schlangenförmig gedrehte Töpfe auf dem Kopf balancierten.

Sie fuhren durch Multan und Sukkur und Hyderabad. Nachts legten sie sich zwischen die Banksitze und zogen sich nach dem Sex und der jenseits der Leidenschaft liegenden Intimität in das stumme Vergessen des Schlafs zurück. Die letzte ihrer fünf Nächte verbrachten sie in einem verwirrend luxuriösen Hotel in Karatschi, das wie ein Hochzeitskuchen anmutete.

Sie lagen in einer tiefen, mit warmem Wasser gefüllten Badewanne in einem ordentlichen und blendend sauberen Bad aus weißem Marmor.

»Das sind unsere Flitterwochen«, sagte Al. Er seifte sie ein und spülte ihr den Schmutz von Handgelenken und Knien.

»Und unser Schwanengesang.«

Er hob sie aus dem Wasser und trug sie ins Schlafzimmer.

Nach der Enge zwischen den Sitzen des Lasters schien das riesige Bett zu groß und weich. Als sie sich geliebt hatten, hielt Al sie in den Armen und schaute sie lange an. Dann schliefen sie ein. Verwirrt wurde Finch mitten in der Nacht wach. Sie streckte die Hand aus, griff aber ins Leere. Er war immer da gewesen, eng an sie geschmiegt, im Lastwagen, in den Unterbrechungen ihres unruhigen Schlafes. Sie tastete weiter, bis ihre Hände die Rundung seiner Schulter fanden. Dort schlief er, mit dem Rücken zu ihr. In dem breiten Bett war er an den Rand gerückt.

Früh am Morgen brachten sie den Laster zurück zu Als Freund Stuart Frost. Er lebte allein in einem Dorf, von einer geschäftigen Straße durch Eukalyptusbäume abgeschirmt. Die spärlich möblierten Zimmer rochen unbewohnt und nach Einsamkeit. Stuart war klein und blass und hatte dicke Arme und Hände. Äußerlich war er das genaue Gegenteil von Al und dennoch war sie von der Ähnlichkeit der beiden beeindruckt. Sie entdeckte sie in ihren Augen und in der Art, nichts zu offenbaren. Beide lebten mit ihren Gespenstern.

»Tut mir Leid, Junge«, sagte Stuart.

Finch ging hinaus, setzte sich auf die Veranda und betrachtete das Aufblitzen des Verkehrs, der hinter den Bäumen vorbeizog. Kurz danach kamen sie zu ihr heraus. Stuart servierte Tee. Später fuhr er sie zum Flughafen.

Finchs Flugzeug startete zuerst. Er begleitete sie zum Gate und hielt sie einen Moment lang in den Armen. »Danke«, sagte er, genau so, wie er es auf dem Baltoro getan hatte, als sie ihm ihre Teetasse reichte. Sie hatte sich gesagt, dass sie ihn zu gegebener Zeit gehen lassen und nie zurückschauen würde. Doch nie war ihr etwas so schwer gefallen wie sich abzuwenden und zum Flugzeug zu gehen.

Das war es also gewesen – fünf Tage und Nächte. Dann kehrte jeder von ihnen in sein normales Leben zurück und es folgten fünf Jahre der Trennung. Aber es verging kein Tag, an dem Finch nicht an Alyn Hood dachte.

9. Kapitel

In Lager zwei nahe der Spitze des westlichen Kars lagen die Mitglieder der Mountain-People-Expedition in ihren Zweimannzelten und erholten sich von der dritten Kletterpartie über den Gletscherbruch und der langen Plackerei hinauf zum Kar. Die erzwungenen Ruhepausen und die Akklimatisierungsphasen unten im Basislager mit eingerechnet, waren sie nun schon dreieinhalb Wochen unterwegs.

Ihr jetziges Ziel, so hatten Al und George verkündet, war es, über Lager drei an der Lhotse-Flanke, die nun pechschwarz über ihnen aufragte, zu Lager vier am Südsattel zu klettern und dort ein oder zwei Nächte zu bleiben. Nach der Akklimatisierung würden sie zum Basislager oder sogar noch weiter absteigen, um sich auszuruhen, zu essen, zu schlafen, Kräfte zu sammeln und mit den anderen Bergsteigern zu warten, bis sie an der Reihe wären und das richtige Wetter für die Gipfelbesteigung hätten.

»Wann werden wir den Versuch unternehmen?«, wollte Vern wissen.

»Ich spreche im Zusammenhang mit Gipfeln nicht gerne von Versuchen«, hatte George gescherzt. »Wenn ihr ehrlich entschlossen seid und das Wetter mitspielt, könnt ihr es alle schaffen. Ihr seid eine starke Gruppe.«

Der Teamgeist war ausgezeichnet.

»Dieses Mal werde ich's schaffen«, sagte Rix und schlug mit der Faust in die Handfläche. »Ganz bestimmt. Ich fühle mich besser als je zuvor.«

Mason lag neben ihm, den Kopf auf den angewinkelten Arm gebettet. Er hatte in sein winziges Diktafon gemurmelt, das er in der Innentasche mit sich führte, doch selbst das hatte seinen Kletterpartner nicht aus der Ruhe gebracht. Er drehte an der Fassung der Stirnlampe, um sie auszumachen, und zog sich die Kapuze des Schlafsacks über die Ohren. Das raschelnde Zelt wurde zu einer in stickiges Dunkel getauchten Zelle, in der grau schimmernden Unermesslichkeit des Kars verankert.

»Ich fühle mich einfach beschissen.« Sein Husten hatte kein bisschen nachgelassen und im Moment hatte er jedes Mal, wenn er von einem Hustenanfall überrascht wurde, das Gefühl, sich die Rippen zu brechen. »Aber ich glaube trotzdem, dass es klappen wird.«

Rix kicherte albern. »Bestimmt. Steht die Pissflasche bei dir?«

Mark rollte sich müde aus dem Schlafsack, griff nach der Flasche und reichte sie ihm.

Laut grunzend und seufzend erleichterte sich Rix, dann legte er sich hin. »Ich würde alles dafür geben, endlich anständig scheißen zu können. Mein Gedärm fühlt sich an, als hätte ich Beton gegessen«, bemerkte er. Mark schloss die Augen und versuchte sich auf den Schlaf zu konzentrieren. Ein oder zwei Stunden wären nicht übel, bevor die Kraxelei nach oben von Neuem begann.

Ted und Vern schliefen bereits. Im benachbarten Zelt lagen Finch und Sandy Jackson Seite an Seite. Sandy waren die ersten Ausflüge auf den Berg schwer gefallen, er hatte sein Selbstvertrauen jedoch wiedergefunden. Heute hatte er während des gesamten Aufstiegs an Pembas Fersen geklebt und sich in der Zeit zwischen ihrer Ankunft im Lager und dem Zubettgehen lauthals selbst beglückwünscht. Er und Finch hatten sich zum Essen vor den Zelteingang gehockt, um möglichst nichts auf ihre Schlafsäcke zu verschütten. Es hatte Nudeln und Päckchen mit Fleischsoße, anschließend Schokolade und einen Müsliriegel gegeben. Mingma hatte ihnen einen Topf mit gefrorenem Schnee gebracht, den sie auf einem Propangasbrenner geschmolzen hatten. Sie hatten für jeden eine Tasse Tee zubereitet. Sandy hatte die ganze Zeit geredet, über Orte, an denen er gewesen war, und andere Abenteuer, bei denen er die Hauptrolle gespielt hatte. Finch konzentrierte sich darauf, trotz ihrer Übelkeit Löffel für Löffel ihr Mahl zu sich zu nehmen. Der heiße Tee war eine willkommene Verdauungshilfe.

Nun machten sie sich zum Schlafen bereit. Sandy war so taktvoll gewesen, ihr den Rücken zuzudrehen, als sie angestrengt in eine leere Schokoladendose gepinkelt hatte, die sie eigens zu diesem Zweck mit sich führte. Die männliche Anatomie war den in den Bergen herrschenden Bedingungen weitaus besser angepasst, dachte sie zum wiederholten Mal.

Sandy seufzte tief und unterdrückte hörbar einen Rülpser.

Wenn du dich übergeben musst, warnte Finch ihn insgeheim, dann halte dich selbst und deinen Verdauungstrakt ausreichend von mir entfernt.

Ihr Zeltpartner hatte listigerweise die tiefere Seite des abschüssigen Bodens beschlagnahmt. Sie musste sich abstützen, um nicht auf ihn zu rollen, und das war unbequem.

Sein Seufzer verriet jedoch Zufriedenheit statt Unbehagen. »Es ist besser als erwartet. Möchtest du ein bisschen näher rücken?«

»Nein. Will ich nicht«, versetzte sie kalt. »Wie kommt's, dass du überhaupt die Energie hast, an so was zu denken?«

Sandy kicherte. »Energie ist nicht das Problem. Aber der Expeditionsleiter war offenbar schneller als ich. Seit wann habt ihr ein Verhältnis, du und Al?«

»Ich glaube nicht, dass dich das was angeht. Außerdem haben wir kein Verhältnis.«

»Nein?«

Sie erwiderte nichts und Sandy kicherte erneut. »Gute Nacht, Frau Doktor.«

In der nun folgenden Stille hörte Finch leise Geräusche wie von Bewegungen und Lecken. Sie stellte sich vor, dass Sandy in der Nase bohrte.

Sie verdrängte den Gedanken und dachte an das Karakorum und die lange Fahrt südwärts nach Karatschi. Wieder und wieder war sie in ihrer Vorstellung dorthin zurückgekehrt und jeder Augenblick der Reise, jedes kleinste Detail, hatte dadurch einen besonderen Glanz bekommen. Der Gedanke an die Wende der Geschichte machte sie unglaublich glücklich. Nun sollte es doch eine Fortsetzung geben. Die Zukunft schien sich wie ein breites

Flussdelta in der Sonne vor ihr auszubreiten. Und die Gegenwart, selbst das enge Zelt, die ständig nagende Angst und die gewaltige körperliche Anstrengung, waren besser als alles, was ihr bisher widerfahren war. In diesem wohlwollenden Licht schien selbst Sandy Jackson liebenswert. Finch fiel in einen oberflächlichen, wenig erholsamen Schlaf.

Al und Sam lagen im Zelt nebenan. Al hatte es nicht einmal in Erwägung gezogen, das Zelt mit Finch zu teilen. Sein Plan war, sehr früh zu Lager drei aufzubrechen und den beiden mit Lebensmitteln und Sauerstoffflaschen beladenen Sherpas unmittelbar zu folgen. Auch er und Sam würden einige Vorräte tragen, während des Aufstiegs die Route überprüfen und sich auf die Einrichtung des Lagers konzentrieren, sobald sie dieses erreicht hatten. Ken, Mingma und Pemba konnten die Kunden in einem gemäßigteren Tempo nach oben bringen. Ken war nach seinen Darmbeschwerden noch nicht ganz bei Kräften.

Al war aufgefallen, dass Sam bei der Ersteigung des Gletscherbruchs und der Kletterei über das von Spalten durchzogene Gebiet des Kars gute Fortschritte gemacht hatte. Sam könnte vielleicht noch wertvoll werden, wenn er gesund und bei Kräften blieb. Er verschwendete kaum einen Gedanken daran, dass der Junge Finch den Hof machte. Sogar den Gedanken an Finch hatte er weitgehend verdrängt, vergewisserte sich aber automatisch so oft wie möglich, dass sie den Klettergürtel richtig angelegt hatte, ihre Steigeisen korrekt festgeschnallt waren und ihr Sicherungsseil sicher in die Fixseile eingehakt war. Das Gleiche tat er jedoch bei jedem anderen Kunden. Finch erfuhr keine Sonderbehandlung.

»Bist du bereit, früh aufzubrechen und mit mir einen Teil der Vorräte zu Lager drei zu schleppen?«, fragte Al kurz angebunden, als er und Sam nach dem Essen ihre Blechteller abwischten.

Sam warf ihm einen flüchtigen Blick zu und versuchte einzuschätzen, ob er getestet, bestraft oder vielleicht sogar auf raffinierte Weise belohnt wurde. Er war müde, fühlte sich aber nicht total erschlagen. Sein Kopf schmerzte, aber nicht unerträglich. »Wann?«

»Ich wecke dich gegen drei Uhr.«

Vor langer Zeit hatte Michael ihn genauso erwartungsvoll angesehen, mit der gleichen Herausforderung. Als Bitte zu entsprechen bedeutete, in der Zeit zurückzugehen, wieder Kind zu werden – und eine andere Wahl zu treffen. Sam verstaute seinen Teller und machte es sich auf seinem Schlafsack gemütlich. Aus der Daunenfüllung entwich ein wenig Luft. »In Ordnung«, sagte er.

Am nächsten Morgen um 3.30 Uhr hatten sie, mit schweren Rucksäcken beladen, das Lager bereits verlassen.

Sie brauchten für den Gletscherhang bis zum Beginn des Kars eine Stunde. Sam folgte Al mit gesenktem Kopf, den Blick auf dessen Spuren gerichtet. Der gesamte Gletscher war mit Spalten übersät und hatte Türme und kleine Hörner gebildet. Es ging nicht steil bergan, aber die Hindernisse erforderten Konzentration bei jedem Schritt. Obwohl ein mächtiger Jetstream auf den etwa eine Meile über ihnen liegenden Gipfel prallte, war in diesem geschützten Cañon kaum eine Brise zu spüren. Sam lauschte dem rhythmischen Knirschen seiner Stiefel auf dem Eis und dem Geklimper der Karabinerhaken an seinem Klettergürtel.

Wieder dachte er an Michael. Es war verlockend, all dies dem Einfluss seines Vaters zuzuschreiben, einem verspäteten Bedürfnis nach Wiedergutmachung. Heute Morgen hatte er jedoch gespürt, dass das nicht der Wahrheit entsprach. In der beißend kalten Luft, umgeben von wie Stahl schimmerndem Eis, erkannte er, dass er dies ausschließlich für sich selbst tat. Die Anforderungen, die es an ihn stellte, die Art, wie es seine ganze Kraft und Konzentration erforderte, relativierte das sonst in seinem Leben herrschende Durcheinander. Laufen, geschäftlicher Misserfolg, Frannie, sogar Michael – all das konnte, verglichen mit diesem Berg und seinen Ausmaßen, bewältigt werden.

Er hob den Kopf und schaute kurz auf. Die beiden Träger waren bereits in der Steilwand, zwei kleine Lichtpunkte, die an der Schwindel erregenden Wand aufblitzten. Über ihnen die Höhen des Südsattels, der Südgrat und der Gipfel. In seiner Fantasie war er bereits oben. Es ging nicht einmal um Finch. Vor ihm kletterte gelassen sein Rivale, doch in diesem Moment fühlte Sam nur eine Art Verwandtschaft mit ihm. Das Seil, das sie wie eine Nabelschnur verband, symbolisierte dieses Gefühl.

Ein Schritt folgte auf den anderen, ein hypnotisierender Rhythmus führte sie nach oben, dem Gipfel entgegen. *Ich werde es tun. Wir werden es schaffen.*

Nach einer Stunde erreichten sie die riesige, verschlungene Randspalte, die die Spitze des Khumbu-Gletschers von der Bergwand trennte. Sie klaffte wie ein Maul voller Eiszähne. Zwischen den Fängen gab es ein System von Fixseilen und Leitern, die Al ohne Zögern in Angriff nahm. Vom oberen Rand aus rief er Sam kurz zu: »Klettere jetzt.«

Sam tat, wie ihm befohlen wurde. Als er auf der Leiter balancierte, drohte das Gewicht seines Rucksacks ihn nach hinten zu ziehen. Er kreiste mit den Schultern, um das Gleichgewicht wiederzugewinnen. Der windundurchlässige Stoff seines Kletteranzuges streifte das Eis und die herunterhagelnden, winzigen Kristalle stachen ihn wie Nadeln ins Gesicht. Während er kletterte und die Leiter sanft unter ihm federte, wurde ihm klar, dass das Tosen in den Ohren sein eigener Atem war. Er konzentrierte sich auf den nächsten Schritt und den übernächsten und der Rest des Universums verschmolz zu einem Punkt in der Ferne. Es wäre gut, wenn die Stahlnägel, mit denen diese gottverdammte Leiter befestigt ist, hielten, dachte er. Sonst würde er am Ende des Seils im leeren Raum baumeln – wie ein Stück Schweinefett, das man für die Vögel aufgehängt hatte.

Und das war noch das rosigste Szenario.

»Okay«, sagte Al, als er die gegenüberliegende Seite erreichte. »Lass uns dort hinaufsteigen.«

Sie blickten hoch zu dem glänzenden, schmutzigen Wirrwarr von Fels und Eis. Von ganz oben hing, nicht gerade einladend, ein dünner scharlachroter Faden aus neun Millimeter dickem Perlonseil herab. Al löste das Seil, das sie während der Gletscherüberquerung miteinander verbunden hatte, und rollte es ordentlich auf. Er stopfte es in ein Eisloch neben das Fixseil, wo es dann auf dem Rückweg für die Gletscherüberquerung bereitlag, befestigte seine Sicherungsleine am roten Bergseil und begann, ruhig zu klettern. Von nun an würden sie alle einzeln klettern, sich auf die Fixseile verlassen statt auf die partnerschaftliche Abhängigkeit, die auf dem Gletscher Brauch war.

Während sich Al nach oben bewegte, klemmte Sam seine eigene Sicherungsleine am Seil fest. Er nahm die Klemmschraube aus der Schlaufe seines Klettergürtels und befestigte sie am Seil. Sanft glitt die Schraube das Seil hoch, als er sie nach vorn bewegte; in der umgekehrten Richtung jedoch biss eine Krampe in das Perlon und fungierte als Bremse. Sam fand einen Halt für seine Steigeisen, stieg hinauf und ließ die Klemmschraube das Seil hinaufgleiten. Mit jedem Schritt gewann er wenige Fußbreit. Wollte er weiteren Halt finden, schwang er seinen Eispickel, der sich in das spröde Eis fraß. Wollte er sich ausruhen, ließ er die Schraube greifen; dann baumelte er in seinem Klettergürtel vom Seil herab.

Der Tag brach gerade an.

Nach einer Stunde war Sams Gletscheroptimismus völlig verflogen. Seine Arm- und Schultermuskeln schmerzten. Jeder Schritt vorwärts war ein Kampf gegen die Atemnot und das Gewicht seines Rucksacks. Sie gewannen an Höhe und die Temperatur sank. Der Wind fegte feinen Schnee von der Klippe und sprühte ihn in sein Gesicht. Er zitterte in seinem Daunenanzug. Die Kehle schmerzte von der eisigen Luft, die er in seine zusammengepressten Lungen einsog, und die Fingerspitzen wurden Besorgnis erregend taub. Nur einmal schaute er hinab, hin zu den winzigen Farbtupfern von Lager zwei und den Punkten, hinter denen sich am Fuß der Wand Finch, Ken und die anderen verbargen. Er schickte Finch eine telepathische Botschaft, eine Ansammlung von Warnungen und Wünschen, die ihm wortlos durch den Kopf schossen, ehe sie mit dem aufgewirbelten Schnee verschwanden. Dann wandte er sich wieder seiner Aufgabe zu. Sein Ziel und einziger Gedanke war es, den Abstand zu Al in seinem roten, windundurchlässigen Anzug von Mountain People nicht größer werden zu lassen. Wenn sich der rote Anzug zu entfernen schien, trieb er sich selbst zu einer höheren Schrittgeschwindigkeit an, bis es ihm im Kopf hämmerte und der Atem in der Brust brannte.

Wie weit war es noch?

Als sie nach vier Stunden Lager drei erreichten, fühlte sich Sam so ausgelaugt, wie er sich nie zuvor nach einem Marathonlauf gefühlt hatte.

In einer Höhe von achttausend Meter standen vier Zelte auf einem winzigen Kamm, den die Sherpas aus Eis und Schnee gehauen hatten. Die beiden Träger hockten rechts auf einem Felsvorsprung, das Gesicht den Neuankömmlingen zugewandt. Sie schienen amüsiert. Sam ließ sich vor dem nächstgelegenen Zelt auf alle Viere nieder und füllte seine Lungen mit Luft wie ein verdurstender Hund.

»Sehr gut, Sam«, neckte ihn einer der Sherpas. »Als Nächstes dann der Gipfel.« Der andere kicherte vor Vergnügen.

»Trautes Heim, Glück allein«, murmelte Al und setzte seinen Rucksack ab.

Als Sam wieder sprechen konnte, flüsterte er: »Ich dachte, ich würde es nicht schaffen.«

»Dabei hattest du keine wirklichen Probleme. Das muss an deinen Genen liegen. Beim nächsten Mal ist es viel einfacher.«

»Ich bete zu Gott, dass du Recht hast.«

Al nahm ihm den Rucksack ab und reichte ihm eine Flasche mit einem warmen Zitronengetränk, das die Träger zubereitet hatten. Sam führte sie an den Mund und trank und trank. Nachdem er seinem ausgetrockneten Körper zwei Liter Flüssigkeit zugeführt hatte, war er in der Lage, sich zurückzulehnen und seine Umgebung zu betrachten. »O Gott«, flüsterte er.

Zum ersten Mal blickte er hinunter und betrachtete die Aussicht, statt nach oben zu starren. Der Wind hatte sich gelegt, Sonne durchflutete nun den Cañon. Schimmernd lag der große silberne Ballon des Weltraums vor ihm, eingeschlossen von den Flanken des Lhotse. An dessen unterem Ende befanden sich die winzigen Zelte und der Boden des Kars. Von oben sah der Gletscher beinahe glatt und unschuldig aus. In weiter Ferne war der graue Bogen zu erkennen, in dem der Gletscher vom Everest abfloss, vorbei am vereisten Wasserfall und dem Basislager, das Tal hinunter bis zu den Jakweiden von Lobuje und Pheriche. Von seinem Aussichtspunkt aus konnte Sam auf die Gipfel niedrigerer Berge hinabsehen, die sonst in den Himmel geragt hatten. Kleine Wolkenspiralen schwebten um die Abhänge wie Schleier aus Gaze.

»Es ist ungeheuerlich«, sagte er leise. Für einen Moment hatte er seine wunde Kehle, die tauben Finger und seine Erschöpfung ganz vergessen.

Al teilte die Vorräte auf und erteilte Anweisungen. Während der kommenden ein oder zwei Wochen, in denen die Kunden nervös, aber fest entschlossen ihre Vorbereitungen für den Aufstieg zum Gipfel trafen, würden sich die Sherpas mehrmals ablösen, zum Gipfel hinauf- und wieder hinuntersteigen, um die am höchsten gelegenen Lager zu errichten. Mit dieser Logistik, die aus Speiseplänen in Form von Computerausdrucken bestand, die jede Sardinenbüchse, jeden Gaskanister und jedes Päckchen Zitronengetränk auflisteten, beschäftigte sich George Heywood unten im Basislager. Nichts wurde dem Zufall überlassen. Sam verstand jetzt, warum die Kunden kommerzieller Expeditionen zu hohen Gipfeln mehrere Tausend Dollars hinblättern mussten. Er hatte sich ausreichend von den Anstrengungen des Morgens erholt, um sich an das Glück zu erinnern, fast umsonst hier zur mittleren Höhe der Lhotse-Flanke gelangt zu sein.

Falls man das Glück nennen kann, dachte er. Erst als Al ihn anschaute, die schwarzen Augenbrauen sarkastisch hochgezogen, wurde Sam bewusst, dass er dasaß und grinste. »Danke für deine Gesellschaft«, sagte Al. »Und wenn du jetzt langsam Schnee schmelzen könntest, damit unsere Kunden bei ihrer Ankunft etwas zu trinken haben, wäre ich dir doppelt dankbar.«

Sam griff sofort nach seinem Eispickel, hackte Eis und gab es in einen Topf. Es war etwas schwierig, die Flamme zu entfachen, aber schließlich gelang es ihm. Als er später seine Fingerspitzen untersuchte, konnte er keine Frostbeulen entdecken. Sehr gut. Das Gipfelfieber loderte wieder in ihm auf. Nichts durfte jetzt schief gehen.

Besteig den Everest, dann gehe ich mit dir essen.

Er schielte hinüber zu Al. Der eifersüchtige Zorn war verflogen. Sam hatte nur das Bedürfnis, die Erwartungen, die an ihn gestellt wurden, so gut wie möglich zu erfüllen, weil dieser Mann ihm Respekt abnötigte.

»Danke.« Al anerkannte seine Plackerei mit den Kochern.

Die Sherpas nahmen bereits die siebenhundert Meter in Angriff, die sie von ihrem nächsten Ziel am Südpass trennten. Die vierzig Pfund schweren Lasten auf ihrem Rücken wirkten größer als sie selbst.

Als Walkie-Talkie knackte und er holte es aus den Tiefen seines Anzugs. Es war George.

»Ja, George, alles in Ordnung. Lager drei ist fertig. Sam und ich sind hier, die anderen sind unterwegs.« Er beugte sich vor und schaute den Steilhang hinab. »Langsam, aber nicht schlecht. Vielleicht noch eine Stunde für die vorderen. Eine weitere Stunde für die hinteren. Sieht von hier aus wie Jackson und Buchanan.«

Sie tauschten weitere Anweisungen und Informationen aus. Dann sagte Al: »Ja, er ist hier.«

Zu Sams Überraschung reichte Al ihm das Funkgerät. Trotz der Entfernung von dreitausend Metern war Georges Stimme deutlich zu hören. »Sam? Jemand möchte dich sprechen.«

Eine Stimme sagte gedehnt: »He, du hast meine Sachen an.«

Automatisch sah Sam an sich herab. Auf dem Namensschild vorn auf seinem Anzug von Mountain People stand »Adam Vries«.

»Adam! Wie geht's dir?«

»Gott, bin ich krank gewesen. Aber ich bin ganz langsam hier heraufgekrochen und fühle mich jetzt okay.«

Sam blickte sich um. Er betrachtete die kleinen Zelte auf den unsicheren Schneerändern, den Teil des Pumori und die niedrigeren Gipfel. Man hatte Adam im Kommunikationszelt im verlassenen Basislager zurückgelassen. »Tut mir Leid, dass ich deinen Platz eingenommen habe.«

»Ja, mir auch. Komm heil wieder herunter, dann sprechen wir darüber.«

»Ich werd's versuchen.«

Er gab Al, der mit den in Folie eingepackten Lebensmitteln beschäftigt war, das Funkgerät zurück. »Ich hab ein schlechtes Gewissen wegen Adam«, sagte er.

Al zuckte mit den Schultern. »Das ist Energieverschwendung. Diese Dinge passieren. Tu lieber deine Arbeit.«

Eine Stunde später erreichte Pemba das Lager. »Ich glaube, es geht allen gut, Al.«

Dann kam Vern, gefolgt von Ted. Sie schnappten nach Luft und ließen sich auf den Felsvorsprung vor den Zelten plumpsen, genau wie Sam. Sie klopften Al zur Begrüßung auf die Schulter und nahmen die Getränke entgegen, die Sam ihnen reichte.

»Mehr Platz als letztes Mal«, sagte Vern nach einem Blick auf das Lager anerkennend.

Ken tauchte als Nächster auf. Er stellte einen Packen mit Vorräten ab. »Mason hat heute zu kämpfen.«

Rix hakte sich aus dem Seil aus und legte seinen Eispickel an den steilen Abhang, statt die Spitze ins Eis zu hacken. Sofort glitt der Pickel nach unten und drohte ins Nichts zu fallen, Mason entgegen, der unten am Seil hing. Pemba fing ihn rechtzeitig ab. Rix schüttelte bedächtig den Kopf. »Tut mir Leid. Ich hab einfach nicht nachgedacht. Dieses verdammte Ding.«

Al hielt nach den letzten drei der Gruppe und nach Mingma Ausschau. Dann wandte er sich kurz an Rix. »Wird schon wieder. Eine Nacht Ruhe und du bist oben.«

Rix strich sich mit der behandschuhten Faust über den Bart, in dem Eiskristalle glitzerten und ihn kratzten. »Hoffentlich, Kamerad.«

Mark Mason machte einen Schritt nach oben und ruhte sich etwa eine Minute lang aus. Nach jedem zweiten oder dritten Schritt hing er, von einem Hustenanfall gequält, unbeweglich in seinem Klettergürtel. Nur einmal schaute er nach oben in dem Versuch, einen Blick vom Lager zu erhaschen. Sein durch eine Gletscherbrille geschütztes Gesicht wirkte völlig ausdruckslos.

»Nur noch acht Meter. Dann hast du's geschafft«, rief Al ihm zu.

Al und Pemba zogen ihn den letzten Meter hoch. Mason hustete sich die Seele aus dem Leib.

Es dauerte noch eine halbe Stunde, bis das Trio schließlich in Hörweite war. Finch ging voran, ganz langsam, aber gleichmäßig. Sandy folgte ihr mit gesenktem Kopf. Offensichtlich nahm er außer der Anstrengung, die ihn jeder Schritt kostete, nichts mehr wahr. Mingma kletterte geduldig hinter ihnen her, einen wahren Berg von Vorräten auf dem Rücken.

Sam kauerte sich an den Rand des Bergrückens und beobachtete Finchs rote Kapuze. Al und Ken halfen Mason zu seinem Zelt. Schließlich war Finch in Reichweite. Als sie es bis zum Felsvorsprung geschafft hatte, löste Sam den Karabiner, der sie mit dem Seil verband, und führte sie vor das nächstgelegene Zelt. Ihre Augen waren von der Brille verdeckt. Sie entfernte den seidenen Mundschutz und sog gierig Luft ein. Sie sah völlig erschöpft aus und konnte sich kaum auf den Beinen halten.

»Gut gemacht«, lobte Sam leise.

Aber sie war zu müde, um ihn überhaupt wahrzunehmen. Er drückte ihr eine Flasche mit warmem Zitronensaft in die Hand und schaute ihr beim Trinken zu. Jetzt stolperte Sandy ins Lager. Mit Ausnahme von Mason saßen alle Kletterer Schulter an Schulter auf dem winzigen Felsvorsprung des Lagers und ruhten sich aus. Sie sahen aus wie Seevögel, denen der Sturm übel mitgespielt hatte. Pemba und Mingma unterhielten sich leise. Für ihr Zelt gab es keinen Platz im Lager. Sie würden zu einem anderen, etwa dreißig Meter höher gelegenen Felsvorsprung klettern und dort Schutz suchen.

»Finch?«

Als Stimme drang aus Masons Zelt herüber. Sam sah, wie sie den Nebel der Erschöpfung abschüttelte, den Mangel an Sauerstoff ignorierte und wieder ganz Ärztin war. Sie schob sich an Ted und Vern vorbei und kroch zu Al in die gelbe Nylonhaube.

Dort lag Mark auf der Seite. Bei seinem Anblick runzelte Finch die Stirn. Sie beugte sich über ihn. Mark wurde erneut von einem Hustenanfall geschüttelt. Al bereitete Regler und Maske der Sauerstoffflasche vor. Als der Krampf vorüber war, legte

Mark sich mit einem müden Achselzucken zurück und keuchte: »Derselbe Husten. Weniger Luft.«

Finch horchte seine Brust ab und legte ihm die Hand auf die Stirn. Er hatte Herzrasen, aber das prasselnde, blubbernde Geräusch von Wasser in den Lungen war nicht zu hören. Das schloss aber ein Lungenödem nicht unbedingt aus. Immerhin hatte er kein Fieber.

»Kopfschmerzen?«

»Nein«, murmelte Mark. »Zumindest nicht schlimmer als sonst.«

Die Führer und Finch hatten für Notfälle eine Erste-Hilfe-Ausrüstung in ihren Rucksäcken. Finch öffnete ihre Kiste und entnahm ihr eine Kapsel Nifedipin. Mark schluckte sie kommentarlos hinunter. Als Bergsteiger war er erfahren genug, um zu wissen, welche Medikamente in der Höhe verabreicht wurden und warum.

»Die nächste nimmst du in sechs Stunden. In der Zwischenzeit Sauerstoff und Ruhe, dann werden wir sehen, wie du darauf reagierst.«

»Das war's dann wohl für dieses Jahr?«

Er presste sich die Maske aufs Gesicht und sog gierig den Sauerstoff ein. Al stellte mit Hilfe des Reglers die Sauerstoffzufuhr ein.

»Ja, wahrscheinlich«, bestätigte Finch ruhig.

»Du brauchst das nicht jetzt zu entscheiden«, warf Al ein.

Finch sah ihn an. Das war ein Streitpunkt zwischen ihnen. Sie hatten es nie diskutiert, ja nicht einmal erwähnt, aber sie wussten beide, dass es diesen Punkt gab.

Mark fiel das Atmen jetzt leichter. Finch legte das Fläschchen mit den Kapseln an seinen Platz und kroch rückwärts aus dem Zelt.

Die Führer und Kletterer bereiteten sich auf eine lange Nacht auf dem Felsvorsprung vor. Die Anstrengungen des Aufstiegs, die Höhe, die sie erreicht hatten, und die Isolation an diesem gefährlichen Standort schweißten die Gruppe enger zusammen. Zwar hatten noch andere Expeditionen ihr Lager an der Steilwand aufgeschlagen, doch die einzelnen Gruppen waren jetzt weiter voneinander entfernt. Man hockte nicht mehr wie in den unteren Lagern so eng aufeinander, dass man Platzangst bekam.

Die Mountain-People-Leute reichten Schokolade, Halspastillen und Tuben mit Lippenfett herum. Man schmolz Schnee auf Butankochern und wärmte in Folie eingewickelte Fertigmahlzeiten auf. In den Pausen dazwischen vergaß jeder seine Gereiztheit, man spendete sich gegenseitig Lob für die Leistungen des Tages und stellte Vermutungen an über die bevorstehende Prüfung.

Sobald sich Sandy Jackson ausgeruht hatte, erwachte er wieder zu neuem Leben. Er und Finch kauerten sich in ihrem Zelt nieder und löffelten warme Bohnen und Reis in sich hinein. Wegen der rissigen Lippen, der brennenden Kehle und der anhaltenden Übelkeit war für Finch jeder Bissen ein Kampf. Sandy schnitt mit einem Taschenmesser Scheiben von einer Salami ab, spießte eine auf und bot sie Finch an. Beim Anblick des rosa Fleisches und der glänzenden Fettklümpchen musste sie würgen.

»Tut mir Leid«, sagte er mit ehrlichem Mitgefühl und legte das Fleisch außerhalb ihrer Sichtweite. »Möchtest du vielleicht ein bisschen Käse?«

»Nein danke. Ich bleibe beim Reis.«

»Wie fühlst du dich?«

Sie überlegte. Sie hatte große Sehnsucht nach Vancouver, nach Dennis und Suzy. Inzwischen empfand sie es auch als Belastung, bei dieser Expedition die einzige Frau zu sein. Mit einer Gefährtin könnte sie vielleicht über die Zweifel an ihren Fähigkeiten sprechen, sie könnten sich gegenseitig den Rücken stärken. Die Männer ließen sich ihre Angst in der Regel nicht anmerken und zeigten nach außen hin Selbstvertrauen. Allerdings schloss sie Al von ihrer Kritik aus. Als Expeditionsleiter war es seine Aufgabe, der Gruppe Mut zu machen. Al war dazu verpflichtet, sich um alle zu kümmern, und das nahm verständlicherweise seine ganze Aufmerksamkeit in Anspruch. Sam hatte zwar in den wenigen Momenten, in denen sie unter vier Augen miteinander sprechen konnten, bewiesen, dass er anders war als die übrigen. Dennoch spürte sie heute Abend, mit Sandy Jackson in dem engen Zelt eingepfercht, eine fast erdrückende Einsamkeit. Und sie war unvorstellbar müde.

Sie antwortete: »Alles in allem nicht schlecht. Danke. Und wie fühlst du dich?«

»Übel. Völlig aufgedreht. Als ob mein Verstand gegen die Beine ankämpft. Diese Expedition kostet mich ein Vermögen. Jeden Pfennig, den ich besitze, und dazu noch alles Geliehene. Ich muss da einfach hoch. Ich kann unmöglich ohne ein Foto von mir auf dem Gipfel nach Hause fahren. Das wäre sowohl geschäftlich als auch privat das Ende.«

Für seine Verhältnisse gab Sandy damit sehr viel von seinen Gefühlen preis. Finch nickte verständnisvoll. »Aber du kannst nur so weit gehen, wie es dein Körper dir erlaubt.«

Sandy lachte laut auf. »O nein. Du kannst mehr als das, wenn du willst.« Er legte sich wieder auf seinen Schlafsack, auf ein Durcheinander von Lebensmittelverpackungen, Salamihaut und feuchten, verschwitzten Kleidungsstücken, und verschränkte die Hände nachdenklich über der Brust. Seine halbvolle Pinkelflasche fiel gegen die Zeltwand. »Wart's nur ab.«

Finch warf einen Blick auf ihre Armbanduhr. Das kleine, an der Überziehjacke befestigte Thermometer zeigte an, dass im Zelt 15 Minusgrade herrschten. Sie band sich die Schuhe zu und schnallte die Steigeisen fest. Wagte man sich ohne sie hinaus, riskierte man, vom Felsvorsprung abzurutschen und siebenhundert Meter tief auf den Grund des Kars zu stürzen.

»Wie du meinst. Ich will noch nach Mark sehen.«

Sandy kicherte ohne erkennbaren Grund. »Allzeit die gute Ärztin. Pass auf, wo du hintrittst.«

Vor dem Zelt schlugen ihr Kälte und vom Wind herangewehter wie Nadeln stechender Schnee entgegen. Finch zog sich die Kapuze tief ins Gesicht, bedeckte den Mund mit der behandschuhten Hand und kämpfte sich durch zu Masons Zelt. Die Verantwortung der unter diesen Bedingungen zu leistenden medizinischen Versorgung lastete schwerer auf ihr als alles, was sie je in ihrem Leben auf sich genommen hatte.

Mark döste. Neben ihm lag Rix, in ein Bündel von Überkleidung gewickelt.

»Liegt das an mir oder ist es hier drinnen ein bisschen kalt?«, alberte Rix.

Finch horchte erneut Masons Brust ab, prüfte seinen Puls und leuchtete ihm mit der Taschenlampe in die Augen. Sein Zustand hatte sich nicht verschlechtert, sein Atem ging leichter.

Mit seinem breiten, roten Gesicht und der borstigen Mähne sah Mason ausgesprochen englisch aus, fand Finch. Er hatte während der Expedition Gewicht verloren und seine schweren Knochen zeichneten sich unter der Haut ab.

Sie ergriff seine Hand und hielt sie zwischen ihren Händen. »Mit diesem Husten solltest du wirklich hinabsteigen. Morgen früh.«

»Ich huste schon seit Namche.«

»Ich weiß. Aber es wird hier oben nicht besser und es könnte dir ganz schnell schlechter gehen. Tut mir Leid.«

»Ich will mich am Südsattel versuchen«, beharrte er.

»Das wäre nicht ratsam.«

»Letzten Endes ist es seine Entscheidung, oder?«, schaltete sich Rix ein.

»Nur, wenn seine Entscheidung sich nicht auf andere Kletterer auswirkt, die ihn möglicherweise retten oder ihm helfen müssen. Vielleicht sollten wir mit Al darüber sprechen.«

»Al hat bereits gesagt, dass Mark morgen weitergehen kann, wenn er sich dazu in der Lage fühlt.«

»Lass ihn selbst antworten. Stimmt das, Mark?«

Mason nickte. »Ich gebe so leicht nicht auf. Al weiß das.«

Finch zögerte. Wieder war die unausgesprochene Reibung zu spüren. Natürlich wollte Al so viele Kunden wie möglich zum Gipfel führen. Davon hing sowohl der Ruf von George Heywoods Unternehmen als auch sein eigener als Führer ab.

»Niemand behauptet, dass du leicht aufgibst«, sagte sie. »Aber möchtest du dein Leben aufs Spiel setzen?«

All diese Menschen, dachte Finch, mit all ihren unterschiedlichen Motiven vereint vor dieser beängstigenden Steilwand ein und dieselbe Sache: ihr Ehrgeiz. Sie selbst eingeschlossen. Sie lauschte dem Wind und betrachtete Mark Masons verbissenes Gesicht. Dieser Ehrgeiz kam ihr ganz und gar armselig vor.

»Ich treffe meine Entscheidung, wenn ich ein bisschen geschlafen habe«, sagte Mason entschlossen.

Finch blieb nichts anderes übrig, als wieder hinaus in die Dunkelheit zu kriechen. Al hatte inzwischen seine Mahlzeit in dem Zelt zu sich genommen, das Sam jetzt mit Ken teilte, und tauchte in diesem Moment von dort auf. Er streckte die Hand aus, um Finch zu stützen, denn vom Bergrücken über ihnen fegte ein stürmischer Wind auf sie herab. Der Wind machte ein Geräusch wie ein Schnellzug in einem Tunnel. Finch wollte Al etwas über Masons Zustand zurufen, erkannte jedoch, wie absurd es war, auf diesem Streifen Eis, kaum einen Meter von ihren Stiefeln entfernt den schwarzen Abgrund, noch Worte zu wechseln. Sie zeigte auf Marks Zelt und machte mit der Hand eine schaukelnde Bewegung in Richtung Felsvorsprung. Al nickte. Er wusste, was los war. Er trat näher und ließ den Strahl seiner Taschenlampe über ihr Gesicht gleiten. Mit dem Handschuh berührte er ihre Wange. Von ihrem Brustkorb breitete sich eine Wärme aus, die ihr in sämtliche Gliedmaßen zu fließen schien.

Al zog die Hand zurück und deutete nach oben. Die vier Zelte und acht Personen der Gruppe hatten den verfügbaren Raum vollständig eingenommen. Al musste dreißig Meter höher zum nächsten Felsvorsprung steigen und dort mit Pemba und Mingma ein Schneebiwak teilen. Er kämpfte sich bis zum Fixseil vor, klemmte seine Sicherheitsleine fest und begann zu klettern. Der Strahl seiner Taschenlampe war in dem Schnee, der von oben herabtrieb, nur ein winzig gelber, verschwommener Fleck. Finch beobachtete, wie sich der Mann, den sie mit jeder Faser ihres Körpers und allen Fassetten ihres Bewusstseins liebte, den vereisten Felsen hinaufhangelte. Der Wind versuchte, ihn vom Seil loszureißen und in die Tiefe zu schleudern. Weil Angst und Kälte die Wärme, die Al ihr soeben gespendet hatte, zu verdrängen drohten, zog sie nach einem letzten Blick auf das sich entfernende Licht den Reißverschluss am Zelteingang hoch und kroch hinein. Sie nahm die Steigeisen ab, zog Stiefel und Daunenanzug aus und schlüpfte in ihren Schlafsack. Der Nylonstoff über ihrem Kopf flatterte im Wind. Sie dachte, Sandy schlafe bereits, aber er legte ihr die Hand auf die Schulter und drückte sie kurz. Es war eine Geste freundschaftlicher Wärme, für die sie dankbar war.

Finch döste ein paar Stunden, unterbrochen von Phasen der Übelkeit und Unruhe. In der letzten Wachphase bemerkte sie, dass sich der Wind gelegt hatte. Nur einen Moment später, so schien es ihr jedenfalls, erschien Ken an der Zeltöffnung.

»Wir klettern hoch. George hat sich über Funk gemeldet. Die Wettervorhersage ist gut, der Himmel ist klar. Ihr habt fünfundvierzig Minuten, um euch etwas zu trinken und etwas zu essen zu bereiten.«

»Und Mason?«

»Mason auch. Er sagt, er fühlt sich heute gut. Al hat ihm grünes Licht gegeben, dein Einverständnis vorausgesetzt.«

Sie setzte sich auf – jeder Muskel streikte – und hielt sich den Kopf. Auch Sandy regte sich und stöhnte. Die Luft, die sie über Nacht ausgeatmet hatten, war innen an der Zeltwand zu Eis geworden. Das Zelt wirkte wie die Höhle einer bösen Eisfee aus dem Märchen.

Sie entfachten den Kocher und schmolzen mühsam etwas Schnee für ihren Tee. Jeder aß einen Müsliriegel und eine Hand voll Trockenobst. Dann kroch Finch hinüber zu Masons Zelt.

Mason war blass, atmete jedoch leicht. Der Husten hatte sich gelegt. »Ich will es«, beharrte er. Wider besseres Wissen gab Finch ihre Zustimmung.

Um vier Uhr morgens verließ die Gruppe Lager drei. Ken führte sie an, Sam bildete das Schlusslicht. Pemba und Mingma kletterten bereits, Al schloss sich der Kolonne an, als diese an ihm vorbeikraxelte.

Der Südpass mit seinen zahlreichen Lagern war der abscheulichste Ort, den Sam je gesehen hatte. Das Gebiet war riesig, so groß wie zwei oder drei Fußballfelder. Im Norden wurde es von der Kangshung-Flanke, die nach Tibet hin abfiel, im Süden von der Lhasa-Flanke begrenzt. Der Südostkamm stieg in einer Richtung Furcht erregend an – die Route zu ihrem entfernten Ziel. In der anderen Richtung lag der Gipfel des Lhotse.

Nachmittags trudelten die Mountain-People-Mitglieder eines nach dem anderen erschöpft in Lager vier ein. Ihre Zelte warteten auf einer Eisfläche, die, vom Wind poliert, hässlich grau glänzte. Überall waren Felsnasen und Schneehügel, überall lagen weggeworfene Sauerstoffflaschen und rostende Blechdosen. Der Abfall wurde erst in jede auch nur leicht geschützte Ecke geweht, und schließlich in die Unendlichkeit hinaus. An manchen Stellen hatte das Eis die gelbe Farbe von Urin angenommen und war mit gefrorenen Kothäufchen übersät. Die Lager von drei weiteren Expeditionen nahmen die anderen Bereiche des Passes ein. Die Bewohner dieser Lager bewegten sich langsam und lethargisch zwischen den Zelten hin und her. Es war ein schöner Tag. Die Sonne schien von einem klaren Himmel herab, aber es wehte ein sehr stürmischer Wind, der die kriechenden Kletterer überfiel und peitschte. Vom Gipfelkamm trieb ein riesiges, wie aus Seide wirkendes Schneebanner über Tibet.

»Willkommen am Südsattel«, rief Al, als Sam die letzten zwanzig Meter zum Lager taumelte.

»Du lieber Gott«, murmelte Sam. Wie tief er auch einatmete, die Luft schien keinen Sauerstoff zu enthalten. Sie befanden sich in einer Höhe von 7900 Metern.

Ted und Vern hatten ihr Zelt bereits erreicht. Rix kroch zu seinem Zufluchtsort und stemmte sich, fast völlig gekrümmt, gegen den Wind. Sandy folgte ihm.

Al hackte gerade Eis, um es zu schmelzen, da kauerte sich Sam neben ihn. »Wo sind Finch und die anderen?«, rief er. Es war, als ob der Aufstieg sein Gehirn leer gefegt habe. In der letzten Stunde hatte er weder denken noch sich erinnern können. Er hatte nur den Schmerz wahrgenommen, den es ihm bereitete, einen Fuß vor den anderen zu setzen. Jetzt, da er das Ziel erreicht hatte, fiel ihm ein, dass Finch noch immer irgendwo da draußen war.

Al schob ihn ins Zelt und gab ihm etwas zu trinken.

»Schon okay. Mir geht's gut«, beteuerte Sam. »Ich will wissen, wo sie ist.«

Al sah ihn prüfend an. »Ja, sicher.«

Er nahm das Funkgerät aus seiner Innentasche. »Ken? Hier ist Lager vier. Ken, kannst du mir bitte den aktuellen Stand durchsagen?«

Er drückte den Knopf und man hörte ein Rauschen. In seiner Vorstellung sah Sam, wie Ken in seinem Klettergurt an dem Fixseil hing und nach dem Hörer griff. Er hätte sich weitaus schlimmere Dinge ausmalen können, verdrängte diese aber bewusst.

Nach einer langen Pause meldete sich Ken. »Lager vier, Lager vier. Wir klettern noch. Mason geht's schlecht, aber er macht weiter. Pemba ist gerade zu uns gestoßen. Ende.«

»Ich hab Pemba wieder runtergeschickt. Vielleicht kann er helfen«, sagte Al zu Sam.

»Wo ist Finch?«, wiederholte Sam.

»Ken, hallo Ken. Verstanden. Was ist mit Buchanan?«

»Hält sich gut. Sie will bei Mason bleiben.«

Sam schloss die Augen. Finch hatte die Kraft, diesen Aufstieg zu bewältigen und sich gleichzeitig um jemand anderen zu kümmern. Sie versetzte ihn in Erstaunen, immer wieder, in jeder Hinsicht. Wenn er diese Frau nicht bekam, dachte Sam, konnte er sich nicht vorstellen, sich jemals mit einer anderen zufrieden zu geben. Aber es war klar, er würde sie nicht bekommen. Sie liebte Al Hood.

»Okay, Ken. Wir bereiten ein Gebräu für dich vor.«

»Tolles Zeug. Ende.«

Al steckte das Funkgerät wieder in die Tasche. Er zündete den Kocher an und stellte einen Topf mit Schnee auf die Flamme. Dann sah er Sam direkt in die Augen. »Du solltest nicht so viel grübeln. Hier geht es ums Bergsteigen und das erfordert Konzentration.«

»Ich hab immer gewusst, dass ich es hassen würde.«

Al lachte. Die Falten auf seiner Stirn glätteten sich und er sah plötzlich viel jünger aus. »Ich glaube, da leugnest du die Realität. In Wirklichkeit liebst du es.«

»Vielleicht. Hör mal, Al, es tut mir Leid. Ich kann nichts für meine Gefühle für Finch. Ich weiß, es führt zu nichts, und ich weiß, wie die Dinge zwischen euch stehen. Sie hat es mir gesagt. Ich glaube, du bist …« Er suchte das passende Wort, aber sein müdes Hirn ließ ihn im Stich. »Ein Glückspilz«, sagte er schließlich tonlos.

Der Kocher auf dem unebenen Boden drohte umzukippen. Al brachte ihn ins Gleichgewicht und hielt den Topf fest. Es dauerte lange, bis genug Schnee für die Zubereitung eines Getränks geschmolzen war. Er schaute Sam nicht an. »Und du glaubst, ich weiß das nicht?«

»Nein.«

Al nickte. »Es überrascht mich nicht, dass du sie liebst. Es würde mich eher überraschen, wenn du es nicht tätest. Seltsam, wie sich diese Dinge entwickeln. Hat sie dir erzählt, wie wir uns kennen gelernt haben?«

Sam schüttelte den Kopf. Er hatte das Bedürfnis, sich hinzulegen, in den Schlafsack zu wickeln und ein Jahr lang zu schlafen. Er wollte nach draußen gehen und beobachten, wie Finch sich über das blanke Eis dem Lager näherte. Er wollte nicht hören, wie sie und irgendein anderer Mann sich ineinander verliebt hatten, auch wenn dieser andere Mann Al war.

Ihm war klar, dass Al ihm lieb geworden war und er ihn bewunderte. Al hatte sogar bewirkt, dass er jetzt anders über seinen Vater und über die große Herausforderung der Berge dachte.

»Ich werd's dir irgendwann erzählen«, sagte Al. »Wenn wir mal gemütlich ein Bier zischen und uns nicht in Gesellschaft von Rix und Jackson am Südsattel den Arsch abfrieren. Geh bitte und sieh nach den Kunden. Und sorg dafür, dass Mingma und die Jungs genug Schnee geschmolzen haben.«

Sam schleppte sich gehorsam aus dem Zelt. Er war hier, um zu tun, was Al ihm auftrug. Den Everest besteigen ... Über die Leichtfertigkeit des Unternehmens und über seine und Finchs diesbezügliche Ahnungslosigkeit hätte er lachen müssen, hätte er auch nur einen Funken Energie übrig gehabt.

Ein Stunde später legten Finch und die anderen die letzten wenigen Meter zum Zelt zurück. Mason hinkte, gestützt von Ken und Pemba. Der Kopf fiel ihm kraftlos auf die Brust, als könne er ihn nicht mehr aufrecht halten. Finch trottete hinterher. Bei jedem Schritt hatte sie das Gefühl, als seien ihre Steigeisen am Eis festgeschweißt.

Al und Sam gingen ihnen entgegen. Sam nahm Finch in den

Arm, Al ging zu Mark Mason. »Du bist da. Alles ist in Ordnung. Du hast es geschafft.«

Die Sonne verschwand hinter dem Pumori. Finch nahm ihre Brille ab und rang nach Luft. Sie hatte Angst zu ersticken. Die Feuchtigkeit der durch den Mundschutz ausgeatmeten Luft war zu einer zweiten Maske aus Eis gefroren.

»Hier, das Zelt. Und heißer Tee«, sagte Sam.

Finch konnte nicht sprechen. Sie zerrte an der Maske, bis Sam sie ihr abnahm. Der Schmerz, den sie spürte, weil gleichzeitig Haut abgerissen wurde, ließ sie aufschreien. Sam gab ihr die Flasche mit Tee und half ihr, die Hände beim Trinken ruhig zu halten.

Finch schmeckte Wärme und Zucker, sie trank gierig. Ihre Wahrnehmung war auf Grundlegendes reduziert – Schmerz, Kälte, Durst und Hunger. Sam führte sie zum Zelt, half ihr, sich hinzusetzen, löste ihre Steigeisen und zog ihr die Gamaschen, die Überziehstiefel aus Plastik und schließlich die Innenschuhe aus. Dann befühlte er ihre Socken. Sie waren nass und eiskalt, aber nicht gefroren. Er öffnete seinen Daunenanzug und klemmte sich je einen Fuß in die Achselhöhle. Finch lehnte sich gegen einen Rucksack und trank. Vor zwölf Stunden hatte sie das letzte Mal etwas gegessen und das Einzige, was sie getrunken hatte, war Zitronensaft aus der Wasserflasche in ihrem Rucksack. Der Aufstieg war endlos und schrecklich gewesen.

Al erschien in der Zeltöffnung. Finch versuchte ihn anzulächeln, doch die rissigen Lippen schmerzten so sehr, dass ihr Lächeln verzerrt war.

»Wie geht es ihr?«, fragte er Sam.

»Erbärmlich«, antwortete Finch.

»Erstaunlich«, sagte Sam gleichzeitig.

»Komm und sieh nach Mason, wenn du fertig bist.«

Ihr Verantwortungsbewusstsein kehrte zurück, wenn auch vermindert und widerstrebend. »Ich komme gleich.« Sie nahm die Füße aus Sams wärmenden Achselhöhlen und hockte sich hin, um ihre Stiefel wieder anzuziehen.

Mark lag auf seinem Schlafsack. Finch war den ganzen Tag in

Rufweite hinter ihm hergeklettert und der Anblick seines eingefallenen Gesichts und seiner glasigen Augen hatte sie beunruhigt. Al hatte ihn an die Sauerstoffflasche angeschlossen. Ein Hustenanfall in die Sauerstoffmaske ging gerade zu Ende. »Kann nicht atmen. Als würde ich ertrinken …«, keuchte er.

Schweigend reichte Al ihr den Medizinkasten. Finch bereitete eine Spritze mit Dexamethason und eine weitere mit Nifedipin vor und verabreichte sie ihm. Sie hatte kein Stethoskop dabei. Stattdessen legte sie das Ohr an seine Brust und horchte eine Weile.

Finch setzte ein beruhigendes Lächeln auf. »Ich stecke dich für ein paar Stunden in den Rettungssack. Ist das in Ordnung?«

Die Angst stand ihm ins Gesicht geschrieben, aber er brachte ein Nicken zustande. Al kroch rückwärts aus dem Zelt, während Finch Mason so bequem wie möglich bettete. Einen Moment später kam Al vom Hauptversorgungslager mit einem orangefarbenen Reißverschlusssack aus Segeltuch zurück. Er öffnete und glättete ihn. Der Rettungssack sah aus wie eine Luftmatraze, aus der die Luft gelassen worden war. Finch und Al halfen Mark hinein.

»Ich bleibe bei dir«, erklärte Finch ihm. »Hier ist das Fenster. Wir können einander die ganze Zeit sehen, während du da drin bist.« Sie zog den luftdichten Reißverschluss zu.

Al schloss einen Blasebalg an und betätigte ihn. Irgendjemand würde die ganze Zeit pumpen müssen, damit sich kein Kohlendioxid bildete. Nach zehn Minuten war der Sack aufgepumpt. Mark lag lang ausgestreckt da und starrte durch die Öffnung, die Augen vor Angst geweitet. Es sah aus, als liege er in einem Sarg. Finch wusste, dass ihm die Ähnlichkeit nicht entging und ihn in Panik versetzen würde. Der zunehmende atmosphärische Druck innerhalb des Sacks war vergleichbar mit einem Höhenverlust von fünfhundert Metern, doch der Patient würde zwangsläufig Platzangst bekommen. Sie lehnte sich dicht an das Fenster und beruhigte ihn: »Du wirst dich bald besser fühlen. Al und ich bleiben bei dir.«

Ihre ganze Aufmerksamkeit galt Mark. Sie warteten schweigend und behielten ihre gegensätzlichen Ansichten für sich. Al nahm Funkkontakt mit George auf und informierte ihn, dass möglicherweise eine Evakuierung per Helikopter vom Basislager aus nötig sei. Und dessen Höhe würde für den Helikopter ein Risiko darstellen.

Ken kam herein. »Wie geht es ihm?«

»Wir müssen ihn nach unten bringen«, erklärte Finch.

Die Führer schauten einander an. »Ken, du nimmst Pemba und Mingma mit. Ihr brecht auf, sobald es hell wird. Riskier keinen früheren Aufbruch. Ich begleite zusammen mit Sam den Rest der Gruppe.«

»In Ordnung.«

Die übrigen Kunden waren trotz der Höhenlage alle wohlauf. Sie aßen und ruhten sich aus. »Der Südsattel ist ja fast wie das verdammte Hilton«, sagte Ken, der es eigentlich vorzog, schnell und mit leichtem Gepäck zu wandern, statt wie bei Georges Exkursionen mit schwerem Gepäck.

Nach einer Stunde entschied Finch, dass man Mark aus dem Sack befreien könne. Al ließ die Luft ab und der Patient wurde aus seinem sargähnlichen Gebilde geschält. Er lag ganz still, während Finch noch einmal seine Brust abhorchte. Sein Atem ging jetzt leichter. Finch setzte ihm erneut die Sauerstoffmaske auf.

»Ich werde heute hier bei dir schlafen, Mark«, sagte sie. »Rix kann zu Sandy ins Zelt gehen.«

Mark hustete schwach. »Was für eine Verschwendung.«

Al lachte. »Warte nur. Sobald du wieder im Basislager bist, fühlst du dich wie neunzehn. Geht mir immer so.«

Finch schob den Sack zur Seite. Sie hielt den Blick gesenkt und spürte Röte in ihre Wangen steigen. In Anbetracht des Ortes, der Zeit und der Umstände war das völlig unangebracht, aber so war es nun einmal, wenn Al in ihrer Nähe war.

Sie blieben noch eine Stunde bei Mark und beobachteten seine Atmung. Al war schweigsam. Finch wusste, dass er ein anderes Zelt und einen anderen ernsthaft erkrankten Bergsteiger vor Augen hatte. Einen, der keinen Rettungssack zur Verfügung gehabt hatte, und auch keine Ärztin oder Sherpas, die ihm hätten helfen können. Entweder war, wie sie einst angenommen hatte, das Erklimmen des K2 im Alpinstil die kühnste Heldentat oder es war der reine Wahnsinn. Finch war inzwischen der Meinung, dass es wohl eher Letzteres war. Sie blickte in Als grimmiges Gesicht. Zum ersten Mal zürnte sie ihm wegen seiner Beharrlichkeit, die sie aber gleichzeitig mit Liebe erfüllte. »Leg dich ein paar Stunden aufs Ohr«, empfahl sie ihm. »Dann hilfst du mir, ihn noch mal in den Sack zu stecken.«

Al befolgte ihren Rat. Schlaf war ein wichtiger Sicherheitsfaktor für den kommenden Tag.

Finch lag neben Mark und döste vor sich hin. Alle paar Minuten wachte sie auf und überwachte seinen Atem. Als Al wieder auftauchte, steckten sie ihn weitere zwei Stunden in den Sack, und Finch gab ihm noch eine Nifedipin- und Dexamethason-Spritze. Die Kälte und das ununterbrochene Heulen des Windes ließen die Nacht schier endlos erscheinen.

Am nächsten Morgen war Mark zwar schwach, aber bei klarem Verstand und gefasst. Er wusste so gut wie sie, dass er nur dann eine Überlebenschance hatte, wenn er den Abstieg schaffte. Finch und Rix halfen ihm, die Stiefel und den windundurchlässigen Anorak anzuziehen. Er konnte nichts Festes zu sich nehmen, trank aber einen Liter warmen Zitronensaft. Ken und die Sirdars warteten vor dem Zelt.

»Los, Junge, packen wir's an«, sagte Ken.

Mark erhob sich. Die Sherpas stützten ihn links und rechts, Ken ging ihnen voraus. Oberhalb der Steilwand des Lhotse hakte sich Al ins Seil ein, bereit, sie den Berg hinunterzuführen. Zur gleichen Zeit schlugen die anderen drei Sherpas von Mountain People den Weg nach oben ein, um in einer Schneehöhle auf dem Gipfelgrat ein Notlager mit Sauerstoff und Verpflegung einzurichten.

Im Laufe des Nachmittags erreichten die Kletterer das am Rand des Gletscherbruchs gelegene Lager eins. Hier warteten Al und Finch auf Mason und seine Helfer, die anderen setzten ihren Abstieg fort. Ken berichtete per Funk, dass sie nur langsam vorankamen, da Mark kaum noch gehen konnte. Mehr oder weniger trugen sie ihn.

Durchs Fernglas beobachtete Al, wie sie den Krater hinunterkletterten. »Los, los, ihr schafft es«, murmelte er. Der Rettungshubschrauber stand auf der Landebahn von Namche bereit.

Als sie endlich beim Wasserfall angelangt waren, war Mark mehr tot als lebendig. Finch versorgte ihn mit Medikamenten, dann begannen sie den beschwerlichen Abstieg durch die Séracs und Spalten. Mark konnte sich kaum auf den Beinen halten. Es bedurfte der vereinten Anstrengung der fünf Teilnehmer, ihn zu stützen und an den Seilen herunterzulassen.

Al nahm erneut Kontakt mit George auf. »Stellt den Hubschrauber bereit, in einer Stunde sind wir unten.«

Das war schon mehr als Zweckoptimismus, dachte Finch. Aber als sie durch die letzte vereiste Schlucht stiegen, hörte sie tatsächlich das schwache Summen des Hubschraubers.

Fünfzehn Minuten später wurde Mark an Bord des Hubschraubers gehievt. »Vielen Dank«, sagte er schwach zu Finch. Diese zwei Worte drückten mehr Dankbarkeit aus als eine zehnminütige Rede.

»Du hast es bis zum Südpass geschafft«, sagte sie anerkennend. Insgeheim dachte sie, dass er es nie hätte versuchen sollen – und dass Al hätte es ihm nicht hätte erlauben dürfen.

»Fast«, murmelte Mark.

Fünf Minuten später war der Hubschrauber nur noch ein dunkler Fleck am Horizont.

Als sich die Gruppe von der Landebahn des Hubschraubers zurück zum Lager schleppte, stand die Sonne bereits tief. George und Dorje kamen ihnen mit einem dritten Mann entgegen. Adam hatte ein selbst gemachtes Label auf seinen Sweater genäht. Darauf stand: »Sam McGrath«.

Sam musterte ihn von oben bis unten. »Verdammt, das Gewicht drückt. Ich bin ein richtiger Lastesel. Und seht nur mein Haar.«

»Du bist ein Mistkerl«, konterte Adam. »Ein Opportunist und hinterhältiger Scheißer. Wenn du wieder bei Atem bist, hau ich dir eins in die Fresse.«

»In Ordnung«, erwiderte Sam gelassen.

Mingma kümmerte sich um das Feuer auf dem *puja*-Altar und stocherte mit einem frischen Wacholderbeerast in der Asche.

Sie hatten im Speisezelt ihr Abendessen eingenommen und mit Schwarztee, vermischt mit einem Schuss Whisky, auf Marks und ihre eigene Gesundheit sowie den zukünftigen Erfolg der Gipfelbesteigung angestossen. Finch zog sich ins Arztzelt zurück. Sie hatte einen Bericht über Masons Zustand und seine Evakuierung in die Expeditionshütte verfasst. Ihre Angst um ihn hatte sich etwas gelegt. Aber sie musste ständig an den Pass und die Gefahr, die er darstellte, denken. Finch hatte Faxe und E-Mails erhalten, sie aber noch nicht gelesen.

Als Al eintrat, hielt sie einen Stapel Papiere in den Händen. Er nahm sie ihr weg und strich mit dem Zeigefinger über die abgebröckelten Krumen von Gesichtsmaske um ihren Mund. »Ich kann dich nicht mal ungeniert küssen«, murmelte er, das Gesicht in ihr Haar vergraben. Sie drehte den Kopf und rückte etwas von ihm ab.

»Was hast du, Finch?«

»Mark Mason hätte nie und nimmer bis zum Pass klettern dürfen. Wir hätten es ihm verbieten müssen. Adam haben wir dazu gebracht, ins Tal zurückzukehren, nachdem du ihm von dem Mann berichtet hast, der einem Gehirnödem erlegen ist.«

Al fuhr sich mit dem Handrücken über die Stirn. »Ja, ich weiß. Ich weiß, was du denkst. Ich habe es da oben in deinem Gesicht gesehen. Aber Mark ist ein Kunde. Er hat viel Geld für seine Chance bezahlt. Und er hat es bis zum Pass geschafft, weil er es wirklich wollte. Mit seinem Abstieg war es genauso. Glaub mir, er wird sich wieder völlig erholen.«

»Geht es um das Geld, das er bezahlt hat, um bis zu einem bestimmten Punkt auf dem Berg zu gelangen? Oder darum, dass wir zugelassen haben, dass er sein Leben riskiert?«

Vor lauter Erregung schrie sie ihn an.

Al seufzte. »Hör zu, wir ziehen am gleichen Strang. Ich bin nur der Führer, du bist die Ärztin und wir versuchen beide, das

Gleiche zu erreichen. Wir erlauben den Menschen, die das wollen, so hoch wie möglich zu klettern. Wir nutzen unsere Erfahrung, um das Risiko so gering wie möglich zu halten. Dafür werde ich bezahlt. Aber wir können das verdammte Risiko nicht ganz ausschalten. Mason hat seine Wahl getroffen und ich freue mich, dass er es bis zum Pass geschafft hat. Ich bin auch erleichtert, dass wir ihn hinuntergebracht haben. Du und ich, wir haben unsere Sache gut gemacht. Warum jetzt darüber jammern? Wenn er da oben den Tod gefunden hätte, würde das meine Meinung nicht ändern.«

»Denkst du so auch über Spider?«

Ihre Blicke begegneten sich.

Al erwiderte gelassen: »Ja. Er hat genau wie Mason seinen Traum verwirklicht. Und für Spider und mich war das reiner Ehrgeiz, nicht verfälscht durch Geld oder Geschäfte oder die Eitelkeit, ein Bild von der Bezwingung des Everest vorzeigen zu können. Ich bin stolz auf unsere Erlebnisse auf dem K2. Sonst könnte ich auch nicht mehr in den Spiegel schauen oder mit seinem Tod fertig werden. Es gibt keinen Tag, an dem ich nicht seine Stimme höre.«

Finch senkte den Kopf. Sie verstand, was er ihr sagen wollte, auch wenn sie den starken Willen, der aus seinen Worten sprach, nicht begreifen konnte. Plötzlich lächelte sie ihn liebevoll an. »Tut mir Leid. Wir sind im gleichen Lager, dabei bin ich nur eine Amateurin.«

Er nahm sie in die Arme und hielt sie fest umschlungen. »Ja, aber eine sehr professionelle. Sag, willst du mit mir durchbrennen?«

»Ja.«

»Morgen?«

»Ja. Wohin gehen wir?«

»Wie wär's mit Pheriche? Wir können dort nach Ang sehen.«

»Verdammt, und ich habe schon gehofft, du meinst Venedig oder die Karibik.«

»Venedig? Das muss bis nächstes Jahr warten«, erwiderte er und schenkte ihr ein zärtliches Lächeln.

10. Kapitel

Das ist ja das reinste Paradies«, rief Finch. »Zumindest im Vergleich zu dem Lastwagen.«

Die Äste der Bäume waren mit Moos überzogen, das wie Haarlocken herunterhing. Die Wege waren rutschig vom Schneematsch und die feuchte Luft hinterließ glänzende Perlen auf ihrer Haut.

Finch und Al hatten das Lager hinter sich gelassen und gingen zurück ins Tal. In der Klinik von Periche erkundigten sie sich nach Ang. Sie wurden an seinen Cousin verwiesen, bei dem Ang wohnte.

Dort suchten sie ihn auf. Der Sherpa saß bewungslos in einer rauchigen Hütte vor einem Dungfeuer. Bei ihrem Anblick grinste er breit und hob dann die ausgerenkte Schulter bis zu den Ohren. »Seht ihr? Alles geflickt«, sagte er und lachte vergnügt.

Eine frische rosa Narbe verlief vom Nasenrücken bis zum Haaransatz. Finch drehte seinen Kopf zum Licht, um ihn untersuchen zu können. »Ja, du hast Recht«, stimmte sie zu. »Und hier?« Sie deutete auf seine Rippen.

»Nicht gut beim Lachen.«

»Also schwierig.«

Ang lachte nämlich die ganze Zeit.

»Bin sehr bald wieder bei Arbeit. Möchte *chang* trinken, spielen und muss Rupien verdienen.«

Ang war höchst bescheiden. Finch wusste, dass dieser Scherz seine Armut verbergen sollte. Sie tranken zusammen Tee, und als Al gerade wegsah, steckte sie Ang eine kleine Geldrolle zu. Dann war es Zeit zum Aufbruch. Ang begleitete sie hinaus in den Sonnenschein. Er legte die Hand über die Augen und sah ihnen nach, wie sie den Weg hinuntergingen.

»Er hat Glück gehabt«, stellte Al fest.

»Ja, dieses Mal schon.«

Später besuchten sie das Dorf Deboche mit seinen Moosbäumen und Steinmauern. Unter einer steilen Krümmung am Hang befand sich ein Teehaus.

Die Besitzerin war eindeutig eine Bewundererin von Al. Sie nestelte an den Perlen in ihren Zöpfen, legte die Leinenschürze, die sie über ihrem roten Rock trug, ab und fasste ihn bei den Händen. »*Namaste*, Sir.« Sie lächelte kokett. »Endlich sind Sie zurückgekommen.«

»Ich komme immer zurück, *didi*.«

Die Frau bedachte die beiden mit einem schlauen Lächeln. »Und heute haben Sie Ihre Frau mitgebracht.«

Al senkte den Kopf.

»Ich gebe Ihnen ein schönes Zimmer. Kommen Sie mit mir.«

Sie folgten ihr zu der Stelle, wo der Jak der Familie graste. Sie kletterten ein paar steinerne Stufen hoch zum oberen Stock einer Scheune. Die Frau öffnete die knarzende Holztür eines kleinen Zimmers. Ein Loch in der Wand diente als Fenster, von dem aus man die Berge sehen konnte. Der Holzboden war an einigen Stellen kaputt und ein starker Geruch nach Jak drang von unten herauf. Es gab zwei Betten, einen Tisch, Stühle und eine Feuerstelle mit einem Stapel Holz daneben.

»Danke«, sagte Al ernst und ihre Wirtin zog sich zurück.

Sie standen mitten im Raum und blickten sich um. Das Licht, das durch das Fenster drang, fiel auf eine dünne Staubschicht, der Rest des Zimmers lag im Schatten. Jetzt, da sie hier waren, empfanden sie plötzlich Verlegenheit.

»Wir könnten runter nach Namche gehen«, begann Al.

Finch schüttelte den Kopf. Namche war überfüllt von Kletterern, Menschen, die Al kannten oder von ihm wussten. Sie wollte ihn nicht teilen.

»In Ordnung.« Er lächelte.

Vor der Feuerstelle kniete er nieder, entzündete Zweige und Reisig, sie miteinander vermischend, bis die ersten orangefarbenen Flammen loderten. Das feuchte Holz verursachte Rauchschwaden. Finch rieb sich die brennenden Augen. Ihre Haut war an den Stellen, die nicht von der Sonne gebräunt waren, schmutzverkrustet, ihr Haar strähnig und stumpf. Sie konnte sich nicht erinnern, wann sie das letzte Mal einen Blick in den Spiegel geworfen oder saubere Kleidung getragen hatte. Aber all das spielte keine Rolle, denn bei Al zählte einzig und allein ihre Persönlichkeit. Sie sah zu, wie er sich um das Feuer kümmerte. Sie wollte nirgendwo anders sein, um nichts anderes kämpfen. Er war hier bei ihr und das erfüllte sie mit Zufriedenheit.

Sie hatte mehrere Männer, unter anderem Michael Dickinson und Ralf, zu lieben versucht und jetzt fiel es ihr so leicht und war so selbstverständlich. Sie streckte die Hand aus und berührte seinen Rücken, während er sich über die Feuerstelle beugte. Er war wie ein Fels in der Brandung.

Inzwischen brannte ein schwaches rötliches Feuer. Al kehrte der Feuerstelle den Rücken und sie knieten voreinander. Er nahm ihr Gesicht in beide Hände und hielt es fest.

»Ich liebe dich«, sagte er. Sanft strich er mit dem Daumen über ihren Mundwinkel und lächelte. »Und?«, drängte er sie.

»Ich liebe dich auch, das weißt du, hemmungslos. Von dem Augenblick an, als ich dich auf dem Baltoro gesehen habe, durstig, hungrig und verzweifelt.«

Die Erinnerung an diesen Tag berührte sie beide tief.

Das Gespenst des toten Mannes und andere füllten plötzlich den vom Feuer erhellten Raum.

»Hör auf damit«, flüsterte Finch. »Gib das Klettern auf. Ich will nicht, dass dir das Gleiche zustößt.«

Al stellte fest, dass sie die gleichen Worte gebrauchte wie Jen.

Er begriff, dass das der springende Punkt war, mit dem er fertig werden musste, bevor er weitermachte. Es war ein körperliches und geistiges Problem: Entweder er engagierte sich rückhaltlos, wagte den Sprung und ging damit das Risiko ein, abzustürzen, oder er klammerte sich fest, krallte sich an die Haltegriffe und versuchte es leichter anzugehen.

Er hatte sich nie für Jen entschieden.

Er hatte sich nie auf ein Leben ohne Bergsteigen eingelassen und hatte damit seine Frau verloren. Anfangs war er der Entscheidung ausgewichen, hatte sie von Expedition zu Expedition verschoben, von Jahr zu Jahr. Dieser Weg schien der leichtere zu sein, aber letzten Endes hatte er zur Katastrophe geführt. Jens Liebe wurde immer schwächer, bis sie schließlich ganz gestorben war, wie ein altes Seil, das unter übergroßer Last gerissen war.

»Es wird nichts passieren«, sagte Al; das hatte er schon so viele Male zu seiner Frau gesagt.

»Das genügt nicht«, erwiderte Finch. »Wie kannst du das behaupten? Du weißt es nicht.«

Der springende Punkt. Ein Leben aufgeben, ein Risiko, mit dem er so lange gelebt hatte, dass er sich an nichts anderes mehr erinnern konnte. Oder Finch verlieren. Sie war keine Jen und würde keine Kompromisse eingehen.

»Nur noch dieses eine Mal«, sagte er und ließ den Blick von ihren Knien zu dem flaumigen Stoff ihrer Fleecejacke wandern, zu dem Reißverschluss, der ihr bis zum Hals reichte. »Nur noch zu zweit den Everest, dann höre ich auf. Obwohl ich nicht weiß, wovon wir leben sollen.«

Es sei denn, er lebte allein, hätte er hinzufügen können. Al war ganz auf die Berge fixiert gewesen, hatte mit den Menschen gelebt, die die knappe und schmucklose Sprache der Berge beherrschten.

»Wir werden etwas finden.« Sie lächelte strahlend, so überzeugt war sie. Sie war so sicher, dachte er, so unbeirrbar. Er küsste sie liebevoll, voller Rücksicht auf ihre rissigen Lippen und ihre Zartgliedrigkeit.

»Da.« Er breitete ihre Anoraks auf dem Boden aus und legte sich darauf, die Knie angewinkelt. Sie rollte sich wie eine Katze zusammen und legte den Kopf auf seinen Leib. Gemeinsam beobachteten sie das rot glühende Feuer. Die Stille wurde lediglich durch von außen zu ihnen dringende Kinderstimmen und Hundegebell durchbrochen.

»Wenn es dir nichts ausmacht und du es nicht als zu aufdringlich oder als zu schmerzlich empfindest, würde ich gerne wissen, warum deine Ehe gescheitert ist.«

Finch hatte den Eindruck, dass es in dieser Geschichte tausend

Kleinigkeiten, tausend lose Fadenenden gab. Sie hatten Zeit, viel Zeit, um alles aufzurollen, aber sie wollte unbedingt einen Anfang machen.

»Jen war es leid, immer auf mich zu warten. Sie hatte schon genug damit zu tun, Molly meine Abwesenheit zu erklären, und musste ihr Vater und Mutter zugleich sein. Aber im Grunde hat die Ungewissheit unsere Ehe untergraben. Jen hasste meine Abwesenheiten. Wenn sie an mich dachte, wusste sie nie genau, ob ich noch am Leben war. Sie hat nie verstanden, weshalb ich kein Geschäft für alpine Ausrüstung eröffnete oder mir einen Job im Immobilienbereich suchte.«

Finch dachte an den Wind, an den Südsattel und Mark Masons Todesangst, das Wasser in seinen Lungen könne ihn das Leben kosten. »Ich glaube, ich verstehe das auch nicht.«

»Aber du bist doch hier.«

»Ja, ich habe es gesehen und das bestärkt mich nur in meiner Meinung.« Finch blickte düster drein. Seine Finger spielten mit ihrem Haar.

»Als ich nach Spiders Tod nach Hause kam, war Jen unerbittlich. Er war auch ihr Freund, sie waren sich immer nahe. Manchmal war ich sogar eifersüchtig auf ihn. Sie sagte: ›Jetzt ist es genug.‹ Damit meinte sie die Todesfälle, Lawinen, die Ödeme und vermissten Bergsteiger. Aber ich ging wieder und wieder auf Expedition, ich identifizierte mich damit.«

Finch drehte den Kopf, um ihm in die Augen zu schauen.

»Nein, ich ging, weil ich gehen wollte. Und nachdem ich dich kennen gelernt hatte, empfand ich auch kein großes Verlangen mehr, nach Hause zurückzukehren.«

»Ich habe nicht gewollt, dass es etwas mit mir zu tun hat«, sagte sie traurig.

»Natürlich nicht, aber so war es.«

Sie versuchte, das Gesagte zu verarbeiten, und starrte wieder ins Feuer.

»Jen hat mich verlassen. Sie hat Molly mitgenommen und bei ihrem Vater gewohnt. Dann hat sie eine Pension eröffnet, die sie sehr geschickt managt. Zwei Jahre später waren wir geschieden.«

»Hat sie einen anderen?«

Sie spürte, wie sich an der Stelle, auf die sie ihren Kopf gebettet hatte, seine Muskeln spannten.

»Ich weiß nicht. Vielleicht.«

»Hast du in den letzten fünf Jahren andere Frauen gehabt?«

»Ja. So wie du deine Affären hattest. Das ist bedeutungslos.«

Die Stimmung zwischen ihnen war nun gelockert. Seine Hand wanderte von ihrem Haar zu ihrer Schulter und verweilte dann auf ihrer Brust. Einen Moment lang zögerte Finch, dann legte sie sich auf den Rücken und genoss die Liebkosung seiner Hand.

Sie umarmten sich.

»Ich bin so schmutzig«, klagte Finch. »Und obendrein ist es mir egal.«

Er öffnete den Reißverschluss ihrer Jacke. »Parfüm, Seife, Maniküre und Make-up. Alles künstlich. Ich will das nicht, ich will nur dich.«

»Seife ist wichtig.«

»Komm, zieh dich aus.«

Der Raum war außer dem schwachen Feuerschein in Dunkelheit gehüllt. Durch das unverglaste Fenster, das jetzt frostblau war, strömte die Kälte ins Zimmer. Durch die kaputten Bodenbretter drang Zugluft. Finch erhob sich, entledigte sich ihrer Kleider und verstreute sie malerisch über den Fußboden. Die Kälte spielte keine Rolle mehr, sie hatte sie wochenlang ertragen, sie war eine ständige Begleiterin geworden. Sie war sich der Blässe ihrer Haut bewusst und der hervorstehenden Knochen. Die alpine Expedition in ungewohnte Höhen erforderte viel Energie, gleichzeitig bedeutete sie zu wenig Nahrungsaufnahme. Ihre Muskeln waren angegriffen, weil keine Fettreseven mehr vorhanden waren.

Auch Al stand jetzt nackt vor ihr. Sein Haar und sein Bart waren schwarz, seine Haut genauso blass wie ihre. Sie hielten sich eng umschlungen.

»Ich würde sagen, gehen wir ins Bett, wenn es eines gäbe.«

Die Betten hier waren lediglich Holzbretter.

»Was soll das heißen? Immerhin haben wir zwei, das ist reiner Luxus.«

Sein Lachen war volltönend und heiter.

»Im Vergleich zu dem Lastwagen.«

Sie hatten fünf Jahre nachzuholen. Finch und Al blieben drei Nächte in der Scheune von Deboche, unterhielten sich und schliefen, machten Spaziergänge über die Hügel und genossen die warme Sonne. Finch erfuhr mehr über Als Kindheit in Liverpool. Er erzählte ihr von seiner Schwester Cath, die fünfzehn Jahre älter war als er.

»Cath hat sich immer um mich gekümmert. Ich habe sie geliebt.«

»Bist du ihr immer noch verbunden?«

Al wandte den Blick ab. »Nicht mehr so sehr. Ich sollte es sein und ich wünschte, ich wäre es. Aber die Berge kamen dazwischen – und die Männer, mit denen sie sich einließ.«

Er wechselte das Thema, erzählte, wie er und Spider zum ersten Mal im Norden von Wales waren und die Felsen gesehen hatten. In den darauf folgenden Jahren hatte er sich ganz dem Klettern verschrieben, hatte Touren mit immer höherem Schwierigkeitsgrad gemacht. Doch erst Anfang dreißig hatte Al die offizielle Qualifikation zum Bergführer erworben. Fortan führte er kommerzielle Gruppen. Bis dahin hatte er sich mit Gelegenheitsarbeiten durchgeschlagen.

»Jen hatte meistens einen Job, wenn es hart auf hart ging«, berichtete er. »Und bis zu Mollys Geburt ist sie selbst in die Berge gegangen.«

»Und dann?«

»Wir haben ein sehr bescheidenes Leben geführt.«

»Warst du glücklich?«

Sie saßen am Tisch in der Scheune. Zuvor hatten sie im Teehaus Bratkartoffeln mit Fleischcurry zu sich genommen. Anschließend hatte Al Bierdosen besorgt und Kerzen angezündet. Hier, an diesem schattigen Ort, hatten sie alles, was sie brauchten.

»Manchmal. Als Molly noch klein war. Ich erinnere mich, wie ich eines Tages mit ihr allein zum Strand ging, oder in die Berge, sogar auf den K2. Wenn ich von einer Tour nach Hause zurückkehrte, versuchte ich die Zeit auszufüllen und wünschte mir, die Berge bald wiederzusehen. Das war wie ein innerer Antrieb. Ich war immer auf der Suche nach einer Erfahrung, die die Wirklichkeit übertraf.«

Finch blickte ihn so starr an, dass er zu lachen anfing.

»Du findest, das klingt lächerlich, wie die Fantasien eines Junkies.«

»Nein, das finde ich nicht.«

Sie erzählte ihm von Vancouver, ihrem Medizinstudium, der Auslandsarbeit und von ihrer Rückkehr. Er hörte ihr aufmerksam zu, stellte sich im Geiste das großartige Haus ihrer Eltern vor, ihren Vater, den Patrizier, die elegante Mutter und die hoch gewachsenen, selbstbewussten Brüder. Er verstand gut, weshalb sie den McKinley hatte besteigen müssen und nun den Everest. Sie wollte sich von all den Privilegien ihrer Gesellschaftsschicht lösen, sich von der brüderlichen Obhut befreien und ihren eigenen Weg finden.

Finch zeigte ihm sogar die E-Mail, die sie von Suzy oben am Südsattel erhalten hatte. »Es ist seltsam. Die ganzen Jahre habe ich mich um Babys gekümmert, konnte mir aber nie vorstellen, wie es ist, selbst eines zu haben. Aber nun bin ich schwanger. Finch, du musst heil und gesund zurückkehren. Das ist wichtiger als ein Berg. Ich möchte, dass du weißt, wie es ist, wenn ein neues Leben entsteht.«

»Ich glaube, sie hat Recht«, sinnierte Finch.

Sie sah Al an, aber ihr Blick war nach innen gekehrt. Die Vorstellung einer neuen Dauerhaftigkeit und all der Möglichkeiten, die die Zukunft ihnen bieten würde, verursachte ihr einen Schwindel, den sie nicht einmal am gefährlichsten Grat verspürt hatte. Al wartete, bis sie sich wieder gefangen hatte. Dann streckte er die Hand aus und legte sie auf ihre. »Hast du ihr von mir erzählt?«

»Nein, ich habe nie über dich gesprochen, nicht einmal mit Suzy. Du hast ganz allein mir gehört.«

»Bist du glücklich gewesen?«

»Ich war nicht unglücklich. Aber ich glaube nicht, dass ich die Bedeutung von Glück kannte. Und wenn man das Glück erst einmal erfahren hat, kann man es nie wieder vergessen. Auch wenn dieser Zustand nicht immer gegeben ist.«

Auf ihre Art war sie genauso wachsam wie er. Al war so entwaffnet, dass er unvermittelt aufstand und dabei seinen Stuhl umwarf. Der Lärm hallte wider und unten fing ein Hund an zu bellen. Er trat auf sie zu und schlang die Arme um sie. »Ich liebe dich. Einer der Gründe dafür ist deine Fähigkeit, deine Gefühle auszudrücken. In deinem Mund steckt kein Knebel, der dich daran hindert.«

»Knebel?«, wiederholte sie vage. Sie erhob sich und schmiegte sich in seine Arme. Sie umfasste seine Hüften und zog ihn an sich. Draußen war es dunkel geworden. Sie fühlte sich gelöst, abgehoben, trunken vor Glück. Nur noch eine Nacht, dann mussten sie zum Lager zurückkehren. Und nach der Expedition würden sie frei sein, ihr Leben nach ihrem Dafürhalten zu gestalten.

Am nächsten Tag gingen sie hinunter nach Namche und Al telefonierte mit George. Sie führten ein langes Gespräch. Al lehnte am Türpfosten der engen Kabine und stocherte gedankenverloren mit dem Fuß in dem Abfall zu seinen Füßen herum. Finch befand sich außer Hörweite. Sie blickte hinunter zum Flussbett, wo aus der warmen Tiefe dicke Wolken aufstiegen.

»Da oben ist alles in Ordnung«, berichtete Al. Sie gingen die Hauptstraße hinunter, vorbei an Geschäften, an deren niedrigem Dachvorsprung Kleider und gebrauchte Kletterausrüstung baumelten und zum Verkauf angeboten wurden. »Mason hat sich erholt und fliegt morgen nach London.«

»Fein«, erwiderte Finch gefasst. Sie fand, dass Al sehr gelöst wirkte.

»Deine jungen Männer, Sam und Adam, tollen wie Kinder herum.«

Das konnte sie sich gut vorstellen. Unwillkürlich musste sie lächeln. Allerdings hatte sie in den letzten Tagen keinen Gedanken an Sam McGrath verschwendet. »Meine?«

»Tu ihn nicht einfach so ab«, warnte Al sie.

Die Ermahnung ließ sie kurz innehalten. »Das hatte ich auch nicht vor.«

»Er hat mit mir darüber gesprochen. Über dich. Er sagte, er wisse, wie es mit uns stehe und es tue ihm Leid, dass er so empfinde, aber er könne es nicht ändern. Wir waren oben am Pass und du warst noch nicht aufgetaucht. Er war ganz offensichtlich krank vor Sorge um dich.«

»Das habe ich nicht gewusst.« Es war so viel passiert, dass sie keine Zeit gehabt hatte, an Sam zu denken. Sie hatte dessen Ergebenheit innerlich mit »pubertärer Fixierung« abgetan. Aber Sam war ein erwachsener Mann. »Ich habe ihn nicht gebeten, mir zu folgen oder sich an die Gruppe zu hängen.«

»Ich weiß. Wenn es dir so lieber ist: Vielleicht ist er hauptsächlich wegen dir hierher gekommen, aber aus anderen Gründen geblieben. Die alte Sehnsucht nach dem Gipfel hat an ihm genagt. Er behauptet, er tue es für seinen Vater, dabei tut er es sich selbst zuliebe. Man kann nur sich selbst zuliebe da hochklettern. Es gibt keinen anderen zwingenden Grund.«

»Du magst ihn, nicht wahr?«

Al war in Gedanken gerade bei Molly. Ihm wurde bewusst, wie sehr er sie liebte, und er bereute seine Abwesenheiten und nicht eingehaltenen Versprechen.

Geh nicht, hatte sie ihn beschworen. *Ich muss,* hatte er, wie immer, erwidert.

Würde sich das jetzt ändern? Vielleicht bestand der einzige Unterschied darin, dass er die gleichen Versprechen gegenüber einer anderen Frau brechen würde. Ehefrau, Tochter, Geliebte.

»Ja, ich mag ihn«, erwiderte er.

Vielleicht würde Molly jemanden wie Sam finden. Der Gedanke, dass sie einen Partner hätte, der sich um sie kümmerte, gefiel ihm.

»Was tun die anderen?«, wollte Finch wissen.

Sie gingen den steilen Hang hinauf, zu dem Weg, auf dem er Finch an dem freien Tag, den sie in Namche verbracht hatten, gefolgt war. Sie erreichten jetzt die Stelle, von der aus sie zum ersten Mal den Everest erblickt hatte. Heute war die Sicht verhangen. Das Wetter hatte sich vorübergehend verschlechtert. Al hatte von George erfahren, dass zwei oder drei der anderen Expeditionen ihre Kletterer vom Pass hinuntergeführt hatten. Schlechtes Wetter und langes Warten verstärkten den Drang Richtung Gipfel, sobald sich die Lage so weit gebessert hatte, dass weitere Versuche unternommen werden konnten. Es waren zu viele Menschen, die da die Berge unter zu großen Einschränkungen bestiegen.

»Rix und Sandy übertreffen sich gegenseitig mit blöden Geschichten und beklagen sich über die langen Wartezeiten und die Zeitverschwendung.«

»Sandy ist in Ordnung«, sagte Finch und erinnerte sich daran, wie er ihr im Zelt kurz die Schulter gedrückt hatte.

»Vern und Ted sind den Kalaphar hochgeklettert, haben geübt und vermutlich ihre Steigeisen geschärft.«

»Sie sind sehr fleißig. Es muss ihnen sehr viel bedeuten.«

»Ihr alle seid fleißig. Sonst wärt ihr nicht so weit gekommen.« Sie hatte die Hände in den Jackentaschen vergraben und starrte vor sich hin. Sie gelangten zu einer *mani*-Mauer und gingen mit gesenktem Kopf daran vorbei. Die Routen waren jetzt viel belebter als vor einem Monat. Jaks und Trekker schlugen den Weg nach oben ein, zum hoch gelegenen Tal.

»Was ist los?«, fragte Al nach langem Schweigen.

Die gleiche Frage hatte sie in der Nacht, als Mark Mason mit dem Hubschrauber abgeholt wurde, gequält.

»Wo ziehst du die Grenze zwischen ihrem Eifer, deinem professionellen Ehrgeiz und einem inakzeptablen Risiko?«

Seine Antwort kam wie aus der Pistole geschossen und da wusste sie, dass er darüber schon lange nachdachte.

»Das Risiko hat zwei Gesichtspunkte. Da ist der objektive – Wetter, Höhe, Lawine. Wir alle wissen, dass es da oben gefährlich ist, akzeptieren es und versuchen, die Gefahr durch Vorsicht so gering wie möglich zu halten. Das ist gutes Klettern. Der zweite Gesichtspunkt ist persönlicher Art, ist tief in jedem von uns begraben und bei jedem Bergsteiger anders beschaffen. Du, ich, Rix, Sandy Jackson und andere, jeder empfindet unterschiedlich. Jeder geht sein eigenes Risiko ein. Für Spider und mich war es der K2, den wir im Alpinstil bestiegen haben. Du weißt, was das bedeutet. Für Mason war es der Südsattel und er hat es geschafft. Das Risiko war enorm, aber es war einzig und allein seines. Sein Spiel mit sich selbst hat alles für mich, dich, Pemba und die anderen erschwert und wir haben das akzeptiert. Und ich habe Adam von Nachme hinuntergeschickt, weil ich wollte, dass er wieder fit wird.«

»Es war allein Marks Risiko«, wiederholte Finch leise. »Und Spiders und deines. Was ist mit Spiders Frau? Und mit Jen und Molly?« Und mit mir, hätte sie gern hinzugefügt.

Er warf ihr einen Blick zu. Er hatte die drei Worte gehört, auch wenn Finch sie nicht ausgesprochen hatte. »Ich bin Bergsteiger«, sagte er. Schlicht und nüchtern und – kompromisslos. Finch hatte begriffen. Vielleicht glaubte er daran, es ihr zuliebe aufgeben zu können, hatte es vielleicht sogar vor, aber sie wusste, dass er es nie tun würde. Nicht, solange er einen Fuß vor den anderen setzen konnte. Es war ihr eigenes Risiko, wenn sie ihn trotzdem akzeptierte. Plötzlich lachte Al. »Und du bist Ärztin, du rettest Leben. Da ist es wohl nicht überraschend, dass wir unterschiedliche Ansichten haben.«

»Tut mir Leid«, sagte Finch leicht verärgert.

»Das muss es nicht. Du hast ein Recht auf eine eigene Meinung. Wir haben hier nur zwei unterschiedliche Jobs, das ist alles. Und ich bewundere, wie rührend du dich um Mason gekümmert hast. Ich stehe in deiner Schuld.«

»Du stehst gar nicht in meiner Schuld …«, widersprach sie ungläubig, aber er brachte sie zum Schweigen.

»Lass mir doch meinen Stolz auf dich. Darf ich dich etwas fragen? Warum sprichst du so distanziert von den Kunden? Gehörst du etwa nicht zur Gruppe? Wenn jemand fähig ist, den Gipfel zu erreichen, dann bist du es, Finch. Du und Sam McGrath. Ich sage das nicht, weil ich in dich verliebt bin und Sam für einen anständigen Kerl halte, dem ich gern meine Tochter anvertrauen würde, nein, es ist meine professionelle Meinung.«

Was das Risiko betraf, so hatte er Recht, dachte Finch.

Es war die ultimative Erfahrung und die Kunden wussten es. Das war einer der Gründe, weshalb sie Tausende von Dollars ausgaben. Aber Finch trieb ein anderes Motiv zum Gipfel; es war die Glückserwartung, die ihr Inneres, ihre Gefühlswelt verändern würde, so radikal wie die Veränderung, die Suzy durch die Schwangerschaft erfahren hatte.

All das unterlag nicht Als Verantwortung, abgesehen davon, dass es ihn gab, dass er zu ihr gekommen war und ihr Leben auf den Kopf gestellt hatte.

Sie blieb stehen und wandte sich ihm zu. »Al, ich kritisiere deine Handlungen nicht, sondern bringe ihnen viel Respekt entgegen. Ich finde dich ungeheuer mutig. Das war mein erster Eindruck, als du mir erzählt hast, was dir und Spider widerfahren war. Alles soll so sein, wie es ist, vor allem du selbst.«

Er nahm sie in die Arme. Sie ließ ihren Blick zu den Felsen und den Weiden schweifen, zu den Krähen, die am Himmel kreisten, und empfand leise Wehmut. Sie wünschte sich die Geborgenheit der Scheune und mehr Zeit. Sie sehnte das Ende der Expedition und die Freiheit herbei.

»Komm, wir gehen zurück«, flüsterte er ihr nach einem flüchtigen Kuss zu. Sie gingen den steinigen Weg hoch nach Deboche.

Später hielten sie sich im Dunkel in den Armen.

Die Fensteröffnung bildete ein kaum erkennbares Rechteck, heller als der übrige Raum. Wieder drang Kälte herein. Finch fröstelte, und Al zog sie noch fester an sich.

»Ist dir kalt?«

Eigentlich empfand sie eher Angst. Er roch es auf ihrer Haut und küsste ihre Wangen und die verkrampften Schultern, um sie zu beruhigen. »Schlaf jetzt, du bist geborgen.«

»Es geht nicht nur um mich …«

Um uns. Um dieses perfekte Glück, das ich nie mehr vergessen werde, nachdem ich es genossen habe.

»Schlaf jetzt«, flüsterte er wieder.

Suche Vergessen.

Zwei Tage später kehrten sie zum Basislager zurück. Sie kamen an den Lagern der anderen Expeditionen vorbei, grüßten einander und tauschten Neuigkeiten aus. Die Südamerikaner hatten trotz des Wetters zwei ihrer Teilnehmer zum Gipfel geschickt. Die Mitglieder der indischen Armee waren oben auf dem Lhotse. Beim Gletscherbruch war noch ein weiterer Träger verletzt worden. Es gab Diskussionen über die Beibehaltung der Fixseile.

Die Mountain-People-Mitglieder hielten sich im Bereich der Zelte auf. Man sah ihnen an, dass sie erzwungenermaßen mehr müßige Tage als notwendig in einem Lager über Felsgeröll und Eis verbracht hatten. Die Rückkehr des Führers und der Ärztin erregte allgemeine Aufmerksamkeit.

Sandy grinste und Rix machte eine anzügliche Geste, die nur für Al bestimmt war, aber von Finch bemerkt wurde. Sie bedachte ihn mit einem eisigen Blick. Die beiden Amerikaner begrüßten sie lautstark und George schenkte ihnen im Speisezelt aus einer Thermoskanne Kaffee ein.

Sam und Adam spielten gerade mit Pemba und Dorje Karten und vollführten dabei ein riesiges Geschrei, verstummten beim Anblick von Finch und Al jedoch.

Sams Aufmerksamkeit wandte sich sofort Finch zu. Ihre Gesichtszüge sahen weich, beinahe fließend aus.

Die kleine Gruppe schwieg. Plötzlich sammelte Adam entschlossen die Karten auf und sagte: »Ich glaube, das wär's dann.«

George betrat das Zelt. Er brachte ein Fax mit dem Wetterbericht. Auch die anderen Kunden drängten nun herein. Al war zurück und es sah so aus, als ob nun etwas geschehen würde. Finch zog sich in eine Ecke zurück. Al und George beratschlagten. Sie sah Sams Hinterkopf und die freie Stelle an seinem Nacken, an der der Kragen abstand. Die Stelle war im Vergleich zu seiner sonnengebräunten Haut blass. Der Anblick brachte ihr plötzlich zum Bewusstsein, dass er ein Mann war, mit Hoffnungen und Träumen.

Dann ließ sie ihren Blick zu George schweifen. Alle warteten gespannt.

»Heute ist der 2. Mai. Ich habe hier die mittelfristige Wettervorhersage. Vor dem Monsun wird das Wetter für eine Weile aufklaren. Ihr seid alle fit, erholt und akklimatisiert. Wir werden noch zwei weitere Tage im Basislager abwarten …«

»Warum sollen wir warten, wenn wir fit für den Aufstieg sind?« Der Protest kam von Sandy und George brachte ihn mit einem Blick zum Schweigen.

»… um zwei anderen Expeditionen genug Zeit für den Aufstieg zu lassen. Am 5. Mai werdet ihr zum Gipfel aufbrechen. Das hier ist kein Wettrennen. Alle Lager sind ausreichend mit Lebensmitteln und Sauerstoff versorgt, um genug Spielraum zu haben. Ich hoffe, dass ihr alle am 8. Mai den Gipfel erreichen werdet.«

Alle atmeten tief durch, einige jubelten.

»Wow, endlich wird es wahr!«, sagte Sandy. »Packen wir's an, Jungs.«

Finch entfloh dem Team und suchte ihr Zelt auf. Sie griff nach einem Bogen Papier und schrieb einen Brief an Suzy, den sie ihr faxen würde. Es war schon spät, aber sie wollte ihrer Freundin von Al berichten. »Meine liebste Suzy«, schrieb sie. »Es wird dich überraschen und vielleicht kränken oder ärgern, dass ich dir nicht früher von diesem Mann erzählt habe. Aber jetzt will ich dir alles berichten. In zwei Tagen brechen wir zum Gipfel auf. In einer Woche sind wir hoffentlich wieder hier.«

Sie berichtete ihrer Freundin, wie sie Al kennen gelernt hatte. Am Ende des Briefs schrieb sie: »Ich denke an dich. Herzlichst, F.« Dann faltete sie das Blatt zusammen, ohne es nochmals zu lesen, und legte es auf die Seite, um es am kommenden Morgen abzusenden.

Am 5. Mai um 3.30 Uhr in der Frühe waren die Gipfelstürmer zum letzten Aufbruch vom Basislager bereit. George, Dorje und die Sherpas vom Basislager gaben sich zum Abschied die Hand.

Adam stand da und hob die Hand zum Gruß. Seine Miene war düster vor Enttäuschung. Er hatte sich nie richtig akklimatisiert und sogar heute litt er unter Kopfschmerzen und Atemnot. »Viel Glück«, wünschte er jedem Einzelnen. »Sogar dir«, wandte er sich an Sam.

Finch hatte einen Anruf von Suzy erhalten. »Ich freue mich mit dir über dein Glück«, hatte Suzy gesagt. »Nun will ich als Nächstes von dir hören, dass du heil wieder unten gelandet bist. Gott behüte dich!«

Sie gingen in Richtung Gletscherbruch. Al schritt an der Spitze der Gruppe, Ken bildete das Schlusslicht. Die Nacht war kristallklar und am Himmel funkelten die Sterne.

11. Kapitel

Der Wind heulte über den Südsattel und türmte den Neuschnee auf den Felsen zu einer festen weißen Wand. Es erforderte die ganze Körperkraft und Willensstärke, die ein Mensch aufbringen konnte, diesem Wind in 8 500 Metern Höhe zu trotzen. Al Hood hackte seinen Eispickel ein, um Halt zu finden, und kroch auf allen Vieren von Zelt zu Zelt. Sie wurden durch gerüttelt und verzogen sich unter der Wucht des Sturms.

Es war sechzehn Uhr am 7. Mai. In acht Stunden wollten sie sich zum Gipfel aufmachen, sofern das Wetter es zuließ.

Im ersten Zelt kauerte Vern Ecker über einem Butangasbrenner und versuchte Schnee zu schmelzen. Ted Koplicki suchte seine Kletterausrüstung zusammen, nahm die Klemmschraube und legte sie neben Thermosflasche und Müsliriegel. Stirnrunzelnd führte er Selbstgespräche. Al öffnete den Reißverschluss des Zeltes, kroch hinein und störte ihn bei seinen Vorbereitungen.

»Ich habe bestimmt etwas vergessen.« Ted schüttelte den Kopf. »Wenn ich dort hochklettere und etwas nicht dabeihabe, ärgere ich mich zu Tode. Fausthandschuhe, Gletscherbrille, Lebensmittel, Klemmschraube, Fäustlinge …«

»Versuch, mit dem Sauerstoff eine Mütze Schlaf zu bekommen, und stell die Flasche auf fünf ein, okay? Und stell deine Flaschen für morgen bereit.«

Ted holte eine Gesichtsmaske mit hängenden Schläuchen und blickte sich zerstreut im Zelt um. »Hm, das wär's dann.«

In der Ecke des Zeltes lagen vier Sauerstoffflaschen, die je drei Kilogramm wogen. Jeder würde zwei davon mit sich führen; eine weitere pro Mann war im Notlager in der Nähe des Südgipfels deponiert.

»Mach dich bitte zum Abmarsch um Mitternacht bereit. Ich

wünsch dir schöne Träume und viel Glück.« Al gab beiden die Hand und verließ das Zelt. Die beiden Amerikaner würden keine Schwierigkeiten haben, dachte er. Um sie machte er sich keine Sorgen.

Rix und Sam McGrath lagen in ihren Schlafsäcken. Sie hatten ihr Abendessen bereits hinuntergewürgt und ihre Sauerstoffmasken aufgesetzt. Rix starrte hoch zum Zeltdach. Das Zelt schwankte so sehr, dass man befürchten musste, die geringste Steigerung der Windgeschwindigkeit könnte es aus der Verankerung reißen und fort nach Tibet tragen. Al hatte sich durchs Schneegestöber gekämpft und brachte Schnee mit ins Zelt. Die beiden Männer stützten sich auf und hörten ihm zu. Der Sturm tobte so laut, dass Al brüllen musste.

»Der Wind dürfte sich bis zum Morgen gelegt haben. Es gibt vermutlich Neuschnee, aber die Wettervorhersage ist günstig. Wir können um Mitternacht aufbrechen. Haltet euch bitte bereit.«

»Ich bin jetzt schon bereit.« Rix' Augen funkelten. Wiederholt schlug er sich mit der Faust gegen die Handfläche.

Al betrachtete ihn abschätzend und wandte sich dann an Sam. »Fühlst du dich auch fit?«

»Alles okay.« Der lange Aufstieg zum Südsattel war kein Honigschlecken gewesen, hatte sich aber als leichter erwiesen als beim ersten Mal. Wenn er noch weiter klettern wollte, musste es bald geschehen. In dieser Höhe gelangte der menschliche Körper an die Grenze seiner Leistungsfähigkeit. Sam merkte es an der Gliederschwere und seinen langsamen, verworrenen Reaktionen.

Al nickte. »Erholt euch, ihr beiden. Und viel Glück.«

»Warte«, hielt Sam ihn zurück. Ein Blick auf Rix verriet ihm, dass dieser wieder seinen euphorischen Betrachtungen nachhing. »Ich glaube, ich bin nur deshalb so weit gekommen, weil du dabei warst. Ich möchte dir danken, dass du mir die Chance gegeben hast, morgen mit von der Partie zu sein.«

Al blickte ihn ernst an. »Du hast es gut gemacht. Von jetzt an kann niemand genau sagen, was geschehen wird. Wenn morgen aus irgendeinem Grund etwas schief laufen sollte, verlasse ich mich darauf, dass Ken und du mir helfen werdet.«

Sam lächelte. »Das ist ein großes Kompliment.«

Er streckte die Hand aus und Al schüttelte sie herzhaft. »Wenn jemand in der Gruppe Hilfe braucht und ich gerade nicht zur Stelle bin ...«

Es war nicht nötig, Finch namentlich zu erwähnen.

»Ich werde da sein.«

»Danke. Ich hoffe, du kannst ein wenig schlafen.«

Finch und Sandy hatten sich eine Instantsuppe bereitet, die sie jetzt in kleinen Schlucken tranken. Sie saßen in dem kleinen Zelt dicht nebeneinander. Finch umklammerte ihren Becher und warf einen Blick auf ihre Ausrüstung. Ihr Innenschuh war Kälte abweisend. Die Überziehstiefel aus Plastik waren – vermutlich beim zweiten Aufstieg zum Lhotse – undicht geworden. Sie war zu müde gewesen oder auf Grund des Sauerstoffmangels unachtsam; beim Anziehen jedenfalls hatte sie die Stiefel entweder falsch geschnürt oder ihre Gamaschen nicht richtig angelegt, so dass Schnee und Eis eingedrungen waren. Wenn sie die Innenschuhe ein paar Stunden in den Schlafsack steckte, wären sie vielleicht ausreichend aufgewärmt, um sie morgen früh anzuziehen.

Mit besser funktionierendem Verstand wären die gefrorenen Stiefel für sie eine echte Katastrophe gewesen. Sie wusste genau, wie wichtig es war, sich jeden Morgen mit warmen und trockenen Füßen in Marsch zu setzen. Aber inzwischen war sie viel zu erschöpft und verwirrt und nahm das Missgeschick mit den Stiefeln einfach als weitere Quelle des Unbehagens – und steckte die Innenschuhe in den Schlafsack.

Der Aufstieg zurück zum Sattel war eine gefährliche Mischung aus Kälte und Atemnot. Sie war erschöpfter als beim ersten Mal. Vermutlich war sie jetzt die Schwächste in der Gruppe.

Was wäre, wenn Mason dabei wäre?, überlegte sie. Und was, wenn noch jemand krank würde? Sie fand keine Antwort auf diese Fragen.

Al tauchte am Zelteingang auf. Er versuchte, sich klein zu machen, kroch hinein und kauerte sich in dem beengten Raum nieder, um ihnen den Wetterbericht zu geben und seine Anweisungen zu erteilen.

»Seid ihr bereit? Ist alles in Ordnung?«

Es waren zu viele Dinge, die nicht in Ordnung waren. Finch verzichtete auf eine Aufzählung; stattdessen nickte sie stumm. Er rutschte näher, sich auf den Knien einen Weg durch das Chaos von Lebensmitteln und Kleidung bahnend.

»Ganz bestimmt?« In seinem Bart glitzerten Eiskristalle, und einen Moment lang blickte sie ihm in die Augen. Heute hatte er nicht den Blick des Mannes, wie unten im Tal, sondern den des Führers, der seine Kundin abschätzend musterte. Heute Nacht war sie lediglich eine weitere Gipfelstürmerin, die sicher zum Gipfel gebracht werden musste und wieder hinunter. Aber es war der letzte Aufstieg. Er hatte es ihr in der Scheune versprochen.

»Sicher.«

»Sandy?«

»Ja.«

Er tätschelte Sandys Schulter, strich dann mit seiner behandschuhten Hand Finch über die Wange. »Du kannst es schaffen«, sagte er.

»Lohnt es sich?«, murmelte sie.

Er blickte sie an, und für einen flüchtigen Augenblick zeigte sich hinter der Maske seiner professionellen Besorgnis der Mann. »Das kannst nur du beantworten.«

Einen Moment lang spielte sie mit dem Gedanken, ließ ihn aber dann wieder fallen. Sie hatte eigentlich keinen anderen Wunsch, als ins Tal abzusteigen und es warm und gemütlich zu haben, statt ihren geschundenen Körper noch höher zu schleppen.

»Viel Glück!« Al zog die Kapuze seines Daunenanzugs noch tiefer ins Gesicht, bereit, sich wieder dem Wind auszusetzen.

»Dir auch«, rief Finch ihm nach. Aber Al war bereits wieder in der Schneenacht untergetaucht.

Sandy war zu matt, um zu kichern oder eine anzügliche Bemerkung zu machen. Finch betrachtete ihn, seine hervorquellenden, rot geränderten Augen und rissigen Lippen, die gespannte Haut über seinen Wangenknochen. Sie wusste, sie sah genauso mitgenommen aus, vielleicht sogar noch schlimmer. Der morgige Tag musste noch überstanden werden, dann konnten sie hier raus.

Ken verstaute gerade seine Sachen in seinem großen Rucksack. »Sind alle fit?«

Al stieg über das Kletterzeug und begab sich zu seiner Seite des Zeltes. Er strich sich mit der flachen Hand über den Bart und spürte dabei die Spuren von Eis. »Ja, und du?«

Ken hatte sich von der Darmentzündung noch nicht völlig erholt. In der jetzigen Phase würde nichts besser werden. »So lala. Ich habe mit Pemba und Mingma geredet, wie du mir empfohlen hast. Sie werden um dreiundzwanzig Uhr losgehen und den Weg bereiten. Namje und Dos Santos' Jungen kümmern sich um die Seile.«

Eine argentinische Expedition würde gemeinsam mit der Mountain-People-Gruppe zum Gipfel aufsteigen. Deren Hauptführer hatte zwei seiner Sherpas zur Zusammenarbeit mit Al aufgefordert, um Wind- und Sturmschäden an den Fixseilen zu reparieren.

»Okay. Willst du einen Tee?« Ken schüttelte den Kopf. »Dann schlaf ein bisschen, Junge.«

Der andere zog die Kapuzenmütze über seinen borstigen Kopf und rollte sich im Schlafsack zusammen. Al zog seinen Rucksack heran und holte einen kleinen wasserdichten Beutel heraus. Er enthielt ein Foto von Molly. Sie war damals fünf, saß am Strand und spielte im Sand. Der Wind spielte mit ihren Korkenzieherlocken. Der Beutel enthielt auch Spiders alten, abgenutzten Karabinerhaken, den er Finch im Lastwagen gezeigt hatte. Spiders Frau hatte darauf bestanden, seine Armbanduhr und sein Klappmesser als Andenken zu behalten. Aber die Geschichte mit dem Karabinerhaken hatte sich sieben Jahre vor ihrer Zeit ereignet. Al war dabei gewesen, als Spider, damals siebzehn, ihn in einem Pub in Capel Curig vom Klettergürtel eines großsprecherischen Kletterneulings gelöst hatte. »Jenen, die haben, soll gegeben werden«, hatte Spider gemurmelt und ihn in seine Tasche geschoben. »Und dann nehmen wir von ihnen.«

Al strich das Foto glatt und verstaute es in der Innentasche seines Daunenanzugs. Mit einer geschickten Drehung von Daumen und Zeigefinger schraubte er den Karabinerhaken auf und zu und klemmte ihn an seinen Klettergürtel. Er war nicht mehr zu gebrauchen, diente aber als Talisman. »Ich vermisse dich jeden Tag meines Lebens, Spider«, sagte er laut.

Ken rührte sich nicht. Der starke Wind erstickte alles.

Finch lag zusammengekauert in ihrem Schlafsack. Die Innenschuhe in der Nähe ihres Magens fühlten sich an wie schmelzende Eisblöcke. Starre Kälte breitete sich über ihren ganzen Körper aus. Die Sauerstoffmaske, die sie auf Mund und Nase geklemmt hatte, gaben ihr das Gefühl zu ersticken. Aber sie wusste, dass sie ohne Maske in der dünnen Luft nicht überleben würde. Sie schloss die Augen und zwang sich, langsam und flach zu atmen. Hinter ihr blähte sich der Zeltstoff. Der Wind schien noch stärker zu werden.

Es blieben noch etwa fünf Stunden bis zum Aufstehen. Finch rechnete nicht damit, schlafen zu können, entspannte ihre Glieder jedoch und versuchte, sich ein wenig zu erholen.

Mit Anbruch der Dunkelheit ließ der Wind allmählich nach.

Um 23 Uhr machten sich die Kletter-Sherpas auf den Weg, gefolgt von denjenigen, die die Fixseile überprüfen sollten. Die Gipfelstürmer krochen unwillig aus ihren Schlafsäcken und nahmen mit trockenem Mund und voller Benommenheit etwas zu sich. Sie erwärmten das Wasser, das sie am Nachmittag aus Schnee gewonnen hatten, tranken es und füllten ihre Thermosflaschen damit. Finch zog trockene Socken an, schlüpfte in die halbwarmen Innenschuhe und in die Stiefel und flehte den Himmel an, dass keine Feuchtigkeit eindringen möge.

Sam war fertig angekleidet und abmarschbereit. Er sah auf seine Armbanduhr und verrenkte sich den Hals, um einen Blick auf Rix' Höhenmesser zu werfen. Er spürte eine freudige Erwartung, hatte aber auch dunkle Ahnungen. Endlich war der Zeitpunkt gekommen – der höchste Berggipfel der Welt war in Reichweite. Es gab keinen anderen Ort, an dem er jetzt lieber wäre. Wenn er Finch Buchanan nicht haben konnte, war es zumindest ein kleiner Ausgleich, gemeinsam mit ihr diesen tückischen und schönen Berg zu besteigen.

Rix kauerte neben seinem Rucksack und hielt den Eispickel fest umklammert. Sein Blick war glasig und er murmelte ununterbrochen: »Los, los.« Um 23.50 Uhr krochen sie aus dem Zelt und sicherten es.

Der Wind war immer noch heftig, wenn auch nicht mehr so ungestüm wie vorher. Nebelschwaden zogen über den Felsen und das Eis und verschleierten die Strahlen ihrer Stirnlampen. Die Temperatur betrug minus 32 Grad. Vern und Ted scherzten mit Ken. Al schaltete den Funk ein, um sich ein letztes Mal mit George im Basislager zu besprechen.

»Ihr habt einen guten Tag erwischt«, sagte George. »Vielleicht schneit es später. Nun macht euch auf den Weg. Viel Glück.«

»Wir sind schon unterwegs. *Over.*«

Die Gruppe war jetzt vollständig. Mit ihren Daunenanzügen und den Gesichtsmasken sahen die Männer aus wie Raumfahrer und bewegten sich genauso schwerfällig.

»Letzte Überprüfung. Habt ihr alles, was ihr braucht?«, fragte Al.

Die riesigen Köpfe nickten wie Roboter. Er ging von einem zum anderen, prüfte Sauerstoffflaschen und Regler, vergewisserte sich, dass sie richtig eingestellt waren.

»Um Himmels willen. Willst du uns jetzt endlich da hoch führen?«, fragte Rix. Seine Stimme verriet Nervosität. »Lass uns endlich losmarschieren.«

»Immer langsam«, gab Al zurück. Er trat einen Schritt zurück, so dass ihn alle sehen konnten. »Könnt ihr mich hören?«

Erneutes Nicken. »Wir wollen uns so weit wie möglich in der Gruppe halten. Ich werde vorausgehen, Ken bildet das Schlusslicht. Nach mir kommen Ted, Vern, Finch, Sam, Rix und Sandy. Das kann sich natürlich je nach Schritttempo und Pausen ändern.«

Sam wandte den Kopf, um Finch einen Blick zuzuwerfen. Al vertraute sie ihm an. Er würde ihr die ganze Zeit folgen, Schritt für Schritt.

Finch bemerkte seinen Blick nicht. Sie stand mit gesenktem Kopf da und studierte offensichtlich das schmutzige Eis zu ihren Füßen.

»Pemba, Mingma und Namje erwarten uns am Südgipfel. Weitere Sauserstoffflaschen und Lebensmittel befinden sich in Lager fünf. Ihr werdet es sehen, wenn wir vorbeikommen. Und dann wäre da noch etwas. Das Wichtigste. Um zwei Uhr nachmittags kehren wir um. Nach zwei Uhr wird keiner mehr einen weiteren Schritt nach oben tun, egal, wo wir uns gerade befinden. Ab diesem Zeitpunkt beginnt der Abstieg. Verstanden? Ted? Vern?«

Sie murmelten zustimmend. Sandy, Finch und Sam nickten.

Rick scharrte mit den Füßen im Eis.

»Rix?«

»Lass uns endlich losmarschieren. Ich bekomme hier noch Frostbeulen.«

»Ruhig Blut, Tiger«, besänftigte Vern ihn.

Al blickte auf den düsteren bedrohlichen Felsgrat, der sich vom flachen Plateau des Passes nach oben wand. Dann lockerte er seine Schultern unter den Riemen des Rucksacks und entfernte sich einen Schritt von der Gruppe. »Viel Vernügen«, rief er ihnen zu.

Sie marschierten in einer Linie über den Pass. Ihre Stirnlampen warfen kleine Lichtkreise. Die argentinische Gruppe befand sich vor ihnen; gelbe Lichter zeigten ihren jeweiligen Standort an.

Die glatte Eisfläche verwandelte sich durch den Schnee und das bröckelige Felsgestein in ein Gefälle. Finchs Steigeisen rutschten über eine eisige Felsplatte und sie hackte ihren Eispickel ein, um Halt zu finden. Allein diese kleine Anstrengung nahm ihr den Atem. Unter ihrer Maske schnappte sie nach Luft. Der Augenblick war schrecklich, aber dann hatte sie sich wieder unter Kontrolle. Den Abstand zu Vern konnte sie bereits nicht mehr aufholen, aber Sam folgte ihr auf den Fersen. Sie senkte den Kopf, darauf konzentriert, einen Schritt nach dem anderen zu setzen. In ihrem lethargischen Zustand war die Anstrengung enorm. Ein Schritt, noch einer, und noch einer. Der Abhang wurde immer steiler, unberechenbarer Tiefschnee wechselte mit Felsgestein ab. Zumindest war der Wind hier nicht mehr so stürmisch.

Eine Stunde verging. Finch hielt sich vor Augen, dass das erst der leichte Teil war. Der Hang würde immer steiler werden. Sie blickte durch ihre Gletscherbrille nach oben; der gelbe Strahl ihrer Stirnlampe hob sich gegen den schwarzen Himmel ab. Über ihr erhob sich der Grat, der die Kletterer darunter wie Ameisen erscheinen ließ. Nach zwei Stunden waren sie dreihundert Meter angestiegen. Für Finch gab es nichts anderes als das lähmende Gewicht ihrer Glieder, die unerbittliche Steilwand vor ihr und, auf beiden Seiten, den Abgrund. Sie fühlte ihre Füße nicht mehr.

Als sie im Schnee den zusammengekauerten grauen Schatten und zu seiner Linken die Spur der Kletterer entdeckte, dachte sie zunächst, es wäre ein Felsen. Aber ihre Lampe beleuchtete einen Stiefel und Finch entdeckte gelbe Überziehstiefel aus Plastik und die zerlumpten Reste einer Gamasche.

Der Tote lag auf der Seite. Er war halb nackt. Der Wind hatte ihm die Kleider vom Leib gerissen oder er hatte es im Todeskampf selbst getan. Sein Rücken und seine Schultern waren nackt, grau und genauso erstarrt wie die grauenhafte Umgebung. Sein Kopf war unter einer Kapuze verborgen, die mit einem Seil zusammengehalten wurde.

Es gab noch mehr Leichen am Berg. Sie lagen an der Stelle, an der sie zusammengebrochen waren, begraben unter Schnee und Eis. Finch wusste es. Sie hatte sich sogar über den makabren Scherz eines Kletterers amüsiert, der von totem Fleisch gesprochen hatte. Aber sie hatte soeben zum ersten Mal einen Toten gesehen. Der Anblick hielt sie gefangen, sie konnte den Kopf nicht abwenden und den Toten der Würde der Dunkelheit überlassen. Sie stand wie gebannt, beobachtete, wie der Wind an seinen restlichen Kleidungsstücken zerrte, und stellte sich sein erstarrtes Gesicht vor.

Plötzlich wurde ihr klar, dass der Tote Spider sein musste. Erschöpfung und Sauerstoffmangel verwirrten sie und ließen sie gleichzeitig alles überdeutlich erkennen. Der Tote da war Als Freund und er lag an der gleichen Stelle, an der Al ihn zurückgelassen hatte. Sie konnte nicht weitergehen. Sie musste ihn an der Schulter berühren, sich davon überzeugen, dass er tot war. Falls er noch lebte, musste sie ihm helfen. Und falls er wirklich tot war, würde sie ihm sagen, dass er nicht allein war, denn sie alle waren bei ihm.

Sie verließ die Spur und stapfte durch den Tiefschnee. Sie tat noch zwei Schritte, den Blick auf Spider geheftet. Jemand rief ihren Namen. Sie wandte sich um, um den Mann, dem die Stimme gehörte, abzuschütteln. Das war eine Privatangelegenheit, ihre erste Begegnung mit Als Freund.

Zwei Menschen kamen auf sie zu; einer von oben, ein anderer von unten. Ein dritter winkte ihr zu und bedeutete ihr, wieder in der Spur zu gehen. Es war Rix. Dann waren die beiden bei ihr. Es waren Sam und Ken; mit ihren Masken sahen sie ganz ähnlich aus.

Sam ergriff ihren Arm. Sie deutete auf den Toten, murmelte unverständliche Worte hinter der Maske. »Er hat keine Kleider, er braucht Hilfe.«

Die Männer blickten sich an. Ken trat hinter sie und drehte am Sauerstoffregler, damit sie mehr Sauerstoff bekam. Er nahm die Maske ab. »Er war Deutscher und ist letztes Jahr während des Abstiegs gestorben. Jetzt geh weiter. Du machst es gut.«

Finch ließ sich auf den Weg zurückführen. Ein Schritt, noch einer und noch einer. Allmählich spürte sie die Wirkung der verstärkten Sauerstoffzufuhr und ihre seltsame Verwirrung löste sich. Natürlich war der Tote nicht Spider. Spider lag auf dem K2, einem anderen Berg.

Vern lag weit vorn, genauso Al, der außer Sichtweite war. Der Berg war so gewaltig, dass ihre Anwesenheit nicht die geringste Bedeutung hatte. Finch hatte jetzt Angst vor dem Everest, und mit dem letzten Rest ihrer Energie hasste sie ihn.

Sam beobachtete, wie sie vor ihm herging. Sie schritt langsam, aber stetig voran. Der Anblick des Toten hatte sie aus der Fassung gebracht, aber sie hatte sich wieder gefangen.

Hinter Rix stieg Sandy Jackson auf, mit viel unkontrollierteren Schritten. Einmal beschleunigte er sein Tempo so sehr, dass er fast mit Rix zusammengestossen wäre, dann wieder blieb er stehen und stützte sich auf seinen Eispickel, als könne er vor lauter Erschöpfung keinen Schritt mehr tun. Ken war damit beschäftigt, ihn anzutreiben, aber Sandy tat seine Bemühungen ungeduldig ab. Ständig blickte er sich um, erst nach oben, um sich davon zu überzeugen, wohin sie gehen mussten, und dann nach unten, um die Entfernung abzuschätzen, die sie bereits zurückgelegt hatten.

Rix war ganz anders. Seit sie losmarschiert waren, bewegte er sich mit roboterhafter Entschlossenheit, den Blick immer aufs Ziel gerichtet.

Sam war erleichtert, dass er bisher keine ernsthaften Schwierigkeiten hatte. Der zusätzliche Sauerstoff verlieh ihm mehr Kraft, er war besser drauf als unten beim Sattel. Der Hang war relativ angenehm und die Vorstellung, auf dem Weg zum Gipfel zu sein, verschaffte ihm ein Hochgefühl.

Links lag Nepal, rechts Tibet. Darüber der Südgipfel und der Gipfel selbst. Noch ungefähr acht Stunden und sie hatten es geschafft. Der Gipfel gehörte ihm und Finch!

In Gedanken führte er ein Gespräch mit seinem Vater: *Es tut mir Leid, dass ich deine Erwartungen nicht erfüllt habe und Berge wie El Capitan, mit denen du mich als Kind eingeschüchtert hast, nicht hochgeklettert bin. Ich wünschte, ich hätte es getan. Aber der Everest schlägt sie alle, nicht wahr?*

Neben ihm kicherte Mike. *Ja, ganz bestimmt. Warte, bis die Sonne aufgeht, dann siehst du all die Berggipfel unter dir in Gold getaucht.*

Du warst doch nie hier oben, Dad. Wie kannst du wissen, wie es hier im Morgenlicht aussieht?

Ich weiß es, weil ich davon geträumt habe. Ich kann nicht mehr klettern, aber ich kann noch immer träumen.

Wovon träumst du sonst noch?

Davon, dass du es besser machst als ich. Es heißt, das Talent überspringt eine Generation, nicht wahr? Es könnte natürlich auch meine Tochter sein.

Finch schritt ihm voraus. Sie war die stärkste Frau, die er je kennen gelernt hatte.

Mike kicherte erneut. Er war unverändert. Frauen blieben unten im Lager, falls sie überhaupt so weit hoch kletterten.

Rix riss Sam aus seinen Träumereien. Er drängte an ihm vorbei und hätte ihn um ein Haar umgestoßen. Ärgerlich schwenkte er den Eispickel in Richtung Finch.

»Was ist los mit ihr?«, brüllte er hinter seiner Gesichtsmaske. »Warum geht sie so langsam? Weißt du, wie spät es ist? Ich will an ihr vorbei.«

»Al hat uns den Befehl gegeben. Sie macht es genau richtig.«

»Was zum Teufel weißt du schon?«

Rix war wütend. Nichts würde ihn auf seinem Weg zum Gipfel aufhalten. Ken tauchte auf, Sam wandte sich ab und überließ den ehrgeizigen Kletterer dem Führer. Der Himmel färbte sich grau und die Sterne verblassten.

Finchs Füße waren völlig gefühllos. Eine Abbildung von pflaumenfarbenen Frostbeulen kam ihr in den Sinn und vermischte sich mit dem Bild der frostgrauen Haut des toten Bergsteigers. Sie schien keine Luft zu bekommen und rang so verzweifelt nach Atem, dass sie sich die Maske vom Gesicht riss. Sie hatte Angst zu ersticken. Irgendwie gelang es ihr, die Maske wieder auf ihr Gesicht zu pressen und Luft zu bekommen. Sie blieb stehen, als Sam sie einholte. Rix überholte sie, ohne sie eines Blickes zu würdigen, rammte den Schaft seines Eispickels in die Schneelöcher und hangelte sich nach oben.

»Al?«, wandte sie sich an Sam.

»Er erwartet dich am Südgipfel. Los, weiter, Finch.«

Die Qual begann von neuem.

Al kauerte mit Ted und Vern in der kleinen Schneemulde in der Nähe der Stelle, wo die Sherpas die Notrationen und die Sauerstoffflaschen abgestellt hatten. Pemba und die anderen ließen eine Thermosflasche herumgehen und stärkten sich mit Haferbrei. Inzwischen war es Tag geworden. Der Anblick der verschneiten Gipfel wurde durch die goldenen Strahlen der aufgehenden Sonne verschönt. Der Kangshung-Gletscher unten in Tibet lag noch immer im Schatten und wirkte wie ein breiter brauner Bildteppich. Das war der höchste Punkt, den Al je am Everest erreicht hatte. Ein banges Gefühl erfasste ihn. Er verdrängte es und wandte seine Aufmerksamkeit erneut den Kunden zu.

Es war jetzt 6.30 Uhr. Die beiden Amerikaner waren, wie erwartet, gut geklettert. Die anderen folgten. Al konnte Rix erkennen, der sich auf seinen Eispickel stützte. Jede Bewegung verriet eisernen Willen. Unter sich entdeckte er Finchs zarte Gestalt im roten Daunenanzug. Bei ihrem Anblick wurde ihm warm ums Herz. Sie kam gut voran. Sandy Jackson und Ken folgten ihr dicht auf den Fersen. Es war eine starke Gruppe. Die Zeit verging schnell, aber wenn nichts Unvorhergesehenes eintrat, müssten sie es eigentlich schaffen.

Al ließ den Blick über den Kangshung-Gletscher schweifen, bis zum ausgezackten nordöstlichen Grat. Rix legte die letzten Meter zurück und ließ sich neben ihm in den Schnee fallen.

»Wie liegen wir in der Zeit?«, stieß Rix mühsam hervor.

»Gut«, versicherte Al ihm. Er konnte diesen Zeitdruck nicht leiden. Er bedeutete Rix, die Sauerstoffflasche zu wechseln. Die leere würde hier bleiben und von ihm und den Sherpas beim Abstieg mitgenommen. Mingma und Pemba marschierten bereits weiter, Namje blieb bei der Gruppe. Sie steuerten den oberen Grat und die Fixseile am Hillary Step an, dem letzten großen Hindernis vor dem eigentlichen Gipfel. Kaum hatten sich die Sherpas in Bewegung gesetzt, da erhob sich Rix und folgte ihnen.

»Warte hier«, befahl Al ihm barsch.

Finch kam auf dem verschlungenen Pfad auf sie zu. Ein paar Meter vor Al ging sie in die Knie und ließ sich dann auf die Hände in den Schnee fallen. Er rutschte zu ihr und kontrollierte ihre Sauerstoffzufuhr. Der Regler war vereist. Er nahm ihr die Maske ab und drückte ihr seine eigene aufs Gesicht. Sie keuchte und starrte ihn mit weit aufgerissenen Augen an, die ihre Angst verrieten.

»Dein Regler war vereist, jetzt ist alles in Ordnung.«

Sam kauerte sich neben sie. »Ich hätte es sehen und überprüfen sollen.« Er versuchte sie mit den Armen zu stützen, aber sie stieß ihn erschöpft zurück.

»Sie muss sich erholen.«

»Trinken«, stieß sie mühsam hervor. Al öffnete ihren Reißverschluss und zog die Thermoskanne heraus, die sie in ihrem Anzug verstaut hatte. Gierig trank sie den warmen Tee.

Jetzt waren Sandy und Ken bei der Mulde angelangt und ließen sich nieder, um auszuruhen. Sandy ließ den Kopf hängen und rang nach Luft. Die Sonne verdrängte das Dunkel, die Führer berieten sich.

»Wir wollen weitergehen«, sagte Al.

»Okay, Boss«, erwiderte Ted. Die anderen erhoben sich widerwillig und folgten erneut der Spur.

Nicht weiter, dachte Finch. Bitte, nicht weiter. Aber ihre Glieder folgten irgendeinem unbewussten Befehl, der tief in ihre Hirnrinde gegraben war. Sie machte ein paar Schritte, die sie fast ihre gesamte Kraft kosteten, und kletterte Richtung Südgipfel. Vor ihr erhob sich ein schmaler Gebirgsgrat, mit überhängendem Sims, so unterhöhlt, dass er wie eine riesige Welle aussah, die sich jeden Moment lösen konnte und ein Schneegestöber verursachen würde. Ganz oben konnte man den Hillary Step erkennen. Die winzigen Figuren der südamerikanischen Kletterer steuerten geradewegs auf ihn zu.

Finch bewegte sich wie ein Roboter. Kopf und Brust schmerzten. Sie hatte das Gefühl, Steinblöcke hinter sich her zu ziehen. Nach einigen beschwerlichen Schritten verlangsamte sie ihr Tempo und blieb stehen. Es wäre herrlich, sich niederzulegen und zu erholen. Sie wollte sich einfach hinlegen. Irgendjemand beugte sich über sie: Maske, Gletscherbrille. Dieser Jemand zog sie erbarmungslos wieder hoch.

Al wandte sich um und erfasste die Situation. Er gab Namje ein Zeichen, mit den beiden Amerikanern weiterzugehen, und kehrte um. Da Rix keine Anstalten machte, ihn vorbeigehen zu lassen, musste er einen kleinen Umweg machen.

»Finch, kannst du mich hören?« Sie nickte und er versuchte, ihr in die Augen zu sehen. »Du kannst es, du schaffst es. Du musst nur immer weitergehen.« Aber sie schüttelte verneinend den Kopf. »Doch, du musst.«

Sam stand neben ihr. »Sie ist erschöpft und verbraucht vier Liter Sauerstoff pro Minute, das ist zu viel.«

»Es gibt genug.«

Sam atmete tief durch. »Zur Hölle mit dir. Hör auf sie, sie will einfach nicht.«

»Finch?«

Langsam hob sie den Kopf und blickte Al an. Er nahm ihr Gesicht in die Hände und musterte sie. Auf ihren Wangen klebten dunkle Strähnen, die er ihr aus dem Gesicht zu streichen versuchte. Sam, Ken und Jackson, die sich auf ihre Eispickel gestützt hatten, hatte er vergessen.

»Ich liebe dich«, sagte er. »Komm mit mir.«

Auch wenn er es nicht sehen konnte, war er sicher, dass sie lächelte. Sie streckte die Arme aus und er zog sie hoch.

»Geh einfach in meiner Spur.«

Sam fasste ihn am Arm und brüllte ihm durch den Wind zu: »Geh nicht mit ihr da hinauf!«

Aber die beiden hörten nicht auf ihn. Finch hatte sich Al bereits angeschlossen. Sam wandte sich an Ken, in der Hoffnung auf Unterstützung, aber der zuckte lediglich die Achseln. Al war niemand, dem man widersprach.

»Du bist ein verdammter Schinder, kein Führer«, brüllte Sam ihm hinterher. »Siehst du denn nicht, dass sie nicht mehr kann?«

Al wandte kaum den Kopf. »Schließ dich an.«

Der Hang wurde jetzt viel steiler. Auch der Grat war nur ein paar Schritte breit. Sam ging dicht hinter Finch und beobachtete jeden Schritt, den sie tat. Bisher hatte ihn noch kein Schwindel geplagt, aber nun spürte er die ersten Anzeichen.

In Finchs Kopf herrschte ein Chaos aus Erinnerungen, Fragen, Gesichtern, alles verzerrt durch die Hypoxie. Ihr Verstand war von ihrem protestierenden Körper losgelöst. Eine Frau begleitete sie beim Klettern, die zum Teil Suzy war, mit Zahnlücke, und zum Teil sie selbst, aber alt, verhutzelt und sich vor Schmerzen krümmend.

Die Zeit verging. Sie gelangten zu einer Reihe fast vertikaler Felsstufen, an denen Fixseile befestigt waren. Die Kletterer kämpften sich mühsam bergauf. Rix' Tempo verlangsamte sich nun deutlich. Al stellte ihm eine Frage, und er beantwortete sie mit einer Geste nach oben. Finch konzentrierte sich ganz auf den Weg und starrte auf das Felsgestein und das Eis. Als Sam ihr den Arm auf die Schulter legte, erstarrte sie.

»Finch? Sprich mit mir. Willst du lieber absteigen?«

Er hörte sie unter der Maske seufzen.

Sie erreichten den Hillary Step beinahe um elf Uhr. Gemäß der Anweisung warteten Vern und Ted mit den beiden Sherpas am Fuß des Felsens. Bereits eine Weile standen sie hier und scharrten ungeduldig mit den Füßen. Die argentinische Gruppe hatte die Sicherungsseile schon in die Fixseile gehakt.

»Das ist gut so, dann kommen wir uns nicht ins Gehege«, bemerkte Al. Seine Sorge über ihr langsames Vorankommen behielt er für sich.

Pemba war nun in Führung gegangen, gefolgt von Ted und Vern.

Rix war an der Reihe, hatte aber sein Sicherungsseil vergessen. Al musste ihn gewaltsam herunterholen und sicher einhaken. »Pass auf«, warnte er ihn.

Rix kam im Schneckentempo voran. Er tat einen Schritt nach oben und hing dann eine halbe Minute unbeweglich im Klettergürtel. Pemba beobachtete ihn besorgt vom Felsvorsprung aus.

Finch kauerte sich nieder. Einen Moment lang konzentrierten sich alle auf Rix. Finch erkannte mit Klarheit, dass sie vom Sauerstoffmangel verwirrt war, das war alles. Sie verspürte weder Schmerzen in der Brust noch im Kopf, es war nichts Ernstes. Aber sie wusste mit Gewissheit, dass sie den Step nicht besteigen konnte.

Sie befühlte ihren Stiefel und da dämmerte ihr das Ausmaß der Katastrophe. Sie hatte kein Gefühl mehr im Fuß, nichts. Mit etwas Glück befanden sich ihre Zehen noch im Frühstadium der

Frostbeule. Wenn nicht – aber den Gedanken verdrängte sie. Wenn sie versuchte weiterzuklettern, würde sie sterben.

Einen Moment lang erfasste sie die Panik und sie zog ihre Maske herunter.

»Ich kann nicht«, sagte sie laut. »Ich kann nicht.«

Es war das erste Mal, dass sie es aussprach. Vielleicht war es überhaupt das erste Mal, dass sie diese Worte sagte. Sie fühlte sich schwach und gleichzeitig erleichtert, ja sie empfand ein Hochgefühl. Ich kann nicht, ich kann nicht. Nichts geschah. Der Himmel öffnete sich nicht. Sie hörte, wie sie zu lachen anfing. Plötzlich beugten sich Menschen über sie. Mingmas Gesicht war direkt über ihr. Er stellte ihr eine Frage. Sam nahm ihren Fuß und legte ihn sich in den Schoß, studierte den Gamaschenverschluss. Und Al hielt ihre Schultern umfasst.

»Ich kann nicht«, wiederholte sie. Ihr Lachen ging jetzt in Weinen über.

Alle betrachteten ihren Fuß.

»Warum hast mir das nicht gesagt?«, rief Al und löste Steigeisen und Gamasche. »Dein Stiefel ist gefroren, vermutlich ist er nass geworden.«

»Gestern«, gab sie zu.

Al und Sam knieten links und rechts von ihr. Ihre Gesichter verschwammen, wurden zu Finn und Marcus, Spielkameraden aus der Kindheit, die etwas vor ihr versteckt hatten.

»Gebt es mir«, bettelte sie. Warum starrten die beiden sie so an?

Sie verbargen etwas vor ihr, das schloss sie aus den Blicken, die sie untereinander tauschten.

Dann wurde Al wieder zu Al. Er hielt ihr Gesicht zwischen beiden Händen. »Finch, hör mir zu. Du wirst jetzt sofort talabwärts gehen. Mingma wird dich zurück zum Pass bringen. Dort treffen wir uns dann.«

Er lockerte seinen Rucksack und holte eine Plastikschachtel mit einer Spritze heraus. Sie legten Finch auf den Bauch; sie ließ es widerstandslos geschehen. Ihr war jetzt wärmer und sie fühlte sich schläfrig. Sie nestelten an ihrer Kleidung und sie spürte die dünne Nadel der Spritze an der Hüfte.

»Es ist Dex, Finch.«

Dexamethason, gegen Ödeme. Ihr Fuß war erfroren, ihre Wahrnehmung vernebelt. Na prima, Frau Doktor.

Al war in heller Aufregung. Mein Gott, wie konnte er das geschehen lassen? Finch hatte Frostbeulen und war verwirrt. Dabei war sie ihm noch vor einer Stunde so stark erschienen. Oder war das nur sein Wunschdenken gewesen? Er wollte sie zum Gipfel führen. Das Gefühl mit ihr teilen, weil er sie liebte und der Gipfel das beste war, was er ihr geben konnte. Stattdessen hatte er sie ernstlich in Gefahr gebracht.

Würde das wieder passieren? Er hielt einen Menschen in seinen Armen und flehte ihn an, nicht zu sterben. Dabei wusste er, dass es zu spät war. Spider.

Er hatte jetzt keine Zeit nachzudenken. Dieses Mal durfte es nicht zu spät sein. Er musste sie auf die Beine bringen, damit sie absteigen konnte.

»Steh auf. Mingma, klemm sie ans Seil.«

Zu zweit hoben sie sie hoch und verbanden ihr Seil mit dem des Sherpa.

»Ich begleite sie«, bot Sam sich an. Er warf noch einen Blick auf den Felsen, der über ihnen thronte, und wandte ihm den Rücken zu.

»Nicht nötig, ich kümmere mich«, sagte Mingma. »Du kletterst.«

Er arbeitete seit Jahren am Everest, war aber noch nie bis zum Gipfel gelangt. Die Besteigung des Gipfels würde sein Ansehen steigern und ihm in der Zukunft einen höheren Lohn einbringen. Trotzdem war er sofort bereit, eine Kundin den Berg hinunterzubegleiten.

»Nein«, beharrte Sam.

Finch schien sich zu fangen. »Ich will nicht, dass du mitkommst. Kletter weiter.«

»Ich komme mit dir.«

Al zögerte, versuchte, eine schnelle Entscheidung zu treffen. Er war wütend auf sich selbst und entsetzt, dass er Finch – ausgerechnet sie – mit erfrorenen Füssen so hoch hatte klettern lassen. Aber in Selbstbeherrschung geübt, bezwang er seine Wut, um klar zu denken.

Er wünschte sich nichts sehnlicher, als Finch höchstpersönlich hinunterzubringen, daher war es verständlich, dass Sam den gleichen Wunsch hatte. Aber Al durfte die Gruppe nicht im Stich lassen. Sein Verstand und seine Erfahrung sagten ihm, dass Sams Abstieg unnötig wäre. Der Junge liebte Finch und würde alles für sie opfern, sogar seine Chance, den Gipfel zu bezwingen. Das war gut so, Al freute sich darüber. Aber er wusste besser als Sam selbst, wie wichtig für ihn die Besteigung war.

Er konnte es leicht schaffen. Es war nur noch eine Frage von wenigen Stunden. Mingma würde seine Sache gut machen, und Finch würde gegen sechzehn Uhr unten sein, wenn Sam und die anderen vom Gipfel abstiegen. Wenn er von Finchs erfrorenen Füßen und seiner eigenen Schuld daran absah – Sams Verzicht auf den Gipfel würde an ihren Chancen nichts ändern.

Al legte seine ganze Autorität in die Stimme. »Du bleibst bei der Gruppe, du hast eine Aufgabe zu erledigen.«

Endlich war Rix oben angelangt. Pemba hakte ihn vom Seil los und gab dem nächsten Kletterer ein Zeichen, sich einzuhaken und hochzuklettern. Sandy und Ken saßen da, tranken warmen Tee und warteten auf die Lösung des Problems. Die Morgensonne war intensiv und wärmte sie trotz des Windes auf.

»Geh weiter«, rief Al Sam zu. Einen endlosen Augenblick sahen sie sich in die Augen. Sams Versprechen war nun hinfällig. Er wollte sich um Finch kümmern und alles tun, was für das Wohl der Expedition von Nutzen war.

»Zwing mich nicht dazu, es dir zu befehlen«, sagte Al. Sein Entschluss stand fest und er war nicht davon abzubringen. Aber Sam gab erst nach einer Denkpause nach.

Er legte Finch noch einmal die Hand auf die Schulter. »Pass auf dich auf.« Die Warnung wirkte an diesem Ort kümmerlich, aber sie nickte gehorsam. Dann wandte er sich ab, steuerte auf das Seil zu, hakte seine Steigeisen ein und begann den Aufstieg.

»Geht weiter«, sagte Al zu Mingma und Finch. Und, an Finch

gewandt: »Mingma wird sich um dich kümmern, bis ich wieder unten beim Pass bin. Ich bin bald zurück. Und dann …« Sie sah ihn mit geweiteten, ängstlichen Augen an, als wollte sie aus seinem Blick Zuversicht und Beruhigung saugen. Ja, und dann, dachte er. Aber er spann den Gedanken nicht zu Ende. Das Versprechen entglitt ihm.

Das Hin und Her hatte alle ermüdet. Mingma und Finch setzten sich gehorsam in Bewegung, durch das blutrote Seil miteinander verbunden. Al stand ruhig da und blickte ihnen hinterher. Unvermittelt blieb Finch stehen und wandte sich nach ihm um. Das Seil spannte sich, schnürte sie ein wie einen Hund an der Leine. Sie streckte flehend die Hand nach ihm aus. Er stolperte zu ihr, umklammerte ihre Finger und versuchte sie zu küssen, aber ihr Gesicht war von der Sauerstoffmaske verdeckt.

»Du musst hinuntergehen und dich um deine Füße kümmern. Und ich muss die anderen zum Gipfel führen. Warte auf mich, in ein paar Stunden bin ich bei dir. Dann werden wir uns nie mehr trennen, das verspreche ich dir.«

Da war es wieder, das Versprechen. Er konnte nicht sehen, ob sie weinte oder lächelte. Ihre Augen waren hinter der Brille nicht zu erkennen. Wie gern hätte er sie begleitet, statt diese Männer zum Gipfel zu führen.

Mingma zerrte sanft an dem Seil. Finch geriet ins Schwanken. Schließlich berührte sie mit der behandschuhten Hand Als Gesicht. Dann entfernte sie sich langsam. Er sah ihr nach, bis sie außer Sichtweite war.

Al kletterte wieder hoch zu den anderen Männern. Niemand hatte die kurze Szene beobachtet. Sie waren ganz mit sich selbst beschäftigt. Hier oben war jeder sich selbst der Nächste. Es ging um Leben und Tod.

Sam näherte sich dem Step. »Jetzt bist du dran«, forderte Al Sandy auf.

»Er ist auch ganz schön geschafft«, murmelte Ken, nachdem sich der Australier mühsam ins Seil geklemmt hatte. »Genau wie ich. Wir sind allmählich zu alt dafür, Junge.«

Al blickte hoch, um Sandys Aufstieg zu verfolgen. Dann

blickte er dorthin, wo Finch verschwunden war. »Es wird mein letzter Aufstieg sein. Das habe ich Molly versprochen.«

Er holte das Walkie-Talkie aus seiner Jacke, um George Bescheid zu geben, dass Finch umgekehrt war.

Oben auf dem Hillary Step war von der übrigen Gruppe keine Spur zu sehen. Der Mittag war vorbei und Pemba war den Amerikanern und Rix zum Gipfel vorausgegangen.

»Los, auf«, sagte Al. »Jackson, du gehst hinter mir.«

Sam begann zu zählen. Erschöpft legte er zehn Schritte zurück, und noch einen. Weitere zehn Schritte, dann tiefes Luftholen.

Der Grat war wie der Rücken einer riesigen weißen Kreatur, aufgetaucht aus den Tiefen eines endlosen Meeres. Er schlängelte sich nach oben, fort von ihm, in blaue Endlosigkeit. Bei einem Blick nach unten entdeckte Sam, dass vom Khumbu ein paar weiße Wolkenfetzen aufzogen. Dort unten befanden sich die Zelte des Basislagers. Vielleicht beobachtete George sie, wie bei anderen Gelegenheiten auch, mit dem Fernglas.

Den letzte Grat, der so hoch, so weit entfernt erschienen war, jetzt bestieg er ihn. Sam spürte Erregung. Er hatte Finch nicht hinunterbegleitet. Jetzt war es zur Reue zu spät. Er empfand Al gegenüber ein seltsames Schuldgefühl, weil der darauf bestanden hatte, dass er weiterklettere.

Zehn Schritte. Er hakte sich mit seinen Steigeisen und dem Eispickel ein. Ruhepause, dann wieder zehn Schritte.

Rix befand sich vor ihnen. Er bewegte sich nicht. Ted, Vern und Pemba dagegen kletterten beharrlich dem Gipfel entgegen.

»Müde«, murmelte er, als die anderen bei ihm waren. »Erhol mich ein bisschen.«

»Los, geh weiter«, forderte Sandy ihn auf. Er bewegte sich wie ein Roboter, den Blick nach vorn geheftet.

»Du gehst mit Ken und Namje«, ordnete Al an.

Al überprüfte Rix' zweite Sauerstoffflasche und stellte fest, dass sie fast leer war, da er sie voll aufgedreht hatte. Als zweite Flasche befand sich im Rucksack. Er nahm sie heraus, schnallte sie Rix um und ließ die leere Flasche im Schnee stehen. Bis zum

Gipfel und den Rückweg bis zum Lager fünf musste Al mit dem Rest der ersten Flasche auskommen.

»Es ist halb zwei«, warnte er Rix. Er ging so langsam, dass Al keine Chance sah, den Gipfel in der geplanten Zeit zu erreichen.

»Zur Hölle mit der Zeit«, brummte Rix. »Ich bin jetzt so weit gekommen, den Rest schaffe ich auch noch.«

»Du hast noch dreißig Minuten«, erklärte Al ihm und ging weiter. Die argentinische Gruppe, die den Gipfel erreicht hatte, kam ihnen entgegen. Sie tauschten kurz Glückwünsche und Ermunterungen aus.

Um 13.50 Uhr waren Pemba und die beiden Amerikaner am Gipfel angelangt. Sie ließen den Blick über die vor ihnen liegende Weite aus gezacktem Silber, Blau und Sepia schweifen. Dann sahen sie einander an, voll ehrfüchtiger Scheu.

»Wir haben es geschafft!«, rief Ted. Sie klatschten in die Hände und holten ihre Kameras heraus.

Pemba kauerte nieder und berührte ehrfurchtsvoll mit den Fingerspitzen den Boden. Dann schloss er die Augen und betete.

Zehn Minuten später befanden sie sich wieder auf dem Abstieg. Über dem Khumbu-Tal hatte sich eine Wolkendecke gebildet. Um 14.20 Uhr stießen sie auf Ken und Sandy, der am Seil hing. Es sah so aus, als ob Ken ihn nach oben ziehen würde.

»Spät, Ken«, warnte Pemba ihn.

»Al ist auch noch beim Aufstieg.« Ken zuckte gleichmütig die Achseln.

»Wir werden es schaffen«, murmelte Sandy und drehte den Kopf hin und her. »Ich kann doch nicht so weit kommen und aufgeben.«

Weiter unten warteten Namje und Sam. Al und Rix hatten einen Disput. Der Wind wurde stärker, sie konnten sich nur schreiend verständigen.

»Es sind noch verdammte hundert Meter, mehr nicht. Verpiss dich, ich geh allein.« Rix war außer sich und schnappte nach Luft. Er entfernte sich von dem Führer, stolperte den Hang hinauf und geriet gefährlich nah an den Rand des Grates. Noch ein

Schritt und der Boden würde nachgeben und er würde zum Kangshung-Gletscher hinunterstürzen.

»Pass auf!«, brüllte Al und hechtete ihm hinterher. Nur wenige Zentimeter vom Abgrund entfernt, rangen sie miteinander.

»Schlechter Platz«, murmelte Namje, aschfahl im Gesicht. »Sehr schlecht.«

Sam stand wie vom Donner gerührt und war völlig hilflos. Sie beobachteten, wie die beiden Männer in die Spur zurückkehrten. Rix hatte sich aus Als Griff befreit, war bereits wieder auf dem Weg nach oben und starrte zum Ziel hinauf.

Al fasste sich an die Maske. Als Sam bei ihm war, machte er eine müde Geste. »Er ist außer Rand und Band. Ich kann ihn nicht aufhalten, also muss ich ihm folgen.«

»Ich komme mit«, bot sich Sam an. Es war nicht der Moment für Einwände.

»Namje?«

Der junge Mann war, genau wie Mingma, niedergeschlagen, seit Ang durch die Lawine am Gletscherbruch beinahe ums Leben gekommen wäre.

»Ich warte hier.« Er kauerte sich in den Windschatten eines Felsens.

Sie begannen den letzten Aufstieg ohne ihn. Sam hielt sich dicht hinter Al, bewegte sich im selben Rhythmus, als ob sie eins wären. Al folgte Rix auf den Fersen, bei dem jeder Schritt langsamer war als der vorhergehende. Pemba und die beiden Amerikaner kamen ihnen von oben entgegen. Die Amerikaner glühten triumphierend. Sie waren in Hochstimmung, was die grimmige Entschlossenheit der Kletterer, die den Gipfel noch vor sich hatten, nur stärkte.

»Ich weiß, ich weiß.« Al tat Pembas Bedenken leichthin ab.

Ken und Sandy Jackson gelangten um 14.45 Uhr zum Gipfel. Sandy war so erschöpft, dass er offenbar kaum merkte, wo er sich befand. Ken holte den Fotoapparat aus Sandys Anzug und schoss das Siegerfoto. Inzwischen war es fünfzehn Uhr. Ken sah Al und die anderen langsam heraufkommen. Sie waren noch ungefähr zwanzig Minuten entfernt.

Als sie schließlich oben angelangt waren, war es 15.30 Uhr, und Rix war mehr tot als lebendig. Ken und Sandy waren bereits zum Abstieg aufgebrochen.

»Zwei Minuten oben, dann sind wir auf dem Rückweg«, versprach Al dem anderen Führer im Vorbeigehen.

Die Sonne glitt durch einen grünen Schleier hinunter zum westlichen Horizont; die östliche Steilwand des Pumori war schiefergrau. Der Himmel war noch blau, vermischt mit Rot, und der aufkommende Wind wirbelte irisierend glitzernden Schnee auf. Überall unter ihnen waren Berge, unterbrochen von winzigen Strömen riesiger Gletscher. Das tibetische Plateau bildete vor dem lavendelblauen Horizont eine braune Wüste.

Die drei standen da, schweigend in den Anblick versunken. Der Gipfel war breit genug für sie alle. Eine kleine Schnur mit Gebetsfahnen, die jemand hier angebracht hatte, flatterte im Wind.

»O Gott, ich danke dir«, flüsterte Rix. Die Verbissenheit und Wut des hochgewachsenen Mannes waren verflogen. Er weinte ungeniert.

Der höchste Berg der Welt. Sam wandte sich um und Al legte den Arm um ihn. So verweilten sie einen Augenblick, einer den anderen stützend. Die beiden fühlten sich einander verbunden. Dieses Gefühl löschte die Erinnerung an das Vergangene und brachte sie einander noch näher. Sie brauchten keine Worte. In diesem erhabenen Augenblick waren alle Schmerzen und Mühen, die der Aufstieg sie gekostet hatte, vergessen. Sie hatten es gemeinsam geschafft, das würde sie für immer verbinden.

Das Blau des Himmels verwandelte sich schnell in Efeugrün. Es war spät.

Wäre es zwei Stunden früher, hätte Al zugelassen, dass sie hier im Genuss des Triumphes verweilten, aber jetzt gebot Al seinen Begleitern, schnell ihre Kameras zu zücken. Er widerstand dem Impuls, Mollys Foto herauszuholen, um ihr den Gipfel zu zeigen. Er hatte keine Zeit dafür. Er fotografierte die beiden anderen Männer in Siegerpose und ließ sich selbst fotografieren. Der aufkommende Wind machte ihm Sorgen. Es war höchste Zeit für den Abstieg. Endlich waren sie bereit. Al deutete mit dem

Finger zum Grat. Ein ungutes Gefühl beschlich ihn. Sein Sauerstoff ging bald zu Ende. Das Ziel war Lager fünf.

Sam konnte sich nicht lösen. Er nahm das ganze Panorama in sich auf und verankerte es tief in seinem Gedächtnis. Alles leuchtete nun wie elektrisch geladen.

»Michael und Mary McGrath«, sagte er leise, aber der Wind trug seine Worte fort. Er wiederholte ihre Namen, brüllte sie ins Brausen der Luft hinein. Triumph vertrieb die Erschöpfung aus seinem Bewusstsein. Er fühlte sich frei von irdischen Fesseln.

Al war zwanzig Schritte den Grat hinuntergeklettert. Er ging sehr gebeugt. Sam blieb noch fünf Sekunden, dann begann er widerstrebend den Abstieg.

Finch überquerte unter Mingmas Führung die eisige Fläche des Grates. Der Abstieg hatte sie sämtliche Kräfte gekostet. Ihre gefühllosen Füße waren schwerfällig, aber der Sherpa hatte sie Schritt für Schritt geleitet, während sie abstiegen und die Fixseile hinunterglitten. Ohne seine Hilfe wäre sie tausendmal hingefallen. Nun waren die Zelte bereits in Sichtweite und deutlich im Schneegestöber zu erkennen. Der Wind erhob sich zu gefährlicher Stärke. Wolken zogen auf und verdeckten den Grat.

Noch zehn Schritte und sie hatte das Zelt erreicht. Mingma kniete nieder, um den Eingang zu öffnen. Sie ließ sich auf alle Viere nieder, krabbelte hinein und ließ sich auf ihren Schlafsack fallen. Sie war allein; Al, Sam und die anderen mussten den gefährlichen Abstieg noch bewältigen. Sie sandte ein stummes Gebet, an Gott oder an den grausamen Berg selbst. Bitte, bitte. Dann döste sie vor Erschöpfung ein.

Sie wusste nicht, wie spät es war, als Mingma ihr heißen Tee brachte, sie aufrichtete, damit sie trinken konnte. Der Wind blies jetzt genauso stark wie in der Nacht zuvor. Sie hörte Stimmen aus den Zelten der Südamerikaner; sie klangen eher warnend als fröhlich.

»Sind sie zurück?«

Der Abstieg, die Ruhe und der heiße Tee hatten für Klarheit in ihrem Kopf gesorgt. Aber eine große Angst dämpfte ihre Erleichterung über die Rückkehr. Al, wo war Al?

»Noch nicht«, sagte Mingma gelassen. »Wind wieder stark. Wir wollen deine Füße anschauen.«

Es war sehr unangenehm, die Stiefel und die Innenschuhe auszuziehen, die eisigen Socken von der Haut zu lösen. Der linke Fuß war gelblich und lederfarben, hatte aber nur leichte Frostbeulen. Der rechte war hart und fest, wie weißes Fleisch, das gerade aus dem Tiefkühlfach kam.

»Böse«, flüsterte Mingma.

Finch hatte sich so weit erholt, dass sie eine sachliche Diagnose ihres Zustands vornehmen konnte. Der linke Fuß würde sich langsam erholen. Was mit dem anderen geschehen würde, würde die Zeit zeigen. Hier konnte man jedenfalls nichts tun. Selbst wenn sie genug heißes Wasser hätten, um den Fuß aufzutauen, würde dies nichts verbessern. Irgendwie musste sie zum Basislager gelangen, und zwar so schnell wie möglich, um die Frostbeulen zu behandeln. Sie wickelte die bizarren Beulen in ihren Schlafsack, damit sie verborgen waren. Es gab noch weitere dringende Fragen.

»Wie können wir Al helfen?«

Mingma senkte den Blick. Sein breites Gesicht war ausdruckslos. »Nur warten.«

Al und Sam hatten Rix beim Abstieg zwischen sich genommen. Nachdem Ankunft auf dem Gipfel hatte ihn jegliche Willenskraft verlassen. Er wirkte jetzt kleiner, schwächer. Sie kamen an der Stelle vorbei, an der Namje auf sie warten sollte, aber er war nicht da. Als Sauerstoff war zu Ende. Er konnte sich nur mit höchster Willensanstrengung konzentrieren. Namje war vermutlich Pemba, Ken und Sandy Jackson gefolgt. Fußspuren führten den Grat hinunter, aber der Wind war so stark und das Schneegestöber so dicht, dass sie Mühe hatten, den Spuren zu folgen. Der kleinste Umweg wäre eine Katastrophe. Und Achtung vor dem Simsüberhang.

Al dachte an Finch und Molly, an Finch und Jen. Er hörte Stimmen: Geh nicht. Komm zurück.

Aber er hatte es getan und war jetzt beim Abstieg. Es war das letzte Mal und es war der höchste Berg. Er war froh, dass es vorbei war. Warum nur hatte er immer angenommen, er könne nicht aufhören, er könne Schmerzen und Kampf nicht gegen einen warmen Platz und Bequemlichkeit eintauschen?

In seinem Kopf schien sich ein Fenster zu schließen. Er wandte sich nach Rix und Sam um. Dann blinzelte er und schüttelte den Kopf. Sein Blick war immer noch verschwommen. Sauerstoff. Sein ganzer Körper lechzte danach. Geh zum Südgipfel, zum Lager. Bleib dort über Nacht.

Halt, was lag da im Schnee? Eine orange Flasche. Ein Geschenk, ein Wunder. Ich muss atmen.

Er lag auf den Knien und schnallte seine Sauerstoffflasche ab. Dann erinnerte er sich. Das war ja Rix' leere Flasche, die er beim Aufstieg hatte liegen lassen. Er hob sie auf und steckte sie in eine Schlaufe seines Klettergürtels.

Die beiden anderen Männer folgten ihm. »Geschafft«, murmelte Rix. Auch Sam wirkte erledigt. Sie waren alle erschöpft. Das gefiel ihm gar nicht. Er trug schließlich die Verantwortung für sie.

Sie gelangten zum Hillary Step. Al versuchte sich zu konzentrieren und beobachtete, wie sie sich in das Seil hakten und hinunterglitten. Jetzt war er an der Reihe. Er hakte Spiders alten Karabinerhaken in seinen Klettergürtel.

Sie versammelten sich am Fuß des Felsens. Rix torkelte und schnappte nach Luft.

»Geht weiter«, befahl Al. »Sam?«

»Okay«, murmelte er.

Noch mehr Schritte, immer weiter hinunter, immer den Spuren nach. Neuschnee wirbelte durch die Luft.

Finch hörte bei ihrer Ankunft die Stimmen und metallisches Klirren im Wind. Mit klopfendem Herzen kroch sie zum Zelteingang. Es waren Pemba, Ted und Vern. Die Amerikaner waren in Hochstimmung und ungeheuer erleichtert.

»He, wir haben's geschafft. Wow. War das ein Erlebnis.«

Finch ließ den Blick auf Pemba ruhen. Seine großen schwarzen Augen blickten düster.

»Wir sind an ihnen vorbeigekommen. Sie waren noch beim Aufstieg. Es war ungefähr halb drei oder drei.«

So spät waren sie noch geklettert. Und das bei aufziehendem Sturm.

Bitte.

Gebeugt kämpften sie sich stundenlang den gefährlichen Abstieg hinunter. Es war fast dunkel, der Wind trieb den Schnee seitlich in ihre erstarrten Gesichter.

Geh zum Südgipfel, zu der Mulde darunter. Dort gibt's Sauerstoff und Essen, sogar eine Notunterkunft.

Als sich Al wieder umwandte, hatte sich Rix wortlos in den Schnee gesetzt. Einen Meter weiter kämpfte Sam gegen den Wind an. Al nahm das Seil von der Schulter und klemmte das Ende in Rix' Klettergürtel. Er zog ihn hoch und zerrte ihn vorwärts wie einen Hund an der Leine.

Hatten sie den Gipfel etwa nicht erreicht? Selbst in seinem Zustand akuten Sauerstoffmangels schien ihm das unmöglich.

Halt, da pfiff doch jemand. Jemand befand sich neben der grauen Felswand, er trug einen Parka von Mountain People. Es war Namje, aber das Pfeifen kam von jemand anderem.

»Boss. Sandy«, stieß Namje hervor.

»Wo ist er?«

»Verloren. War noch vor mir, dann weg.«

Das Pfeifen kam von Ken. Eine Minute später ging der Führer auf der Fußspur zurück.

»Al. Gott sei Dank. Jackson ist verschwunden. Der Weg führte geradewegs nach unten. Ich habe mich umgedreht, um auf ihn zu warten, aber da war nur noch Namje. Ich habe die Spur abgesucht, aber nichts gefunden. Er kann mich nicht überholt haben.«

Ein weiterer Schwächeanfall von Rix brachte Al am anderen Ende zum Straucheln. Al klemmte ihn vom Seil los und überlegte, was er tun sollte.

»Ken, du bringst Rix am kurzen Seil hinunter. Sam, du gehst mit Namje.«

»Nein.«

Niemand hatte noch Kraft. Al zuckte die Achseln. Er klemmte Spiders Karabinerhaken vom Klettergürtel und schlug damit auf die leere Flasche ein. Sam streckte die Hand nach der Pfeife aus, die Ken ihm gab, schob seine Maske zur Seite und setzte die Pfeife an die Lippen.

»Hilf Ken«, sagte Al zu Namje. Ken und Namje nahmen Rix in ihre Mitte und kämpften sich weiter Richtung Tal. Sam und Al blieben zusammen. Immer wieder gab Sam Pfeifsignale.

Sie setzten die Suche nach Sandy Jackson fort, wenn auch nicht mit ganzer Kraft. Sauerstoffmangel, Erschöpfung und Dehydratation hielten sie davon ab. Automatisch leiteten sie ihre Schritte talabwärts. Endlich entdeckten sie etwas.

Vor ihnen war eine schwache Fußspur zu erkennen, vom Neuschnee leicht verwischt. Sie führte links nach unten. Sie folgten der Spur, bis Al plötzlich stehen blieb. Einen Meter vor seinen Stiefeln war eine gezackte Öffnung. Der Rand des Bergsimses fiel an beiden Seiten ab. Die Spuren führten direkt zu der Öffnung. Sie stellten sich davor, blickten hinein und sahen nur den leeren Raum.

Sandy war von der Spur abgewichen, durch die Öffnung gefallen und auf der Kangshung-Flanke gelandet.

Er war mit Sicherheit tot.

Sam umfasste Als Schulter und drängte ihn weg von dem Überhang. Nachdem sie sich aus der Gefahrenzone entfernt hatten, knieten sie zusammen im Schnee, vor Schock und Anstrengung keuchend und würgend. Endlich hob Al den Kopf und betrachtete seine leeren Hände. Er hatte Spiders Karabinerhaken verloren und Sandy Jackson war tot.

Was nun? Was konnte er jetzt anderes tun, als seine letzte Willenskraft aufzubringen, um selbst zu überleben?

Aber da war noch jemand bei ihm. Ja, Sam war hier.

Sie waren allein auf dem Berg, gehörten irgendwie zusammen, zwei Hälften eines Ganzen. Es dunkelte. Dumpf merkte Al, dass er keine Orientierung mehr hatte.

Wie weit waren sie mit dem Abstieg gekommen? Wie lange mussten sie noch gehen, um den Pass und Finch zu erreichen?

Wieder waren Stimmen zu hören, Geräusche von Menschen, die im Lager eintrafen. Finch hörte sie trotz ihrer Benommenheit und Mattigkeit. Und wieder kroch sie zum Zelteingang, von ihren erfrorenen Füßen behindert. Sie erkannte Rix, von Ken und Namje mehr getragen als gestützt. Pemba und Mingma eilten ihnen entgegen. Als Rix in sein Zelt gebracht worden war, rief sie mit schwacher Stimme nach Mingma. Der Sherpa kam zu ihr und kniete neben ihr. »Ich weiß nicht, Madam, werde Ken schicken.«

Endlich trat Ken in ihr Zelt. Er hielt den Kopf gesenkt, sodass sie den Ausdruck seiner Augen nicht deuten konnte. »Wie geht's den Füßen?«

Sie erkannte, dass er sie hinhalten wollte, und ergriff seinen Arm. Angst hämmerte in ihrem Kopf. »Wo ist er?«

»Sie haben den Gipfel sehr spät erreicht. Später als Jackson und ich.« Einen Moment lang ging ihr durch den Kopf, dass Sam ja auch dabei war. »Sie hatten Rix bei sich. Er war völlig erschöpft, bestand aber darauf weiterzugehen. Als wir auf dem Rückweg waren, kamen sie an uns vorbei.«

Abwartend heftete Finch ihren Blick auf den Führer. »Sie kamen an euch vorbei. Und wo sind sie jetzt?«

»Es war wegen Jackson. Ich bin umgekehrt, um nach ihm zu suchen. Er war verschwunden.«

Sie hörte ihm aufmerksam zu. Der Wind wurde immer lauter, aber sie verstand jedes Wort nur allzu deutlich. Al und Sam waren immer noch oben am Berg und suchten Sandy. Neben ihr lag Sandys Schlafsack, seine Habseligkeiten. Endlich erwiderte Ken ihren Blick und hielt ihn einen Moment lang fest. »Mach dir keine Sorgen. Al wird sie alle heil herunterbringen.«

Finch nickte. »Ja.«

»Sie müssen nur ein paar Meter zum Lager fünf hochklettern. Sie waren gar nicht so weit davon entfernt. Falls nötig, können sie dort übernachten.«

Sie legte sich wieder hin. Ihre Gedanken kreisten um den vergangenen Tag und das, was kommen würde. Sie schwankte zwischen Angst und Hoffnung. Wie winzige Magnetimpulse, die erst aufeinander zu, dann auseinander drifteten. Sie war zu erschöpft, um klar zu denken.

Al und Sam kämpften sich gegen den Wind voran. Es war fast dunkel und sie hatten beide keinen Sauerstoff mehr.

Das ist das Schlimmste, überlegte Al. Der Wind und der Schnee hatten die alten Spuren verwischt. Wir sind verloren. Das Wetter verschlechtert sich, die Dunkelheit bricht an. Wir müssen Lager fünf erreichen, wir brauchen Sauerstoff, etwas zu essen und ein Lager für die Nacht. Gleichzeitig drang ein Warnsignal in sein Bewusstsein. Sie waren zu weit unten, das Lager befand sich weiter oben.

Er blieb unvermittelt stehen und Sam stieß mit ihm zusammen. Wir müssen zusammenbleiben. Jackson können wir nicht mehr helfen. Jetzt müssen wir ums eigene Überleben kämpfen.

Sie standen Schulter an Schulter, gegen den Wind gestemmt, ohne zu wissen, wie es weiterging. Ein paar Meter entfernt ragte ein großer Fels aus Schnee und Eis empor, der wie eine menschliche Schulter aussah. Al erinnerte sich. Sie befanden sich auf dem Weg unter dem Notquartier von Lager fünf. Das Quartier war zu weit entfernt, um hochzuklettern, selbst wenn sie den Weg fänden.

»Wir müssen hier ein paar Stunden bleiben«, erklärte er Sam, der apathisch nickte. Sie knieten nieder, wie beim Gebet, und gruben mit den Händen eine tiefe Mulde in den Schnee. Al öffnete seinen Rucksack und holte ein zusammengefaltetes Nylonzelt heraus. Er versuchte es aufzustellen, damit sie hineinkriechen konnten, aber der Sturm zerrte daran und riss es ihm aus der Hand. Dann sahen sie, wie es ins Nichts davongetragen wurde.

Schließlich legten sie sich in die Schneemulde, die ihnen als Notbehelf diente. Sie lagen eng beieinander. Der Wind tobte über ihren Köpfen, die Kälte ließ ihre Glieder erstarren. Inzwischen war es völlig dunkel.

»Bleib wach«, befahl Al. »Und sprich.« Ihre Gesichter und Münder waren sich ganz nah.

Sam tat, wie ihm geheißen. Undeutlich redete er über Michael, die Berge des Yosemite-Nationalparks, Wilding, den Marathonlauf, über Mary, Fran, Seattle, über Träume und Enttäuschungen. Es war eine monotone, unzusammenhängende Litanei.

»Nun bist du dran«, forderte Sam ihn schläfrig auf.

»Es ist vorbei.«

Sam spürte den warmen Hauch seines Atems. Er wartete, dass Al weiterredete, aber nichts geschah.

»Nein. Wir gehen hinunter. Müssen nur hier bleiben, wach bleiben.«

Wieder spürte er den Atem des anderen. »Du wirst gehen.«

»Du hast Finch«, sagte Sam eindringlich. »Du kannst sie heiraten. Ihr könnt zusammen Kinder haben.« Trotz des Schnees und der Dunkelheit konnte er alles deutlich vor sich sehen. Es war ein lebhaftes Bild. Drei kleine Kinder mit Finchs dunklem Haar. Ein Hof, ein Ahornbaum mit Frühlingsknospen. Und der Geruch von Erde, Gras und Blüten.

Die Welt da unten wartete, Al konnte sie wiederhaben. Eis und Wind hinter sich lassen, wieder ins Leben treten. Es war kostbar, was auch immer es ihm bieten würde.

»Finch«, sagte Al kaum hörbar.

Eine Stunde und noch eine pressten sie sich aneinander. Der Wind war wie eine dritte Begleitperson.

Al dachte an die Fehler, die er gemacht hatte. An den toten Sandy. An Finch, die er mit ihren Frostbeulen gedrängt hatte, so hoch zu klettern. Daran, dass er den Gipfel zu spät erklommen hatte. Dann ließ er alles los, sämtliche Teile seines Lebens, die er nie hatte ineinander fügen können. Hinter seinen frostverklebten Augenlidern sah er Molly vor sich. Eine junge Frau, die sich in der letzten Nacht in Tyn-y-Caeau in seinem Bett zusammengerollt hatte, das schwarze Haar wie ein Fächer über das Kissen gebreitet.

Ihm war jetzt wärmer.

Es war nicht gut, hier oben Wärme zu fühlen, oder Schläfrigkeit, es war nicht gut, zuzulassen, dass einen die Wogen des Schlafs davongetrugen.

Es spielte keine Rolle. Aber Sam war wichtig. Finch und Sam. Al wehrte sich gegen die bleierne Müdigkeit und bemühte sich, seine schweren Glieder zu bewegen. Er rollte sich auf Sam und legte die Arme um ihn.

Im Basislager saß George Heywood am Tisch des Speisezeltes, den Kopf in den Händen vergraben, und wartete. Ken hatte ihm vom Pass die Nachricht über Funk mitgeteilt. Sandy Jackson wurde vermisst, Al und Sam McGrath waren oben am Berg. Und keine weitere Nachricht.

Sie mussten bis zum Tagesanbruch warten und dann versuchen sie zu finden.

Finch erwachte in der Nacht aus einem Traum und setzte sich im Schlafsack auf.

Das Zelt war leer, neben ihr lagen Sandy Jacksons Sachen. Im Lager war es still. Alle lagen in ihren Zelten, matt vor Erschöpfung und vom Sturm. Der Berg, den sie hatten erobern wollen, hatte sie besiegt.

Sie spürte mit absoluter Sicherheit, dass Al tot war.

Der Himmel war weiß, hatte die Farbe von Eis, die Farbe der Kälte. Sams Wimpern waren schwer vom Reif, aber er zwang sich, die Augen zu öffnen. Über sich erblickte er den Himmel. Er spürte ein Gewicht auf sich, das ihn niederdrückte. Er wendete den Kopf und hörte einen Anorak rascheln. Arme lagen auf seinen Schultern, er spürte das Gewicht eines Mannes. Als Gesicht war nah. Sein Bart, seine Wangen, seine Augen und seine Haare waren mit Eis überzogen und über seine Schultern war wie ein Bettuch eine Schneedecke gebreitet.

Langsam und mühsam versuchte Sams an Sauerstoffmangel leidender Verstand, aus Traum und Delirium die Wirklichkeit herauszukristallisieren.

Der Tag war angebrochen. Sie hatten die ganze Nacht im Schnee gelegen. Der Mann, der ihn geschützt hatte, war tot.

Beweg dich, solange du noch kannst, befahl sein benommener Verstand ihm.

Als Körper war steif, war schwer und hart wie ein Holzblock. Sam kroch unter ihm hervor. Der Wind hatte sich gelegt. Der Grat schlängelte sich nach unten, eisglatt, aber sichtbar. Steig ab. Hier ist niemand mehr. Er musste alles zusammenpacken und zum Pass hinunterklettern, eine andere Überlebenschance gab es nicht.

Und Sam war wild entschlossen zu leben. Er kniete sich über Al und öffnete dessen Reißverschluss. Seine Finger waren zu gefühllos, deshalb suchte er mit dem Mund die Halsschlagader. Nichts. Die Haut war gefroren. Es war, als wäre alle Wärme aus Al geflossen und auf ihn übergegangen.

Denk nicht. Mach weiter, such das Funkgerät. Sag ihnen, sie sollen dich abholen. Warmer Tee und Sauerstoff.

Sam holte das Gerät aus der Innentasche der Daunenjacke. Aber seine Hände waren zu steif, um die Knöpfe zu betätigen. Er ließ es fallen und es schlitterte auf dem Eis davon. Warum hatten sie es gestern Nacht nicht benutzt? Sie waren zu müde und zu verwirrt. Und wer hätte sie bei dem Sturm schon retten können?

Da war noch etwas, ein Foto. Er umklammerte es mit seiner steifen Hand und stopfte es in die Tasche.

Jetzt los. Er stemmte sich auf die Füße und marschierte los, ohne sich umzusehen. Hinunter, hinunter, nur weg von hier.

Vom Basislager aus nahm George Kontakt mit Ken auf. »Kannst du wieder hochklettern? Nimm Pemba, Tee und etwas zu essen mit. Sie warten in Lager fünf.«

Ken hob den Kopf. Er bezweifelte, dass er stark genug war, noch mal da hochzuklettern. Die drei Sherpas saßen beieinander und beobachteten ihn abwartend. Die Kunden waren noch in ihren Zelten. Die größte Sorge galt Finch Buchanan. Sie musste irgendwie hinuntergebracht und ins Hospital geflogen werden.

»Ich kann sie nicht auf die Beine stellen und du auch nicht, George. Was meinst du?«

Die Antwort kam knacksend. »Wir müssen alles tun.«

»Ja.«

»Frag Dos Santos, ob er jemanden hat.«

»Ja.«

Die Argentinier waren bereits aufgetaucht und boten ihre Hilfe an. Sie konnten Finch und Rix beim Abstieg helfen.

»Pemba und ich sind in ein paar Minuten abmarschbereit.«

»Viel Glück. Ken?«

»Ja.«

»Danke. *Over.*«

Führer und Sherpa packten etwas zu essen und warmen Tee in ihren Rucksack – und die beiden letzten Sauerstoffflaschen. Dann schlugen sie den Weg zum Pass und zum Felsgrat ein. In der Einsamkeit ihres Zeltes kniete Finch nieder.

»Er ist tot«, sagte sie laut vor sich hin.

In seinem Haus in Wilding saß Michael McGrath in einem Küchensessel. Der Kaffee auf dem Tisch war kalt geworden, das Essen auf dem Teller fast unberührt. Das helle Licht draußen hatte sich in weiches Dämmerlicht verwandelt. Stille lastete auf dem Haus. Weder war der Fernseher angestellt, noch tönte Countrymusic aus dem Radio.

Die Sonne war hinter den großen Bäumen hinter dem Haus verschwunden. Es war fast dunkel und er erhob sich mühsam. Auf seinen Stock gestützt, humpelte er zum Telefon. Daneben lag ein Notizblock mit ein paar Nummern, die Sam ihm gegeben hatte. Er hatte sie pro forma mit dem Bleistift auf den Block gekritzelt, aber nicht die Absicht gehabt, nach Nepal zu telefonieren, um mit jemandem im Basislager des Everest zu reden.

Aber den ganzen Tag lang hatte er ein ungutes Gefühl gehabt. Die alten Instinkte, der Aberglaube und der sechste Sinn des Kletterers waren erneut in ihm erwacht und quälten ihn. Er musste sofort mit Sam sprechen, ihm einen Rat erteilen, ihn aufmuntern und ermahnen, auf den Weg zu achten.

Das Satellitentelefon im Kommunikationszelt läutete und George Heywood nahm den Hörer ab.

Michael stand im dunklen Flur und sah zum Fenster hinaus. Die Scheinwerfer eines Autos, das aus der Stadt kam, leuchteten auf, ein weiches Gelb in der Dunkelheit. Dann glitten sie langsam am Haus vorbei.

»Ihr Sohn hat gestern am Spätnachmittag den Gipfel erreicht«, sagte George Heywood. Michael erinnerte sich dunkel an ihn. Als junger Mann war er ernst und vorsichtig gewesen, eifrig, aber am Berg ohne Intuition.

Die Erinnerungen verschwanden und erschienen erneut.

»Ich fürchte, er ist noch nicht zurück am Pass. Wir hoffen, dass er die Nacht im oberen Lager verbracht hat. Sobald wir Näheres wissen, rufe ich Sie an, Mike.«

Langsam legte Michael den Hörer auf. Er umklammerte seinen Stock, bewegte sich aber nicht.

Komm runter, mein Sohn. Es ist wichtig. Bitte, verlass mich nicht, bevor ich dir gesagt habe, was du mir bedeutest.

Er hat den Everest bestiegen. Sam ist dorthin geflogen und den verdammten Berg hochgeklettert. Er darf nicht sterben.

»Ich gehe nicht«, rief Finch.

Der große Argentinier zuckte enttäuscht die Achseln. Er wollte der amerikanischen Ärztin mit den Frostbeulen beim Abstieg helfen und nun wollte sie nicht weitergehen. »Sie müssen. Sie riskieren Ihre Füße, Ihre Gesundheit. Vielleicht sogar Ihr Leben.« Er machte eine entsprechende Geste an seinem Hals.

Tränen rollten ihr die Wangen herab, Salz brannte auf ihrer rissigen Haut und auf ihren Lippen. »Ich kann ohne ihn nicht gehen. Nicht, bevor ich weiß, wo er ist.«

Mingma und der Kletterer warfen sich einen flüchtigen Blick zu. Sie hatten Verständnis für ihren tiefen Kummer, aber nicht den Mut zur Konfrontation.

»Wir gehen jetzt«, beschloss der Mann. Er fühlte sich unbehaglich, aber seine eigenen Bedürfnisse waren ihm dennoch wichtiger.

Finch legte ihm die Hände auf den Arm. Dann schob sie ihn sanft zurück. »Gehen Sie, ich werde meine Meinung nicht ändern.«

Er nickte und zog sich zurück. Mingma kauerte sich wieder neben sie. Ted, Vern und Rix hatten ihre Sachen zusammengesucht und bildeten eine stille Gruppe. Sie fanden keine Worte, ihre Lebhaftigkeit war wie weggeblasen. Es wurde Zeit für den Abstieg. Sie waren zu matt, um weitere Stunden in dieser Höhe zu verbringen.

Mit hängendem Kopf torkelte Sam wie ein Betrunkener. Manchmal gab er auf und rutschte auf dem Rücken den eisigen Hang hinunter, immer schneller werdend, bis der Instinkt ihm gebot, den Eispickel einzuhacken, um Halt zu finden.

Er verdrängte Gedanken und Erinnerung. Er verdrängte alles außer seiner Entschlossenheit. Klettere runter, beweg dich. Rette dich. Bleib am Leben.

Er kam an der anderen Leiche vorbei.

Ich nicht, ich werde nicht sterben.

Es wurde heller.

In weiter Entfernung, unterhalb des Grates, erkannte er zwei winzige Gestalten. Er konnte nicht sagen, ob sie sich bewegten. Es waren einfach Punkte in der rauen Landschaft. Er glaubte, es wären Al und er.

Wir können es nicht sein. Al ist tot. Rette dich. Beweg dich, verdammt noch mal. Beweg dich.

Die Umrisse der Gestalten wurden deutlicher.

»Schau«, sagte Ken und deutete nach oben. Ein Kletterer kam den Hang herunter.

»Es ist einer von uns«, sagte Pemba.

»Ja, nur einer.«

Sie versuchten ihre Schritte zu beschleunigen.

Sam war nah genug, um die Parkas von Mountain People zu erkennen. Seine Beine versagten den Dienst. Er stolperte und fiel. Schnee drang in Mund und Augen. Mit unendlicher Mühe hob er nochmals den Kopf. Er wollte einfach so liegen bleiben, wie er gefallen war.

Ein Arm griff unter seine Schulter und stützte ihn. Ein anderer hob ihn hoch, strich seine Kapuze zurück. Sein Gesicht war schneebedeckt, sein Bart vereist, die Gletscherbrille verdunkelte seine Augen.

»Es ist Sam«, sagte jemand.

Mingma kniete nieder, schraubte eine Thermosflasche auf, füllte einen Becher mit heißem Tee und schob ihn Sam in die Hand. Aber dessen Finger waren zu steif, der Becher glitt ihm aus der Hand, der warme Tee ergoss sich über seine Beine. Mingma hielt ihm die Flasche an den Mund, damit er trinken konnte. Wärme erfüllte Sams Mund und er nahm einen kräftigen Schluck.

»Sam, kannst du mich hören?« Ken Kennedys Gesicht war grau wie Eis. Sam nickte.

»Wo sind Al und Sandy?«

Er versuchte zu sprechen, konnte aber nur krächzend hervorstoßen: »Tot.«

In der Stille nahm er einen weiteren Schluck Tee zu sich.

Sie schnallten ihm eine Sauerstoffflasche um und drückten ihm die Maske aufs Gesicht. Er atmete tief durch und spürte das Leben in sich zurückkehren.

»Bist du bereit weiterzugehen?«

Sam nickte erneut, erhob sich und bewegte sich mühsam in ihrer Mitte weiter.

Finch beobachtete, wie sie sich über den Pass näherten. Sam steuerte langsam auf sie zu und sank vor dem Eingang ihres Zeltes nieder. »Er ist tot.«

Ihre Augen waren trocken. »Ich weiß.«

Hilfreiche Hände boten sich den beiden an, wurden jedoch ignoriert.

Sams Lippen bewegten sich nur mühsam. »Er hat mich gerettet.«

Finch sah ihn forschend und fragend an. Dann neigte sie den Kopf und ihre Stirn ruhte kurz an seiner Schulter.

Ken übermittelte George die Nachricht per Funk. Die Überlebenden mussten so schnell wie möglich hinuntergebracht werden. Ihre Lage war im Augenblick zu gefährlich, um sich mit etwas anderem zu befassen. Sie besprachen sich kurz, dann kehrte George zu der bedrückt wirkenden Gruppe zurück und erteilte Anweisungen.

»Wir klettern sofort zum Kar hinunter. Die Leute von Andrea Dos Santos warten in Lager drei, um uns zu helfen. Wir machen kurz Halt in Lager eins und gehen bei Tagesanbruch den Gletscherbruch hinunter. George kümmert sich um den Hubschrauber. Er wird das Basislager anfliegen und Finch und Sam mitnehmen, sobald sie dort eingetroffen sind.«

Er blickte in die betroffenen Gesichter. »Wir müssen uns gegenseitig beistehen.«

Rix reagierte als Erster. »Wir können es schaffen. Al hat es uns gezeigt, wir müssen es ein weiteres Mal tun.«

Sie bildeten eine schweigsame Linie. Pemba ging in Führung, Mingma und Namje stützten jeweils Sam und Finch. So setzten sie sich in Bewegung. Rix, Ted und Vern schlossen auf und Ken bildete das Schlusslicht der Überlebenden der Mountain-People-Gruppe.

In Wilding, Oregon, läutete das Telefon. Michael brauchte lange, bis er zum Telefon geschlurft war, aber der Anrufer war geduldig.

»Mike, er lebt und ist oben am Pass. Man bringt ihn gerade herunter.«

»Und?«

»Er war die ganze Nacht da oben. Unterkühlung, Frostbeulen. Ich weiß noch nicht, wie schlimm es steht. Aber er hat den größten Teil des Abstiegs allein zurückgelegt. Er ist sehr stark. Zwei andere haben es nicht geschafft.«

»Tut mir Leid«, sagte Michael.

Er legte den auf und stand still da, ausdruckslos auf die Stelle blickend, wo einst Marys Garten war. Ein verkrüppelter alter Mann mit einem harten Gesicht, der sich tief im Inneren bewusst war, wie sehr er sein einziges Kind liebte, und der sich fragte, weshalb er nie in der Lage gewesen war, ihm das zu sagen.

In Vancouver saß Angus Buchanan in seinem schwarzen Bürosessel im gläsernen Turm. Er nahm den dringenden Anruf, den seine Sekretärin durchgestellt hatte, entgegen und lauschte.

»Sobald wir sie herunter ins Basislager gebracht haben, wird sie in einem Hubschrauber in die Klinik in Katmandu geflogen«, schloss George.

»Nein.«

Angus überlegte schnell. Er war es gewohnt, in diesem vornehmen Büro aus Kiefernholz und polierten Intarsien schnelle Entscheidungen zu fällen. Finch wusste es vielleicht nicht, aber sie war sein Lieblingskind, seine angebetete, einzige Tochter. Wenn nötig, würde er Himmel und Hölle in Bewegung setzen, um sie eine Minute früher nach Hause zu holen. »Ich will, dass sie von dort sofort nach Hongkong geflogen wird und dann weiter nach Vancouver. Das sind höchstens noch zwanzig Stunden. Ich buche die Flüge.«

»Okay«, erwiderte George.

Im Morgengrauen des nächsten Tages verließen sie nach einer Ruhepause in Lager eins das kleine Zeltdorf und begannen den letzten Abstieg am Gletscherbruch. Finch musste den Großteil des Weges gestützt werden. Das Gewebe ihrer Füße fing an aufzutauen und sie biss vor Schmerz die Zähne zusammen, um nicht zu schreien. Sam fühlte sich wieder stärker. Sie befanden sich in geringerer Höhe, er hatte etwas gegessen und warmen Tee zu sich genommen. Er ging allein, seinen Gedanken nachhängend. Bei der Fläche des Gletschers angelangt, hörten sie das leise Brummen des Hubschraubers.

Finch begab sich zum ärztlichen Versorgungszelt. Sie ging an Als abgeschlossenem Zelt vorbei und wandte kurz den Kopf. Adam Vries stand daneben. Er, der sonst so fröhlich war, wirkte zutiefst betroffen. Auf dem *puja*-Altar schwelten noch immer die Zweige des Wacholderbeerstrauchs.

Im Zelt gab Finch sich eine Diamorphin-Spritze, nahm ein Antibiotikum und legte noch zwei weitere für unterwegs zurecht. Sie zog die Stiefel aus und streifte die Socken herunter.

Ihre Zehen waren pflaumenblau und geschwollen. Mit Hilfe von George und Dorje säuberte sie sie und legte einen Verband an.

»Wo ist Sam? Ich muss mir seine Hände und Füße ansehen, bevor ich gehe. Er braucht auch eine Spritze.«

»Sam ist in Ordnung, er ist zäh.«

Er hat mich gerettet. Genau das hatte Al getan. Sie hatte es in Sams Augen gelesen. Sie hatten einen anderen Ausdruck, sprachen von Traurigkeit und großem Respekt. Vorher pflegten sie vor Übermut zu blitzen.

Der Hubschrauber landete. Die Rotoren wirbelten Schnee auf, ein Vorgeschmack auf die Bedingungen oben am Berg. Alle wandten den Kopf ab.

In dieser Höhe konnte der Hubschrauber nur eine Person transportieren. Finch sollte als Erste befördert werden. Sie hatte die Arme George und Adam um den Nacken gelegt und wurde von ihnen hochgehoben. Noch einmal blickte sie zum Gipfel. Dann wandte sie sich Sam zu. Er hob die Hände und versuchte zu lächeln. Da sprang plötzlich der Funke des Erkennens von einem zum anderen.

Was sie gesehen und erlebt hatten, verband sie, und dieses Band war durch Al geknüpft worden. Sie konnten es nicht zerreißen, auch wenn sie es gewollt hätten.

George half ihr in den Sitz und gurtete sie an. Der Pilot nickte, bereit zum Weiterflug.

»Tut mir Leid«, sagte Finch.

Aber der Lärm der Rotoren übertönte ihre Worte. Der Hubschrauber hob an und schwankte gefährlich. Dann trug er sie hinunter ins Tal.

Sam ließ sich auf dem Felsen nieder, die Hände baumelten zwischen seinen Knien. Er hatte Frostbeulen an Händen und Füßen, und Dorje wärmte Wasser auf, um sie aufzutauen. Nachdem der Hubschrauber nicht mehr zu hören war, schien der Ort noch trostloser. Ihr Schweigen und ihre Verzweiflung nahmen zu.

»Erzähl mir genau, was geschehen ist«, bat George Heywood.

Sam schilderte alles genau, auch, wie Al ihn mit seinem Körper vor dem Erfrieren bewahrt hatte.

Schließlich meinte George: »Ich muss es seiner Frau sagen.« Er entfernte sich mit knirschenden Stiefeln über Geröll und Eis.

Adam setzte sich neben Sam. Sie schwiegen. Geistesabwesend griff Sam in die Tasche seines Parkas mit Adams Namen und holte das zerknitterte Bild heraus. Er forderte Adam mit einem Nicken auf, es an sich zu nehmen. Adam glättete es und sie betrachteten es gemeinsam. Es zeigte ein kleines Mädchen am Strand. Sein Haar war vom Wind zerzaust und es lachte in die Kamera.

»Seine Tochter«, sagte Adam.

»Steck es in meine Innentasche zurück«, forderte Sam ihn auf. »Ich nehme es mit und gebe es ihr.«

Dorje kam mit dem warmen Wasser und Adam half seinem Freund, die Füße einzutauchen.

Nach einer Stunde näherte sich der Hubschrauber erneut. Nun war Sam an der Reihe. Adam half ihm in den Sitz. Die Kletterer hatten sich im Kreis aufgestellt und winkten ihm zum Abschied. George war noch immer im Kommunikationszelt.

»Wir sehen uns dann in den Staaten«, sagte Adam zum Abschied. Der Pilot hob zum zweiten Mal ab und lenkte seine Maschine behutsam weg vom Gletscher.

Sam hatte weder einflussreiche Freunde noch eine Familie, die für ihn Entscheidungen traf, und musste sich in die Klinik nach Katmandu begeben. Als er dort anlangte, war Finch bereits auf dem Rückflug nach Hongkong.

12. Kapitel

Die Frauen anderer Bergsteiger hatten Jen erklärt, dass dieser Anruf mit Sicherheit eines Tages kommen würde.

Bereits beim ersten Klingeln öffnete sie die Augen. Der Wecker zeigte 5.15 Uhr. Der Tag war bereits angebrochen. Die Vögel in dem alten Fliederstrauch auf der Rückseite des Hauses zwitscherten.

Sie hob den Hörer ab und hörte den Worten des Expeditionsleiters von Mountain People zu, der vom Basislager des Everest aus anrief. Der Raum war von fröhlichem Vogelgezwitscher erfüllt.

»Ich verstehe«, sagte Jen am Ende der Unterhaltung. »Ich danke dir für deinen Anruf.«

»Es tut mir sehr, sehr Leid«, erwiderte George.

»Danke. Du weißt ja, Al und ich sind geschieden.«

Warum habe ich das nur gesagt?, fragte sie sich.

»Al hat auf dem Gipfel einen mutigen Entschluss gefasst. Der andere junge Kletterer hat die Nacht nur überlebt, weil Al ihn mit seiner eigenen Körperwärme vor dem Erfrieren bewahrt hat.«

Mit gesenktem Kopf dachte Jen über diese Worte nach. Die Stimme am anderen Ende erkundigte sich, ob sie noch da sei. Sie dankte George nochmals höflich. Er sagte, er werde die Details später mit ihr besprechen, wenn sie sich gefangen hatte. »Ich bin zu Hause«, erklärte sie ihm, als ob das nicht selbstverständlich wäre.

Jen kletterte aus dem Bett, schlüpfte in Morgenmantel und Pantoffeln und schlurfte an Mollys Zimmer vorbei. Sie würde ihre Tochter noch schlafen lassen, damit sie für die Nachricht gestärkt war. Jen empfand tiefes Mitleid mit Molly – als erste Reaktion auf den Anruf, mit dem sie früher oder später gerechnet hatte.

In der Küche war es noch kühl. Zwei Katzen sprangen vom Sofa und strichen ihr um die Beine. Sie waren hungrig und miauten kläglich. Jen holte Katzenfutter aus dem Kühlschrank und füllte es in zwei Näpfe. Dann setzte sie den Wasserkessel auf. Sie kochte sich eine Tasse Tee, stellte sich ans Fenster und atmete den Duft der Geranien auf dem Fenstersims ein. Al hatte nie in diesem Haus gewohnt, es gab hier keine Erinnerungen an ihn.

Sie stellte sich die Konturen seines Körpers vor und dachte an das Opfer, das er für den anderen Bergsteiger, den er mit seinem Körper vor der Kälte geschützt hatte, gebracht hatte.

In großen Dingen war Al immer tapfer und großzügig gewesen. Und jede Entscheidung, die er in all den Jahren, seit sie ihn kannte, getroffen hatte, war wohl überlegt.

Jen trank ihren Tee und beobachtete dabei die Vögel im Garten. Sogar heute, so kurz nach seinem Tod, war sie wütend auf ihn. Heute ganz besonders.

Um 7.30 Uhr bereitete sie eine frische Kanne Tee, ging die Treppe hoch und nahm eine Tasse mit. Es war ein seltener Glücksfall, dass heute keine Gäste da waren. Sie klopfte an Mollys Tür, trat ein und atmete den Eigengeruch ihrer Tochter, vermischt mit Parfüm, ein. Jen berührte Mollys Schulter; sie war sofort wach und setzte sich auf. Jen stellte die Tasse behutsam auf den Nachttisch.

»Es ist wegen Dad, nicht wahr?«

»Ja.«

»Wann?«

»Gestern Nacht, während eines Sturms. Er hat den Gipfel erreicht und beim Abstieg hat ihn das Wetter überrascht. Man hat mit der Mitteilung an uns gewartet, bis die anderen Teilnehmer seiner Expedition wieder heil unten angekommen waren und man ganz sicher war.«

Mollys Gesicht schien in Einzelteile zu zerfallen. Ihre glatte Haut war plötzlich faltig und sie öffnete den Mund. Jen nahm sie in die Arme und bettete ihren Kopf an die Schulter. Molly weinte sich die Seele aus dem Leib. Der Kummer ihrer Tochter rührte Jen in tiefster Seele und ihr kamen ebenfalls die Tränen. Der Tee in der geblümten Tasse wurde kalt.

»Was können wir tun?« Molly heulte verzweifelt. »Ich will ihn wiederhaben, ich will meinen Dad.«

»Ich weiß«, flüsterte Jen. Molly hatte immer mehr an Al als an ihr gehangen. So wie sie von Anfang an an Molly gehangen hatte.

Wie gut, dass ich sie habe. Sie nahm ihre Tochter noch fester in die Arme und fuhr ihr durch die dunklen Locken.

Die erste Erschütterung ebbte ab und Molly lag matt in ihren Armen. »Wo ist er?«

»Irgendwo über dem Südsattel.« Jen erklärte ihr, was passiert war. Molly war noch nicht in der Lage, die volle Bedeutung seiner letzten Handlung in sich aufzunehmen.

»Was wird mit ihm geschehen?«

»Das müssen wir entscheiden. Wir können ihn von dort herunterholen und heimfliegen lassen. Oder er bleibt dort, wo er am liebsten war – in den Bergen.«

Molly wand sich aus ihren Armen und ging zum Fenster. Sie riss die Vorhänge auf und schrie gegen das Glas, als ob sich der Everest direkt dahinter erheben würde. »Nein, ich will nicht, dass er dort bleibt. Er hat das Klettern nicht wirklich geliebt, er hat es für Geld gemacht. Die verdammten Berge! Ich hasse sie! Ich will nicht, dass sie ihn behalten.«

»In Ordnung.« Besser ließ man sie in ihrem Glauben. Al hatte nie eine unüberlegte Entscheidung getroffen – und nie etwas getan, was er nicht tun wollte.

Molly schlüpfte wieder ins Bett. »Mum, es tut mir so Leid für dich. Er hat gesagt, das wäre das letzte Mal. Als er gegangen ist, bist du hinter ihm hergerannt, erinnerst du dich?«

»Ja.«

Sie hielten sich fest in den Armen, blickten auf Mollys Bettdecke mit dem verblassten Muster, das an ferne Kindertage erinnerte.

13. Kapitel

Die Atmosphäre in der Klinik war Finch vertraut. Hier hatte sie zusammen mit Suzy und Dennis ihre Ausbildung erhalten. Sie kannte die abgewetzten Fliesen auf den Treppen, die zur Studentencafeteria im Keller und zu den stickigen kleinen Räumen führten, in denen Assistenzärzte zwischen zwei Notfällen zu ruhen versuchten. Sie kannte die Treppen, die zur Notaufnahme führten, vor der Ambulanzwagen geparkt waren. Den antiseptischen Geruch auf den Gängen nahm sie nicht einmal wahr, so lange hatte sie damit gelebt.

Sie war eingeschlafen und keineswegs überrascht, beim Aufwachen Dennis vor sich zu sehen – er gehörte schließlich hierher. Sie brauchte einen Moment, bis ihr Verstand wieder voll funktionierte. Dann erkannte sie ein fremdes Element, das alles andere verzerrte.

Sie lag in einem Krankenzimmer, die Patientin war sie selbst. Damit kamen die Erinnerungen wieder und überschwemmten sie. Unwillkürlich seufzte sie. Sie hasste es, aufzuwachen und erneut mit ihrem Kummer fertig werden zu müssen. Der Schmerz in ihrem Fuß war groß, aber er war nichts im Vergleich zu den schmerzlichen Erinnerungen, die sie ständig quälten.

Dennis hielt ihre Hand. »Hallo«, begrüßte er sie. »Ich wäre schon früher gekommen, aber ich war ein paar Tage bei der Familie.«

Finch fasste sich wieder und lächelte ihn an. »Da gehörst du auch hin. Tausend Dank für die Blumen.«

Er ließ seinen Blick über die vielen Blumen im Zimmer schweifen. »Du könntest einen Blumenladen aufmachen.«

»Dennis, ich bin so froh, dich zu sehen«, flüsterte Finch.

Er nahm ihre Hand und legte sie an seine Wange. Diese liebevolle Geste brachte sie beinahe aus der Fassung.

»Wie geht es deinen Füßen?«

»Man kann noch nichts Endgültiges sagen«, erwiderte sie schlicht. Ein Gangrän war nicht auszuschließen. Ihrer eigenen Einschätzung nach konnte sie froh sein, wenn sie die Zehen am linken Fuß und den rechten Fuß überhaupt behalten würde. Sie konnte das ebenso nüchtern betrachten, wie sie den physischen Schmerz ertragen konnte. Es war weniger schlimm als die täglichen Erinnerungen an den Everest.

»Darf ich's mir mal ansehen?«

Sie bewegte ihre Beine unter dem Gestell, das das Gewicht der Bettdecke von ihren Füßen fernhielt. »Bist du sicher?«

»Ja, ich werde damit fertig.«

Sie entfernten das Gestell und lösten den Verband. Dennis nahm seine Brille ab und setzte die, die er in der Klinik zu tragen pflegte, auf. Sie hatte diese Geste x-mal gesehen und die Routinehandlung war für sie so hilfreich wie zuvor seine Herzlichkeit. Gemeinsam untersuchten sie ihre Füße.

Die Zehen am linken Fuß waren mit riesigen Blasen bedeckt, die abzuschwellen begannen. Das Geweben an den Zehen war abwechselnd dunkel und fahl. Der rechte Fuß war schwarz, das Gewebe zusammengeschrumpft. Die Zehen waren gekrümmt wie die Klauen eines Tieres.

»Mein armer Liebling«, sagte Dennis schließlich.

Mit dem Zustand ihrer Füße kam Finch zurecht, aber mit Dennis' Mitleid nicht. Seit sie wieder zu Hause war, quälten Schuldgefühle und Kummer sie. »Da drüben im Schrank sind frische Verbände«, erklärte sie ihm.

Sie hüllten die dunklen Zehen in antiseptische Verbände. Anschließend trat Dennis ans Fenster und blickte hinaus. »Es ist ein schöner Tag. Soll ich dich hinausschieben, damit du frische Luft schnappen kannst?«

Ihr Lächeln verriet ihre Freude. »Ja, gern.«

Er holte einen Rollstuhl, setzte sie behutsam hinein und legte ihr eine Decke über die Beine. Dann schob er sie den Gang entlang zum Aufzug. Unterwegs wurde Finch ständig von Ärzten und Schwestern begrüßt und mit besorgten Fragen und guten Wünschen bombardiert.

Es war ein klarer Nachmittag und recht mild für Mitte Mai. Dennis schlug einen Weg ein, der an Rosenbüschen und an Eisenkraut vorbeiführte. Finch seufzte erleichtert auf. Sie legte den Kopf in den Nacken und die Sonne zauberte hinter ihren geschlossenen Lidern kupferfarbene Ringe. Die schwere Luft duftete nach gemähtem Gras und Blumen. Am Ende des Weges stand eine Bank, von der aus man einen Blick auf die Mauern und Fenster des nördlichen Vancouver am andern Ufer werfen konnte. Dennis stellte den Rollstuhl neben die Bank, zog die Bremse und nahm auf der Bank Platz. Sie blickten auf das Wasser und die rotweißen Segel der Schlauchboote, die sanft dahinglitten.

Hier fühlte Finch sich sicher. Es war so kostbar und schön zu leben, ein unverdientes Geschenk. Aber Als Tod machte es inhaltslos. Wie so oft während ihres Krankenhausaufenthalts fragte sie sich, wie Jen und Molly Hood damit fertig wurden. Tränen stiegen ihr in die Augen und benetzten ihre Wangen. Erschöpft wischte sie sie weg.

Dennis sah, dass sie weinte. »Ich finde, die Entscheidung über eine Amputation sollte so lange wie möglich hinausgeschoben werden«, sagte er. »Nicht, dass ich ein Experte wäre. Aber Amos Faulkner hat sicherlich gute Ideen.«

Faulkner war Finchs behandelnder Arzt. Er war Dermatologe und leidenschaftlicher Golfspieler. Bergsteiger betrachtete er missbilligend und ungläubig.

Finch trocknete sich die Tränen. »Es geht nicht um meine Füße. Das ist nicht weiter schlimm. Ich bin froh, dass ich am Leben bin. Das verdiene ich gar nicht. Ich habe viel gegrübelt und bin zu dem Schluss gekommen, dass mein Versuch, den Everest zu besteigen, reine Selbstsucht war, eine Folge meiner Verhätschelung. Und der Verlust ...«

Dennis sagte: »Du trauerst. Du leugnest es, du wirst wütend. Und die Wut richtet sich gegen dich selbst.«

»Trauer«, wiederholte Finch. Ein so kurzes Wort für einen so großen Verlust. Erinnerungen drängten auf sie ein und vor sich sah sie eine trostlose Zukunft. »Ja, aber nicht um meine Füße.«

»Ich habe gestern Abend mit Suzy gesprochen. Sie hat mir erzählt, dass du den Mann, der umgekommen ist, geliebt hast.«

»Einen von ihnen«, sagte sie. »Es sind zwei Männer gestorben. Ein junger Australier und Al.«

»Warum hast du uns das nicht erzählt, bevor du nach Katmandu geflogen bist? Wissen Clare, Angus und das Traumteam Bescheid?«

Dennis bezeichnete die Buchanan-Brüder als Traumteam. Finchs Miene verdüsterte sich. »Nein.«

»Finch, weshalb nicht?«

Er war beharrlich. Sie wusste, dass Dennis auch dem widerborstigsten Patienten die Wahrheit entlocken konnte.

Sie runzelte die Stirn. Ihre Hände lagen mit der Handfläche nach oben auf der Decke, die ihre Knie bedeckte. Wie falsch das doch alles war, dachte sie. Und wie entschlossen sie gewesen war, sich selbst ihre Unabhängigkeit von der familiären Fürsorglichkeit zu beweisen. Sie hatte stark und erfolgreich sein wollen.

Al war Teil dieser Entschlossenheit gewesen. Er war ihr Geheimnis gewesen, hatte ihr allein gehört, und ihre Kletterambitionen waren ihr Zugang zu ihm gewesen. Sie hatte Al wie ein Geheimnis gehütet, sogar Suzy gegenüber. Vielleicht hatte sie sogar bewusst für eine Trennung von fünf Jahren gesorgt – um ihn länger für sich allein zu behalten.

Und dann war er innerhalb weniger Tage tot. Diese Endgültigkeit entzog sich ihrer Kontrolle und der Tod brachte die Entlarvung. Sie verzog das Gesicht und hätte fast über ihren Irrtum gelacht. Al, es tut mir alles so Leid. Meine Eitelkeit und meine Torheit, aber auch die verlorenen Jahre.

Auch Al hatte sich Finch nicht ausgesucht. Vielleicht hatte er ähnliche Gründe, die mit dem Bedürfnis nach Intimsphäre und Selbstkontrolle zu tun hatten. Wie ähnlich wir uns doch waren, dachte sie.

»Weshalb ich es dir und Suzy nicht erzählt habe? Als ich ihn kennen lernte, war er verheiratet. Er hat mich nicht ... um ein Verhältnis mit ihm gebeten. Jeder von uns ist seiner Wege gegangen.«

Aber das stimmte nicht. Wir wussten beide, dass ein weiteres Kapitel folgen würde, wenn wir bereit dafür wären, dachte sie.

Dennis blickte sie abwartend an. Sie holte tief Luft. »Nein, gut, ich dachte, ich hätte … genug Kraft und bräuchte niemanden von euch. Du hättest mir geraten, ihn zu vergessen oder anders zu handeln.«

Vielleicht würde das Bekenntnis ihrer Liebe zu Al sie erleichtern. Sie legte ihr Gesicht in beide Hände und fing an zu weinen. Es waren die ersten echten Tränen seit ihrer Rückkehr. Das Weinen steigerte sich zu heftigem Schluchzen.

Dennis wartete ab, beobachtete die Boote auf dem Wasser und ließ sie weinen. Finch schluchzte und wischte sich die Tränen mit der Decke ab. Er zog ein sauberes Taschentuch heraus und reichte es ihr.

Er kannte das alles nur allzu gut. Als Stephen gestorben war, war Finch zur Stelle gewesen, um ihm zu helfen. Stephen hatte einen anderen Partner, aber Dennis liebte ihn. Finch war stark gewesen, das war sie immer.

»Bring sie zum Reden«, hatte Suzy ihm gestern geraten. »Sie wird sich natürlich wehren, aber sie braucht es.«

»Ich kann mir nicht vorstellen, wie es war«, sagte er, als ihre Tränen versiegten.

»Der Tod?«, fragte sie ungläubig.

»Nein, der Berg.«

Sie atmete ein paar Mal tief durch, bis sie wieder sprechen konnte. »Ich habe ihn gehasst, seine Unerbittlichkeit und die Art, wie wir uns alle auf ihn gestürzt haben.«

Er lächelte. »Ich dachte eher, er würde dich herausfordern, statt Abscheu hervorzurufen.«

»Ja, er hat mich auch herausgefordert. Nicht nur die Männer, sondern auch mich. Wir alle waren wie besessen davon, ihn zu besteigen.«

»Hm. Und was war mit Al?«

»Er wollte ihn bezwingen. Aber er hatte eine Aufgabe zu erfüllen. Einen wirklich schwierigen und gefährlichen Job, schlecht bezahlt und sehr anspruchsvoll. Er war dafür verantwortlich, uns heil hinauf- und hinunterzubringen. Darauf hat er sich vor allem konzentriert, genau das hat er getan und so ist er gestorben. Er hat sich völlig verausgabt und natürlich auch Fehler gemacht. Aber trotzdem hat er seine Aufgabe zu Ende gebracht.«

Es war eine Fehleinschätzung, zu glauben, er würde den Bergen den Rücken kehren, nur, weil sie es wollte. Oder weil seine Tochter es wollte. Jen Hood hatte das nach jahrelanger Ehe begriffen und nicht länger ertragen.

Eine Frage ging ihr durch den Kopf. Sie hatte sie während ihres Krankenhausaufenthalts verdrängt, aber in ihren Träumen wurde sie von ihr gequält. Hatte Al gewusst, dass er sich nie von den Bergen trennen würde? Hatte er sich und seine Kunden, wenn auch unbewusst, deshalb zu weit den Berg hinaufgeführt? Um ein Opfer an Stelle eines anderen bringen zu können? Ich weiß es nicht, beantwortete sie selbst ihre Frage, und ich werde es nie wissen.

»Wie ist es passiert?«

Sie fasste die Geschehnisse in knappen Worten zusammen. »Sam war anders als die anderen Kletterer«, fügte sie hinzu. »Er ist zufällig auf die Gruppe gestoßen, war aber schließlich genauso besessen wie die anderen. Sein Vater hätte ihn gern so gesehen. Ist das nicht Ironie des Schicksals?«

»Sam scheint interessant zu sein«, sagte Dennis und blickte sie forschend an.

»Wirklich? Ich habe mich nur für Al interessiert. Ich wünschte, du hättest ihn gekannt.«

»Ja, ich hätte ihn gern kennen gelernt. Beantworte mir nur noch eine Frage, falls du nicht zu müde bist. Was ist das für ein Gefühl, den Gipfel letzten Endes doch nicht zu erreichen?«

Sie sah erneut den langen, gekrümmten Gebirgsgrat drohend über sich, vor sich das dichte Schneegestöber. Und die Felsspalte des Hillary Step. Sie dachte nach. »Mir war klar, dass ich es nicht schaffen würde. Nie war ich einer Sache so sicher. ›Ich kann nicht‹, habe ich gesagt, und es war die Wahrheit. Alle anderen haben es irgendwie geschafft, die beiden Amerikaner, Rix, Sandy und Sam. Sie sind Als Spur gefolgt. ›Ich liebe dich, komm mit mir‹, hat er gesagt – und dennoch konnte ich nicht. Nicht einmal ihm zuliebe. Du willst wissen, wie das war? Es war nicht Enttäuschung, Verlust oder Niederlage. Es war mehr als das: Ich habe mich gedemütigt gefühlt.«

Finch blickte auf die Decke über ihren ruinierten Füßen. Über dem Meeresarm erhob sich eine Brise und blies ihr eine Haarsträhne ins Gesicht. Sie strich sie zurück. »Ich bin noch nie demütig gewesen, oder?«

»Nein«, pflichtete ihr Dennis bei. »Du bist vieles, aber das nicht.«

Die Brise ließ sie plötzlich frösteln und sie wickelte sich fester in die Decke.

»Ich bringe dich wieder ins Haus.«

Wieder bei ihrem Zimmer angelangt, erwartete sie ein weiterer Blumenstrauß. Sie las die beigefügte Karte. Ralf sandte ihr die besten Genesungswünsche. Dennis kümmerte sich um eine Vase und sie sah ihm zu, wie er die Blumen arrangierte. Sie betrachtete die wächserne Rundung eines Blütenblatts, die gezackten Blätter und pollenschweren Staubgefäße, die beim Gedanken an die Zerbrechlichkeit des menschlichen Lebens einen kristallklaren Glanz bekamen. Die Blüten waren vollkommen, doch vergänglich. Sie war von Zuneigung und Sorge umgeben und fühlte sich dennoch durch ihren Kummer isoliert. Sie versuchte, innerlich die Balance zu finden.

Al war tot. Die kurze Beziehung war alles, was ihr geblieben war. Alles Kommende konnte nur noch negativ sein – es sei denn, sie versuchte das Blatt zu wenden.

Es war zu schwierig. Die Liebe klaffte wie eine offene Wunde und der innere Schmerz war schlimmer als der körperliche. Ihre Schultern verkrampften sich in dem Versuch, sich zu beherrschen. Sie wollte so nicht von Dennis gesehen werden.

Dennis hatte die Blumen nun geordnet und trat einen Schritt zurück, um sein Werk zu betrachten.

»Ich weiß, du musst in die Sprechstunde. Tut mir Leid, dass ich dir nicht helfen kann. Kommst du bald wieder?«

»Mach dir um die Praxis keine Sorgen. Natürlich komme ich bald wieder.«

Finch lächelte. »Du kannst Suzy sagen, dass du mich zum Sprechen gebracht hast. Denn das war doch deine Aufgabe, oder?«

»Ja. Sie wäre so gern hier.«

»Ich weiß.«

Dennis half ihr, sich hochzustemmen und ins Bett zu steigen.

Sie schlang die Arme um seinen Hals; seine Nähe war hilfreich. »Dennis, ich danke dir.«

»Du hast mir auch geholfen, als Steve gestorben ist.«

Natürlich. Sie war jedoch der Meinung, dass es viel schwieriger war, Hilfe anzunehmen, als Hilfe zu leisten. Das wurde ihr jetzt bewusst, da ihr Leben aus dem Gleichgewicht geraten war.

Was für eine Ärztin war ich eigentlich? Und was für eine Tochter und Schwester war ich, seit ich selbständig denken kann?

Dennis gab ihr einen Abschiedskuss auf die Stirn und sie lehnte sich in die Kissen zurück. Clare würde sie bald besuchen und auch Markus hatte vorbeizuschauen versprochen. Sie konzentrierte sich ganz bewusst darauf und auf eine erwachende Erkenntnis.

»Soll ich meinen Eltern und den Jungs von Al und mir erzählen?«

»Glaubst du wirklich, ich sollte das beantworten? Wäre es nicht sinnvoller, wenn du es tätest?«

Sie lachten.

»Geh und kümmere dich um unsere Patienten.«

»Und du gibst auf dich Acht.«

Als Finch allein war, betrachtete sie die Blumen auf ihrem Nachttisch. Sie staunte über den betörenden Duft und die Zartheit der Blüten. Als ob sie nie zuvor etwas genau wahrgenommen hätte.

Michael steuerte seinen zehn Jahre alten Pontiac-Sunbird auf den Parkplatz des Flughafens, nicht weit von der Stelle, an der Finch bei der Hochzeit ihren Mietwagen abgestellt hatte. Er kletterte mühsam aus seinem eigens für ihn konstruierten Fahrersitz, benutzte den Türrahmen als Stütze und zog seinen Stock hinter sich her. Er war nicht mehr oft mit dem Auto unterwegs, es war einfach zu beschwerlich. Aber er wollte Sam unbedingt vom Flughafen abholen. Er knallte die Autotür zu, ohne sie abzuschließen. In der alten Karre gab es nichts, was einen Diebstahl lohnte, dachte er zufrieden.

Im Flughafengebäude wimmelte es nur so von Menschen. Wohin eilten sie in solcher Hast? Er humpelte an der Mauer entlang und stützte sich mit der Hand ab. Dann war er bei der Ankunftshalle angelangt und ließ den Blick schweifen. Sam war von Nepal aus über San Francisco geflogen. Er hatte ihn aus der Klinik von Katmandu angerufen und ihm erklärt, dass er erst in Oregon Station machen werde, bevor er nach Seattle weiterflog. Michael hatte darauf verzichtet, ihm Fragen zu stellen. Er würde den Grund schon zur rechten Zeit erfahren. Er kämpfte sich zu den Stuhlreihen durch, nahm Platz und hielt seinen Stock umklammert.

Als Sam zwischen den Passagieren auftauchte, blickte Michael gerade in eine andere Richtung. Sam entdeckte seinen Vater zuerst – einen Mann mit einem Kopf, der viel zu groß für den verkrüppelten Körper war. Er furchte die Stirn so stark, dass er verkrampft wirkte. Sam spürte beim Anblick seines Vaters die vertraute Mischung aus Ärger und Zuneigung. Es war erstaunlich. Nichts hatte sich geändert, obwohl seine eigene Welt nun eine andere war. Hast du wirklich erwartet, dein Vater würde sich verändern?, fragte er sich und rollte seinen Gepäckwagen im Strom der Fluggäste vorwärts.

Michael blickte zu seinem Sohn hoch. »Da bist du ja.«

»Ja, da bin ich.«

Sam streckte die Hand aus und half seinem Vater beim Aufstehen. Michael nahm seine Hilfe an und hielt seine Hand. Einen Augenblick lang studierte er die langen Risse, die die Kälte in die Fingerspitzen seines Sohnes gegraben hatte. Dann musterte er die weißen Flecken auf seinen Wangen, die der abrasierte Bart hinterlassen hatte. Seine eingefallenen Wangen wurden dadurch betont. Michael hatte viele Männer gesehen, die, nachdem sie einen Berg bezwungen hatten, ausgemergelt aussahen und aus einer anderen Welt zu kommen schienen. Damals war er neidisch gewesen, jetzt war er nur unendlich erleichtert, dass der Junge heil zurückgekehrt war. »Du hast es also geschafft«, sagte er.

»Um einen hohen Preis.«

»Alles hat seinen Preis. Fahren wir nach Hause?«

»Ja, bitte.«

Dieses Mal war das Haus eine Oase der Ruhe. Michael ließ den Fernseher ausgeschaltet. Sam legte seinen kleinen Beutel auf das Bett in seinem ehemaligen Zimmer. Seine restlichen Habseligkeiten befanden sich noch im Basislager und würden von Mountain People heimgeflogen werden. Adam Vries kümmerte sich darum. »Ich muss hier den größten Teil von dem ganzen Mist regeln«, hatte Adam am Telefon geklagt.

Sam setzte sich neben seinen Vater in den Sessel. Mike reichte ihm eine Tasse mit bitterem Kaffee. Ein Auto fuhr am Haus vorbei Richtung Stadt.

»Ich bin froh, hier zu sein«, sagte Sam.

Michael nickte. Nachdenklich schlürfte er seinen Kaffee und betrachtete die Bilder auf dem Kaminsims. Sam wusste es zu schätzen, dass Michael keinen sofortigen Bericht verlangte. Er genoss die Ruhe und entspannte sich.

Während der vier Tage in der Klinik von Katmandu hatte er nicht an Seattle oder an Fran, ihre gemeinsame Wohnung und ihr zerrissenes Leben gedacht, sondern an seinen Vater. Die Tage auf dem Everest und seine Freundschaft mit Al hatten schlummernde Saiten in ihm zum Klingen gebracht und andere verstummen lassen.

Nach einer Weile sagte Michael: »Das ist das erste Mal seit langer Zeit, dass du still dasitzt. Gewöhnlich rennst du herum, gehst einkaufen und schaffst Vorräte an, hörst deinen Anrufbeantworter ab und ermahnst mich, mehr zu essen.«

»Ich bin müde«, erwiderte Sam. Das war er auch, und nicht nur körperlich.

»Geh und schlaf dich aus.«

Sam schlief die ganze Nacht traumlos, zum ersten Mal seit mehreren Wochen. Am nächsten Tag setzte er sich vors Haus in die Sonne, abends sah er sich mit Michael eine Seifenoper im Fernsehen an und einen alten Film mit Clint Eastwood.

Tags darauf fuhr Michael zum Einkauf in die Stadt. Nach seiner Rückkehr trug Sam die Tüten ins Haus und verstaute die Packungen und Töpfe in den Vorratsschränken. Er erinnerte sich, wie seine Mutter geschäftig in dem Haus hin und her gegangen war.

Rührung übermannte ihn und er sagte: »Auf dem Gipfel habe ich eure Namen gesagt. Ich habe sie hinausgeschrien und vermutlich hat der Wind sie nach Tibet getragen.«

Michael faltete die benutzten braunen Tüten und verstaute sie in einem alten Zelttuchsack hinter der Hoftür, genau wie Mary es immer getan hatte. Alles hier erinnert noch an sie, dachte Sam. Er vermisst sie bestimmt schmerzlich. Sam überlegte, wie es sein würde, genauso mit Finch zu leben, den Alltag zu erleben, harmonisch vereint, wie er und Frannie es nie gewesen waren.

»Das gefällt mir. Deine Mutter wäre sehr stolz gewesen.«

Sam wandte sich von der Hoftür ab. »Und du, bist du stolz?«

Michael fasste sich wieder. Mit den Fingern krallte er sich an die abgenutzte Kante des Küchentisches. »Glaubst du etwa, ich bin es nicht?«

Er klang so überrascht, dass Sam nicht daran zweifelte. Ich bin hier derjenige, der Bildung und die Gabe der Artikulation hat, dachte er plötzlich voller Scham. Ich mache mich schuldig, wenn ich sie nicht nutze. »Nein. In meiner Jugend habe ich das schon geglaubt, aber ich bin mir nicht sicher.«

Er zog einen der Holzstühle mit hoher Rückenlehne heran und bat Michael, sich zu setzen. Dann nahm er gegenüber Platz und Michael fing an zu reden. Sie hatten beide auf diesen Augenblick gewartet, jetzt war er gekommen.

»Ja, ich bin stolz. Mein Sohn auf dem Everest. Mein Sohn, der Bergsteiger.« Er ließ sein berühmtes Kichern hören und wurde dann wieder ernst. »Ich habe gewusst, dass eine Tragödie geschehen ist, die dir den Genuss deiner eigenen Leistung erschwert hat. Aber das ändert nichts. Niemand kann es dir nehmen, niemand kann es leugnen. Aber du bist nicht da hochgeklettert, weil ich es wollte, oder? Du hast dir nicht gesagt, he, ich klettere jetzt den Berg hoch, damit mein Dad stolz auf mich sein kann.«

»Nein. Ich bin wegen einer Frau gegangen.« Sam deutete mit der erhobenen Hand an, dass das bei ihrem beidseitigen Sichöffnen nicht wichtig war. »Ich bin ihr nachgeflogen und habe mich in die Expedition eingeschmuggelt. Aber als ich dort war, hat mich der Gipfelrausch erfasst.«

Michaels Lippen wölbten sich anerkennend, weil Sam es auf den Punkt gebracht hatte.

»Außerdem war ich fasziniert von Al Hood und von einer Art Version von dir. Je höher ich kam und je schwieriger alles wurde, desto mehr seid ihr, du und Al, in meiner Vorstellung verschmolzen. Er war genauso präzise wie du einst, aber ich konnte seine Erwartungen erfüllen, während ich es bei dir nie gekonnt habe. Er war großzügig mit seinem Lob. Wir haben uns gut verstanden. Wir liebten dieselbe Frau; es gab da eine gewisse Rivalität zwischen uns und einmal hat er mich sogar verprügelt. Aber wir fühlten uns auch verbunden. Am letzten Tag hat er sie mir anvertraut; er wollte, dass ich auf sie aufpasse.«

»Und dann?«

»Am Ende waren wir beide allein auf dem Berg. Und du warst auch dabei. Du hast mich beim Hochklettern begleitet, als würdest du neben mir und Al gehen. Ich habe mit dir geredet. Es waren gute Gespräche, von denen ich wünschte, sie wären Wirklichkeit. Und das wünsche ich immer noch. Vielleicht Gespräche wie das, das wir gerade führen. Wir haben den Gipfel spät erreicht und das Wetter ist umgeschlagen. Ein Teilnehmer hat sich verirrt und ist abgestürzt. Al und ich haben vergeblich nach ihm gesucht. Dann waren wir selbst vom Weg abgekommen und hatten keinen Sauerstoff mehr. Es wurde alles ziemlich kompliziert. An Details kann ich mich nicht erinnern. Jedenfalls haben wir uns eine Mulde gegraben, um dort die Nacht zu verbringen. Irgendwann in der Nacht hat sich Al auf mich gerollt. Ich hatte es warm, weil er seine Wärme auf mich übertrug. Bei Tagesanbruch war ich zum Abstieg in der Lage. Aber Al war tot. Er hat das für mich getan.«

»Ein Willensakt. Er statt du.«

»Wenn du es so nennen möchtest. Auf jeden Fall ein Akt der Großzügigkeit.«

Michael rieb sich mit dem Handrücken die Nase und starrte durch das Fenster in der Tür zum Hof. Seit Marys Tod hatte Sam nie mehr Tränen in Michaels Augen gesehen. Er riss die Schranken ein, die sie zwischen sich errichtet hatten, und griff nach der Hand seines Vaters. Zu seiner großen Freude versuchte Mike nicht, sie zurückzuziehen. Sam studierte die blauen Adern und gespannten Sehnen unter der mit Pigmentflecken übersäten Haut. Seine Verletzung und die Jahre der Behinderung ließen Michael älter erscheinen, als er war.

Michael sagte: »Ich bin neidisch auf ihn. Er hat es für meinen Sohn getan. Und ich wünschte, ich hätte es getan. Stattdessen habe ich dir nur Mist eingebrockt.« Er blickte an sich hinunter. »Es war eine Art Arroganz. Ich habe geglaubt, ich wäre größer als das Problem. Und ich bin abgestürzt, habe mir den Rücken gebrochen und uns beiden damit das Leben vermasselt.«

»Al war arrogant. Er hat nur nach seinem Willen gehandelt. Aber du bist hier geblieben und hast für Mom und mich gesorgt. Wenn du dich aus dem Staub gemacht hättest, zum Beispiel zum Himalaja aufgebrochen wärst, wärst du vielleicht weniger …«

»… verbittert.« Mike ging das Wort mühelos von den Lippen, als hätte er es in Gedanken oft in den Mund genommen.

»… enttäuscht, wollte ich sagen. Von mir und der Art und Weise, wie die Dinge sich entwickelt haben.«

In der Küche war es warm geworden. Der Kühlschrank brummte und die Neonröhre flackerte.

»Ich bin nicht enttäuscht von dir, mein Sohn.«

Die kleinen Geräusche in der Küche ertönten in unveränderter Tonhöhe und die Sonne folgte ihrer Bahn am fahlen Himmel. Die beiden saßen noch eine Weile da, dann ließ Sam die Hand seines Vaters los.

»Du hast mein Leben nicht vermasselt.«

Sie veränderten ihre Position, lockerten Schultern und Füße. Sie hatten keine Erfahrung mit Nähe, hatten aber beide das Signal empfangen weiterzumachen, um endlich miteinander ins Reine zu kommen.

So würde es zwischen Michael und ihm wohl immer sein, das hatte Sam verstanden. Aber der heutige Tag hatte sie einander näher gebracht. Sam war nach Wilding zurückgekehrt in der Hoffnung, dass genau diese Worte fallen würden.

»Was willst du jetzt tun?«, erkundigte sich Mike.

»Gute Frage.«

»Kehrst du nach Seattle zurück?«

Er konnte nicht für immer hier bleiben und sich in seinem Jugendzimmer verstecken, um den Tod und das Opfer zu bewältigen. »Ich muss zurück nach Seattle, werde aber nicht dort bleiben. Ich werde das Geschäft an meine Partner verkaufen und eine Zeit lang auf Reisen gehen.«

Michael nickte. »Und was ist mit der Frau, der du hinterhergelaufen bist?«

»Das weiß ich nicht.« Dabei wusste er es gut.

Sam bereitete das Abendessen zu. Sie aßen gemeinsam und anschließend zog Sam sich in sein Zimmer zurück; Mike räumte die Küche auf. Sam setzte sich an seinen Schreibtisch und schrieb zwei Briefe. Er hatte lange nichts mehr mit der Hand geschrieben. Der Füller, den Mike ihm gegeben hatte, lag ihm ungelenk in der Hand. Wieder kam die Erinnerung an die Kindheit, an einen Sommerabend, an dem er sich mit einer Schreibarbeit abmühte.

Bevor er zu schreiben begann, zog er ein Foto aus seiner Brieftasche und stellte es vor sich hin. Molly als Kind an einem Strand, in die Kamera lächelnd.

»Liebe Jen und liebe Molly«, schrieb er. »Al hat mir von Ihnen erzählt und ich schreibe Ihnen, um Ihnen genau zu berichten, was geschehen ist und was Al getan hat. Wie Sie bereits wissen, verdanke ich ihm mein Leben.«

Er schrieb alles spontan nieder, so, wie es seiner Erinnerung entsprach. Das Foto habe in Als Anorak gesteckt und er habe es gefunden, als er das Funkgerät suchte.

Nachdem er sämtliche Fakten berichtet hatte, fügte er hinzu, dass er nie jemanden wie Al gekannt und ihn ihre kurze Freundschaft tief berührt habe. Er sprach ihnen sein Mitgefühl aus. Irgendwann wolle er sie persönlich kennen lernen. Dann legte er die Briefbögen zusammen und zur Seite.

Der zweite Brief dagegen fiel ihm schwer. »Liebe Finch«, das sah so nackt aus auf dem blauen Papier, aber eine intimere Anrede war schließlich übertrieben. Er schrieb, George Heywood und Adam Vries hätten ihn über ihr Befinden auf dem Laufenden gehalten. Er hätte schon von wunderbaren Heilungen von Frostbeulen gehört. Und dass er an sie dächte. Wenn er beten könnte, würde er auch das tun. »Ich weiß nicht, wie du mit Als Tod fertig wirst, ich kann es nur erraten. Ich spreche dir mein tiefes Mitgefühl aus. Er war ein bemerkenswerter Mann und er hat mir das Leben gerettet. Für seine Großzügigkeit gibt es keine Worte.«

Sam nagte an seinem Füller. Gern hätte er ihr tausend Dinge gesagt, aber er beherrschte sich. Er war jetzt von einer Feinfühligkeit, die er vorher nicht besessen hatte. Schließlich schrieb er, er wisse nicht genau, was er in den nächsten Monaten tun werde, aber er werde an sie denken und sie wiedersehen. Dann schloss er mit »Herzlichst, Sam.«

Michael klopfte an die Tür. »Willst du ein Bier?«, fragte er.

»Ja, bitte.«

Sam öffnete die Dose, die Michael ihm reichte, und kostete von dem hellen Schaum. Die Briefe lagen getrennt gefaltet vor ihm. George Heywood hatte ihm die Adressen mitgeteilt.

»Hast du Briefumschläge?«

»Ja, irgendwo.« Mike kam näher und betrachtete das Foto. »Wer ist das?«

»Die Tochter von Al Hood. Ich schicke ihr das Bild zurück.«

Mike stützte sich auf die Schreibtischkante und musterte das Foto. Seine Miene wurde weich, als würde er sie kennen. »Nettes kleines Mädchen.«

»Das Foto wurde vor langer Zeit aufgenommen. Mittlerweile sie ist fast erwachsen.«

»Muss für ihn eine besondere Erinnerung gewesen sein, weil er ausgerechnet dieses Foto mit sich herumgetragen hat. Ich erinnere mich auch an einen bestimmten Tag.«

Sam sah seinen Vater abwartend an.

»Wir waren am Felsen. Du hattest dich über eine schwierige Stelle hochgehangelt. Da hast du mir plötzlich zugerufen, du würdest nicht weiterklettern. Du warst eisern entschlossen, bist wieder hinuntergeklettert, hast das Seil abgeklemmt und bist im Wald verschwunden. In dem Moment wusste ich, dass du deinen eigenen Willen hattest. Was immer du anstellen würdest, du würdest es gut machen.«

»Ich erinnere mich auch an diesen Tag«, sagte Sam.

Und wieder verbrachten sie den Abend gemeinsam vor dem Fernseher.

Am nächsten Morgen fand Sam ein Paar alte Joggingschuhe im Schrank und beschloss, endlich mal wieder zu laufen. Er schlug den Weg ein, der am See entlangführte. Die Büsche waren jetzt voller Laub und die Enten nisteten im Riedgras am Ufer. Er beobachtete sie beim Schwimmen, sah, wie sich hinter ihnen das Wasser kräuselte. Er verlangsamte sein Tempo, sein Rhythmus war abgehackt. Das helle Licht, das sich im Wasser brach, blendete ihn.

Er rannte noch zwei Meilen, bemüht, sich zu konzentrieren. Er war überrascht, wie stark er sich trotz des Gewichtsverlustes und der noch nicht ganz verheilten Erfrierungen an den Füßen und all der anderen Verwüstungen fühlte. Trotzdem konnte er seinen Laufrhythmus nicht finden. Die Maschine, die einst perfekt funktioniert hatte, schien defekt. Er ging im Schritttempo. Der Schotterweg war trocken. Kleine Dunstschleier erhoben sich. Am Ende des Sees befand sich eine kleine Gruppe Douglas-Tannen. Als er dort angelangt war, setzte er sich in den Schatten der Bäume.

Er musste an Al denken. Wie gern hätte er sich mit ihm unterhalten, hier an diesem lieblichen Ort, wo das üppige Grün und das Gold des Spätfrühlings einen solchen Gegensatz zu den rauen Bergen bildeten. Sie hätten im Gras liegen und sich über ihre Kindheit, die erste Liebe unterhalten können, über all die Dinge, für die sie keine Zeit gehabt hatten. Er hätte gern erfahren, wie Al Finch kennen gelernt hatte. Aber das würde nie geschehen. Sam fühlte in seinem Inneren an der Stelle, die ihre Freundschaft hätte einnehmen können, eine große Leere. Es war eine höchst subtile Form der Trauer, denn er trauerte um etwas, das nie sein würde.

Mit gesenktem Kopf betrachtete er das Gras. In seinem Inneren nahm ein Wort Gestalt an: danke. Seit er den Everest hinter sich gelassen hatte, hatte er immer wieder versucht, einen Sinn in Als Tat zu finden. Seine unglaubliche Großzügigkeit erfüllte Sam mit ehrfürchtiger Scheu und Unglauben. Irgendwie belastete sie ihn; er hatte das Bedürfnis, sich dieses Geschenkes würdig zu zeigen.

Wenn Al das für ihn getan hatte, konnte er es nicht zulassen, dass sein Geschenk keinen Sinn hatte.

Dort, im Schatten der Bäume, gab er Al ein Versprechen: Ich verdiene nicht, was du für mich getan hast. Ich verdiene es nicht, hier zu sein, während du nicht hier bist. Aber wenn ich schon am Leben bin, werde ich versuchen es richtig zu machen. Ohne Kompromisse, denn du warst ein Mann ohne Kompromisse.

Als Erstes musste er sich aus seinem alten Leben lösen. Statt seinen Beruf gut auszuüben, hatte er ein Chaos aus halbherzigen Entscheidungen hinterlassen. Er hatte Frannie unglücklich gemacht, die das nicht verdient hatte. Was von nun an geschähe, würde genauer umrissen sein, denn er würde es sorgfältiger gestalten.

Er erhob sich, streckte Arme und Schultern. Dann setzte er sich wieder in Bewegung, den steilen Weg hinauf, vorbei an Tannen, bis zum höchsten Punkt des Weges. Er wurde immer schneller und kehrte auf der Asphaltstraße zum Haus seines Vaters zurück.

Er spürte in sich kein Verlangen mehr. Laufen war eben Laufen. Man rannte keuchend eine Straße entlang, wurde ab und zu von einem Auto oder einem Laster überholt, die einem ein wenig Wind in den Nacken wehten. Er war so lange gelaufen, weil er etwas beweisen wollte; nun brauchte er das nicht mehr.

Mike hatte eine Kanne starken Kaffee gekocht. Als Sam zur Tür hereinkam, reichte er ihm eine Tasse. »War's schön?«

»Weiß ich nicht.« Sam ließ die Schultern kreisen und behielt dabei den Kaffee in seiner Tasse im Auge, damit das Getränk nicht überschwappte. »Ich glaube, ich bin den Laufschuhen entwachsen.«

Mike lachte. »Das habe ich schon lange vermutet.«

Nach einer kurzen Pause stimmte Sam in sein Lachen ein. Ich muss nichts mehr beweisen, dachte er.

»Ja. Hör zu, ich rufe jetzt beim Flughafen an. Vielleicht geht heute Abend noch ein Flug.« Es wurde Zeit, nach Seattle zurückzukehren, um die Dinge zu klären und neu anzufangen.

Der alte Mann nickte. »Ich freue mich, dass du zuerst zu mir gekommen bist. Das weiß ich sehr zu schätzen.«

»Ich wollte dir unbedingt von unseren Taten berichten.«

»Ja. Nun denn. Du hast den Everest bestiegen.«

»Nicht ich allein«, erwiderte Sam.

Mike hob die Schultern und ließ sie wieder fallen. »Ich bin stolz auf dich, wie auch immer du es bewerkstelligt hast. Und ich glaube, du weißt, dass ich dich liebe«, sagte er leise.

»Ja, ich weiß es. Ich liebe dich auch.«

Sein Vater griff nach seinem Stock und fuchtelte damit in der Luft herum. »Gut, du solltest jetzt beim Flughafen anrufen.«

14. Kapitel

Ende Mai schickte Finch von ihrem Krankenbett aus eine E-Mail an Suzy. Darin teilte sie ihr den neuesten medizinischen Befund mit: »Fortschreiten der Gangräne gestoppt, aber die beeinträchtigten Zehen sind nicht durchblutet. Operation zur Entfernung des toten Gewebes offenbar nicht zu vermeiden. Natürlich gehört Taylor Buckaby zum Orthopädenteam. Ich hätte daheim bleiben sollen, wie Maddie. Das jedenfalls denkt er sich mit Sicherheit.«

Und Suzy antwortete: »Du hättest nicht daheim bleiben sollen. Das meinst du auch nicht im Ernst. Du hast gewusst, was du wolltest, und es getan. Das ist bewundernswert. Ich weiß, wie tapfer du bist – wenn die Amputation notwendig ist, dann danke Gott dafür, dass du am Leben bist und es nicht schlimmer gekommen ist. Auch wenn wir Taylor nicht heiraten wollten – er ist ein guter Chirurg. Sobald ich kann, komme ich für ein paar Tage zu dir.«

Ich bin nicht tapfer, dachte sie, nachdem sie die E-Mail gelesen hatte. Ich weiß nicht, wie ich ohne Al weiterleben soll. Mir ist nicht einmal klar, was jedem anderen Patient hier klar ist: Wie ich mit der Krankheit und Behinderung fertig werden soll.

Ihr ganzes bisheriges Leben schien sie privilegiert zu sein und war von ihrer Stärke immer überzeugt. Nun weinte sie, von Kummer und Hilflosigkeit überwältigt.

Zwei Tage später entfernten Taylor und seine Kollegen drei Zehen ihres linken Fußes und den ganzen rechten Fuß vom Knöchel abwärts. Sie hatte eingewilligt, wohl wissend, dass es keine Alternative gab. Sie rang darum, den Verlust ihrer Zehen und ihres Fußes in Kauf zu nehmen, als Strafe dafür, dass sie nicht auf sich Acht gegeben hatte, im entscheidenden Moment sogar hilflos gewesen war. Sie hatte einen kleinen Fehler begangen, als sie ihre Stiefel auf dem Lhotse schnürte, und einen noch größeren auf dem Südsattel, als sie die Bedeutung von feuchten Stiefeln verkannte. Natürlich war sie erschöpft gewesen und hatte an Hypoxie gelitten, aber erfahrenere Bergsteiger hätten unter ähnlichen Bedingungen nicht den gleichen Fehler begangen. Sie hatte versagt und zudem andere gefährdet. Zu Beginn der Expedition war sie arrogant genug gewesen, sich einzubilden, sie könne sich um die anderen kümmern. Sie schien das feine Gespinst von Ursache und Verantwortung erst gewebt zu haben, das zusammen mit dem Sturm zur Katastrophe, zu zwei Todesfällen, geführt hatte.

Aber sie trug die Schuld nicht allein. Rix hatte den Fortgang der Tragödie beschleunigt, ebenso Sandy, und vielleicht sogar Al – und doch hatte sie ihren Beitrag geleistet.

So betrachtet schien es nur recht und billig, dass sie mehrere Zehen und einen Fuß einbüßte. Sie hatte Schwäche und Stolz verkörpert. Und in ihrem tiefsten Inneren betrachtete sie diesen Verlust als Buße dafür, dass sie überhaupt lebte, wenn auch verkrüppelt. Al dagegen war tot.

Als Suzy am Operationstag in der Klinik eintraf, fand sie Clare und Angus Buchanan im Warteraum vor. Sie warteten darauf, dass Finch aus dem OP gebracht würde. Natürlich waren sie hier – Finchs Eltern waren immer zur Stelle, wenn man sie brauchte. Sie schufen aus der Familie eine eigene Kunstform. Angus küsste Suzy und Clare fasste sie bei den Händen; da schämte Suzy sich für ihren Zynismus. Clare versuchte, nicht zu weinen, und Angus legte schützend den Arm um sie. Ihre Mienen verrieten ihre Sorge. Clare trug kein Make-up und war nachlässig gekleidet; so hatte Suzy sie noch nie gesehen. Sie nahmen auf drei unbequemen Stühlen Platz, einen niedrigen Tisch mit einer Blumenschale in ihrer Mitte. Es war ein sonniger Nachmittag.

»Finch wird sich freuen, dass du hier bist. Ich freue mich auch. Uns wird sie ja nichts erzählen, aber dir ganz bestimmt«, sagte Clare.

Suzy legte die Hand auf ihren gerundeten Bauch. Sie war in der dreizehnten Woche. Wie konnte man verhindern, dass so etwas bei den eigenen Kindern geschah, dieser Wechsel von inniger Verbundenheit zu einer Distanz voller Ressentiments?

Eine Krankenschwester kam auf sie zu. »Dr. Buchanan ist wach. Sie dürfen sie ganz kurz sehen.«

»Geht ihr zuerst, ich warte«, sagte Suzy.

Nach wenigen Minuten kehrten Clare und Angus zurück.

»Wie geht es ihr?«

»Die Operation ist gut verlaufen. Sie will dich sehen.«

Suzy hätte nicht gedacht, dass sie Mitleid mit Finchs Eltern haben würde, aber so war es. All der Glanz war nun verblasst. Sie sahen verstört und traurig aus und sie waren alt.

Finch lag mit einer Infusion am Arm im Bett. Ihr Gesicht war genauso weiß wie ihr Kissen. Beim Anblick von Suzy versuchte sie zu lächeln. Mit einem Kopfnicken deutete sie auf das Gestell über ihren Füßen. »Füße wie Blei«, murmelte sie.

»Aber ein eiserner Wille«, konterte Suzy. »Du weißt doch, dass die behinderten Athleten genauso schnell laufen und springen können wie die gesunden?«

Wortlos streckte Finch die Arme nach ihrer Freundin aus. Suzy flüsterte ihr zu: »Du bist am Leben. Ich bin ja so dankbar!«

»Ich verdiene es nicht.«

Finch atmete tief durch und versuchte sich zu beherrschen. Doch dann war es mit ihrer Widerstandskraft vorbei. Wütend rief sie Suzy zu: »Ich verdiene es nicht!« Sie brach in Tränen aus. Suzy hielt sie fest in den Armen, strich ihr übers Haar und gab beruhigende Geräusche von sich, als wäre Finch ein Kind. Durch das Fenster zum Gang erblickte sie Taylor Buckaby. Er zögerte und mit einer Geste gab Suzy ihm zu verstehen, sie nicht zu stören. Sie nahm ein Kleenex vom Nachttisch und trocknete ihrer Freundin das Gesicht.

»Ich habe noch nicht richtig um ihn geweint«, stieß Finch hervor.

»Dann tu's jetzt.«

»Nicht nur um Al«, fügte sie hinzu. »Auch um Sandy Jackson und all die anderen.«

Der Tote in zerlumpter Kleidung. Die Steinhügel auf dem Khumbu-Plateau, jeder ein Grabmal. Spider. Und die Hinterbliebenen, Als Frau und Kind, Ang und die anderen, Mingma mit seinem *puja*-Feuer.

Während Suzy ihre Freundin fest in den Armen hielt, dachte sie, dass deren einziger Fehler die unglaubliche Stärke war, die sie bisher bewiesen hatte. Noch nie hatte Suzy sie so weinen sehen. Sie streichelte ihr die Schulter. Unter dem blauen Klinikhemd berührten ihre Finger eine verblasste rote Seidenschnur, die um ihren Hals geschlungen war.

»Geh nicht, ich brauche dich«, bettelte Finch.

»Ich gehe ja gar nicht. Taylor müsste mich schon gewaltsam entfernen«, erwiderte Suzy. Sie konnte sich nicht erinnern, dass Finch je zugegeben hätte, jemanden zu brauchen. Kein Wunder, dachte sie, dass sie sich in diesen Al Hood verliebt hatte, der nirgendwo hingehörte, der niemandem angehörte und dessen ungewöhnliche Willensstärke mit ihrer eigenen vergleichbar war.

Schließlich schlief Finch ein, ihre Hand in der Suzys. Behutsam löste sich Suzy von der Freundin und trat in den Gang. Dort traf sie Taylor.

»Du bist viel zu lange geblieben«, warf er ihr vor.

Suzy reagierte nicht. »Wie sieht es aus?«

Er teilte ihr die medizinischen Einzelheiten mit. Die Operation war ohne Komplikationen verlaufen. Jetzt würde die Arbeit an der Reha beginnen; im Bereich der Prothesen gebe es enorme Fortschritte.

»Sie wird es schaffen«, sagte Suzy.

»Natürlich«, stimmte Taylor zu. Er klang leicht gereizt, da er sie missverstanden hatte und annahm, sie meine Finchs physische Genesung.

Zwei Tage später hatte Finch ihre erste Sitzung beim Physiotherapeuten. Man führte sie zum geheizten Becken, wo sie wieder schwimmen lernen würde, und zu den Parallelstangen, an denen Patienten, denen vor kurzem Gliedmaßen amputiert worden waren, die ersten Schritte übten. In der Sporthalle gab es viele Genesende mit Prothesen, Metallfedern und hydraulischen Gelenken. Finch beobachtete alles fasziniert von ihrem Rollstuhl aus. Die Situation war ganz anders als damals, als sie als Studentin ihre Visite gemacht und der Anblick dieser Patienten sie gelangweilt hatte. Nun hatte sie das Gefühl, dass ihr hier ein Rettungsseil zugeworfen wurde.

»Wann fange ich an?«, fragte sie den Therapeuten.

»Morgen können Sie versuchen, ein paar Schritte an Krücken zu tun.«

Sie empfand die physische Wiederherstellung, die sie erwartete, als Erleichterung. Vor der Operation hatte die drohende Amputation sie fast um den Verstand gebracht. Sie war so stark gewesen und hatte ihre Stärke immer als gegeben hingenommen und jetzt würde sie hinken und wäre auf die Hilfe anderer angewiesen. Aber der Anblick dieser Patienten ließ sie plötzlich hoffen, dass auch sie mit ihrer Behinderung zurechtkommen konnte. Das Gefühl unermesslichen Verlusts hatte sie schier erdrückt, aber nun bot sich ein Rettungsanker an, an den sie sich klammern konnte.

Bei der Rückkehr in ihr Zimmer fand sie Post vor, die Dennis ihr gebracht hatte. Es war auch ein brauner Umschlag dabei. Er enthielt mehrere kleine Blätter mit blau liniertem Papier. Sie wusste sofort, dass der Brief von Sam war, und las begierig.

Der Brief war sehr kurz, Sam schrieb nur drei Sätze über Al. Finch hob den Kopf, straffte den Rücken und ließ den Blick vom Bett zum Fenster wandern. Sie hing ihren Erinnerungen nach, aber heute war ihr Blick nicht durch Tränen getrübt.

Sie steckte den Brief zurück in den Umschlag und legte ihn auf die Seite. Wohin Sam wohl in den nächsten Monaten gehen würde, und warum? Er erwähnte es zwar nicht, aber sie wusste, dass er sich von seinen Erfrierungen und den Nachwirkungen des Gipfelsturms erholte. Das hatte ihr George Heywood erzählt.

Es wäre ein Martyrium für sie gewesen, mit ihm über den Berg und über Al zu sprechen, aber sie hatte dennoch das Bedürfnis, es zu tun. Sie erkannte, dass sie gehofft hatte, Sam würde in Vancouver auftauchen oder sie zumindest anrufen. Seine Abwesenheit ließ sie merken, dass sie ihn vermisste. Sein Brief hatte nicht einmal einen Absender. Wenn sie ihm antworten wollte, musste sie George um die Adresse bitten.

»Du siehst heute sehr viel besser aus«, sagte Clare. Sie legte ihr die neueste Ausgabe von *Vanity Fair* sowie ein neues Seidennachthemd aufs Bett. Das Nachthemd war dunkelblau und sehr kostbar. Finch berührte es mit den Fingerspitzen und sah, wie sich das Licht auf dem Stoff brach.

»Es ist sehr schön. Aber du brauchst mir nicht jeden Tag etwas mitzubringen.«

»Ich will es aber«, sagte Clare. Der Unterton verriet Finch, dass ihre Mutter nicht wusste, was sie sonst für sie tun konnte.

»Ich fühle mich auch besser. Man hat mich hinunter zur Sporthalle und zum Schwimmbecken gebracht. Dort waren Patienten ohne Arme und Beine. Sie konnten gehen, laufen und Rad fahren. Und ich habe nur einen Fuß und ein paar Zehen eingebüßt. Mit der Prothese werde ich wieder gehen lernen.«

»Ja, das wirst du. Du ganz bestimmt.«

Finch hielt sich das Nachthemd an. »Wie sieht es aus? Steht es mir?«

»Es ist genau deine Farbe.«

Ich unterhalte mich hier über Nachthemden und Al ist tot, dachte Finch. Aber wir hatten die Nacht im Lastwagen und die Scheune in Deboche und er hat mir seine Liebe gestanden. Und er hat nicht nur mich zurückgelassen.

Sie lächelte Clare an. »Danke.«

Ihre Mutter erwiderte ihr Lächeln überrascht.

Nachdem Clare gegangen war, kam Suzy. Sie schlüpfte aus ihren Schuhen und tappte im Zimmer herum, die Hände in die Hüften gestemmt. Ihre Füße hinterließen Spuren auf dem Fliesenboden. »Ich kann meinen Rock nicht mehr hochheben.«

»Vielleicht bist du schwanger, hast du daran schon mal gedacht? Du solltest vielleicht einen Arzt aufsuchen?«

»He.« Suzy sah das Nachthemd und pfiff durch die Zähne. »Das ist ja toll.«

»Clare hat es mir geschenkt.«

»Du bist ein verwöhntes Kind und warst es immer.«

»Ich weiß.«

Suzy blieb stehen und betrachtete sie. Finch erwiderte ihren Blick.

»Du siehst besser aus.«

»Das hat meine Mutter auch gesagt.«

»Ist etwas geschehen?«

»Ja, einiges. Die Reha hat angefangen und Sam hat geschrieben. Er hat gesagt, Al habe sein Leben gerettet und seine Großzügigkeit sei unermesslich.« Stolz erhellte ihr Gesicht, als sei in einem dunklen Raum das Licht angeknipst worden. Damit Suzy nicht zu viel sah, senkte sie den Blick auf ihre Finger, die mit der Bettdecke spielten.

»Ich hätte ihn gern gekannt, er muss etwas Besonderes gewesen sein.«

»Ja, das war er. Sam war auch dieser Meinung.«

Suzy setzte sich auf die Bettkante und öffnete eine Pralinenschachtel, nachdem sie geistesabwesend die beigefügte Karte gelesen hatte. Dann pickte sie mit zwei Fingern eine Praline heraus.

»Sam ist der Kerl, den du im Flugzeug auf der Rückreise von unserer Hochzeit kennen gelernt hast und der dir dann nach Katmandu gefolgt ist und den Gipfel bezwungen hat?«

»Ja.«

»Ich verstehe.« Sie nahm sich noch eine Praline und seufzte. »Finch, hör zu. Ich muss morgen zurück, die Arbeit und Jeff warten. Ich würde gern länger bleiben, aber das ist nicht möglich.«

»Du bist vier Tage bei mir gewesen. Ich weiß nicht, wie ich es ohne dich geschafft hätte.« Das stimmte. Sie liebte diese Frau so sehr und vermisste sie an jedem Tag, an dem sie sich nicht sahen. »Ich danke dir für deinen Besuch. Es hat mir viel bedeutet. Bleib noch ein bisschen bei mir und red mit mir.«

Suzy verschränkte die Finger, um den Pralinen zu widerstehen. »Hast du dir je überlegt, ob du ein Baby von Al gewollt hättest? Ich meine, wenn du dir die Zukunft mit ihm vorgestellt hast?«

Suzy lächelte amüsiert über ihre eigene Frage. Genau wie jede andere Schwangere war auch sie ganz auf ihren Zustand konzentriert. Die Welt bestand plötzlich nur noch aus Babys.

Wie schön und wie glücklich sie aussieht, dachte Finch. »Nein, darüber habe ich nicht nachgedacht«, erwiderte sie nach gründlicher Überlegung. »Ich konnte mir Al nicht mit … Häusern und

Bindungen vorstellen. Er war zu ungestüm und zu kompromisslos. Man konnte ihn nicht auf eine Familie festlegen. Außerdem hatte er schon eine fast erwachsene Tochter.«

»Dann wurde er wohl irgendwann eingefangen.«

»Nein, das glaube ich nicht. Und das war wohl das Problem.«

»Ich verstehe«, sagte Suzy zweifelnd. Ihr schien die Fixierung auf Jeff die Vollendung.

Finch legte ihre Hand auf Suzys. »Ich habe nicht von einem Ring, einem Heim und einem Kinderwagen geträumt. Al war nicht der Mann, mit dem man an so etwas denken konnte.«

»Was hast du dann gewollt?«

Finch blickte durch sie hindurch, auf etwas, das für Suzy unsichtbar war. Es veränderte ihr Gesicht und ließ ihre Augen blitzen. »Was wir hatten, war genug.«

Wie traurig, das erst jetzt zu erkennen. Sie hatte ihn gebeten, sich zu ändern, sein Leben als Bergsteiger aufzugeben und sich in eine Ordnung einzufügen, weil sie den Mechanismus nicht verstanden hatte. Vielleicht hätte er versucht, sein Leben zu ändern, um ihr zu gefallen oder um Molly zu beruhigen, aber es hätte nicht funktioniert. Wie hatte sie daran nur eine Sekunde glauben können?

»He.« Suzy schüttelte ihre Hand. »Wo bist du?«

»Hier bin ich, hier. Lass uns über etwas anderes reden.«

Gehorsam erzählte Suzy ihr ein paar Klatschgeschichten, die sie bei einem Besuch im Speisesaal mit Taylor Buckaby und seinen Kollegen aufgeschnappt hatte. Sie unterhielten sich über alte Freunde und die Medizin, bis es für Suzy Zeit zum Aufbruch wurde. Sie nahmen sich fest in den Arm.

»Besuch mich, sobald du hier raus bist. Dann testen wir die Rollstuhlrampen zu Jeffs Bars.«

»Vergiss den Rollstuhl. Ich will wieder gehen lernen. Habe ich dir schon erzählt, dass sich eine Amputierten-Selbsthilfegruppe an mich gewandt hat?«

»Ich möchte dabei sein. Nimm mich mit.«

Nachdem Suzy gegangen war, nahm Finch nochmals Sams Brief zur Hand. Aber sie konnte nicht zwischen den Zeilen lesen.

»Mann, du warst gar nicht leicht zu finden. Hast du schon mal was von einer Nachsendeadresse gehört? Ich habe das Gefühl, deine Ex hat mir sämtliche Informationen über deinen Aufenthaltsort vorenthalten.«

Sam hielt die Tür auf und Adam Vries schleppte Sams Reisetasche herein und stellte sie in die Diele des Mietapartments.

»Frannie ist böse auf mich und ich kann ihr das nicht verübeln.«

»Versteh ich. He, ich freue mich, dich zu sehen, Junge. Du siehst besser aus als bei unserem Abschied. Wo sind wir hier eigentlich?«

Sam blickte über die Schulter und zuckte die Achseln. Die Räume waren angefüllt mit allem möglichen Gerümpel und dekorativen Accessoires. Das einzige Zeichen, dass das Apartment bewohnt war, war die Schlafcouch mit Überdecke in der Ecke. Daneben lag ein Taschenbuch. »Gehört einem Bekannten, der zur Zeit unterwegs ist. Ich habe einen Schlafplatz gebraucht, um Ordnung in mein Leben zu bringen. Ich danke dir, dass du mir mein Gepäck gebracht hast.«

Die Reisetasche stand zwischen ihnen; am Griff war das Label von Mountain People befestigt. Sam warf einen unwilligen Blick darauf. Dann trat er näher, zog den Reißverschluss auf und langte hinein. Die Tasche enthielt schmutzige Wäsche. Ihr entströmte ein Geruch nach Kerosin, Rauch und Schweiß. Dieser Geruch weckte Erinnerungen – an Kälte und Schmerz, an das Brennen im Mund, das Engegefühl in der Brust und das Dröhnen des Windes im Ohr.

»O Gott«, flüsterte er. Er kniete sich vor die Tasche und leerte sie. Alles erinnerte ihn an die Berge und die Menschen, die er dort zurückgelassen hatte.

»Packen ist nicht gerade meine Stärke«, entschuldigte sich Adam. »Ich habe einfach alles in deinem Zelt in die Tasche geworfen. Dein Fotoapparat ist auch drin, du hattest ihn in meinem Daunenanzug gelassen.«

Sam fand den Apparat; der Film mit den Bildern vom Gipfel steckte noch darin. Er legte ihn kommentarlos zur Seite. Dann erhob er sich und schob den Haufen mit dem Fuß beiseite. »Komm, wir gehen ein Bier trinken.«

»Aber gern«, erwiderte Adam.

Sie gingen in eine Bar und nahmen an einem der äußeren Tische Platz. Eine Kellnerin brachte ihnen Getränke und Oliven. Am Nachbartisch saßen Frauen in Berufskleidung, mit Taschen und Aktentaschen zu ihren Füßen. Adam musterte sie.

»Ich mag die Stadt im Sommer.«

»Seattle?«

»Jede Stadt. Nackte Beine und Arme, am Strand ist das nicht so sexy.«

Sie tranken und bestellten nach. Sie unterhielten sich über die Expedition und hatten Bar und Umgebung bald ganz vergessen. Adam erzählte, George habe Nachricht von Ted, Vern und Rix bekommen. Sie waren alle ganz begeistert, ihr Ziel erreicht zu haben. »Ich frage mich, inwieweit sich dieser Bastard von Rix für Als Tod verantwortlich fühlt.«

Sam dachte nach. »Rix war wie besessen vom Gipfel, das steht fest. Nichts konnte ihn aufhalten. Al hätte ihm Einhalt gebieten sollen, aber ich habe keine Ahnung, wie er das hätte anstellen können. Al hat das einzig Mögliche getan: Er hat ihn zum Gipfel geführt. Wir wussten, dass es zu spät war. Dann hat sich Rix davongemacht und Al ist bei mir geblieben. Ist sein Tod also meine Schuld? Oder die Schuld von mir, Rix und Sandy?

Mein Dad pflegte immer zu sagen, dass Klettern etwas mit Reinheit zu tun hat, und jener Tag war ein einziges Durcheinander aus Pech und Gipfelrausch. Al hat gesagt, ab dem Südsattel sei jeder für sich selbst verantwortlich. Und das stimmte, mit Ausnahme von ihm selbst. Er besaß nämlich die Reinheit. Und auch das Schicksal war auf seine Art rein – der Sturm, die Verspätung und Sandys Absturz. Ich glaube nicht, dass sich Rix Vorwürfe macht. Was meinst du?«

Adam schüttelte den Kopf und hielt sein Glas schräg, um den Schaum zu betrachten. Der Vater von Sandy Jackson hatte geschrieben, die Familie sei stolz, dass der Sohn den Gipfel des Everest erreicht habe.

»Ich wünschte, ich hätte ihn auch erklommen«, sagte Adam.

»Wirklich?« Sam spürte die Wirkung des Biers. Er trank nicht viel, aber da er schon mal dabei war, wollte er mehr, um die Fragen und Erinnerungen zu betäuben. »Trotz allem, was geschehen ist?«

»Ja, trotz allem, was geschehen ist.«

»Das ist dann wohl die Antwort«, sagte Sam.

Es war ein angenehmer Abend. Die Frauen am Nebentisch lachten, draußen floss der Verkehr vorbei und in den Wohnungen über der Straße gingen Lichter an. Es gab Hunderte solcher Abende, in Bars und Restaurants, mit Frannie und anderen Freunden, hier und in anderen Städten, und es würde hundert weitere geben, falls er es wollte. Die Welt war gleichzeitig kompliziert und stimmig. Auch wenn sich Sam heute Abend losgelöst fühlte, war er immer noch in diese Welt eingebunden, nahm sämtliche Einzelheiten in sich auf und versuchte, das zu Grunde liegende Muster zu begreifen. Er befand sich an einem Wendepunkt. Alles, was er künftig anpacken würde, zählte, denn er hatte auf dem Everest ein Geschenk erhalten. Ob dies der Beginn des Erwachsenseins war? Oder war er schon seit Jahren erwachsen und begriff einfach ungewöhnlich langsam, was das bedeutete?

Er vernahm Finchs Stimme leise in seinem Ohr. Ja, sagte sie. Er hatte sie immer vor Augen, ihr Gesicht und ihre Stimme.

»Und?«, fragte Adam. »Wirst du weiterhin laufen?«

Sein Glas war schon wieder leer.

»Ich bin seitdem ein paar Mal gelaufen. Aber ich kann das Motiv nicht mehr zuordnen. Es ist, als ob ein Korken hochgeschnellt und alles, was ich in der Flasche aufbewahrt hatte, herausgesprudelt und im Sand versickert wäre. Vielleicht hat die Gipfelbesteigung etwas Unerwartetes bewirkt. Vielleicht war sie als Leistung an sich vollkommen – ich habe es getan, bin so hoch geklettert, wie ich konnte. Jetzt kann ich es sein lassen. Es war nicht unwichtig, aber es war nicht alles. Es ist die Antwort auf eine Frage, aber es gibt noch viel subtilere, die ich nicht beantworten kann. Ich weiß nur, dass ich sie nicht beantworten kann, indem ich weitere Berge besteige oder noch schneller laufe. Vielleicht habe ich das von Al gelernt. Weißt du, was er für mich getan hat?«

Adam forderte ihn auf: »Erzähl's mir.«

Sam berichtete von der letzten Nacht. Er verspürte ein starkes Bedürfnis, darüber zu reden. Während er sprach, glaubte er, Als wärmenden Körper auf sich zu fühlen, und wiederholt ließ er Füße und Finger kreisen, als wollte er die Blutzirkulation aufrechterhalten. Eine Frau am Nebentisch beobachtete ihn und sah ihn überrascht an, aber Sam merkte es nicht.

»Warum, glaubst du, hat er das getan?«, fragte Sam schließlich. »Warum hat er dieses Opfer für mich gebracht?«

Statt seine Sinne zu betäuben, hatte das Bier sie geschärft. Die Olivenschale, die Schrift über der Bar, Adams Pullover, alles war überdeutlich klar. Ein Wendepunkt.

»Das kann niemand beantworten. Nur Al selbst. Aber du kannst versichert sein, dass er es tat, weil er es für richtig hielt.«

»Finch war in ihn verliebt. Er hatte alles. Er brauchte nur die Bergsteiger zum Gipfel zu führen und wieder hinunter. Und dann lief es schief.«

»Vielleicht«, erwiderte Adam langsam und runzelte die Stirn, »war diese Aussicht für jemandem wie Al erdrückend.«

Zu reich, zu üppig und zu verführerisch. Zu zugänglich für Al, der Schwierigkeiten und Gefahr liebte. Seine Stärke war auch sein Versagen.

Ich wünschte, ich hätte ihn länger gekannt, dachte Sam. Oder vielleicht kannte ich ihn so gut, weil wir so wenig Zeit hatten. Ich wünschte, ich könnte ihm sagen, dass ich mein Leben nicht verpfuschen werde. Al hatte einmal gesagt: »Ich will nicht, dass du das da draußen versaust ...«

»Wahrscheinlich hast du Recht«, murmelte Sam schließlich.

Seine überdeutliche Wahrnehmung verblasste allmählich, ein Theatervorhang senkte sich auf die innere Bühne. Er sehnte sich nach Vergessen.

Der Abend schritt voran. Die Angestellten, die nach der Arbeit auf einen Drink gekommen waren, gingen nach Hause. Nur die Stammgäste waren noch da. Eine Frau warf Adam über die Schulter einen Blick zu und verließ lächelnd das Lokal. Er sah ihr interessiert hinterher.

»Hast du mit Finch geredet?«, fragte er.

»Ich habe ihr einen Brief geschrieben, das ist alles. Einen Brief über Al. Was soll ich sonst tun? Der Mann, den sie liebte, ist tot.

Ich war dabei und bin mitschuldig.« Er zuckte die Achseln. Worte waren hier unpassend. »Soll ich sie anrufen und zum Essen einladen?«

»George sagt, sie hat eine harte Zeit hinter sich. Man hat ihr einen Fuß amputiert.«

»Einen Fuß amputiert?«

Er wollte den Verlust nicht herunterspielen, aber er schien vergleichsweise unbedeutend. Sie war am Leben, genau wie er. Adam beobachtete ihn abwartend. Sie hatten noch zwei Bier bestellt.

»Schau mal, ich bin ihr bis nach Katmandu gefolgt, habe ihr meine Gesellschaft aufgezwungen, ich war plump und aufdringlich.«

»Ja, warst du.«

»Also lasse ich sie in Ruhe, damit sie sich erholt.«

Es war kühl geworden und sie waren jetzt die einzigen Gäste. Er versuchte sich zu erinnern, was seine Mutter zu sagen pflegte. Wenn du etwas liebst, lass es los. War es das?

»Okay, Junge.«

Sam seufzte und leerte sein Glas. Es war einsam ohne sie. Es war einsam ohne seine Mutter und sie. »Was hast du jetzt vor? Willst du dir die Nacht um die Ohren schlagen?«

»Da fragst du noch?«

Am nächsten Morgen öffnete Sam langsam die Augen. Sein Schädel brummte und er hatte ein schales Gefühl im Mund. Auch der Whisky nach dem Bier hatte sein Bewusstsein nicht auslöschen können, sondern lediglich bewirkt, dass er sich wie ausgekotzt fühlte. Er kletterte aus dem Bett, ging zur Spüle und trank ein Glas Wasser. Stöhnend rieb er sich mit dem Handrücken über den Mund. Dann trat er an den Tisch, wo zwischen Töpfen und Pizzaschachteln sein Laptop stand. Er schaltete ihn ein.

Frannie konnte das Apartment verkaufen oder ihn auszahlen, wenn ihr das lieber war. Auch seinen Geschäftsanteil wollte er verkaufen, wollte alles hinter sich lassen und neu anfangen. Jetzt wusste er, was er zu tun hatte. Mit trübem Blick starrte er auf den Bildschirm.

»Billigflüge«, murmelte er. Mal sehn.

Das Wohnzimmer der Buchanans ging aufs Wasser hinaus und war groß genug, um als Übungsraum zu dienen. Finchs Wohnung war zu klein, sie erlaubte nur wenige Schritte, ohne wenden zu müssen. Langsam setzte Finch einen Fuß vor den anderen und ging über den polierten Ahornboden.

Es war August und sie übte mit ihrer Fußprothese. Es war viel einfacher, das im Haus zu tun. Der Verlust der Zehen am anderen Fuß erschwerte es ihr, das Gleichgewicht zu halten, und die geringste Unebenheit des Bodens konnte sie zum Straucheln bringen. Triumphierend erreichte sie das andere Ende des Zimmers. Sie klammerte sich auf der Suche nach Halt an eine steinerne Statue. Dann bewegte sie die Hüfte und tat einen weiteren Schritt.

Sie konnte endlich ohne Krücken gehen und fühlte sich, als hätte sie Flügel. Die Prothese war entsetzlich unbequem, aber so war es nun einmal. Sie sollte so viel wie möglich gehen, damit der Hersteller die Passform des Gelenks überprüfen konnte. Es saß jetzt zu eng, und die Druckstellen auf der Haut zeigten an, wo die Prothese geweitet werden musste, um den Schmerz zu lindern. Finch blickte auf den Fuß hinunter. Er war ein funktionales Gestell aus Metall mit einer Plastikblattfeder. Sie hätte eine Prothese aus hautfarbenem Gummi und Plastik, mit Zehen und Nägeln wie die einer riesigen Puppe wählen können, aber sie hatte sich geweigert. Sie mochte die glatte Stahlvorrichtung.

Es war ein Fehler, auch nur einen Moment lang hinunterzuschauen. Sie sollte geradeaus schauen und den Blick auf ihr Ziel richten. Sie rutschte aus, verlor das Gleichgewicht und fiel auf die Seite. Damit heimste sie sich eine weitere Prellung ein. Sie hatte schon eine bunte Sammlung auf ihrer Hüfte. An einer Stuhllehne richtete sie sich wieder auf. Keuchend stand sie breitbeinig da und hielt sich fest.

Clare kam von der Terrasse herein. Sie wartete, bis ihre Tochter das Gleichgewicht wiedergefunden und einen Schritt getan hatte, statt ihr zu Hilfe zu eilen. Finch dankte ihr mit einem Lächeln. Nach der Entlassung aus dem Krankenhaus hatte sie mehrere Wochen in ihrem Elternhaus verbracht, weil sie in der Stadt nicht allein zurechtkam. Sie zwang sich zur Geduld gegenüber der elterlichen Fürsorge und erinnerte sich an ihre Kindheit. Damals war sie verletzbar gewesen und hatte Pflege akzeptiert.

Die Mutter verband ihr den Stumpf, schob ihren Rollstuhl, erzählte Dinge aus der Kindheit von Finch und den Brüdern. Finch hörte sich die Geschichten an und fand sie sogar interessant.

Im Austausch für ihre Unterwürfigkeit akzeptierte Clare ihrerseits Finchs Sehnsucht nach Unabhängigkeit. Sie war wieder wie ein Kind, das den Kinderschuhen entwächst.

»Genau an dieser Stelle hast du damals laufen gelernt. Es war eine große Überraschung. Du hast drei schwankende Schritte gemacht, dann hat dein Vater dich aufgefangen.«

»Eine Überraschung? Deshalb gibt es keine Videoaufnahmen! Ich habe mich schon die ganze Zeit gewundert.«

Clare überlegte kurz und lachte. Sie akzeptierte jetzt, dass Finch sie neckte, denn sie hatte versucht, jede Etappe im Leben ihrer Tochter festzuhalten. Heute hatte sie einen weiteren Meilenstein erreicht, wenn auch einen kleinen. Es war ihr dreiunddreißigster Geburtstag. Caleb war aus San Diego gekommen, um in der Stadt einen Vortrag zu halten, auch Marcus und James mit ihren Frauen wurden erwartet. Zum ersten Mal seit Finchs Abflug nach Nepal würde die ganze Familie wieder zusammen sein.

»Du könntest den Tisch für mich decken, Liebes«, schlug Clare vor. Finch ging vorsichtig zu dem Schrank, in dem das Besteck und die Gläser aufbewahrt wurden. Sogar ihre Einstellung in Bezug auf die banalsten häuslichen Aufgaben hatte sich verändert. Sie war jetzt dankbar, dass Clare das von ihr verlangte, statt sie wegen ihrer Behinderung davon auszuschließen. Sie holte die Messer mit den Elfenbeingriffen sowie die schönen schweren Gläser heraus und deckte den Tisch. Sie musste alles sehr langsam machen, aber die bewusste Konzentration auf eine einfache Aufgabe verschaffte ihr eine ungewohnte Befriedigung.

Als sie fast fertig war, kam Clare zurück. In der Vergangenheit hatte sie sich oft beklagt, dass Finch nie Zeit habe, etwas in Ruhe zu erledigen, und immer in Eile sei. Wenn sie könnte, würde sie sogar von einer Zeitung auf dem Küchentisch essen. Finch hatte dann patzig geantwortet, dass sie genau das bei sich zu Hause auch tun würde. Jetzt sagte Clare lediglich: »Das sieht hübsch aus.« Die milde Abendluft schien von veränderten Wahrnehmungen erfüllt.

Marcus und Tanya kamen zusammen mit Angus und Finch führte ihnen vor, wie sie sich mit der Prothese bewegte. Die fürchterlichen Schmerzen hielten sie davon nicht ab.

»Seht mal, ich brauche gar keinen Stock.«

Sie ging sechs Schritte über den polierten Fußboden. Marcus interessierte sich für die Federn und Puffer, die die fehlende Muskelfunktion ersetzen sollten, und kniete sich auf den Boden, um alles genau zu betrachten.

»Mit der Zeit bekomme ich verschiedene Prothesen für verschiedene Aktivitäten. Ich kann sogar eine für die Befestigung eines Skistiefels bekommen.«

»Auch eine zum Autofahren?«

»Ja, und eine zum Tanzen.«

Angus öffnete eine Flasche Champagner. James und Kitty kamen zusammen mit Caleb vom Flughafen und die Familie versammelte sich um Finch, um auf sie anzustoßen.

»Viel Glück mit dem Gehen«, wünschte Angus ihr.

Finch nippte an ihrem Champagner und sah sich in der Runde um. Die Gesichter spiegelten Mitleid mit ihrem Gebrechen und Erleichterung wider, dass sie, davon abgesehen, unverletzt war. »Danke«, erwiderte sie. Sie war tatsächlich dankbar, wieder bei ihrer Familie zu sein.

Sie nahmen das Dinner an dem langen Eichentisch ein. Clare saß heiter am unteren Ende der Tafel, Angus am Kopfende. Finch erinnerte sich an das Abschiedsessen, bei dem ihre Mutter sie gedrängt hatte, sich zu binden. Sie erinnerte sich an ihren Ärger, aber der unterschwellige Grund dafür schien nun klar zu sein. Natürlich wünschte sich Clare, dass sie heiratete, warum auch nicht? Ihre eigene Ehe war ein Glückstreffer gewesen, wie man an der Familie erkennen konnte, die sich hier im Kerzenlicht an der Tafel versammelte. Suzy hatte sich über die Familienidylle lustig gemacht, war aber nun damit beschäftigt, ihre eigene Version davon zu schaffen. Beim Gedanken an ihre Freundin spürte sie einen seltsamen Druck im Magen, ein Gefühl, das sie zu verdrängen versuchte – die Sehnsucht nach einem Kind.

Suzy hatte es geschafft. Sie nicht. Ich bin dreiunddreißig Jahre alt, habe nur noch einen Fuß und bin allein, dachte sie. Sie warf einen Blick auf Kitty und Tanya und überlegte, wie stark sie in die Familie integriert waren. Wie sehr uns doch unsere Familien prägen, dachte sie, ob wir es wollen oder nicht. Sie versuchte, sich vorzustellen, wie Al sich hier im Familienkreis machen würde, aber das war unmöglich.

Nach dem Dinner setzten sich Finch und Caleb auf die Terrasse. Die üppigen Formen der glasierten Blumentöpfe hoben sich gegen den marineblauen Himmel und das Meer ab. Finch hatte die Prothese abgenommen und Caleb zog ihr Bein auf seinen Schoß und streichelte es. Sie lauschten dem fernen Gemurmel des Meers.

»Fällt es dir sehr schwer?«, fragte Caleb nach einer Weile. Er war nicht oft in Vancouver und Finch sah ihn seltener als die anderen.

»Ich glaube, es geht. Ich sehe viele Menschen, die mit Schlimmerem fertig werden müssen. Und schließlich war es ja mein Entschluss, da hochzuklettern, oder?«

»Manchmal träume ich, dass du nicht zurückkehrst. Ich kämpfe mit dem Verlust, drehe und wende ihn, wie eine Last, die getragen werden muss. Dann stelle ich fest, dass ich wütend auf dich bin, und neidisch, weil du tot bist und ich ohne dich weiterleben muss. Und dann wache ich mit dem Gefühl auf, ich hätte die Last abgeladen. Plötzlich scheint alles vor Erleichterung zu strahlen.« Er legte ihr die Hand aufs Knie und lachte. »Wie selbstsüchtig.«

»Ich erlebe Ähnliches. Ich trauere um die Menschen, die gestorben sind, und empfinde Erleichterung darüber, am Leben zu sein. Ich bin wütend auf … ihren Tod. Das ist selbstsüchtig, aber auch normal.«

Ihr Lieblingsbruder betrachtete sie. Er wartete darauf, dass sie ihm mehr erzählte. Sie setzte an und bewegte die Lippen, brachte aber keinen Ton heraus. Wenn sie Caleb gestand, dass sie Al geliebt hatte und er umgekommen war, müsste sie es den anderen ebenfalls sagen. Vielleicht würde sie es Clare, ihrem Vater und ihren Brüdern irgendwann erzählen, aber nicht jetzt. Eine Zeit lang würde sie ihn für sich allein behalten. Und das ist wirklich selbstsüchtig, dachte sie.

»Spielt es für dich eine Rolle, dass du nicht bis zum Gipfel gekommen bist?«

»Ja, aber ich habe es nicht weiter geschafft. Nicht nur wegen der Füße, das ist vielleicht erst passiert, als ich innerlich wusste, ich würde es nicht packen. Mein Kreislauf hat nicht mehr richtig funktioniert und meine Glieder haben protestiert. Ich hatte nicht die Entschlossenheit und den eisernen Willen der anderen.« Sie fügte hinzu: »Diese Erkenntnis ist für mich sehr wertvoll.«

»In der Vergangenheit hätte ich dich nicht als Philosophin bezeichnet, aber du scheinst eine geworden zu sein.«

»Vielleicht.«

James gesellte sich zu ihnen und lehnte sich an den größten Übertopf. »Worüber unterhaltet ihr euch?«

»Über Leben und Tod«, erwiderte Caleb.

Finch saß in ihrem dunkelblauen Nachthemd im Bett, da klopfte Clare an die Tür. Sie trug einen Bademantel und war abgeschminkt. Ihr Gesicht wirkte weich, faltig und wehrlos. Finch forderte sie auf hereinzukommen und sie setzte sich auf die Bettkante. Das hatte sie seit Finchs Kindheitstagen nicht mehr getan. Finch dankte ihr für die Geburtstagsfeier.

»Dreiunddreißig Jahre«, sagte Clare. »Ich habe mir mehr als alles andere in der Welt eine Tochter gewünscht. Ich dachte, ein Mädchen würde ganz nach mir schlagen und ich hätte in ihr eine Verbündete, eine Freundin in einem Haus voller Männer.«

»Und dann hast du mich bekommen.«

»Tut mir Leid, dass es zwischen uns nicht leichter war. Es war nicht richtig von mir, anzunehmen, dass du all die Dinge tun würdest, von denen ich überzeugt war.«

Eine Aufzählung dieser Dinge war überflüssig. Es war, als hätte Finch eine Liste davon erstellt, sobald sie schreiben konnte, und hätte dann alles getan, um ihr Leben anders zu gestalten, als ihre Mutter es geplant hatte. »Ich habe nie begriffen, dass ich mit dir Glück hatte. Und ich habe es dir bestimmt nie gesagt, also hole ich es jetzt nach. Du warst für Dad und alle anderen auf eine Weise unerschütterlich, die ich verkannt habe, weil ich deine Werte abgelehnt habe. Ich fand, Frauen sollten arbeiten und kämpfen.«

»Und Berge besteigen.«

»Im metaphorischen Sinne.«

Clare blickte ihr fest in die Augen. Finch bemerkte plötzlich die Ähnlichkeit zwischen ihnen. Ihr Knochenbau und ihr Wille waren zum Verwechseln ähnlich. Diese Ähnlichkeit war ihnen aber wegen ihrer unterschiedlichen Ansichten nie richtig aufgefallen.

»Ich bin stolz auf dich«, sagte Clare unvermittelt. »Auf deine Arbeit, auf deinen Platz in der Welt, deine Freundschaften. Ich wünschte, ich hätte solche Freunde wie du.«

Clare selbst war voreingenommen. Zuerst kamen ihr Mann und ihre Kinder, deren Interessen über allem standen. Diese eiserne Entschlossenheit machte es anderen schwer, sich mit ihr anzufreunden.

Finch legte ihre Hand auf die ihrer Mutter. »Du hast doch uns.« Das war die naive Beteuerung eines Kindes, das erkannte sie selbst. Alles an diesem Gespräch, an ihrem Zusammensein mit ihrer Familie seit ihrer Rückkehr, erinnerte sie an ein Kind, das versucht, erwachsen zu werden. Sie hoffte, es dieses Mal besser zu machen.

»Danke.« Clare ließ ihre Hand los und erhob sich. Letzten Endes siegte immer ihre mütterliche Würde. »Soll ich dich morgen in die Stadt fahren?«

Finch arbeitete wieder ganztags. Es war eine Erleichterung, nach all den Wochen der Genesung und Therapie wieder in der Praxis zu sein und sich um Patienten zu kümmern. Aber sie konnte noch nicht selbst fahren.

»Ja, bitte, wenn du Zeit hast.«

»Natürlich habe ich Zeit«, versicherte Clare ihr schnell. Sie beugte sich über Finch und küsste sie auf die Wange. »Alles Gute zum Geburtstag!«

Der Herbst zog ins Land und mit ihm Wind und Regen. Langsam bereitete sich die Stadt auf den langen Winter vor. Finch arbeitete für zwei, da Dennis einen Monat in Indien war. Ihre Freizeit verbrachte sie in ihrer Wohnung, der Reha-Klinik und bei ihren

Freunden. Dennis und ihre Helferinnen unterstützten sie in der Praxis bei Prozeduren, die ihr schwer fielen. Zum Glück waren die meisten Patienten entgegenkommend.

Das Gehen fiel ihr zunehmend leichter und die Prothese wurde so lange angepasst, bis sie bequem saß. Finch legte ihre Krücken zur Seite, benötigte aber gewöhnlich einen Stock, vor allem, wenn sie müde oder der Boden rutschig war. Sie benutzte ihn sogar, wenn er eigentlich überflüssig war. Sie bemühte sich, sich körperlich nicht zu überfordern, und versuchte, ihre Behinderung zu akzeptieren. Zwischendurch dachte sie immer wieder an Al, vor allem nachts, wenn sie in der Dunkelheit dalag und in die Luft starrte. Von Sam hatte sie seit dem Brief nichts mehr gehört.

Am 14. Dezember saß sie gerade beim Frühstück und überflog die Zeitung, da läutete das Telefon.

»Suzy?«

»Zehn nach drei heute Morgen. Es ist ein Junge.«

»Ach, das ist wunderbar! Und wie war die Geburt?«

»Ein absoluter Albtraum, ich dachte, es zerreißt mich.«

»Wie sieht er aus?«

»Das genaue Ebenbild von Jeff.«

Finch lachte amüsiert. »Alles Weitere erzählst du mir später. Ich nehme den nächsten Flug, mit Dennis ist alles abgesprochen.«

Als Finch in Oregon landete, waren Suzy und das Baby bereits zu Hause. Die Bäume vor den Häusern in der Suttons' Road waren mit Lichtern geschmückt und auf dem Rasen des Nachbarn stand ein von vier Rentieren gezogener Schlitten mit Weihnachtsmann. Finch war mit dem Taxi vorgefahren und ging langsam aufs Haus zu, da öffnete Jeff die Tür. Er trug eine Schürze und hatte den Arm voller Wäsche.

»Hallo, Dad.«

»Komm herein und schau sie dir an. Sie sind umwerfend, das sage ich dir.«

Im Haus sah es aus wie nach einem Bombeneinschlag. Auf der Treppe lagen Blumensträuße, noch in Papier gewickelt, in der Diele standen übervolle Einkaufstüten, an der Küchentür lehnte ein ungeschmückter Christbaum. Finch bemerkte es kaum: Suzy war jahrelang ihre Zimmergenossin gewesen und liebte das Chaos. Im Schlafzimmer thronte Suzy auf einem Berg Kissen und hielt strahlend das Baby im Arm. Jeff hielt sich diskret zurück, damit sie sich in Ruhe begrüßen konnten.

»Da ist er, James Shepherd Sutton.«

Finch beugte sich über das Baby. Eine winzige, faltige Faust presste sich gegen eine weiche rote Wange. Dichte, dunkle Wimpern beschatteten seine Augen. Finch hatte Dutzende von Neugeborenen gesehen, einschließlich ihrer eigenen Neffen und Nichten, und sie waren alle süß; aber dieses Baby war anders, denn es gehörte Suzy und stand ihr näher. Instinktiv streckte sie die Hand nach ihm aus. Suzy lächelte und reichte ihr ihren Sohn.

Der Kleine schmiegte sich in ihre Armbeuge und als sie seinen Kopf zu sich drehte, öffnete sein winziger Mund sich zu einem Gähnen. Mit seinem zerknitterten Gesicht sah er unendlich weise aus.

»Mein Gott«, flüsterte Finch. Sein Kopf war feucht und hatte den typischen Geruch des Neugeborenen. Draußen auf der Straße war es ruhig und die Lichter der winzigen Laternen flackerten in den Ästen. »Er ist vollkommen«, bemerkte Finch andächtig.

Jeff hatte sich neben Suzy aufs Bett gesetzt. Er legte den Arm um sie und sie kuschelte sich an ihn.

»Suzy war sehr tapfer«, erklärte er voller Stolz. »Hat sich genau an die Anweisungen gehalten.«

»Hat sie nicht gebrüllt und geflucht?«

»Damit rechnet man doch.«

»Natürlich.« Finch lächelte. Sie hielt das Baby mit einer Hand hoch, tätschelte seinen feuchten Kopf und küsste die winzige Stirn. Dann gab sie es widerstrebend seiner Mutter zurück. Die Eltern beugten sich über den Kleinen, berührten mit den Fingerspitzen seine Nase und seine Wangen und murmelten zärtliche Worte. Die Szene erinnerte an Christi Geburt, lustig untermalt von dem disney-ähnlichen Weihnachtsmann auf dem Rasen des Nachbarhauses. Aber die Richtigkeit und Reinheit des Bildes waren elementar.

Finch beobachtete alles vom Rande aus. Ich wünschte, es wäre mein Baby, dachte sie.

15. Kapitel

Am Weihnachtsabend waren keine Gäste in der Pension. Die Fischer und Bergsteiger, die üblicherweise hier abstiegen, waren vermutlich zu Hause bei ihren Familien. Molly saß im Dunkeln oben auf der Treppe und lauschte dem Knacken und Knarzen vom Holz und den Autos, die draußen im Regen vorbeirauschten. Auf dem Haus lastete eine drückende Stille, in den Räumen nisteten unausgesprochene Worte.

Es war schwierig geworden, in diesem Haus über etwas anderes als über die täglichen Aufgaben und Mahlzeiten zu reden. Al hatte nie hier gelebt und so war das Haus nach seinem Tod nicht von seiner Gegenwart erfüllt. Jen und Molly hatten vielmehr zu seinen Lebzeiten unter der Trennung gelitten. Molly und Jen waren Partner geworden, die ums Überleben kämpften. Dabei hatten ihre jeweiligen Gefühle für Al verschiedene Nuancen. Jetzt, nach seinem Tod, standen sich Mutter und Tochter weniger nah als vorher.

Molly schlang die Arme um die Knie und legte den Kopf darauf. Sie kniff die Augen zusammen, bis farbige Kreise unter ihren Lidern aufleuchteten und sie kurzfristig von ihrer Trauer um ihren Vater ablenkten. Sie überlegte, was sie heute Abend tun sollte. Ihre Freunde hatten einen Minibus samt Fahrer gemietet, um einen Club in Llandudno zu besuchen. Jen war in der Küche beschäftigt; Molly hörte Wasser rauschen, als sie die Wasserhähne betätigte. Sie hatte Jen ihre Hilfe angeboten, aber ihre Mutter hatte verblüfft abgewunken. Ob sie denn am Weihnachtsabend nicht ausgehen wolle? Vielleicht später, hatte Molly vage geantwortet. Sie hatte sich erst in ihr Zimmer zurückgezogen und saß jetzt auf der Treppe. Als das Telefon klingelte, öffnete sie die Augen und stand so schnell auf, dass ihr schwindelig wurde. Sie hielt sich am Treppengeländer fest und wartete darauf, dass Jen sie ans Telefon holen würde. Aber sie hörte ihre Mutter leise sprechen und lachen.

Als Molly das Gespräch für beendet hielt, ging sie hinunter und linste in die Küche. Der Weihnachtsbaum stand an seinem üblichen Platz hinter dem Sofa. Darunter lagen jede Menge Geschenke. Letztes Jahr war Al über Weihnachten drei Wochen lang in Argentinien gewesen, um eine Gruppe den Aconcagua hinaufzuführen.

»Vielleicht gehe ich kurz in den Dragon«, sagte Molly. »Falls du für mich nichts zu tun hast.«

Jen lächelte. »Prima Idee.«

Morgen würde Als ältere Schwester Cath zu Besuch kommen. Molly mochte sie nicht besonders, aber Jen wandte ein, es sei schließlich Weihnachten und Cath habe ein trauriges Leben gehabt.

»Bis später«, verabschiedete sich Molly. Sie nahm ihre Regenjacke und verließ das Haus.

Der Regen bildete einen fahlen Hof um die Straßenlampen und hinterließ glänzende Spuren auf dem Asphalt. Der Geruch von Katzenkot und feuchtem Efeu hing in der Luft. Der alte Audi von Al stand auf dem Parkplatz. Jen hatte einmal gesagt, der Wagen sei der Hauptteil ihres Erbes. Tyn-y-Caeau war nur gemietet und auf ihrem Konto befand sich nicht viel Geld. Es gab zwar eine kleine Lebensversicherung, aber die hatten sie hauptsächlich für die Überführung von Als Leiche und den Leichenschmaus für die Bergsteiger verwendet.

Molly vergrub die Hände in den Taschen und steuerte auf den Pub zu. Es war direkt eine Erleichterung, von zu Hause wegzukommen.

Ein Auto kam ihr entgegen und spritzte Regenwasser auf das Trottoir. Sie wich zurück. Der Beifahrer kurbelte die Scheibe herunter; es war Dave, ihr Klassenkamerad.

»He, Molly, wir fahren zu Hoot, kommst du mit?«

Die hintere Tür wurde so heftig aufgestoßen, dass sie an den Randstein schlug. »Wir haben alles, was man für eine Party braucht.« Auf dem Rücksitz saß Phil Williams, mit dem sie in der fünften Klasse ein Techtelmechtel gehabt hatte.

Molly zuckte die Achseln. »Okay.« Sie setzte sich neben Phil. Er legte den Arm um sie legte und fing an, an ihrem Ohr zu knabbern. Sie ließen das Haus hinter sich. Hoot lebte auf einer einsamen Farm auf der Capel Curig Road. Phil roch stark nach Bier und Rasierwasser. Molly fand das abstoßend und entwand sich ihm.

»Dave, halt an. Ich komme nicht mit, danke.«

Die Jungs brummten unwillig, widersprachen aber nicht. Der Wagen hielt und Molly stieg aus. »Fröhliche Weihnachten«, rief sie ihnen noch zu.

Vor ihr befand sich eine Mauer und, unter einer dunklen Eibe, ein niedriger steinerner Turm. Molly ging langsam, bis sie zu dem überdachten Friedhofseingang unter dem Schieferdach gelangte. Neben dem Tor stand eine mit Graffiti beschmierte Holzbank. Es war ein Treffpunkt für Jugendliche, die zum Rauchen herkamen und nicht wussten, wohin sie sonst gehen sollten. Aber heute war niemand hier.

Als Grab befand sich im neuen Teil des Friedhofs, am anderen Ende hinter den viktorianischen Engeln und Marmorgrabmälern. Molly kam nicht häufig. Da es ihr nicht gelang, das Tor zu öffnen, setzte sie sich im Regen auf die Bank und zog eine Zigarettenschachtel aus ihren Jeans. Sie zündete eine Zigarette an, nahm einen Zug und beobachtete, wie der Regen vom Dach tröpfelte. Es war nicht kalt, nur unangenehm feucht.

Al hatte sein Versprechen gebrochen, das war das Problem. Er hatte versprochen, er würde zurückkehren, und er war nicht zurückgekehrt – zumindest nicht lebend. Wenn sie nicht darauf bestanden hätte, würde er jetzt nicht einmal in diesem Grab liegen. Er hatte ihr einmal erzählt, dass abgestürzte Bergsteiger häufig nicht geborgen wurden und die anderen beim Auf- und Abstieg an den Toten vorbeikamen. Molly hätte nie wieder in Ruhe schlafen können, wenn er da oben im Schnee geblieben wäre, obwohl er das vielleicht sogar vorgezogen hätte. Aber schließlich konnte er nicht immer seinen Willen bekommen.

Sie ließen ihn vom Everest, dem gierigen, grausamen, todbringenden Berg herunterschaffen. Der Berg sollte nicht das letzte Wort haben. Dieser Meinung war auch Jen, die die Berge hasste.

Die Sherpas, die Al bewundert hatten, waren erneut hochgeklettert und hatten seine Leiche geborgen, sie ins Tal gebracht und nach Hause geschickt. An einem Mainachmittag, die Weißdornhecken standen in voller Blüte, hielten Molly und Jen eine Trauerfeier für ihn ab. Tante Cath stand neben dem Grab und weinte bitterlich, mit offenem Mund und zusammengekniffenen Augen. Sie war sechzehn Jahre älter als ihr Bruder und sie war immer seltsam gewesen. Molly war stolz darauf, dass sie und Jen sich hatten beherrschen können. Sie selbst hatte schon so viel geweint, dass ihr die Tränen versiegt waren. Vor all diesen Menschen konnte sie ihre Trauer nicht zeigen.

Wie sehr Al das gehasst hätte, dachte sie. Das anschließende Essen wäre schon eher nach seinem Geschmack gewesen. Wenn ihm danach war, hatte er sehr gesellig sein können. Sie hatte einen ganzen Becher Whisky geleert und sich dann zurückgezogen, weil ihr schlecht geworden war. Von ihrem Zimmer aus hörte sie, wie unten gesungen und gebrüllt wurde.

Molly rauchte ihre Zigarette zu Ende. Der Regen ließ allmählich nach. Sie war froh, nicht mit Phil und den anderen mitgefahren zu sein. Es war besser, allein zu sein. Man konnte sich nicht auf Versprechen verlassen. Nicht einmal auf die von Al, auf die von Al schon gar nicht. Nur die Versprechen, die man sich selbst gab, waren verlässlich. Sie starrte auf die Pflastersteine, die von der Feuchtigkeit glänzten, und versprach sich, dass es ihr gut gehen würde. Im Moment war sie allein, aber das würde sie nicht bleiben. Mit ihrer Mutter würde sie auch allmählich zurechtkommen. Sie würde sie verlassen und auf die Uni gehen, und das Leben würde weitergehen.

Ich werde auch nicht mehr wütend über Als Tod sein.

Der Mann, der ihr das Foto am Strand zurückgeschickt hatte, hatte geschrieben, wie tapfer Al gewesen sei und wie großzügig, ihm das Leben zu retten.

Vielleicht, dachte Molly. Natürlich war er tapfer gewesen, das sagten alle über ihren Vater. Wenn er damit, dass er die Männer zu spät zum Gipfel gebracht hatte, einen Fehler begangen hatte, hatte er ihn durch seinen Mut und sein Pflichtbewusstsein ausgeglichen und so gut wie möglich korrigiert. Es war eher eine Anwandlung von Kühnheit, ausgelöst von einem Adrenalinstoß und vom Sturm zum Schweigen gebracht. Es gab ruhigere Arten von Kühnheit. Sie kamen über einen längeren Zeitraum an eintönigen Orten zum Tragen und waren vielleicht wertvoller. Zum Beispiel Jens bittere, stoische Kühnheit.

»Ich weiß nicht«, sagte Molly laut. »Vielleicht habe ich mich in dir getäuscht. Aber das werde ich wohl nie erfahren.«

Sie erwartete keine Antwort. Ihr Vater war tot und nichts erinnerte an ihn. Wenn es irgendeinen Geist gab, eine Spur von ihm in der Membran, die eine Welt von der anderen trennte, dann auf dem südöstlichen Grat des Everest. Bei wichtigen Dingen hatte Al immer getan, was er wollte. Das zumindest hatte Jen behauptet.

Molly stand auf. Sie hatte zu lange in der Feuchtigkeit gesessen und fröstelte jetzt. Sie kehrte dem Friedhof den Rücken und machte sich auf den Heimweg.

Als sie die Haustür öffnete, wusste sie sofort, dass jemand im Haus war. Sie ging durch den Flur zur Küchentür und drehte den Knauf. Jen lehnte am Büfett, nippte an einem Glas Wein, lachte vergnügt und strahlte vor Glück. Der Anblick versetzte Molly einen Schock; so hatte sie ihre Mutter schon lange nicht mehr erlebt. Ein Mann saß, von Katzen umringt, auf dem Sofa und ließ die Hände herunterbaumeln. Er hieß Tim, erledigte für Jen die Steuer und Buchhaltung und war ein ganz gewöhnlicher Mann mit Kordhosen, schütterem Haar und sandfarbenem Teint.

»Hallo, Molly. Und, wer war alles im Pub?«

Tim versuchte aufzustehen, von Kissen und Katzen behindert.

»Eigentlich niemand.«

»Und das am Weihnachtsabend? Du erinnerst dich doch an Tim, oder?«

»Ja.«

Sie lächelten sich an, aber nicht mit den Augen.

»Hallo, Molly. Frohe Weihnachten.«

»Du bist ja ganz durchnässt. Willst du etwas trinken?«

Nein, sie wollte nicht. Sie entschuldigte sich und wünschte ihnen ein frohes Fest. Jen erinnerte sie daran, ihren Stiefel rauszuhängen – einen roten Stiefel mit einer Glocke an der Spitze, den sie seit ihrem fünften Lebensjahr besaß. Sie verließ die Küche und überließ die beiden sich selbst.

Danach war es dort eine Weile still.

»Molly vermisst ihren Vater«, sagte Jen schließlich. »Sie waren sich sehr nah. Sie wird kaum damit fertig. Ich mache mir Sorgen.«

»Du musst dir keine Sorgen machen. Es wird alles gut«, sagte der Mann. Und genau das wollte sie hören.

Sam hantierte in der Küche unter dem Dach des Bambuszeltes. Er arbeitete gern mit den Händen und mochte es, große Mengen Essen zuzubereiten. Das zog er der Schreibtischarbeit vor, die er ebenfalls erledigen musste. Er fing immer sehr früh an, putzte und schälte Berge von Kartoffeln, aus denen Suppe gemacht wurde. Dann kochte er Reis und rührte das mit Curry zubereitete Gemüse. Ein Strom von Menschen zog an ihm vorbei. Sie verlangten nach heißem Tee, tibetischem Brot, einer Unterhaltung oder einem bequemem Sitzplatz. Er und seine beiden Küchenjungen kümmerten sich um die Gäste und bereiteten auch das Essen zu. Gegen Mittag versammelten sich etwa dreihundert Menschen im Speisezelt. Straßenkinder, die sich von Abfällen ernährten, Bettler und Krüppel, und Frauen mit winzigen, kranken Babys. Hier versammelten sich die Ärmsten der Armen von Katmandu. Sie gingen an den großen Metallkesseln mit warmer Nahrung vorbei und Sam und seine Helfer luden die Teller voll. Das Zelt war seitlich geöffnet und Sonnenstrahlen erhellten das Innere. Die Kinder rannten herum und spielten mit den Hunden. Es war Ende März, der kalte Winter war zu Ende. Katmandu lag unter seiner üblichen Dunstglocke.

»Sam, Besuch für dich«, rief ihm Linda, die australische ehrenamtliche Helferin, zu. Sie stand in der Tür zum Büro der Wohlfahrteinrichtung. Das Büro und das Kommunikationszentrum unterlagen seiner Verantwortung, obwohl er dort nur wenig Zeit verbrachte. Sam fuhr fort, Essen auszugeben, und rief ihr über die Schulter zu: »Wer immer es ist, schick ihn hierher.«

Besucher waren nichts Ungewöhnliches. An diesem geselligen Ort versammelten sich Helfer, Reisende und temporäre Mitarbeiter. Einen Augenblick später blickte Sam von einem Teller hoch und entdeckte vor sich eine Jacke von Mountain People. Sofort verdunkelte sich die Sonne. Er war wieder auf dem Felsgrat, und der Wind tobte.

»*Namaste*, Mr. Sam.«

»Mingma?«

Er sah im Geiste den Sherpa mit einem Zweig des Wacholderbeerstrauchs das *puja*-Feuer schüren. Hoch oben auf dem Berg, bevor Mingma Finch zum Südsattel hinuntergebracht hatte.

Sam stellte seinen Teller ab und streckte die Hand aus. »Ich freue mich sehr, dich zu sehen. Woher wusstest du, dass ich hier bin?«

Der kleine Mann lachte ihn an. »Katmandu ist ein sehr kleiner Ort. Ist Suppe so gut wie von Dorje?«

»Probier sie.«

»Ang ist auch hier, draußen.«

Sam füllte zwei Teller, dann überließ er die Warteschlange seinem Helfer. Sie verließen das Zelt und kamen an einer Gruppe von kleinen Kindern vorbei, die mit zwei Welpen herumtollten.

Ang saß mit gekreuzten Beinen gegen einen Holzpfosten gelehnt. Als er Sam erblickte, sprang er sofort auf. *»Namaste.«*

Über Angs Stirn verlief eine rosa Narbe, als einzige Spur der Verletzung. Sie setzten sich auf eine Bank und betrachteten die Kinder.

Mingma probierte vorsichtig einen Löffel von der Suppe. »Nicht so gut wie von Dorje.«

»Na ja, ich habe sie zubereitet.«

Die beiden Sherpas lachten vergnügt. »Habe ich doch gesagt.« Aber Mingma fügte ernst hinzu: »Sehr gute Arbeit hier. Die ganze Welt spricht darüber.«

An dem Abend, den Sam in Seattle mit Adam Vries verbracht hatte, hatte dieser von Netta Gould und ihrer Arbeit bei den Obdachlosen von Katmandu erzählt. Sam hörte aufmerksam zu. Trotz des Alkohols und seiner sonstigen Unentschlossenheit bot er sofort seine Hilfe an. Es war zu einer fixen Idee geworden, etwas für andere zu tun, und er hatte sich daran geklammert, als hinge sein Leben davon ab.

Nun war er bereits seit zehn Monaten hier. Er arbeitete für einen geringen Lohn für Netta, kümmerte sich um die Buchhaltung und die Verwaltung der Suppenküche und die Unterbringung der Kinder. Er hatte im Internet eine Website entworfen, das chaotische Kommunikationssystem rationalisiert und Möglichkeiten der Geldbeschaffung aufgetan. Und es machte ihm Spass, riesige Töpfe Kartoffelsuppe zu kochen und mit den Kindern zu spielen. Die Kinder lebten bei Netta und betrachteten sie als ihre Mutter, da sie sonst niemanden hatten.

»Das ist Nettas Verdienst«, erwiderte Sam. »Was führt euch hierher?«

Ang hatte seine Suppe ausgelöffelt und holte Zigaretten aus der Tasche. Er bot Sam mit fragendem Blick eine an, aber dieser lehnte ab.

»Arbeit«, erwiderte Ang.

Mingma fuhr fort: »Wieder den Everest hoch. In zwei Tagen Kunden kommen und wir gehen hinauf.«

Natürlich, es war die richtige Jahreszeit. Vor einem Jahr hatten sich George, Al, Finch und die anderen voll freudiger Erwartung im Hotel Buddha's Garden versammelt. Es schien schon eine Ewigkeit her zu sein.

»Dieses Mal Mr. George nicht dabei, hat keine Kunden.« Mingma lächelte und dabei blitzte sein Goldzahn. »Aber er gab mir die Jacke, ich mag sie.«

»Sie weckt schlimme Erinnerungen«, sagte Sam.

Sie nickten. Für die beiden waren die Erinnerungen nicht mit so großem Bedauern und so viel Traurigkeit erfüllt wie für ihn. Nicht, weil es ihnen weniger wichtig gewesen wäre, aber in den Bergen, wo sie und ihre Familien lebten und arbeiteten, waren Risiko und Tod ihr täglich Brot. Im Unterschied zu Al hatten sie keine große Wahl.

Dann sagte Mingma: »Pemba, ich und die anderen haben ihn heruntergebracht, für die Familie.«

»Al?«

»Ja. Der andere Mann tot für immer, liegt in Tibet.«

»Ich weiß. Da habt Ihr Al einen großen Dienst erwiesen«, sagte Sam und Ang lachte.

»Dieses Mal er uns nicht gesagt, was zu tun ist.«

Sam stimmte in sein Lachen ein. Es gab auch nichts mehr zu tun, das war Tatsache.

»Schade um jungen Mann, der abgestürzt ist, aber nicht um Al. Er ist dort gestorben, wo er wollte«, schloss Mingma. »So geht es.«

»Ja, so geht es«, wiederholte Sam.

Der Schmerz, der ihn begleitete, ließ allmählich nach. Er hatte die Last von Als Tod mit sich herumgeschleppt und versucht, hier bei Netta und ihrer Großfamilie etwas wieder gutzumachen. Er würde nicht vergessen, was Al getan hatte, aber er konnte es nun in Als Leben und sein eigenes einordnen.

Er saß noch eine Weile in der Sonne und sah den Kindern und den Hunden zu, unterhielt sich mit Mingma über die bevorstehende Expedition und die Arbeit in dieser Saison.

Nachdem die Sherpas gegangen waren, suchte Sam Netta auf. Sie war in ihrem winzigen Zimmer. Netta war in den Fünfzigern, grauhaarig, mit vielen Falten und korpulent. Mittlerweile waren sie enge Freunde geworden.

»Was ist passiert?«, fragte sie ihn.

»Kann ich bitte einen Tee haben?«

»Ja. Gieß mir auch einen ein.«

Als ihre Gläser mit *chai* vor ihnen standen, sagte Sam: »Es wird Zeit für mich, nach Hause zu fahren.«

Sie musterte ihn durchdringend hinter ihren Brillengläsern. »Ich verliere dich ungern, Sam. Nicht nur wegen deiner Arbeit, sondern auch persönlich. Aber ich glaube auch, es ist an der Zeit.«

Sam berichtete ihr von Mingmas und Angs Besuch. Er hatte sich nicht in das Projekt geflüchtet, hatte sich während seines Aufenthalts hier vor nichts versteckt. Falls sein Handeln von Eigennutz bestimmt war, dann deshalb, weil er mit Als Tod fertig werden musste. Er hatte das Bedürfnis gehabt, sich nützlich zu machen, zum Wohl der Menschen beizutragen, statt nur zu konsumieren und an Sportereignissen teilzunehmen. Und er war tatsächlich nützlich. Netta hatte es ihm gesagt und sie pflegte die Wahrheit zu sagen. Aber er hatte auf ein Zeichen gewartet, das ihn aufrütteln und ihm zeigen würde, dass die Zeit zum Aufbruch gekommen war. Die Sherpas hatten dieses Zeichen überbracht, die Sherpas mit ihrem Bericht von Al und den anderen. Auch Finch hatten sie ihm erneut in Erinnerung gebracht.

»Du musst deinen Weg gehen. Bleib, solange du willst, und geh, wenn du bereit bist.«

Er legte ihr den Arm um die feisten Schultern. »Danke. Wer wird meine Arbeit erledigen?«

»Es wird sich schon jemand finden«, erklärte sie mit buddhistischem Gleichmut.

Vielleicht hatte etwas von der Haltung dieser bemerkenswerten Frau sogar auf ihn abgefärbt.

16. Kapitel

Die Sprechstundenhilfe teilte Finch die Ankunft eines weiteren Patienten mit, eine Neuanmeldung. Finch warf einen Blick auf ihre Armbanduhr und schaltete die Sprechanlage aus. Es war bereits neunzehn Uhr. Wieder war es Anfang Mai, wieder war Frühling mit Blüten an den Bäumen im Hinterhof. Wieder drangen Musik und Stimmen durch offene Fenster.

Der Patient klopfte an die Tür. »Herein«, rief sie.

Der Mann, der eintrat, war Sam McGrath.

Sie erhob sich unbeholfen und hielt sich an der Schreibtischkante fest. Sie gestand sich ein, dass sein Anblick sie angenehm überraschte und erfreute. »Sam! Tauchst du immer auf, wenn man am wenigsten mit dir rechnet?«, fragte sie ein wenig atemlos.

»Wenn es dich zu sehr stört, wird es nicht wieder vorkommen.«

Sie gingen aufeinander zu und blickten sich prüfend an. Sams anzügliches Grinsen war verschwunden. Er sah älter und ernster aus.

»Warum hast du weder geschrieben noch angerufen? Immerhin ist inzwischen ein ganzes Jahr vergangen.«

»Ich habe geschrieben.«

»Ein einziges Mal.«

»Ich bin erst letzte Woche zurückgekommen. Und ich habe gedacht, du brauchst Zeit.«

Er legte ihr leicht die Hand auf die Schulter und küsste sie auf die Wange. In dem von Jalousien gefilterten Licht schien sie schmaler und schöner, als er sie in Erinnerung hatte. Sie wirkte ernst, obwohl sie lächelte.

»Ja, damit hattest du Recht«, erwiderte sie leise und kehrte zu ihrem Schreibtisch zurück, als ob sie Sicherheit suchte. »Du bist für heute mein letzter Patient. Brauchst du meinen ärztlichen Rat?«

»Ich habe keine neuen Symptome.« Sam beobachtete sie lächelnd. Sie bewegte sich langsam und wirkte müde, aber ansonsten konnte er keine Spuren von Verletzungen entdecken. Sie trug eine weite Hose und hochgeschlossene Schuhe. »Würdest du eine Einladung zum Abendessen annehmen?«

Besteig zuerst den Everest. Beide hörten noch ihre damaligen Worte und Finch stöhnte auf. »Ich schäme mich, so etwas gesagt zu haben.«

»Es war ein Scherz. Du hast nicht erwartet, dass ich es tun würde. Ich selbst habe es nicht erwartet. Aber damals schien es eine gute Idee zu sein.«

Eine Idee, die erblüht und verdorrt war. Ihre gemeinsame Bergbesteigung und alles, was sie damals gesehen und getan hatten, hatte zwischen ihnen eine Art stillschweigendes Einvernehmen geschaffen. Jeder wusste, was der andere meinte, ohne dass er es aussprechen musste. Das war ein Glücksfall, dachte Finch.

»Es tut mir Leid, dass du ihn verloren hast«, sagte Sam.

»Du hast ihn auch verloren.«

»Ja, das stimmt.«

Während seiner kurzen Bekanntschaft mit Al war eine Freundschaft entstanden; Al war mehr als ein Mentor für ihn gewesen. Im Nachhinein hatte Sam erkannt, welchen Raum Al in seinem Leben hätte einnehmen können. Nach wie vor war der Verlust schmerzlich und er konnte nur ahnen, wie sehr er es für Finch sein musste. Und nun standen sie nur einen Meter voneinander entfernt im fahlen Licht von Finchs Sprechzimmer und zögerten. Worte waren überflüssig.

»Wie geht es deinen Füßen?«

Sie stand aufrecht und ging erst drei Schritte nach vorn, dann einen zur Seite. Dann machte einen kleinen Knicks, den linken Fuß hinter dem rechten. Schließlich stellte sie sich wie eine Ballerina auf die Zehenspitzen und breitete die Arme aus, die Handflächen nach außen. So tat sie drei weitere kleine Schritte, vor Konzentration angespannt. Nach dem dritten Schritt auf Zehenspitzen geriet sie aus dem Gleichgewicht und senkte den Fuß wieder.

»Wie findest du das? Nicht schlecht, oder?« Sie stemmte die Hände in die Hüften.

Sie hatte Sam wie ein kleines Mädchen angeblickt, das eine Varieténummer vorführt. Ihre ernste Konzentriertheit rührte ihn. Die Bewegungen hatten sie bestimmt sehr angestrengt. »Perfekt. Möchtest du tanzen?«

Er summte die Melodie von »An der schönen blauen Donau«, und Finch neigte in gespielt höflicher Haltung den Kopf, wie eine Debütantin. Er nahm sie in die Arme, sie wiegten sich im Walzertakt und sangen dazu. Sie tanzten zwischen Tür und Schreibtisch und machten eine Drehung vor der Untersuchungscouch und dem Instrumentenwagen mit Plastikhandschuhen und verpackten Spekula. Sie waren so vertieft, dass sie nicht merkten, wie Dennis an die Tür klopfte und eintrat. Dennis erblickte Finch, den Kopf hoch erhoben, den Arm auf der Schulter eines Mannes. Als die beiden merkten, dass sie beobachtet wurden, beendeten sie ihren Tanz beinahe schuldbewusst.

»Entschuldigung, ich wollte nicht stören.«

»Du störst nicht«, versicherte ihm Finch hastig.

Doch, du störst, widersprach Sam im Geiste.

Finch stellte die beiden einander vor und sie gaben sich die Hand.

Finch überlegte. Sam bekam durch die Bekanntschaft mit Dennis einen kleinen Einblick in ihr Leben, das sich zwischen verkehrsreichen Straßen, Sprechstunden und ihrem einsamen Apartment abspielte. Das alles hatte nichts mit der Herausforderung der Berge zu tun. Sie freute sich über Sams Besuch. Seltsam, dass Al sie nie so gesehen hatte; aber dafür war sie dankbar, denn es machte seinen Tod erträglicher.

»Finch hat mir gerade gezeigt, wie gut sie sich bewegen kann.«

Dennis strahlte hinter seiner runden Brille. »Sie ist unglaublich, eiserner als jeder andere Amputierte.«

Finch erwiderte ernst: »Es waren nur ein Fuß und drei Zehen, Sam. Manchmal ist es nicht einfach, aber ich habe es viel leichter als andere aus der Reha. Einige haben ganze Gliedmaßen verloren. Sam, wusstest du eigentlich, dass ein Mann mit einem Kunstbein den Everest bestiegen hat?«

»Ich habe davon gelesen. Wäre das denn für dich keine Herausforderung?«

»Nein. Ich könnte nicht mehr auf den Everest steigen. Dieser Teil von mir ist mit Al gestorben. Und du?«

Er schüttelte den Kopf. »Ich auch nicht.«

»Sie sind auf dem Gipfel gewesen, nicht wahr? Finch hat es mir erzählt.«

»Ja, aber darum geht es nicht«, erwiderte Sam. »Ich bin eigentlich kein Kletterer, ich verspüre nicht das Verlangen in mir. Nicht die Gier, immer wieder da hochzuklettern, weil alles andere schal und nebensächlich ist. Hat nicht jemand geschrieben, das Leben würde verarmen, wenn das höchste Gut, das Leben selbst, nicht aufs Spiel gesetzt wird?«

»Ja, Sigmund Freud«, bestätigte Dennis.

»Richtig. Aber ich will dieses Spiel nicht spielen. Das Leben ist reich und vielfältig und verheißungsvoll, auch ohne ...« Er suchte nach einer passenden Metapher. Dann fiel ihm sein Tanz mit Finch ein und er grinste. »... auch ohne den Tanz mit dem Tod.«

»Ich will das Spiel auch nicht mitmachen.«

Dennis schürzte die Lippen und sagte: »Das freut mich zu hören.« Dann wechselte er ganz bewusst das Thema. »Was tun Sie jetzt, Sam? Sind Sie geschäftlich hier?«

Sam lachte. »Ich bin privat hier und schaue mir Vancouver an.«

»Sam und ich werden gemeinsam zu Abend essen«, erklärte Finch ihm.

Sam wagte es nicht, sie anzublicken. Was sie da ankündigte, war zu wichtig für ihn. Sie öffnete damit eine Tür zu einem Raum, der so groß war, dass es ihm den Atem verschlug. Aber er war sich auch der gefährlichen Spalten bewusst. Was, wenn sie nicht so war, wie er sie sich vorgestellt hatte, sondern unbedeutender? Was, wenn sie einander bei Tisch gelangweilt gegenübersaßen?

Er sah sich nach ihr um. Sie stand ruhig da und wartete.

»Dann will ich euch nicht aufhalten«, bemerkte Dennis.

Gemeinsam gingen sie hinaus. Sam und Dennis gaben sich zum Abschied die Hand. Finch betätigte den Knopf des Aufzugs. Die Tür glitt auf und die beiden betraten den Fahrstuhl. Dennis hob die Hand – eine ironische, segnende Geste.

»Viel Vergnügen«, wünschte er, während sich die Tür schloss.

Auf der Straße herrschte reger Abendverkehr.

»Sollen wir zu Fuß gehen?«, schlug Finch vor.

»Schaffst du das?«

»Ja.«

Sie marschierten los und Sam versuchte sich ihrem Tempo anzupassen. Sie hakte sich bei ihm unter und so gingen sie im Gleichschritt weiter.

»Ich habe mich an die Abhängigkeit von anderen gewöhnt«, sagte sie. Vor dem Besteigen des Everest hatte sie viel Wert auf ihre Unabhängigkeit gelegt, das brauchte sie nicht hinzuzufügen. Sam nickte. Erneut spürten sie das stille Einverständnis.

Die Straße war erfüllt vom warmen Staub der U-Bahn-Schächte, von Hotdog-Ständen und Auspuffgasen. Aber der Sommerduft schien stärker. Der Himmel war lavendelblau und vor einem eleganten Hotel standen weiße Kästen mit Canna. Arm in Arm gingen sie an den anderen Fußgängern vorbei, als wären sie die einzigen Menschen in Vancouver.

»Bist du müde?«, fragte Sam. »Wie weit willst du gehen?«

Sie warf ihm von der Seite einen Blick zu. »Wie weit glaubst du denn?«

Sie wichen einander immer noch aus. Vielleicht können wir nicht anders, dachte Sam leicht pessimistisch.

Ich weiß nicht mehr, wie ich mich einem Mann gegenüber verhalten soll, stellte Finch fest. Mit Al war alles so leidenschaftlich und mit jedem anderen Mann war alles so farblos. Mit Sam ist es weder leidenschaftlich noch farblos und ich stolpere, als hätte ich nicht nur meinen Fuß und meine Zehen, sondern auch meine Gefühle eingebüßt.

Sie gelangten zu einem schrägen Bordstein und Finch drohte das Gleichgewicht zu verlieren. Sam stützte sie und sie überquerten unter dem Gehupe ungeduldiger Autofahrer die Straße.

Der Everest und alles, was damit zusammenhing, war so unermesslich groß gewesen und jetzt gingen sie gemessenen Schrittes durch die vertraute Stadt, als wäre das alles vergessen.

Ich will das nicht. Ich will darüber reden, dachte Finch. Ihr Verlangen danach war so groß, dass ihr Gang entschlossener wurde. Sie berührte Sams Schulter, weil sei die Richtung ändern wollte. Er reagierte sofort. Sie blickte ihn an und versuchte, sich seine Gesichtszüge einzuprägen. Sie waren ihr vertraut, schienen sich unter ihrem Blick jedoch zu verändern. Es war, als könnte sie durch die Haut, die Nervenenden und Muskeln darunter direkt in seinen Kopf blicken.

»Hier in der Nähe gibt es ein Lokal, dort könnten wir etwas essen. Falls du noch Lust dazu hast, und falls wir weit genug gegangen sind …« Verwirrt hielt sie inne.

»Wo denn?«

Sie deutete auf eine Markise an einer Ecke, ungefähr einen Block weiter.

»In Ordnung«, bemerkte Sam.

Es war ein altmodisches italienisches Restaurant mit roten Tischdecken und Holzstühlen mit hohen Rückenlehnen. Ein Ober in weißem Hemd und Fliege führte sie an einen Tisch in einer Nische, breitete umständlich die Servietten aus und reichte ihnen die Speisekarte. Als Sam sich im Lokal umblickte, erinnerte er sich vage. Er war einmal mit Frannie hier gewesen. Sie hatten die Zeit totgeschlagen, bevor sie mit dem Bus zum Whistler in den Skiurlaub fuhren. Sie waren müde und gereizt und der Urlaub verlief nicht sehr harmonisch.

Sam beschäftigte sich mit der Speisekarte, bestellte etwas und wählte einen Wein aus. Die anderen Tische waren ebenfalls besetzt. Die Gäste schienen gut gelaunt und es war ein ganz gewöhnlicher Abend. Finch und Sam ließen sich von der Atmosphäre einlullen. Es war schließlich nur ein Essen, ohne Vertrag oder emotionales Engagement.

Finch erzählte ihm von ihrer Genesung, von der schrecklichen Hilflosigkeit in den ersten Tagen, als sie überhaupt nicht gehen konnte. Sie gestand ihm ihre Angst vor einer lebenslänglichen Abhängigkeit.

Dann berichtete sie von der Reha, von ihren ersten Schritten und davon, dass sie lernte, von anderen Hilfe anzunehmen. Alle Menschen in ihrem Umfeld hatten ihr in reichem Maße die notwendige körperliche und emotionale Hilfe zuteil werden lassen.

»Dennis und meine Familie waren immer für mich da, und ganz besonders meine Mutter. Ich habe sie vorher nie richtig gewürdigt und ihr immer ohne besonderen Grund Widerstand entgegengesetzt. Ich wollte anders sein als sie und sie ist immer darauf reingefallen. Aber sie hat sich um mich gekümmert und ich habe es zugelassen. Jetzt brauchen wir uns nichts mehr zu beweisen.«

»Ich hasse es«, fuhr sie fort, »langsam zu sein und bei jedem Schritt aufzupassen, überlegen zu müssen, um etwas zu tun, das früher selbstverständlich war.« Sie betrachtete ihn amüsiert und nachdenklich zugleich. »Aber vielleicht macht mich das zu einem freundlicheren Menschen.«

Sam stellte sich die Prothese an ihrem Bein vor. Ein Gefühl der Zärtlichkeit durchströmte ihn, am liebsten hätte er die Prothese unter dem Tisch geküsst.

»Ein seltsames Gleichnis, nicht wahr?«, fragte Finch. »Man verliert einen Fuß und findet Halt im Leben.«

Ihre Finger spielten mit dem Brot. Sam betrachtete ihre Hände mit den kurz geschnittenen Nägeln. Die Hände einer Ärztin. Auf dem Everest waren sie eingerissen und spröde, ihre Fingerspitzen hatten Erfrierungen erlitten, genauso wie seine. Er konnte sich an den Schmerz noch gut erinnern.

»Ja, seltsam vielleicht. Bestimmt gibt es Dinge, die du nicht mehr tun kannst?«

Sie zerbröselte die Brotkruste und hielt den Kopf gesenkt. Schau mich an, hätte er am liebsten gesagt. Er war nicht gekommen, um sie einem Test zu unterziehen oder sich selbst testen zu lassen, aber er war angespannt. Was, wenn sein Gefühl ihn täuschte und er einer Illusion nachhing?

»Damit komme ich gut zurecht«, erwiderte Finch. »Sonst wäre ich ein Jammerlappen. Und ich habe nicht vergessen, was für ein Glück ich trotz allem hatte.«

»Wir beide.«

Der Ober brachte Kalbfleischpiccata und gegrillten Schwertfisch und murmelte etwas von *bella signora*. Finch legte die Stirn in Falten und plötzlich lachte Sam vor lauter Freude, ihr hier gegenüberzusitzen. Mach nicht alles so kompliziert, ermahnte er sich.

»Dennis gefällt mir und auch das Traumteam würde ich gern kennen lernen.«

»Das wirst du.« Der Abstand zwischen ihnen war schwer zu bestimmen; er betrug nur eine Haaresbreite und war doch gleichzeitig ein Kontinent. Wie schaffe ich es, mich zu beherrschen und sie nicht zu berühren?, fragte sich Sam. Jedenfalls noch nicht. Es wäre entschieden der falsche Zeitpunkt. Sie war ihm gegenüber auf der Hut und er würde ihr dazu nicht mehr Anlass geben, als er bereits getan hatte.

Er schnitt sein Fleisch und nahm einen Bissen, ohne wirklich etwas zu schmecken. Er berichtete von seiner Zeit in Katmandu. Finch kannte sich aus mit solchen Projekten und stellte ihm kluge Fragen zur ärztlichen Versorgung.

Der Tisch verwandelte sich wieder in einen Tisch. Teller wurden abgetragen. Im Lokal waren nun weniger Gäste. Die Zeit war wie im Flug vergangen. Sam hatte ihr von Michael berichtet und von der Zeit, die er zur Erholung in Wilding verbracht hatte. Auch er hatte mit seinem Vater Frieden geschlossen, so wie sie mit ihrer Mutter. Aber die entscheidende Frage hatte er noch nicht gestellt.

Zwei Espresso wurden serviert. Er konnte sich nicht erinnern, sie bestellt zu haben. Fast hätte er angenommen, er wäre betrunken, wenn er es nicht besser gewusst hätte. Die Zeit und die Entfernungen schienen gleichermaßen verzerrt. Finch hatte aufgehört, mit ihrem Glas zu spielen, und blickte ihm direkt ins Gesicht. Ihr Blick war klar. Vermutlich wartet sie, was ich sagen werde, dachte er.

»Ich wollte dich etwas fragen«, fing er an.

»Ja«. Das klang wie eine Feststellung, nicht wie eine Ermunterung.

»Ich werde nach Wales fahren und Als Frau und Tochter besuchen. Ich möchte ihnen persönlich von seinen Taten und seinem Tod berichten.«

Sie wandte den Blick nicht von ihm.

»Willst du mich begleiten?«

Er hob seine Tasse und trank einen Schluck. Der Espresso war heiß und der kleine Henkel zu winzig für seine Finger. Irgendwie hielt er die Tasse schräg und ein paar Tropfen liefen sein Kinn hinunter. Er stellte die Tasse klirrend auf den Unterteller. Bin ich denn betrunken?, fragte er sich.

Finch tupfte mit der Serviette seinen Mundwinkel ab. »Ja«, antwortete sie.

»Und warum?« Die Frage war ihm unwillkürlich entschlüpft.

Mit finsterer Miene dachte sie eine Weile nach. Sam versuchte ihre Gedanken zu ergründen. Um Molly kennen zu lernen, die ein Teil von Al war. Um zu sehen, wohin er gehörte – falls er überhaupt irgendwohin gehörte. Um gegenüber seiner Frau Schuldgefühle abzubauen. Aus all diesen Gründen und aus anderen, die er vermutlich nicht erraten konnte. Es ging um ihren persönlichen Abschied von Al. Sam war noch immer eifersüchtig auf Al.

»Ich wollte sie auch besuchen, würde aber ohne dich nicht den Mut dazu finden.«

Der Ober brachte die Rechnung.

»Dann fahren wir zusammen«, schlug Sam vor.

Sie standen draußen unter der kleinen Markise, waren fast die letzten Gäste. Der Himmel hatte sich bewölkt und es regnete leicht. Nur wenige Autos fuhren vorbei. Sam rief ein Taxi herbei, öffnete die Tür und half Finch beim Einsteigen.

Dann trat er zurück. »Ich rufe dich an.«

»Hast du denn meine Privatnummer?«

»Ja, schon seit einem Jahr. Adam Vries hat sie mir aus der Akte von Mountain People besorgt.«

Lachend zog Finch die Tür zu. Er stand im Regen und sah dem Taxi hinterher, bis es verschwunden war. Damals hatte er mit Frannie das Lokal verlassen und war mit ihr zur Bushaltestelle gegangen. Nun hatte er hier einen kleinen Vorgeschmack auf das Glück bekommen. Aber es war sehr zerbrechlich und musste erst dauerhaft erobert werden.

Finch fand ihr Apartment stickig und bedrückend still. Langsam ging sie hin und her, betrachtete die kahlen Wände und das karge Mobiliar. Die Wohnung war völlig schmucklos, farblos und funktional für ein glanzloses Leben.

Was will ich denn mit dieser Kargheit beweisen, und wem? Wovor habe ich seit langem Angst? Wollte ich mich einfach nicht belasten? Ich habe mich für so mutig gehalten und war doch ein richtiger Feigling.

Habe ich mich deshalb entschieden, Al zu lieben? Habe ich eigentlich ihn geliebt oder das, wofür er stand?

Sie ging in ihr Schlafzimmer. Auf ihrem Schreibtisch standen keine Fotos, auf den Regalen keine Erinnerungsstücke. Das war immer ihr Stil gewesen. Als sie Zimmergenossinnen waren, rief Suzy einmal: »Du hast ja überhaupt nichts! Wo sind eigentlich deine Sachen?

Sie wünschte, sie hätte ein Bild von Al. Etwas, woran sie sich festhalten, womit sie sprechen konnte. Bisher hatte sie kaum Tränen um ihn vergossen. Sie trat ans Fenster, um die Jalousie herunterzulassen und die Nacht auszusperren. Stattdessen lehnte sie sich an die Scheibe, starrte auf die Fenster der Nachbarhäuser und ließ ihren Tränen freien Lauf. Ja, sie wollte nach Wales fahren und Abschied nehmen.

17. Kapitel

In London mieteten sie einen Wagen und fuhren in Richtung Nordwesten. Finch war früher schon einmal in London gewesen, aber für Sam war es der erste Besuch. Sie setzte sich ans Steuer, damit er sich alles anschauen konnte. Inzwischen fuhr sie wieder recht gut und hatte sich an die gefühllose Prothese zwischen Bein und Pedalen gewöhnt.

Sam gab zu allem seinen Kommentar ab. »Hier ist alles so klein. Zwischen den Häusern ist ja gar kein Platz. London wirkt wie ein Spielzeugland. Man hat das Gefühl, man sollte das Ganze ins Kinderzimmer bringen und Modelleisenbahnen hindurchfahren lassen. Sieh dir nur diese Kirche an. Wie alt die wohl ist?«

»Weißt du, dass du dich genau wie ein amerikanischer Tourist anhörst?«

»Klar weiß ich das.«

Er war voller Energie und Neugier und das gefiel ihr. Er kaufte einen Reiseführer und bestand darauf, während ihres vierundzwanzigstündigen Aufenthalts in London Westminster Abbey und den Tower zu besichtigen. Er lud sie zum Tee im Ritz ein und erkundigte sich dort unter der vergoldeten, tiefblauen Zimmerdecke besorgt, ob ihr Bein vom vielen Spazierengehen und Besichtigen schmerze. Er reichte ihr eine Tasse Chinatee und bot ihr auf einem Silberteller kleine Sandwiches an. Sam verhielt sich inmitten der japanischen Familien und der mit Harrods-Tüten beladenen britischen Matronen so überaus korrekt, dass Finch in ihre gestärkte Leinenserviette prustete.

Sein Verhalten war in jeder Hinsicht tadellos. Er begleitete sie bis zum Hotelzimmer, nahm ihren Schlüssel, schloss ihr die Tür auf und wünschte ihr dann gute Nacht. Es war, als wäre sie mit einer amüsanteren Ausgabe eines der wohlerzogenen Freunde ihrer

Brüder im Urlaub. Damals, als Sam ihr den Hof machte, hatte er sie verwirrt; jetzt faszinierte er sie.

»Was hast du erwartet?«, fragte er mit hochgezogenen Augenbrauen, als sie erwähnte, wie schicklich sie sich verhielten.

»Wie weit ist es noch?«, fragte sie während der Fahrt nach North Wales. Überrascht betrachtete sie die flache, fruchtbare Landschaft. Sie konnte sich nicht vorstellen, dass Al aus dieser Gegend kam.

Sam studierte die Karte. »Wir müssten in ein paar Minuten dort sein. Gib nicht zu viel Gas, sonst fahren wir noch dran vorbei.«

Sie kamen an einem riesigen Chemiewerk vorbei. Die aus dem Schornstein steigenden Flammen wirkten im Nachmittagslicht fahl. Eine moderne Brücke führte über einen breiten, unsichtbaren Fluss. Es könnte auch in der Nähe von Detroit sein, dachte Finch. Oder von irgendeiner anderen Industriestadt.

Sam hatte alle Vorbereitungen für diese Reise getroffen und eine Übernachtung in Chester eingeplant. In einem Labyrinth von Einbahnstraßen fanden sie über mehreren alten Geschäften schließlich das Hotel. Diese Stadt war wirklich alt. Von ihrem Zimmer aus sah Finch auf Dachvorsprünge von Fachwerkhäusern und auf Schrägdächer. Unsicher hängte sie eine Hose in den Kleiderschrank und blieb dann zwischen Tür und Bett stehen. Von Chester aus waren es nur noch zwei Stunden. Sie war Als Zuhause jetzt so nahe und es erwies sich als belebter Ort voller alltäglicher Details, die sie in der leidenschaftlichen Beziehung nie mit Al geteilt hatte. Warum war sie so unbesonnen gewesen, hierher zu kommen? Sie fühlte sich wie ein Eindringling, fast wie ein Spion. Es war selbstsüchtig, dass sie seine Tochter kennen lernen und einen Einblick in die Welt gewinnen wollte, in der er gelebt hatte.

Das leise Klopfen an der Tür schreckte sie auf.

»Finch?«

»Es ist offen.«

Sam stand in der Tür. In dem engen Zimmer wirkte er riesig. Er stellte sich seitlich, als käme er sich zu groß vor und wolle sich so klein wie möglich machen. Seine grauen Augen ruhten kurz auf ihr, dann wandte er den Blick ab. Die betont kameradschaftliche Atmosphäre, die diesen seltsamen Nicht-Urlaub bislang beherrscht hatte, hatte sich plötzlich aufgelöst. An ihre Stelle trat eine gewisse Verlegenheit. Auch Sam bezweifelte den Sinn der ganzen Unternehmung stark und machte sich Sorgen um Finch. Sie war froh über seine Gesellschaft und dankbar für sein unausgesprochenes Mitgefühl.

»Sollen wir uns draußen ein bisschen umsehen?«, fragte sie so fröhlich wie möglich.

Es war ein grauer, feuchter Nachmittag. Sie schlenderten die Einkaufspassagen entlang und schauten sich die Auslagen in den Schaufenstern an. Dann gelangten sie zu einer Stadtmauer mit einem breiten, ebenen Fußweg, der zwischen hohen Steinzinnen hindurchführte. Das Kopfsteinpflaster war nach jahrhundertelanger Abnutzung glänzend und uneben. Zu beiden Seiten flimmerten Straßen, Häuser und Verkehr in der Nachmittagshitze.

»Es wirkt römisch. Eine römische Garnisonsstadt«, sagte Sam erstaunt.

Angesichts einer so langen historischen Vergangenheit schienen ihre eigenen Probleme banal. Nach einer Weile kamen sie zu einem Flussufer. Weidenzweige neigten sich über das Wasser, am anderen Ufer war eine Rennbahn zu erkennen. Auf dem Weg schlenderten Paare und Familien tollten mit ihren Kindern, die auf wackeligen Fahrrädern saßen. Sam und Finch ließen sich in der Menge treiben und waren sich bewusst, ebenfalls wie ein Paar zu wirken, ohne eines zu sein. Sie achteten darauf, sich beim Gehen nicht zu berühren.

»Wissen sie, dass wir morgen kommen?«, fragte Finch.

»Ich habe sie angerufen, bevor ich heute Nachmittag auf dein Zimmer kam. Ich habe mit Jen gesprochen und ihr erklärt, dass wir … hier sind, und gefragt, ob wir vorbeikommen und mit ihr sprechen können. Sie hat gesagt, dass könnten wir selbstverständlich. Wir müssten aber auch verstehen, dass sie eine Pension habe. Momentan sei viel los und sie habe vielleicht nicht allzu viel Zeit für uns.«

»Wie hat sie geklungen?«, wollte Finch wissen.

»Überrascht. Und vielleicht ein bisschen argwöhnisch«, antwortete Sam nach kurzem Überlegen.

Sie gingen denselben Weg zurück, jedoch langsamer, denn Finch war müde geworden. In einem düsteren Pub, in dem es nach Bier und Rauch stank, nahmen sie ein Getränk zu sich. Später fanden sie ein Bistro mit karierten Tischdecken, in dem sie etwas zu essen bestellten, obwohl sie das eigentlich gar nicht vorgehabt hatten. Als sie wieder ins Freie traten, war es dunkel. Eine bedrohliche Schwere lag in der Luft. Kaum waren sie ein paar Schritte gegangen, da ging über dem orangefarbenen Schein der Straßenlaternen ein Blitz nieder. Dann donnerte es und fing an zu regnen. Durchnässt bis auf die Haut langten sie beim Hotel an. Sie begaben sich durchs Foyer zum Aufzug. Sam begleitete Finch zu ihrem Zimmer, nahm ihren Schlüssel und schloss wie gewöhnlich ihre Zimmertür auf. Doch plötzlich umfasste er ihr Gesicht, strich ihr ein paar feuchte Haarsträhnen aus der Stirn und küsste sie neben den Mundwinkel. Dann trat er einen Schritt zurück.

»Gute Nacht«, sagte er. Finch stand da und sah ihm nach, der Versuchung widerstehend, ihn zurückzurufen.

Nach dem nächtlichen Gewitter war die Luft klarer und leichter. Am nächsten Morgen sahen sie auf der Fahrt nach Wales Richtung Westen eine violette Bergkette vor sich. Sie sprachen nur wenig und beobachteten, wie die Berge näher kamen. Finch spielte an den Knöpfen des Autoradios herum, schaltete das Gerät aber bald wieder aus. Auf der Straße herrschte wenig Verkehr, sie kamen sehr schnell voran. Plötzlich waren sie in den Bergen.

Der Ort, in dem Als Frau und Tochter lebten, war eine Ansammlung dunkler Häuser aus Stein und Schiefer. Es gab Cafés, Läden mit Geschenkartikeln und mit Bergsteigerbedarf. Nadelbäume, Berge, Felsen und dunkle Geröllhalden bildeten die Kulisse des kleinen Fleckens. Selbst an einem Sommertag wie diesem konnte man bereits mittags die Dunkelheit erahnen, die sich bald über den Ort senken und die Berge umgeben würde.

Ich kann ihn mir hier vorstellen, dachte Finch. Ein Junge mit Pferdeschwanz, abgeschnittenen Jeans und Gummilatschen, die kaum noch eine Sohle hatten, stand mit dem Rücken zu ihnen und studierte die Karten im Fenster eines Zeitungsladens. Beim Anblick des Perlonkletterseils über seiner Schulter warfen sich Sam und Finch einen Blick zu. Vorsichtig und unbeholfen stieg Finch aus dem Wagen und hielt sich am Türrahmen fest, bevor sie das Gewicht auf die Prothese verlagerte. Sam ging um den Wagen herum zu ihr und sie stützte sich auf seinen Arm.

»Zum ersten Mal sehe ich dich schwanken«, sagte er. »Hast du Schmerzen?«

Sie schüttelte den Kopf. »Er hat mich an Adam Vries erinnert.« Es gab noch viele andere Erinnerungen, die beim Anblick eines langhaarigen Jungen mit Kletterseil in ihr wach wurden. Sie zitterte. »Und ich hatte Angst.«

»Das hier ist eben eine Bergsteigerstadt. Und ich habe dich noch nie ängstlich erlebt.«

»Dann hast du mich wohl nicht genau beobachtet.«

»Doch, ich denke schon. Sieh mal, da ist das Haus.«

Als Witwe lebte in einem großen Haus mit nackter Fassade, umgeben von spitzen Zaunpfählen. Ein mit bunten Fliesen ausgelegter Weg führte zum Eingang.

»Bist du bereit?« Finch zögerte. Sam stellte sich vor sie und fasste sie an den Ellbogen. »Du wolltest es doch.«

»Ich weiß.«

Sie gingen gemeinsam zur Tür und drückten auf den Klingelknopf. Das Geräusch musste bis in die hintersten Winkel des Hauses zu hören sein. Sie warteten lange. Finch blickte stirnrunzelnd auf den Boden. Plötzlich ging die Tür auf.

»Mr. McGrath, Dr. Buchanan«, begrüsste die Frau sie.

Als Frau war klein und zart. Ihre Augen glänzten und zwischen den Augenbrauen hatte sie eine steile Falte.

»Sam und Finch«, sagte Sam. Jens Blick wanderte zu Finch. Im Türrahmen hinter ihr, durch den man einen Blick auf einige mit Tischtüchern und Tassen gedeckte Tische erhaschen konnte, stand eine junge Frau, die Besteck in der Hand hielt. Sie war das genaue Ebenbild von Al.

»Das ist meine Tochter Molly. Kommen Sie doch kurz herein.« Mit diesen Worten steckte Jen die Grenzen ihrer Gastfreundschaft ab und sie folgten ihr einen Gang entlang, vorbei an den Speise-

und Aufenthaltsräumen der Gäste zu einem Zimmer im hinteren Teil des Hauses. Finchs ganze Aufmerksamkeit galt Molly, sie nahm die schäbigen, zweckmäßigen Möbel, das Durcheinander von Papier, Wäsche, Nippes und Katzen kaum wahr. Über ihnen wurde staubgesaugt.

»Möchten Sie eine Tasse Kaffee?«

Sie nahmen das Angebot höflich an und suchten sich einen freien Platz. Molly ging zu der großen Kaffeemaschine hinüber und nahm eine halbvolle Kanne von der Warmhalteplatte. Als schwarzes Haar war sehr kurz und von Grau durchzogen gewesen, Molly dagegen trug eine Fülle dichter, dunkler Locken. Ihre Züge waren feiner und klarer, dennoch war die Ähnlichkeit verblüffend. Selbst die Hände, die geblümte Becher hinstellten und Kaffee einschenkten, hatten die gleiche Form wie Als. Finch sehnte sich danach, Molly in die Arme zu nehmen, und spürte gleichzeitig das Bedürfnis, ihr Gesicht in den Händen zu vergraben, um dieses Mädchen, das seinem Vater so sehr ähnelte, nicht länger ansehen zu müssen.

Jen setzte sich zu ihnen an den Tisch und zog einen Packen Papierservietten zu sich heran. Sie faltete eine nach der anderen zu ordentlichen Dreiecken, so als könne sie es sich nicht erlauben, einfach tatenlos stillzusitzen. Offenbar war sie es gewöhnt, hart zu arbeiten. In Gedanken verglich Finch dies mit dem Leben, das Al in fernen, reizvollen Gegenden geführt hatte. Auch er hatte hart gearbeitet, doch seine Arbeit war ihm gleichzeitig Balsam und Herausforderung, die ihm hier in diesem einfachen und arbeitsamen Haus vermutlich gefehlt hatte.

Einen Moment lang lauschten sie schweigend dem Geräusch des Staubsaugers über ihnen. Ihre Gedanken weilten bei dem Mann, der sie hier zusammengeführt hatte. Seine Gegenwart war fast greifbar und gleichzeitig war er so weit entfernt.

Dann wandte sich Molly an Sam. Sie saß auf dem Sofa zwischen zwei Katzen, ihre Hände zwischen die Knie gepresst. Sogar die Haltung war die ihres Vaters. »Vielen Dank für das Bild, das Sie mir geschickt haben. Tut mir Leid, dass ich nie geschrieben habe.«

Sam nickte. Er saß ganz ruhig da. Finch merkte plötzlich, dass ihr nie aufgefallen war, wie still er dasitzen konnte. »Das habe ich auch nicht erwartet. Ich habe es dir geschickt, weil du wissen solltest, dass dein Vater das Foto die ganze Zeit bei sich getragen hat – bis zum Gipfel. Ich habe es nach seinem Tod in der Tasche seines Anoraks gefunden. Finch und ich, wir sind hierher gekommen, um dir zu sagen, dass Al mutig war und seine Arbeit sehr gut gemacht hat. Aber das weißt du bestimmt sowieso.«

»Ja«, bestätigte Molly eifrig.

»Und ich wollte dir auch persönlich berichten, was er für mich getan hat. Er hat dort oben ganz bewusst eine Entscheidung getroffen und mir damit das Leben gerettet. Ich wäre erfroren, wenn er sich nicht auf mich gelegt hätte, um mich vor dem Wind zu schützen. Ich weiß nicht, warum er das getan hat, es sei denn aus Edelmut. Ich war nur ein Kletterer, der an einer Expedition teilnahm, nicht einmal ein wirklicher Freund. Dabei habe ich ihn mehr geachtet und bewundert als sonst irgendjemanden.« Sam hielt inne und dachte einen Moment lang nach. »Außer vielleicht meinen Vater.«

Finch fand seine Rede bemerkenswert. Er hatte ganz natürlich und ehrlich gesprochen und seine Worte berührten sie. Mollys Augen füllten sich mit Tränen und Jen blickte Finch direkt ins Gesicht.

Sie weiß genau, wer ich bin, dachte Finch, auch wenn Al nie ein Wort über mich verloren hat.

Genau das hatte sie befürchtet, als sie vor der Tür gewartet hatten. Aber Angst oder Schuldgefühle waren hier fehl am Platz. Jen Hood hatte diese Gefühle nicht verdient, sie erübrigten sich.

»Vielleicht wollte er wirklich genau das tun«, sagte Jen. Sie klang nüchtern und kühl. Finch erinnerte sich, wie Sam Freud zitiert hatte, die Stelle, an der er davon spricht, dass es eine Verarmung bedeutet, das Leben selbst nicht aufs Spiel zu setzen. Das Credo der Bergsteiger.

Molly wischte sich mit den Handballen die Tränen aus dem Gesicht. »Waren Sie auf dem Gipfel?«, fragte sie Finch plötzlich.

»Nein, ich bin beim Hillary Step umgekehrt. Meine Zehen waren erfroren.«

Automatisch blickten sie auf ihre Schuhe. Finch äußerte sich jedoch nicht weiter zu diesem Thema.

»Ich bin stolz auf meinen Vater«, sagte Molly. »Was er getan hat, war wirklich gut. Es ist traurig, dass der andere Kletterer gestorben ist, und es täte mir Leid, wenn sein Tod irgendetwas mit der Leitung meines Vaters zu tun hätte. Aber vielleicht hat auch er genau das getan, was er tun wollte.«

»Ich glaube schon«, sagte Sam.

Molly stellte weitere Fragen über die Expedition und die Rolle, die Finch und Sam dabei gespielt hatten. Die beiden antworteten abwechselnd, Jen faltete weiter Servietten, stapelte sie aufeinander und hörte schweigend zu. Schließlich geriet das Gespräch ins Stocken.

»Vielen Dank für Ihren Besuch.« Jen schob den Serviettenstapel beiseite und bedeutete ihnen damit, dass es Zeit war aufzubrechen.

»Da wäre noch etwas«, sagte Sam und griff in seine Tasche. Er holte einen gelben Briefumschlag hervor und legte ihn vor Jen auf den Tisch. Sie betrachtete ihn stirnrunzelnd. Dann öffnete sie ihn hastig und nahm ein kleines Bündel Fotos heraus. Sie ordnete die glänzenden Rechtecke vor sich auf dem Tisch an und studierte sie eingehend. Die Fotos zeigten bärtige Männer, deren Köpfe sich gegen einen grellen, blaugrünen Himmel abhoben.

Al und Rix auf dem Gipfel, aufgenommen von Sam in den wenigen Minuten, die sie auf dem höchsten Berg der Welt geweilt hatten.

Molly lehnte sich über die Schulter ihrer Mutter und nahm eines der Fotos in die Hand, um es sich genauer anzusehen. Finch beobachtete die beiden gespannt. Aus irgendeinem Grund hatte sie selbst nie daran gedacht, dass es Fotos geben könnte. Und Sam hatte es für richtig gehalten, die Bilder zuerst Jen und Molly zu zeigen.

»Ja«, murmelte Jen. »Ich bin auch froh, dass er es getan hat. Haben Sie sie gesehen?«

Finch schüttelte schweigend den Kopf. Die Frau hielt ihr drei Fotos hin; Molly betrachtete noch das vierte.

Die Kapuze von Als Windanzug blähte sich hinter seinem Gesicht. Sein Haar war aus der Stirn gekämmt und zu eisigen Stacheln gefroren. Er hatte seine Gletscherbrille abgenommen und kniff die

Augen zusammen. Er hatte so viel durchgemacht und nun lächelte er, dabei die Zähne entblößend. Es war ein breites, triumphierendes Grinsen.

Das habe ich nicht gewusst, dachte Finch. Ich habe geglaubt, es wäre so, wie ich es dort oben empfunden habe – nur Anstrengung und Leiden.

Sie betrachtete das ihr so vertraute Gesicht, seine Züge, denen die Mollys so ähnlich waren, und hörte plötzlich den Klang seiner Stimme. Dennoch kam ihr jetzt, bei der Betrachtung des Bildes, der Gedanke, dass sie ihn vielleicht nie richtig gekannt hatte. Sie wandte sich schnell den anderen Fotos zu, merkte aber, dass es nur leichte Variationen waren, und gab sie Jen zurück. Jen schaute Finch ruhig an.

»Können wir sie behalten?«, fragte Molly.

»Sie sind für euch«, bestätigte Sam.

Das Telefon klingelte. Jen durchquerte den Raum, um den Hörer abzunehmen, und notierte sich die Einzelheiten einer Buchung in einem großen Kalender. Sie legte den Hörer auf und schaute auf die Armbanduhr.

Sam und Finch standen höflich auf und begaben sich zur Eingangstür, vorbei an dem Raum mit den Tischen, die Molly bereits für das Frühstück gedeckt hatte.

»Molly hat ihre Prüfungen hinter sich. Sie hilft mir im Sommer bei der Arbeit, bis sie im Herbst auf die Universität geht«, erklärte Jen. Finch war bei der Tür angelangt. Unsicher tastete sie nach der Klinke, da sagte Jen: »Wir haben seinen Leichnam herunterbringen und hierher fliegen lassen. Sie können sein Grab besuchen, wenn Sie möchten. Molly wird es Ihnen zeigen.«

»Danke«, sagte Finch. Sie war viel größer als Jen, doch als sie sich zum Abschied die Hand gaben, blickten sie einander direkt in die Augen. Molly schlüpfte vor ihnen zur Tür hinaus und ging zur Straße.

»Einen Moment«, sagte Jen unvermittelt. »Ich … vielleicht … vielleicht möchten Sie später noch mal herkommen? Ich mache für die Gäste kein Abendessen. Wenn die Zimmer sauber und die Frühstückstische gedeckt sind, gibt es bis zum nächsten Morgen nicht mehr viel zu tun. Und Sie haben eine lange Fahrt hinter sich. Ich könnte Ihnen etwas zu essen machen und wir unterhalten uns noch ein bisschen. Mein Freund wird auch hier sein. Sie könnten sich kennen lernen.« Sie klang unsicher, fragend.

»Ja«, sagte Finch. »Sam, ist das okay für dich?«

»Natürlich. Wir können etwas später nach Chester zurückfahren.«

»Dann bis halb sieben«, sagte Jen.

Sie folgten Molly die Straße entlang. Nach ein paar hundert Metern kamen sie zum Friedhof. Der Eingang hatte ein Schrägdach aus violettem Schiefer, in dessen Schutz eine Bank stand. Molly schob den Riegel des schweren Tores zurück und öffnete es. Sie erblickten eine kleine Kirche aus Stein, umgeben von teilweise gestutztem Rasen und Grabsteinen aus Marmor und Schiefer. Molly schlug einen Pfad ein, der diagonal zwischen den Gräbern entlang und durch ein weiteres, kleines Tor in eine Einfriedung führte. Es war ein ruhiges Plätzchen im Schatten von Eichen und die neuen Gräber dehnten sich nur über die Hälfte der Fläche aus. Auf der anderen Hälfte war das Gras nicht gemäht; überall wuchsen Butterblumen und Bärenklau. Jenseits der Einfriedung weideten Schafe auf einem etwas abschüssigen Feld.

Molly blieb vor einem Grab fast am Ende der Reihe stehen.

»Das ist es. Für die Sherpas, die für ihn gearbeitet haben, war es mühsam, ihn zurückzubringen, und es hat viel Geld gekostet. Aber ich bin froh, dass wir es getan haben. Ich konnte den Gedanken nicht ertragen, dass er dort oben ganz allein im Eis liegt.«

Vor Finchs Augen tauchte wieder das Bild des toten Kletterers auf, sein erstarrter Leichnam. Unwillkürlich stöhnte sie auf und Tränen stiegen ihr in die Augen. Molly drehte sich zu ihr um. Die schwarzen Locken umrahmten ihr zartes Gesicht und instinktiv streckte sie die Hand aus, um Finch zu trösten. Finch ergriff sie, schlang dann die Arme um diese kleinere, verletzliche Ausgabe von Al und hielt sie fest.

»Ich habe ihn auch geliebt.«

»Ja, das hab ich mir gedacht. Mum und ich hielten das für den Grund Ihres Besuchs.«

Sam stand ein wenig abseits und studierte die Inschrift auf der schlichten Schieferplatte, auf der lediglich Als Name und seine Lebensdaten standen.

Molly befreite sich mit hastigen Bewegungen aus Finchs Umarmung. »Ich gehe jetzt zurück und helfe Mum. Bis später dann.« Sie rannte um die Gräberreihe herum und verschwand hinter der Kirche.

»Warum hast du mir nichts von diesen Fotos gesagt?«, fragte Finch.

»Weil ich wollte, dass wir sie uns gemeinsam anschauen.«

Al gehörte auch Sam, dachte sie. Wie sehr wir doch alle von ihm und seiner Abwesenheit geprägt sind. Die Sonne schien auf den violettgrauen Schiefer und warf tiefe Schatten. Die frische Inschrift zeichnete sich deutlich ab. Es war warm, Blumenduft erfüllte die Luft. Dennoch war Finch bewusst, wie schnell es im Tal dunkel werden würde, sobald die Sonne hinter den Bergen verschwand. Sie erinnerte sich daran, wie die Sonne hinter dem Pumori untergegangen war und das Basislager in eisiges, stilles Zwielicht getaucht hatte. Sam ging an den hinteren Gräberreihen vorbei und überließ sie sich selbst.

Als Al sie ein letztes Mal zu küssen versuchte, war ihr Gesicht von einer Sauerstoffmaske verdeckt gewesen.

Sie rief sich seine letzten Worte in Erinnerung. Sie hatte schon befürchtet, sie wären durch Schmerz, Sauerstoffmangel und Erschöpfung in Vergessenheit geraten – aber sie waren noch da: »Warte auf mich, in ein paar Stunden bin ich bei dir. Dann werden wir uns nie mehr trennen, das verspreche ich dir.« Finch dachte an die strahlenden Augen von Jen. Sie schien alles so klar zu sehen.

Vielleicht war Als Versprechen aufrichtig gewesen. Vielleicht war für ihn die Zeit gekommen, zu verstehen, dass es wichtigere Dinge als Bergsteigen gab. Seine letzte Tat war heldenhaft. Vielleicht bedeutete das mehr als eine ganz alltägliche Liebe, die in der Zukunft auf ihn wartete. Vielleicht hatte er immer das getan, was er wollte.

Laut sagte sie: »Ich habe geglaubt, dich zu kennen. Und ich habe dich bestimmt geliebt. Ich werde dich immer in meinem Herzen tragen.«

Nur das Summen der Bienen in den Wildblumen und die jenseits der Kirche vorbeifahrenden Autos waren zu hören. Finch betrachtete noch einmal den Namen auf dem Grabstein und blickte an den großen, alten Bäumen und den Wiesen vorbei auf die walisischen Berge. Dann ging sie langsam weiter. Sam erwartete sie auf der Bank am Friedhofseingang, die langen Beine ausgestreckt.

Um 18.30 Uhr klingelten sie wieder an Jen Hoods Tür. Jen bat sie herein und ging voraus zu dem überladenen Wohnzimmer im hinteren Teil des Hauses. Der Tisch war ordentlich für fünf Personen gedeckt. Auf jedem Beilagenteller lag eine der gefalteten Servietten.

Jen hatte sich einen Rock angezogen und ein wenig Lippenstift aufgetragen. Sie füllte großzügig drei Gläser mit Gin. »Molly badet gerade. Tim kommt etwas später.« Sie reichte ihnen die Drinks und hielt ihr eigenes Glas schräg. Dann nahm sie einen kräftigen Schluck und musste ein wenig husten. »Zum Wohl. Danke, dass Sie von so weit her gekommen sind, um uns zu besuchen. Und danke für die Fotos.« Eines davon stand auf dem Kamin neben einer Vase mit Trockenblumen. Vor dem grell leuchtenden Gewitterhimmel waren die Kapuzen der Windanzüge farbige Tupfer.

Auch Finch und Sam nahmen einen großen Schluck. Es herrschte gespannte Stille. Sie sahen sich im Zimmer um und versuchten die Stimmung zu erspüren. Schließlich fragte Finch leise: »Geht es Ihnen und Molly gut?«

Jen überlegte. Sie bewegte ihr Glas und die Eiswürfel klirrten. Dann nahm sie noch einen Schluck. »Ja. Mir schon. Und Molly wird es auch bald besser gehen. Und Ihnen?«

»Mir?«

»Sie waren in ihn verliebt, oder?«

Der Alkohol begann zu wirken. Finch hatte sich nicht mehr vollständig unter Kontrolle hatte. »Ja.«

»Und er hat sie geliebt.«

»Ich glaube schon. Auf seine Art.«

Ein amüsiertes Lächeln umspielte Jens Mundwinkel. Es wirkte ungewollt und sie versuchte es zu unterdrücken. Plötzlich aber schüttelte sie sich vor Lachen. In diesem stillen Raum war das befremdlich, aber das Strahlen in ihrem Gesicht milderte ihre Reaktion. »Klingt sehr nach ihm.«

Sam lächelte ebenfalls. Finch kippte beunruhigt ihren Drink hinunter und blickte von einem zum anderen. Jen strahlte noch immer Heiterkeit und Wärme aus. Sie war hübsch und mit einem Mal schien es ganz leicht, sie zu mögen.

»Wir wollen auf ihn trinken. Sie haben die Totenwache verpasst, also lassen Sie uns nun auf ihn anstoßen.«

Jen schenkte nach. Sam blickte flüchtig hinüber zu Finch, wandte den Blick aber sofort wieder ab. Jen stellte sich mit erneut gefülltem Glas mitten ins Zimmer. Offensichtlich war es nicht erst ihr zweiter Drink. Sie hob das Glas.

»Auf Alyn Hood. Den großen Bergsteiger und miserablen Ehemann, Freund und Vater und verdammten Albtraum. Den besten Freund, den ich je hatte, den angenehmsten Gesellschafter, aber auch den größten Versager, was Ehe und Sicherheit betrifft. Geliebt habe ich ihn trotzdem. Es überrascht mich nicht, dass auch Sie ihn geliebt haben, Frau Doktor. Und es ist mir egal. Sie sollen nicht denken, es macht mir etwas aus. Zwischen Al und mir war es aus, als Spider auf dem K2 starb, das war uns beiden klar. Lassen Sie uns trotzdem auf ihn trinken.« Etwas wackelig machte Jen auf dem Absatz kehrt und nickte der Fotografie auf dem Kamin zu. »Auf dich, Kamerad und Geliebter.«

»Auf den mutigsten Mann, den ich kenne«, sagte Sam, ihrem Beispiel folgend.

»Al«, konnte Finch nur hervorbringen. Der Gin wärmte sie innerlich. Sie war benommen und stand so unsicher da wie Jen. Von Westen drang ein Lichtstrahl in den Raum, schien auf den staubigen Läufer und die Katzenhaare.

Molly stieß die Tür auf und starrte die drei an. »O Gott«, murmelte sie. »Gib mir auch einen, bitte.«

Molly stürzte das Getränk genauso hastig wie ihre Mutter. Finch trank nie mehr als zwei Gläser Wein und Sam hatte in all den Jahren seines Marathontrainings keinen Tropfen Alkohol zu sich genommen. Sie würden hier offensichtlich nicht mithalten können.

Finch wusste, sie würde bald betrunken sein. »Moment mal«, protestierte sie, als Jen ihr Glas wieder auffüllte.

»Hoffentlich sind Sie nicht zu kritisch, was das Essen angeht.«

»Das kann ich schon jetzt versprechen.«

Beim Eintreffen des dritten Gastes waren alle bereits leicht angeheitert. Jen erzählte, dass Spider und Al sich einmal im leeren Schaffnerabteil eines Zuges von Chester nach Llandudno Junction versteckt hatten, in der Hoffnung, kostenlos in die Berge mitgenommen zu werden. Stattdessen waren sie in dem abgekoppelten und auf einem Seitengleis abgestellten Wagon ein ganzes Wochenende lang eingesperrt.

»Sie hatten immer einen Bärenhunger und mussten alle zwei Stunden was essen. Können Sie sich vorstellen, wie sie nach zwei Tagen drauf waren?«

Molly amüsierte sich über die Geschichte, die sie doch schon so oft gehört hatte. »Sie hatten nur Bier dabei, sonst nichts. Spider versuchte, seine Kletterschuhe zu essen. Es war das einzige Paar, das er je besaß. Er hat Zeitungen ausgetragen, um sie kaufen zu können.«

Jens Partner hatte ein sanftes Wesen und sein Lächeln war schüchtern. Er trug drei Flaschen Rioja unterm Arm, begrüßte Jen mit einem Kuss und gab Finch und Sam die Hand. Dann entkorkte er eine Weinflasche. Molly nickte ihm kühl zu.

»O Gott, es ist angebrannt«, rief Jen, als sie das Essen aus dem Ofen holte.

»Nein, ist es nicht«, versicherte ihr Tim.

Sie aßen Auflauf aus Hackfleisch und Kartoffeln und tranken Wein. Sam erzählte ihnen von Pemba und Mingma und den anderen Sherpas, die Als Leichnam heruntergebracht hatten, sowie von den anderen Mitgliedern der letzten Expedition, die Al geleitet hatte. Finch fügte Einzelheiten hinzu. Draußen brach die Dunkelheit herein, während sich drinnen Wärme ausbreitete. Molly zündete Kerzen an, deren ovaler Schein vom marineblauen Fensterglas zurückgeworfen wurde. Jen saß mit weit aufgerissenen Augen da und interessierte sich für alles, was sie ihr erzählten. Dieses Interesse war vom Alkohol geprägt und hatte seine eigene Traurigkeit, aber keine Spur von Bitterkeit. Von Zeit zu Zeit blickte sie Tim an, der den Arm auf ihre Stuhllehne legte oder mit den Fingern ihr Handgelenk berührte. Jen wurde eindeutig geliebt, dachte Finch mit einer Spur Neid, verdrängte dieses Gefühl aber schnell.

Jen kochte Kaffee. Sie hatten die drei Flaschen Rioja getrunken und eine weitere Flasche Wein angebrochen. Sam lachte gerade über einen Witz, den Molly ihm erzählte. Den ganzen Abend hatte Molly sie amüsiert, aber auch prüfend, mit einem spöttischen Funkeln in den Augen, beobachtet. Vor allem Sam hatte ihr Interesse erregt. Auf seine Fragen nach ihrem Leben und ihren Plänen wurde sie plötzlich lebhaft und erzählte, wie sie als kleines Mädchen mit Al in die Berge gegangen war. Doch von einem Moment auf den anderen zeigte der Alkohol beim Erzählen eines Witzes seine Wirkung, bevor sie bei der Pointe angelangt war. Sie sprach undeutlich und lümmelte sich auf ihren Stuhl.

»Das reicht, mein Schatz«, sagte Jen warnend.

»Ich trinke noch ein Glas.«

»Du hast gehört, was deine Mutter gesagt hat«, sagte Tim.

Molly sprang auf und ihr Stuhl kippte mit einem Krachen um. »Erzähl mir nicht, was ich tun oder lassen soll! Du bist nicht mein Dad.«

Tränen traten ihr in die Augen und rollten ihr über die Wangen. Wütend über ihr Weinen und über seine Einmischung schrie sie ihn an. »Du bist nicht mein Vater, verdammt noch mal! Vergiss das nicht.«

Damit drehte sie sich um und stolperte aus dem Zimmer.

»Tut mir Leid. Sie vermisst Al. Für sie ist es am schwersten und im Grunde redet sie nicht mit mir darüber«, sagte Jen leise.

»Wir sollten aufbrechen«, meinte Finch.

»Gehen Sie noch nicht. Ich möchte mich noch ein bisschen unterhalten, falls ich dafür nicht schon zu angetrunken bin.«

Plötzlich erhob Tim sich. »Ich fahre nach Hause. Ich rufe dich morgen früh an.« Er küsste Jen auf die Stirn und zog seine Jacke auf dem Sofa unter einer Katze hervor. Auch Sam erhob sich.

»Ich komme mit nach draußen, etwas Luft schnappen.«

Jen und Finch blieben allein zurück. Über sich hörten sie

Schritte, das Öffnen und Schließen von Türen, die Toilettenspülung. Die Gäste waren zurückgekehrt.

»Wann müssen Sie aufstehen?«, fragte Finch.

Jen seufzte. »Morgen um halb sechs. Ich habe ein paar Fischer zu Gast, die früh rauswollen.«

Finch stützte das Kinn auf die Hand. »Wie werden Sie das nur schaffen? Ich weiß nicht, wie das bei Ihnen ist, aber ich habe entschieden zu viel getrunken.«

»Das wissen Sie vermutlich gut. Sie haben mich den ganzen Abend gemustert und gedacht, die ist bestimmt eine alte Säuferin. Aber ich hatte mir vorher nur zwei Drinks genehmigt, weil mir bang vor unserem Abendessen war. Ich habe befürchtet, Sie würden im Geiste Schnappschüsse von uns machen, um Ihr Bild von Al zu vervollständigen. Um ehrlich zu sein, wusste ich gar nicht mehr, warum ich Sie überhaupt eingeladen hatte. Al hat mir nie von Ihnen erzählt, aber ich habe es gewusst. Wenn man so lange zusammenlebt, durchschaut man den anderen. Nach Spiders Tod lief alles zwischen uns schief. Dabei war es schon lange schwierig. Schon sehr lange. Genau wie Spider hatte er den Drang, mit der Kletterei weiterzumachen. Es gab immer eine weitere Expedition, noch einen Gipfel, der ihn mit seinem verdammten Sirenengesang lockte.«

Jen ließ den Kopf in den Nacken fallen. Finchs Blick fiel auf ihren blassen Hals und ihre Schlüsselbeine. Jen seufzte noch einmal tief, ließ die Schultern sinken und setzte sich dann wieder aufrecht hin. »Ich wollte mit ihm und Molly ein normales Leben führen, aber er hat sich geweigert, normal zu sein. Ich habe gedacht, er sei es uns schuldig, und er hat gedacht, der Sinn des Lebens sei das Bergsteigen.«

Sie hatte schnell gesprochen, ihre Zunge war vom Alkohol gelöst. Nun hielt sie inne und merkte, dass Finch sie anstarrte. »Was ist? Warum schauen Sie mich so an? Sie haben ihn gekannt, Sie waren seine Geliebte, das alles wird Ihnen nicht neu sein.«

Aber Finch schwieg und Jen griff achselzuckend erneut nach der Flasche. Sie verschüttete etwas auf dem Tischtuch.

»Lassen Sie uns noch einen trinken, bevor Sie gehen. Kommen Sie, setzen Sie sich aufs Sofa und reden Sie mit mir.«

Finch war verwirrt, ihr Verstand getrübt; dennoch erkannte sie etwas, worüber sie seit Monaten gegrübelt hatte, nun haarscharf. Sie war so darauf konzentriert, dass sie gehorsam und geistesabwesend aufstand und dabei ihre Prothese vergaß. Sie verlor das Gleichgewicht, stürzte und wäre mit dem Kopf fast auf die Tischkante aufgeschlagen. Als Nächstes nahm sie Jen wahr. Sie kauerte über ihr und sah sie besorgt und bestürzt an. Voller Scham stammelte Finch irgendwelche Entschuldigungen. »Ich bin nicht betrunken, ich habe nur das Gleichgewicht verloren, denn ich habe nicht an meine Prothese gedacht. Mein Fuß ist erfroren und brandig geworden. Sie mussten ihn amputieren. Sehen Sie?« Sie zog die Hose ein Stück hoch und die Socke herunter, um Jen die glitzernde Stahlprothese zu zeigen.

»O Gott. Das wusste ich nicht. Ist alles in Ordnung? Kann ich Ihnen helfen? Was kann ich tun?«

»Helfen Sie mir auf.«

Jen griff ihr unter die Arme und half ihr aufzustehen. Sobald Finch aufrecht stand, klammerten sie sich aneinander, um das Gleichgewicht zu halten. Dabei schwankten sie wie betrunkene Pantomimen.

»O Gott, tut mir Leid«, wiederholte Jen.

»Wir sollten uns hinsetzen.« Finch deutete auf das Sofa und Arm in Arm schleppten sie sich dorthin.

Jen half ihr, sich auf die Kissen niederzulassen. »Alles in Ordnung?« Finch untersuchte ihre Gliedmaßen. »Ein paar blaue Flecken. Das ist nichts Neues.«

»Tee. Ich koche eine Tasse Tee. Das walisische Allheilmittel.«

Sie goss Tee auf und reichte Finch eine Tasse. Dann holte sie eine für sich und setzte sich neben Finch.

Sam begleitete Tim zu seinem Wagen, der weiter unten geparkt war. Statt sich über die Frauen auszutauschen, mit denen sie den Abend verbracht hatten, entschieden sie sich für eine Art meditatives Schweigen. Bei Tims Wagen angelangt, gaben sie sich die Hand und wünschten sich eine gute Nacht. Sam war von der frischen Luft leicht benommen. Auf dem Rückweg zum Haus sah er Molly auf der niedrigen Mauer vor dem Nachbarhaus sitzen. Er blieb vor ihr stehen, die Hände lässig in den Hosentaschen vergraben.

»Du hast mich vorhin bestimmt ganz schön mies gefunden«, forderte sie ihn heraus.

»Nein.«

»Ich war nur ein bisschen großspurig, das ist alles. Ich wünschte, mein Dad wäre noch hier.«

»Das wünschen wir uns alle.«

»Nicht so sehr wie ich.« Selbst im Dunkeln konnte er ihren finsteren Blick sehen. Der gesenkte Kopf und der Ausdruck ihrer Augen erinnerten ihn daran, wie er sich nach Marys Tod gefühlt hatte.

»Das stimmt. Du wirst es vielleicht nicht glauben, aber ich verstehe, wie du dich fühlst.«

»Wieso?«

Er erzählte es ihr kurz und sachlich und fragte dann: »Hast du Lust auf einen kleinen Spaziergang, damit ich wieder etwas nüchtern werde? Ich bin dem Trinktempo der Waliser nicht gewachsen.«

Molly sprang von der Mauer. »Hier gibt es verdammt wenig zu tun, außer zu trinken.«

Sie gingen los. Molly hakte sich bei Sam ein, hüpfte ein paar Schritte, bis sie mit ihm im Gleichschritt war, und hielt sich dicht neben ihm.

Sam musterte die verlassene, stille Straße. »Du wirst hier nicht für immer leben. Wann gehst du aufs College?«

»Im Oktober. Wenn ich die entsprechenden Noten kriege.«

»Na siehst du.«

»Ja. Weißt du, dass du in Ordnung bist? Ich mag dich sehr.«

»Danke«, sagte Sam ernst.

»Ich habe im Moment keinen Freund.«

»Machst du Witze? So hinreißend, wie du bist?«

Sie wandte sich ihm zu, um seinen Gesichtsausdruck zu studieren, und hätte beinahe das Gleichgewicht verloren.

»Meinst du das ernst?«

Sie hatten den gleichen Weg eingeschlagen wie am Nachmittag

und standen nun neben dem Eingang zum Friedhof, der in tiefes Dunkel gehüllt lag.

Sam blieb stehen und blickte sie an. Er griff nach einer Locke, die ihr ins Gesicht hing, und wickelte sie sich um den Finger. »Ja, das meine ich ernst. Du bist wunderschön. Außerdem hast du das Temperament, den Willen und die Einzigartigkeit deines Vaters sowie das gute Herz deiner Mutter. All das macht dich zu einer außergewöhnlichen jungen Frau.«

Mollys Mund öffnete sich ein wenig und sie atmete schwer. Ihre leuchtenden Augen blickten gebannt in die seinen. Oje, dachte Sam. Sie nahm seine Hand und zog ihn unter das schützende Eingangsdach des Friedhofs. »Als wir noch klein waren, kamen wir immer hier zu der Bank, um rumzuknutschen. Komisch, dass heute Abend niemand da ist. Ein bisschen spät vielleicht.«

Sie presste sich eng an ihn und legte ihm die Arme um den Hals. Dann küsste sie ihn. Ihr Mund war feucht und ihre Zunge schmeckte nach schalem Wein und Verlangen. Ihr junger Körper fühlte sich weich und schmiegsam an.

Sam gab sich einen Ruck. Er ergriff ihre Arme, um sich aus ihrer Umklammerung zu befreien, und erwiderte ihren leidenschaftlichen Kuss mit einem freundschaftlichen. »Das reicht«, murmelte er. Er führte sie zur Bank, auf der er gesessen und gewartet hatte, bis Finch fertig war, was immer sie auch an Sams Grab getan hatte.

»Du bist mit ihr zusammen?«

»Mit wem?«

»Mit Finch Buchanan. Zuerst mein Vater und jetzt du.«

»Nein, ich bin nicht mit ihr zusammen, aber ich wollte es. Sie war jedoch zu sehr in Al verliebt, um überhaupt Notiz von mir zu nehmen. Ich glaube, sie ist es immer noch. Und allmählich ist es wohl an der Zeit, sie in Ruhe zu lassen und mein eigenes Leben wieder aufzunehmen. Wir wollten dich und Jen kennen lernen. Jetzt werden wir vermutlich zurückfahren und getrennte Wege gehen. So, nun weißt du Bescheid.«

Molly starrte ihn in der Dunkelheit von der Seite an. »Ich will nicht, dass sie dich bekommt, aber wenn ich dich nicht ...«

»Ich fühle mich geschmeichelt, aber ich bin viel zu alt für dich.«

»Das klingt alles ein bisschen traurig.«

»Ja. Das Leben ist die Hölle und dann stirbt man.«

Sie schwiegen. Irgendwo in der Ferne fuhr ein Auto vorbei.

»Tut mir Leid, Molly. Das war wirklich dumm und ungeschickt von mir.«

»Es musste so kommen. Ich habe immer gewusst, dass er sterben würde.«

Sam griff nach ihrer Hand und hielt sie fest.

»Trotzdem bin ich wirklich stolz auf ihn.«

»Das solltest du auch.«

Finch und Jen saßen auf dem Sofa und tranken ihren Tee. Finch erzählte von ihrer ersten Begegnung mit Al, damals, als er nach Spiders Tod völlig verstört vom K2 abgestiegen war. Sie beschrieb ihre Fahrt mit dem Laster durch Pakistan hin zu Stuart Frosts Haus in Karatschi.

»Stu.« Jen lächelte. »Wir waren alle Freunde. Vor fünfundzwanzig Jahren. Al, Stuart, ich und ein halbes Dutzend andere. Wir hatten nie Geld, kaum Sorgen, nur unsere Kletterei. Das war lange, bevor in der Mitte unseres Lebens die Dämonen nach uns schnappten. Ich hätte Stu heiraten sollen. Er wollte mich damals unbedingt heiraten.«

Finch erinnerte sich an den Mann, der allein in dem staubigen, hinter Eukalyptusbäumen versteckten Haus lebte. »Was wohl passiert wäre, wenn Sie es getan hätten?«

»Wer weiß? Stu gehörte nicht zu denen, die das Bergsteigen zum einzigen Lebensinhalt machten. Vielleicht würde er hier in Pantoffeln herumsitzen und vor dem Fernseher einschlafen.«

»Al hat viel über die alten Zeiten gesprochen«, sagte Finch.

»Hat er das? Und was genau hat er Ihnen erzählt?«

Der Ton der anderen Frau änderte sich. Sie wollte wissen, wie viel Al von sich und seiner Vergangenheit preisgegeben hatte. Nicht einmal der Tod konnte die Eifersucht zum Schweigen bringen. Sei vorsichtig, dachte Finch. Gleichzeitig war ihr klar, dass Vorsicht schon fast ein Ding der Unmöglichkeit war. Der Alkohol wirkte und verwirrenderweise waren Schranken niedergerissen und erneut errichtet worden.

»Hat er zum Beispiel über Cath geredet?«

Ja, Al hatte ihr in der Scheune in Deboche von seiner Kindheit in Liverpool erzählt, von seiner viel älteren Schwester und den Streichen seines Bruders … »Ja, hat er.«

Fragend zog Jen die Augenbrauen hoch. »Dann wissen Sie also, dass sie seine Mutter war?«

»Was?«

»Cath war in Wirklichkeit seine Mutter, was damals hier keine so ungewöhnliche Geschichte war. Ein fünfzehnjähriges Mädchen wird schwanger und bekommt das Baby. Die Eltern schweigen und ziehen es als ihr eigenes auf. Sind sie schockiert?«

»War das Ihre Absicht? Mich zu schockieren? Vergessen Sie nicht, dass ich Ärztin bin. Ich arbeite in einer Großstadt, habe in Asien gelebt und weitaus schlimmere Dinge gehört.«

Jen errötete leicht. »Das geschieht mir recht. Ich wollte nur wissen, ob es Sie überrascht, dass er Ihnen etwas so Grundlegendes verschwiegen hat.«

»Ja«, sagte Finch nach einer Weile.

»Nun, Cath und ich sind die Einzigen, die davon wissen. Molly weiß es nicht. Cath hat es Al verraten, als er in der Pubertät war. Sie hatte einen zu viel getrunken. Es ist ihm sehr nahe gegangen. Machen Sie sich keine Gedanken, Al war eben voller Geheimnisse. Wie eine kalte Nacht voller Schnee.«

»Ja«, sagte Finch wieder. Traurig gestand sie damit ein, dass es die Wahrheit war. Sie hob den Kopf. »Ist noch Wein in der Flasche?«

»Nein, sie ist leer. Aber wir haben noch eine volle. Was kümmert uns, was morgen ist?«

Damit hatte sie wohl Recht, dachte Finch. Sie hatte tatsächlich nur eine Seite von Al Hood gekannt. Und sie hatte nur diese eine Seite, sie war alles, woran sie sich erinnern konnte.

Als Sam und Molly zurückkamen, saßen Jen und Finch noch immer zusammen, redeten und tauschten Erinnerungen an Al aus.

Molly lächelte vergnügt. »Sam ist völlig erledigt. Er hat gerade versucht, seinen Wagen vorzufahren, damit Sie nicht so weit gehen müssen. Dabei hat er Dai Davies' Volvo von hinten gerammt.«

»Nicht gerammt«, protestierte Sam. »Eine kleine Fehleinschätzung, eine kleine Delle. Natürlich werde ich es dem Besitzer mitteilen. Und auch dem Hertz-Autoverleih. Aber ich halte es für keine gute Idee, heute Nacht die ganze Strecke zurückzufahren. Tut mir Leid.«

»Ich auch nicht«, sagte Finch eilig.

Sie schauten einander an. »Gibt es hier im Ort eine Übernachtungsmöglichkeit?« Es war inzwischen weit nach Mitternacht.

»Nein. Aber ich habe ein Zimmer frei. Ein Pärchen ist heute Nachmittag unerwartet abgereist. Sie können das Zimmer gerne haben. Es hat ein Doppelbett.«

»In Ordnung«, sagte Sam. Und an Finch gewandt fügte er hinzu: »Du brauchst dir über heute Nacht keine Gedanken zu machen, in dem Zustand, in dem ich bin.«

Molly lachte.

Finch wusch sich das Gesicht und trocknete es mit dem Handtuch ab, das Jen ihr gegeben hatte. Dann putzte sie sich die Zähne mit einer neuen Zahnbürste, die ebenfalls von Jen stammte. Die Nacht schien ihr inzwischen leicht surrealistisch, aber beim Blick in den Spiegel erkannte sie immerhin vertraute Gesichtszüge. Nichts hatte sich geändert. Sie zog sich bis auf das T-Shirt aus, schlang sich dann ein Handtuch um die Taille und ging leise über den Flur. Hinter den anderen Türen schliefen die Gäste vermutlich schon tief. Im letzten Zimmer lag Sam unter einer rosa Steppdecke im Doppelbett. Sie ging vorsichtig um das Bett herum und setzte sich dann mit dem Rücken zu ihm auf die Kante. Sie löste ihre Prothese, nahm sie ab und legte sie neben das Bett. Schließlich machte sie einen kleinen Satz, schlüpfte unter die Decke, zog umständlich das Handtuch weg und warf es auf den Boden.

»Ich war mit dir auf dem Everest«, sagte Sam leise.

»Glaubst du, das habe ich vergessen?«

»Ich habe dich in schlimmster und in bester Verfassung erlebt. Ich kenne dich. Ich weiß, wer du bist und wie du bist.«

»Was willst du damit sagen?«

»Dass du dich vor mir nicht zu zieren brauchst. Du brauchst kein

Handtuch um dich zu schlingen wie die Jungfrau in einer Familienkomödie. Habe ich dir während dieser Reise den geringsten Anlass zu der Vermutung gegeben, ich würde mich jeden Moment lüstern auf dich stürzen?«

»Nein.«

»Finch, ich frage mich langsam, ob du ein verklemmtes, abweisendes, selbstsüchtiges Mädchen bist. Und nicht die Frau, für die ich dich gehalten habe.«

Er hatte ihr gegenüber noch nie ein kritisches Wort geäußert. Es war ein richtiger Schock für sie.

»Ich muss nicht nackt herumlaufen, um zu demonstrieren, wie gut wir uns kennen.«

»Nein, das musst du nicht. Soll ich jetzt das Licht ausmachen?«

»Ja, bitte.«

Sie lagen im Dunkeln auf dem Rücken, nur durch das rosa geblümte Laken getrennt. Als Finch die Augen schloss, begann das Zimmer sich unangenehm zu drehen. Schnell öffnete sie die Augen wieder. Bald atmete Sam langsam und tief. Er stieß einen Seufzer aus, drehte sich auf die Seite und lag nun mit dem Rücken zu ihr. Vermutlich schlief er. Finch lag wach, bis die Vögel zu singen begannen. Dann nickte sie endlich ein. Sie träumte von Cath, der Mutter-Schwester, die sie nie kennen lernen würde.

Als sie erwachte, war das Bett neben ihr leer. Im Bad spritzte sie sich kaltes Wasser in das verschlafene Gesicht und fuhr sich durch die Haare. Niemand, auch im Flur nicht. Der Geruch von gebratenem Speck, der von der Küche aufstieg, war ihr äußerst unangenehm.

Unten lief sie Molly über den Weg, die gerade ein mit Eiern und Speck beladenes Tablett zum Speisesaal der Gäste trug. Beim Anblick des Essens wandte Finch den Blick ab.

»Mahlzeit.« Molly grinste. Es war 9.30 Uhr.

Sam saß am Küchentisch. Vor ihm stand ein leerer Teller, daneben ein Becher mit Kaffee. Er las Zeitung. Jen stand am Herd und hantierte mit einer Bratpfanne herum. Reserviert wünschte Sam ihr einen guten Morgen und Jen bot ihr ein Frühstück an. Doch Finch lehnte dankend ab und goss sich lediglich eine Tasse Kaffee ein.

Molly kam mit ihrem Tablett zurück, um die letzten Teller abzuholen. Jen füllte sie und wischte sich dann die Hände an der Schürze ab.

»Wieder ein Tag. Wieder fünfzehn Eier mit Speck zum Frühstück gebraten.« Sie kam herüber zu Finch und legte ihr die Arme um die Schultern. »Alles in Ordnung? Gut geschlafen?«

»Danke.« Finch lächelte sie an. Sie hatte Jen Hood wirklich gern. Die lange Reise nach Wales war wichtig gewesen. Und sie hatte das Sam zu verdanken. Sie würde den richtigen Moment abpassen, ihm ihren Dank auszusprechen.

»Also zurück nach Hause?«, fragte Jen.

In diesem Moment betrat eine kleine, vierschrötige Frau mit Schürze das Zimmer und holte ein Tragegestell mit Putzmitteln aus dem Schrank. »Ich lege los«, verkündete sie.

»Danke, Menna.« Hier wartete Arbeit.

»Ja«, stimmte Finch zu. »Nach Hause.«

Jen und Molly begleiteten sie zum Abschied bis zur Straße. Sie begutachteten den Schaden an der hinteren Stoßstange des Leihwagens und die entsprechende Delle im Volvo.

»Total verbeult«, sagte Molly lachend.

»Danke für Ihren Besuch.«

Jen küsste Sam auf beide Wangen und legte dann die Arme um Finch. Finch beugte sich zu ihr und erwiderte die Umarmung. Es fiel ihr schwer, sich von Jen zu lösen. Eine Weile standen sie da und fühlten eine starke Verbundenheit.

»Danke für die Fotos und für die Berichte über Dinge, die wir nicht gewusst haben. Für Molly und mich ist das sehr wichtig. Wahrscheinlich verstehen wir beide, dass man über niemanden alles wissen kann. Nur einiges, einige Beweggründe. Manchmal.«

»Ja«, sagte Finch.

»Kann ich dich in Seattle besuchen?«, fragte Molly, an Sam gewandt.

»Aber klar. Jeder Zeit.«

»Lassen Sie es sich gut gehen. Sie haben es selbst in der Hand.« Das war Jens Rat an Finch.

»Ich werde es mir merken und mich an Ihre Worte erinnern.«

Finch blickte die lange Straße hinunter auf den eckigen Kirchturm, der hinter den Dächern und Schornsteinen hervorlugte, und dachte: *Er ist nicht mehr da.* Die Traurigkeit und Stille fielen von ihr ab. Zurück blieb eine breite, strahlend weiße Fläche wie unberührter Schnee. Molly küsste Sam zum Abschied stürmisch.

Dann saßen sie in ihrem Wagen. Sam nahm dieses Mal am Steuer Platz. Molly und Jen standen auf dem Bürgersteig und winkten. Auf den ersten Blick war Finch nur die Ähnlichkeit mit Al aufgefallen, doch mittlerweile erkannte sie auch die Ähnlichkeit der beiden Frauen miteinander.

Sam setzte zurück, dann rollte der Wagen vorwärts. Jen und Molly winkten, bis sie außer Sichtweite waren.

Lange Zeit fiel kein Wort. Dann brach Sam das Schweigen. »Tut mir Leid, was ich gestern Abend gesagt habe. Ich hatte zu viel getrunken und war irgendwie wütend.«

»Ist schon in Ordnung. Vermutlich hast du Recht.«

Erneutes Schweigen. Es zog sich in die Länge, lag schwer zwischen ihnen und keiner fand die richtigen Worte, um es zu brechen. Sie wussten, sie standen kurz vor einer Entscheidung, die zu wichtig war, um sie mit unpassenden Worten zu trüben.

Wahrscheinlich waren sie im Begriff, sich zu trennen und ihr eigenes Leben zu führen. Nur wenige Stunden vorher hatte es andeutungsweise andere Möglichkeiten gegeben. Nun schien es, als hätten sie die Wahl bereits getroffen.

Sie kehrten zu ihrem Hotel in Chester zurück, bezahlten die Rechnung und fuhren dann Richtung Süden nach London zum Flughafen. Finchs Flug nach Vancouver ging noch am selben Tag, Sams Flug nach Seattle erst am nächsten Morgen.

Finch starrte blind auf die Autobahn und dachte an einen bestimmten Moment des gestrigen Abends, in dem ihr etwas klar geworden war. Jen hatte gesagt, dass für Al der Sinn des Lebens im Bergsteigen bestanden habe. In gewisser Weise hatte Finch in ihrer Verliebtheit das genauso gesehen, dabei aber das Wesentliche außer Acht gelassen. Er hatte ihr versprochen, dass der Everest sein letzter Gipfel sein würde. Danach würden sie für immer zusammen sein. Genau das hatte sie von ihm verlangt und er war bereit gewesen, es zu versuchen. Dabei musste er genau gewusst haben, dass er sein Versprechen nicht würde einhalten können. Ihre Beziehung zu Al hatte sich über das Unmögliche definiert und ihrer beider Schicksal wäre die Enttäuschung gewesen. Sie hatte Al ihren Wünschen entsprechend zu verändern versucht, statt ihm die Freiheit zu gewähren, er selbst zu sein. Der älteste Fehler der Menschheit. Kein Wunder, dass sie sich Jen irgendwie verbunden gefühlt hatte.

Sie begriff, dass Al all das gewusst hatte, als er zum Gipfel aufbrach. Er hatte sich für Sam geopfert, weil die schwierigste Wahl die einfachste war.

Dann war da Sam, Als Geschenk. Finch kannte ihn gut und jetzt, da ihr das klar wurde, war es zu spät; zwischen ihnen hatte sich eine gewisse Verbitterung breit gemacht. Finch erwog die verschiedenen Möglichkeiten. Noch konnte sie Sam die Hand reichen und ihm erklären, dass sie bei ihm bleiben wollte. Aber sie hatte Angst davor. Vielleicht entsprach es nicht der Wahrheit und das Letzte, was sie wollte, war, ihm nicht die ganze Wahrheit zu sagen.

Finch war stets selbstsicher gewesen und nun war alles anders. Sie war sich bei Al so verteufelt sicher gewesen und nun schien es, als sei davon nur der weiße, frische Schnee übrig geblieben, der ältere Spuren auslöschte und dem Leben die Perspektive raubte. Sie versuchte sich über die Folgen klar zu werden. Al, sie und Sam waren unentwirrbar miteinander verbunden. Al hatte sich in einem unlösbaren Zwiespalt befunden und Sams einziger Fehler war es, da zu sein. Sie selbst dagegen war einfach nur blind und Besitz ergreifend gewesen. In Schweigen gehüllt setzten sie ihre Fahrt fort und die Zeit verging. Sie konnte nicht einmal mit Sam reden.

Sam musterte sie mehrmals von der Seite. Sie war in Gedanken versunken und wirkte kalt und bedrückt. Er dachte an ihr gemeinsames Abendessen in Vancouver und an die Bedenken, die er anfangs gehabt hatte – dass sich schließlich herausstellen würde, dass sie nicht seiner Vorstellung und seinen Sehnsüchten entsprach.

Sag irgendetwas, flehte er sie innerlich an. Sag mir, was du fühlst, gib mir ein Zeichen, dass du weißt, wer ich bin. Sei nicht diese verklemmte, abweisende Person, die gestern Abend ins Bett gekrochen kam. Sei kein Eisschrank – war das nicht vor langer Zeit Adam Vries' scherzhafte Formulierung gewesen?

Doch Finch blieb stumm. Ihre abwesende Miene war verschwunden; sie wirkte entschlossen. Sie machten ein paar Bemerkungen über Entfernung und Strecke und beschlossen, unterwegs nicht mehr anzuhalten. Nach vier Stunden näherten sie sich London von Westen her. Das erste Wegweiser zum Flughafen tauchte vor ihnen auf.

»Wir sind bald da«, sagte Sam.

»Es ist noch reichlich Zeit bis zum Abflug«, erwiderte Finch mit einem Blick auf ihre Armbanduhr. »Wo übernachtest du heute?«

»Im Flughafenhotel, nehme ich an. Nach der Auseinandersetzung mit dem Autoverleih.«

Er hoffte, sie würde ihm sagen, dass sie ihren Flug umbuchen und auch bis zum nächsten Tag bleiben werde. Aber mittlerweile konnten sie die Kluft, die sich zwischen ihnen aufgetan hatte, nicht mehr überbrücken. Sie würde nichts dergleichen sagen.

Sie nahmen die Abfahrt zum Flughafen. In einem vom Verkehr völlig verstopften Tunnel kamen sie nur im Schneckentempo voran. Dann näherten sie sich der Abflughalle und den Schildern, die längeres Parken verboten. Sam folgte mechanisch den Wegweisern. Das verlangte ihm genug Aufmerksamkeit ab, um nicht laut aufzuschreien. Er konnte es einfach nicht fassen – es konnte nicht wahr sein, dass sie nach allem, was sie gemeinsam erlebt hatten, auf diese Weise auseinander gingen. Aber es war an Finch, den ersten Schritt zu tun. Der kleinste Fingerzeig hätte genügt – aber es kam nichts. Versteinert saß sie da, ihr Gesicht eine undurchdringliche Maske.

Sie parkten den Wagen, luden die Koffer aus, suchten einen Gepäckwagen und schoben ihn zur Abfertigung. Finch ging zum Schalter. Sam wartete geduldig und erinnerte sich daran, wie er sie zum ersten Mal auf einem anderen Flughafen gesehen hatte – im Skianorak, langbeinig und strahlend, mit einem Brautstrauß im Arm. Ein weiter Weg, dachte er, ein sehr weiter Weg, der letzten Endes nirgendwohin geführt hat. Die Enttäuschung schnürte ihm die Kehle zu.

Dann war es so weit. Sie hatte ihre Bordkarte und die Nummer vom Gate. Hinter den Trennwändern der Abflughalle wartete der Luftraum und danach eine Trennung von Tausenden von Meilen.

»Ich bin froh, dass wir hierher gekommen sind. Es war wichtig«, sagte Finch. »Danke.«

Er wartete, beobachtete, wie sich die kleinen Muskeln um ihre Augen anspannten. Sie zögerte, schien irgendetwas sagen zu wollen, entschied sich aber anders. Sie wartete ihrerseits darauf, dass Sam etwas sagte. Sam tat es nicht.

»Ich sollte jetzt besser gehen«, bemerkte sie mit einem Nicken.

Sie reckte sich, verlagerte das Gewicht auf ihr gesundes Bein und küsste ihn auf die Wange. Es war ein trockener, flüchtiger Kuss, der in seinem inneren Ohr wie ein Riss, eine endgültige Trennung widerhallte.

Er richtete sich auf und legte ihr kurz die Hand auf die Schulter. »Viel Glück.«

»Wünsch ich dir auch.«

Keine sinnlosen Versprechen, sich zu schreiben, zu telefonieren oder sich wiederzusehen.

Sie ging durch den Gang zur Abflughalle. Ihm fiel auf, dass sie hinkte, als wäre es ihr zu mühsam geworden, die Behinderung zu verbergen. Er sah ihr nach, bis sie aus seinem Blickfeld verschwunden war, doch sie schaute sich nicht um.

Sam stand da, inmitten einer Flut von Passagieren, und stieß innerlich sinnlose Flüche aus.

18. Kapitel

Finch lud sich gerade Suzys tägliche E-Mail herunter. Es dauerte ein paar Minuten – offenbar enthielt die Datei Bilder. Schließlich war alles übertragen. Sie öffnete die E-Mail und sah als Erstes den kleinen Jungen nackt aufrecht zwischen einem Stapel Kissen stehen. Ernst blickte er direkt in die Kamera. Die winzigen Füße seiner rundlichen O-Beine hatte James gespreizt.

»Sieh nur, was er schon kann!«, hatte Suzy darunter geschrieben. »Nicht gerade ein Weltrekord der Menschheitsentwicklung, aber trotzdem: Er ist einfach vollkommen.«

Finch betrachtete die Fotos. Sie waren gut. Wahrscheinlich hatte Jeff sie gemacht, denn Suzy war keine besonders begabte Fotografin. Die Haut des kleinen Jungen wirkte im Licht perlfarben und aus seinen dunklen Augen sprach Jahrhunderte alte Weisheit. Der Kleine war bildhübsch. Die schwarzen Haare standen ihm ab wie Stacheln und Finch konnte den moschusartigen Duft seines Köpfchens buchstäblich einatmen. Wieder spürte sie, wie sich ihre Muskeln vor Sehnsucht, ein eigenes Kind in den Armen zu halten, anspannten. Sie nahm die Hände von der Tastatur und ballte sie zu Fäusten.

»Hör auf«, ermahnte sie sich, »hör auf. Das sind nur die Hormone.«

Den größten Teil des Tages gelang es ihr, sich einzureden, sie könne ebenso wie ihre Fußprothese einfach gefühllos funktionieren. Sie widmete sich ihrer Arbeit und spielte ihre Rolle perfekt. Seit dem Besuch in Wales waren bereits drei Monate vergangen und der kurze Sommer in Vancouver war vorüber. Morgens war es nun grau und neblig und am Abend trieb der Regen vom Meer herüber. Schon bald wären die Berge im Norden der Stadt in Schnee gehüllt.

Die Spannung in ihren Muskeln ließ allmählich nach. Zurück

blieb ein dumpfer Schmerz. Sie atmete gleichmäßig und scrollte sich mit der rechten Hand auf der Maus durch den Rest der E-Mail. Auf die Fotos folgten die Neuigkeiten des Tages und der neueste Klatsch. Außerdem ein Kommentar zu einem Artikel über Wahrnehmung, den Suzy in einer medizinischen Fachzeitschriften gelesen hatte und über den sie Finchs Meinung hören wollte, und Genörgel über Jeffs Pingeligkeit. Schließlich gelte es im im Leben viele andere Dinge zu erledigen. Finch lächelte; Suzy schien bereits der leise Wunsch nach gelegentlicher häuslicher Ordnung zwangsneurotisch. Die E-Mail schloss mit einem Bericht über James' Sprachentwicklung. Die scheue Katze des Nachbarn hatte den Hof überquert und er hatte zwei Mal »atza« gesagt.

Das waren die üblichen, liebevollen Notizen von Freundinnen, die die Entfernung voneinander trennte. Doch heute gab es einen ungewöhnlichen Anhang: »Seit gestern denke ich ständig an dich. Hast du das gewusst, hast du es gespürt? Deine letzte Nachricht war so traurig.«

War sie das?, fragte sich Finch. Wenn, dann war das jedenfalls nicht beabsichtigt. Und sie hatte nichts Ungewöhnliches gespürt, keine telepathischen oder sonstigen Kräfte. Sie achtete zu sehr darauf, dass so etwas nicht vorkam. Sie klickte die Ablage an und las noch einmal, was sie Suzy geschrieben hatte. Sie hatte nur über die Arbeit des Vortages berichtet und konnte nicht finden, dass das traurig klang.

Sie las den Anhang von Suzys E-Mail zu Ende: »Wann hörst du endlich auf, auf der Stelle zu treten, und fängst wirklich zu leben an? Ich habe immer gedacht, du hättest vor nichts Angst, aber vielleicht hast du nur Angst davor, normal und glücklich zu sein. Hab keine Angst – sei es einfach. Bevor es zu spät ist. Herzlichst, S.«

»Sie haben es selbst in der Hand«, hatte Jen Hood gesagt. Finch saß da und starrte auf die leere Wand ihres Apartments. Kein Foto von Al. Sie hatte Sam nicht darum gebeten und er hatte sie nicht gefragt, ob sie eines haben wolle. Finch klickte auf »Reply« und tippte ihre Antwort ein. Sie drückte ihre Zuneigung und Bewunderung für den Junior und seine Leistungen aus. Außerdem erinnerte sie daran, dass manche Leute, Jeff eingeschlossen, Kleidungsstücke und Handtücher gerne aufhingen, und fügte dann hinzu: »Ich weiß nicht, was du mit Normal- und Glücklichsein meinst. Ich bin beides. Mach dir um mich keine Sorgen. F.«

Sie schickte die Nachricht ab und schloss energisch ihren Laptop. Es stimmte nicht, sie war nicht glücklich. Sie log Suzy an, weil sie sich selbst gegenüber nicht ehrlich war.

Die Gegensprechanlage ihres Apartments ertönte. Finch schreckte auf. Dann fiel ihr ein, dass es Dennis war, und sie stand auf, um ihn einzulassen. Kurz darauf saßen sie am Küchentisch und tranken ein Glas Wein. Dann bereitete sie Hühnchen mit Paprika zu und übertraf sich mit diesem Gericht selbst. Kochen war nicht gerade ihre Stärke. Sie aßen und sprachen über die Möglichkeit, neue Sprechzimmer anzumieten und eine weitere Sprechstundenhilfe einzustellen. Finch hatte den Tisch abgeräumt und beugte sich plötzlich über seine Schulter. Sie legte ihre Wange an seinen Kopf.

»Was ist los?«, fragte er.

»Dennis, ich kann dich doch wohl umarmen, ohne dass du mich fragst, was los ist, oder?«

Sie küsste ihn, bevor sie sich wieder aufrichtete. Sein Haar war so kurz geschoren, dass sie ein leichtes Kitzeln auf den Lippen spürte. Es war so lange her, dass sie jemanden geküsst hatte, und die intime Berührung erschreckte sie; es war, als verbrenne sie sich. Und statt der Scheune in Deboche kam ihr jetzt das Bett in Jens Pension in den Sinn, das Bett, in dem zwischen Sam und ihr überhaupt nichts geschehen war.

Dennis erinnerte sich an die beiden, wie sie bei gedämpftem Licht im Sprechzimmer zwischen Schreibtisch und Instrumententisch getanzt hatten. Er legte ihr die Hand auf den Arm. »Ich brauche dir wohl nicht zu sagen, was du tun sollst.«

»Was immer ich auch tun würde, es wäre zu wenig und zu spät.«

Dennis schwieg, aber sie sah, dass er enttäuscht war.

In den letzten Wochen hatte Finch es sich zur Gewohnheit gemacht, am Sonntagabend zu ihren Eltern zu fahren. Die Leere des Wochenendes wurde in den letzten Stunden plötzlich unerträglich. An den ersten beiden Sonntagen hatte sie so getan, als käme sie zufällig vorbei, wolle mal eben hereinschauen oder etwas abholen, doch inzwischen war ihr Besuch zu einer Gewohnheit geworden. Clare deckte den großen Tisch für drei Personen, Angus saß auf seinem Stuhl auf der Terrasse, blickte hinaus aufs Meer und wartete darauf, dass ihr Wagen von der Straße einbog. Heute roch es nicht nach Essen, aber das nahm sie nur am Rande wahr, während sie die Treppe zu dem großen Wohnzimmer hochstieg.

»Finch?«, rief ihr Vater. In seiner Stimme lag ein beängstigend scharfer Ton, den sie noch nie zuvor gehört hatte.

»Wo bist du? Ich komme.« Sie versuchte die breite Treppe hochzurennen und plötzlich wurden ihre Bewegungen unbeholfen.

Das prachtvolle Zimmer schien leer. Auf dem Fußboden war eine Zeitung ausgebreitet. Durch die offenen Terrassenfenster zog es und die oberste Seite bewegte sich leise.

Dann tauchte der graue Schopf ihres Vaters hinter dem Sofa auf. Er war aschfahl im Gesicht. »Gott sei Dank. Sie liegt hier.«

Clare lag zusammengekrümmt auf dem Fußboden, ein Bein unter dem Körper verdreht. Finch erfasste die Situation sofort und kniete sich über ihre Mutter. Es gelang ihr, Ruhe zu bewahren und sie zu untersuchen.

Tubus, Atmung, Puls. Kein Herzstillstand. Aber ihre Haut war schneeweiß, völlig blutleer. Unvermittelt blickte sie zu Angus hoch. »Hier sind die Schlüssel. Kannst du den Arztkoffer aus meinem Wagen holen?«

Jetzt öffnete Clare die Augen und stöhnte leise. »Finch? Hilf mir. Was ist passiert?« Gott sei Dank, sie war bei Bewusstsein und sprach zusammenhängend.

Also auch kein Schlaganfall. Clares Gesichtsfarbe änderte sich, als das Blut durch die Gefäße strömte. Eine sanfte Röte überzog Gesicht und Hals. Ich weiß, dachte Finch, ich weiß, was es ist.

»Mach dir keine Sorgen. Bleib einfach ein paar Minuten ruhig liegen.« Finch machte es ihr mit einem Kissen und einem Kaschmirschal bequem und hielt ihr die Hand, bis Angus wieder ins Zimmer gestürzt kam.

»Sie ist wieder zu sich gekommen. Erzähl mir, was passiert ist.«

»Sie hat über Müdigkeit geklagt und sich eine Stunde aufs Sofa gelegt. Dann ist sie aufgestanden, um das Abendessen zu machen. Sie ging ein paar Schritte und fiel dann einfach um. Bringst du sie ins Krankenhaus?«

»Nein, ich will nicht«, flüsterte Clare.

Finch faltete ihr Stethoskop zusammen und lächelte sie an. Die Vitalfunktionen ihrer Mutter waren nun stabil. Wenn es, und das nahm sie stark an, ein Adams-Stokes-Anfall war, war notärztliche Behandlung überflüssig.

»Morgen, um dich gründlich durchzuchecken. Warten wir's ab, aber jetzt wird das wohl nicht nötig sein. Ich bleibe hier und passe auf dich auf.«

Erleichtert schloss Clare die Augen. Sie hatte Lidschatten aufgetragen und sich die Lippen geschminkt. Immer die hohen Anforderungen an sich selbst und der Anspruch, das Abendessen zubereiten zu müssen. Doch trotz des eisernen Willens kam sie Finch mit einem Mal zerbrechlich vor. Sie beugte sich vor und nahm ihre Mutter in die Arme. Angus' Hände zitterten. Ihre Eltern waren alt.

»Hör mal, Mama, kannst du mich hören? Du hast für ein paar Sekunden das Bewusstsein verloren, das ist alles. Du hattest weder einen Herzinfarkt noch einen Schlaganfall. Und du hast kein Fieber, also ist es auch keine schlimme Infektion. Du hast doch keine merkwürdigen Medikamente genommen, oder? Du solltest dich jetzt einfach ausruhen, wir werden gut auf dich aufpassen.«

Sobald Clare wieder ein paar Schritte gehen konnte, brachten Vater und Tochter sie ins Bett. Finch wusch ihr mit einem Schwamm Gesicht und Hände, rieb ihr die feine Haut mit einer Feuchtigkeitscreme ein und kämmte sie. Dann zog sie ihr die Bettdecke um die Schultern. Noch einmal maß sie den Puls und küsste sie dann auf die Stirn. Der Rollentausch war unvermeidlich wie das Verrinnen der Zeit.

»Ich liebe dich.« Finch saß am Bett saß und hielt die Hand ihrer Mutter zwischen ihren beiden Händen. Die Worte fielen ihr gar nicht schwer. Was sie aber eigentlich bedeuteten, war schon schwerer zu verstehen.

»Ich weiß«, erwiderte Clare. »Du warst immer ein so zorniges

Mädchen, aber auch voller Liebe. Voller Begeisterung und auf der Suche nach einem Ziel.«

»War ich das?«

»Du warst immer entschlossen, besser zu sein als deine Brüder und Angus und mir zu zeigen, was in dir steckte. Vielleicht wirst du jetzt erwachsen.«

»Psst. Das reicht für heute Abend.«

»Danke, dass du dich um mich kümmerst. Bleibst du über Nacht hier?« Sie war so ängstlich und gleichzeitig vertrauensvoll wie ein Kind.

»Natürlich bleibe ich.«

Angus kam herein, um gute Nacht zu sagen, und Finch ließ die beiden allein. Sie bereitete für sich und ihren Vater ein einfaches Mahl zu. Sie saßen am Küchentisch, griffen abwesend nach dem Essen auf ihren Tellern und hinterließen überall auf dem Tisch Krümel.

»Alles in Ordnung?«, fragte sie. Er zitterte noch immer.

»Was ist deiner Meinung nach wirklich passiert?« Flehend schaute er sie an. Wie sehr dieser erfolgreiche Mann doch von seiner Frau abhängig war.

Finch antwortete nachdenklich: »Ich bin ziemlich sicher, dass sie eine transitorische Ischämie hatte, einen so genannten Adams-Stokes-Anfall. Die Blässe und die anschließende Röte im Gesicht sind dafür typisch. Das Herz stockt einen Moment und der Betroffene wird ohnmächtig. Innerhalb weniger Sekunden übernimmt dann ein anderer Schrittmacher weiter unten im System die Arbeit, der Blutkreislauf funktioniert wieder und das Bewusstsein kehrt zurück. Solange man in dem Moment, in dem man ohnmächtig wird, nicht vor einen Bus fällt, ist es nicht weiter gefährlich.«

»Sie wird nicht sterben?«

»An diesen Beschwerden nicht. Ich bin kein Kardiologe, aber ich werde dafür sorgen, dass Neal Fletcher sie morgen untersucht. Vermutlich werden sie ihren Herzrhythmus vierundzwanzig Stunden überwachen und ihr, je nach Diagnose, einen Schrittmacher einsetzen.«

Ihr Vater nahm ihre Worte recht bedrückt auf.

»Möchtest du einen Scotch?«, fragte Angus, als sie mit dem Essen fertig waren. Er trank selten Alkohol. Finch nickte. Vorher schaute sie noch einmal nach Clare, die ruhig schlief. Angus war hinaus auf die Terrasse gegangen. Er reichte ihr ein schweres Glas mit Whisky. Im Dunkeln lehnten sie auf der Balustrade und lauschten der unsichtbaren See.

»Sie war die beste Ehefrau der Welt«, sagte er.

»Sie ist erst neunundsechzig«, erinnerte Finch ihn behutsam.

»Wir werden beide alt.«

»Ihr habt aber noch viel Zeit.«

Wir sollten sie nutzen, sagte Finch zu sich selbst. Wir alle sollten in der uns verbleibenden Zeit unser Möglichstes tun, statt uns zu verstecken und ängstlich abzuwenden. *Ich* sollte es.

Sie hielt sich das kalte Glas an die Wange. Besorgnis und Liebe erfüllten sie gleichermaßen. »Sie hat einen sehr starken Willen.«

»Genau wie du, mein Schatz.« Angus legte die Arme um sie und sie nahm den väterlichen Duft nach Cologne, gepflegter Kleidung und ein wenig Schweiß in den Falten an seinem Hals in sich auf.

»Wir sind uns ähnlich, nicht wahr?«

»Ja. Du hast die Erwartungen einer anderen Generation, das ist alles. Clare dachte, es sei mehr als genug, Ehefrau und Mutter zu sein, du dagegen musstest beweisen, dass du das nicht zu sein brauchst. Ich frage mich, ob du die absolute Ablehnung all dessen vielleicht eines Tages bereuen wirst.«

»Vielleicht.«

»Und?«

»Ich weiß es noch nicht. Ich verspreche, dass ich darüber nachdenken werde.«

Nachdem Angus zu Bett gegangen war, saß Finch allein auf der Terrasse zwischen den glasierten Blumentöpfen. Sie bemerkte die Kälte nicht. Sie hörte nicht einmal das traurige Rauschen des Meeres.

Die Lichter hinter der Fensterfront brannten. Finch ließ ihren Blick über die riesigen Masken, die Indianerschnitzereien, das helle Holz, den Kalkstein und die hellen Stoffe wandern. Die Werte ihrer Mutter ein Leben lang abzulehnen hatte sie nicht sehr weit von zu Hause weggeführt. Sie war dreiunddreißig Jahre alt, hierher zurückgekehrt, um über ihre Verletzungen hinwegzukommen, und jeden Sonntagabend kam sie aus eigenem Antrieb zum Abendessen.

Unwillkürlich musste sie lachen. Es war wirklich lustig und sie war nicht länger wütend. Was immer es bedeutet hatte, das einzige Mädchen unter drei Brüdern zu sein, das Nesthäkchen, das meistgeliebte Kind, von dem man am wenigsten forderte – es spielte keine Rolle mehr. Wem sollte sie etwas beweisen, es sei denn, sich selbst? Clare und Angus wurden alt und liebten einander. Ihre Brüder führten ihr eigenes Leben und auch sie sollte das tun.

Voller Zärtlichkeit dachte sie an Al, dann an Sam. Er hatte sie nie enttäuscht und alles mit Fassung und Humor getragen. Sie vermisste ihn sehr, aber wenn sie schon damals in Wales gedacht hatte, es wäre zu spät, dann war es das wohl jetzt erst recht.

Finch ließ den Kopf hängen und kämpfte mit ihren Dämonen – dem Stolz und der Unabhängigkeit. Sam würde nicht noch einmal zu ihr kommen. Wenn sie ihn nun zu finden versuchte, wäre das wie eine Kapitulation. Aber das würde er verstehen und allein ihr Nachgeben wäre ein Angebot.

Finch sprang auf, plötzlich stürmisch entschlossen. Sie vergaß ihre Prothese, stolperte und fiel fast gegen einen der großen Blumentöpfe. Sie wusste nun, was sie tun würde, und eine große Ungeduld erfasste sie. Fast die ganze Nacht lag sie in ihrem ehemaligen Schlafzimmer wach, starrte an die fahle Decke und sehnte den Morgen herbei.

Als der neue Tag endlich anbrach, fuhr sie ihre Mutter ins Krankenhaus und ließ sie in der Obhut des Kardiologenteams. Dann eilte sie in der kurzen Pause vor ihrer Sprechstunde zurück zu ihrem Apartment und verschickte eine E-Mail. Sie hatte keine Ahnung, wo Sam jetzt lebte, aber sie war sicher, dass Adam Vries es wusste.

Am Abend bestätigte der Kardiologe Neal Fletcher, dass Mrs. Buchanan tatsächlich einen Adams-Stokes-Anfall gehabt hatte. Sie würden den Herzrhythmus während der nächsten vierundzwanzig

Stunden überwachen und dann anhand der Ergebnisse ihre Entscheidung treffen. Finch setzte sich eine halbe Stunde lang zu Clare ans Bett. Dann löste Angus sie ab. Durch den abendlichen Verkehr fuhr sie zu ihrem Apartment und öffnete das E-Mail-Programm. Eine Nachricht von adamvries@compuserve.com wartete im Eingangskorb.

Neben dem erwarteten Gefrotzel hatte Adam ihr eine Adresse und eine Telefonnummer mitgeteilt. Sam lebte noch in Seattle. Sie lehnte sich in ihrem Stuhl zurück. Sie könnte zum Telefonhörer greifen. Ober aber sie konnte es auch besser machen, so wie Sam es tun würde und getan hatte. Sie konnte in ein Flugzeug steigen und zu ihm fliegen.

»Natürlich. Nimm dir so viel Zeit, wie du möchtest«, sagte Dennis. »Solange es nicht mehr als drei Tage sind.«

»Ich möchte mich da nicht einmischen«, verkündete Neal Fletcher. »Es kommt darauf an, was deiner Mutter am angenehmsten ist.«

»Ich fliege nach Seattle. Nur für ein paar Tage«, teilte Finch ihnen mit – sonst nichts.

Sie nahm einen Nachmittagsflug, der sie an ihre erste Begegnung, an den Sturm und an John Belushi erinnerte, der Sams Behauptung, sie seien Frischvermählte, geglaubt hatte. Sie erinnerte sich an jede Einzelheit und dachte bewusst nicht darüber nach, was passieren könnte, wenn er freundlich, einfach nur freundlich war oder sie sogar überhaupt nicht sehen wollte.

Sobald sie in Seattle gelandet war, sah sie in einem Stadtplan nach. Sam wohnte nun im Stadtteil Magnolia, nicht weit von der Elliot Bay entfernt. Sie würde mit dem Bus in die Innenstadt fahren und dort ein Taxi nehmen, das sie direkt vor seine Haustür brachte. Sie kam an Hallen vorbei, ging Fußwege entlang und gestand sich erst jetzt die Absurdität ihres Unterfangens ein. Sam hatte das Format für dramatische Auftritte, sie dagegen nicht. Vielleicht war er bei der Arbeit, auf Reisen, oder in eine neue Liebe verwickelt. Sie hätte anrufen sollen.

Schließlich fand sie den Bus und stieg ein. Zischend schlossen sich die Türen und der Bus fuhr in den bewölkten Nachmittag hinein.

Sam und Frannie hatten Bücher sortiert. Das Apartment, das sie gemeinsam bewohnt hatten, war während Sams Aufenthalt in Katmandu verkauft worden. Frannie war zu einer Freundin gezogen und die Bücher waren in Kisten gepackt und gelagert worden. Sam hatte sich von seinen letzten Ersparnissen endlich eine neue Wohnung gekauft und die Bücherkisten wurden aus dem Lager geholt. Es war leicht, Frannies Kunstbücher und Sams Reisebücher und Biografien auseinander zu halten, doch bei den Taschenbüchern mit Eselsohren – Gedichtbände und klassische Literatur –, mit denen bestimmte Erinnerungen verknüpft waren, war das weniger einfach.

»Diese Ausgabe von *archy & mehitabel* gehört mir. Schau mal, da habe ich hineingeschrieben.«

»Ich erinnere mich aber genau, dass ich sie in Boston gekauft habe.«

»Nein. Es ist ganz bestimmt meine.« Frannie legte sie entschlossen auf ihren Stapel.

»*Bright Lights, Dig City* habe ich während einer Signierstunde in einem Buchladen gekauft.«

»Wirklich? Na gut.«

Sie gingen sehr rücksichtsvoll miteinander um und milderten so die Peinlichkeit der Situation. Sam packte Frannies Stapel wieder in die Kisten, damit sie zu ihrem Wagen gebracht werden konnten. Es war eine staubige Angelegenheit.

»Möchtest du ein Glas Wein oder irgendetwas anderes?«

Frannie sah sich in der neuen Wohnung um, die voll gestopft war mit Sams Besitztümern, die noch nicht ihren endgültigen Platz gefunden hatten. »Nein danke. Ich denke, ich fahre nach Hause. Sind wir fertig?«

»Ja. Ich bringe die Kisten für dich runter.«

Er ging dreimal die Treppe hinunter. Die Kisten waren schwer, ließen sich aber gut stapeln. Er spürte eine gewisse Melancholie, war aber froh, dass sie die Aufteilung ihrer Bücher hinter sich gebracht hatten. Bald waren nur noch zwei Kisten übrig. Frannie nahm eine, er selbst die andere und sie gingen noch einmal die Treppe hinunter.

Finch saß am Fenster der Bar hinter einem vergilbten Vorhang, über den hinweg sie Sams Haustür im Auge behielt. Es war keine schicke Stadtbar, nicht einmal eine beliebte Stammkneipe; es war ein schäbiges, schlecht besuchtes Lokal. Einige wenige Gäste erholten sich hier nach einem langen Arbeitstag, müde und stumm. Dort saß sie und beobachtete die Straße, vor sich eine Cola. Sie sammelte sich und nahm ihren Mut zusammen, bevor sie an seiner Tür klingelte. Sie spielte mit dem Gedanken, zum Münzfernsprecher hinten in der Bar zu gehen und Sam vorzuwarnen. Doch dann erinnerte sie sich daran, wie er im Buddha's Garden aufgetaucht war, später in ihrem Sprechzimmer, und beschloss, es ihm gleichzutun und ihn zu überraschen.

Falls er überhaupt zu Hause war. Und falls er wirklich dort wohnte.

Da öffnete sich auf der anderen Straßenseite die Haustür und Sam kam heraus. Er war unverändert und dennoch hatte sie den Eindruck, sie hätte seine hohe Gestalt, die Art, wie er sich bewegte, und seine Haarfarbe bislang nur undeutlich wahrgenommen. Er schleppte eine Kiste und verstaute sie im Kofferraum eines Autos. Finch stellte fest, dass ihr Mund trocken war. Ihr Gesicht war gerötet und sie war außer Atem, als wäre sie wieder in der Highschool. Nur, dass sie sich in der Highschool nie so gefühlt hatte und auch später nur ein einziges Mal. Und dieses Gefühl war so verzerrt gewesen durch Tragödie, Entfernung und Gefahr. Dieses Mal aber war es – sie suchte nach dem richtigen Wort – ein Gefühl der Ruhe.

Sam ging hinein und schloss die Tür. Finch saß da, ohne ihr Getränk angerührt zu haben. Eine Minute später kam er mit einer weiteren Kiste und dann mit einer dritten. Zog er etwa schon wieder um? Hatte sie Glück, ihn noch zu erwischen, bevor er davonfuhr und sich eine Straße weiter in den Verkehr einreihte?

Das musste die letzte Kiste gewesen sein, dachte sie, denn die Minuten verstrichen, ohne dass er wieder auftauchte. Sie sollte nun hinübergehen. Schließlich konnte sie nicht den Rest ihres Lebens hier sitzen, erröten und zaudern.

Wieder öffnete sich die Tür und eine Frau kam heraus. Sie trug eine khakifarbene Hose und eine dazu passende Jacke. Eine Baseballmütze verdeckte ihr Gesicht. Unter der Mütze schaute ein blonder Pferdeschwanz hervor. Auch sie schleppte eine Kiste. Sam folgte ihr, ebenfalls mit einer Kiste. Sie standen Schulter an Schulter vor dem Kofferraum des Wagens, offensichtlich an die Berührung gewöhnt, und besprachen, wie sie die Kisten auf die anderen stapeln sollten. Sam schaffte Platz und verstaute die Kisten im Kofferraum. Die Frau spielte mit dem Autoschlüssel. Dann gingen sie zur Fahrertür. Sam öffnete sie. Finch beobachtete die beiden starr und mit brennenden Augen.

Er legte der Frau die Hände auf die Schultern und küsste sie mit schräg gelegtem Kopf. Erst auf die eine Wange, dann auf die andere. Die Frau sagte etwas, lächelte, Sam antwortete. Sie waren Liebende, die sich für kurze Zeit trennten.

Die Frau stieg in den Wagen und fuhr rückwärts aus der Parklücke. Sie fuhr langsam vorbei und hob die Hand zum Abschied. Sam sah ihr nach, bis der Wagen außer Sichtweite war. Dann kehrte er zum Haus zurück, einem unauffälligen Flachbau in einer ganz normalen Stadtstraße, und schloss die Tür.

Zu spät, viel zu spät, dachte Finch. Es musste ja so kommen. Ich bin eine Idiotin gewesen. Ich hätte all meine Kraft aufwenden müssen, ihn zu bekommen.

Währenddessen ging Sam um die Möbel herum, die noch immer im Weg standen. Auf seinem Schreibtisch stapelte sich Arbeit. Er hatte mit einem Partner eine Internetfirma gegründet. Sein Partner bot eine Vielzahl von Finanzdienstleistungen an, er selbst betreute mit Hilfe verknüpfter Websites die technische Seite und war für den Vertrieb zuständig. Das Ganze schien recht viel versprechend, aber im Augenblick interessierte er sich nicht dafür. Er durchquerte das Zimmer und schaute aus dem Fenster, auf Feuerleitern, Balkone und kleine häusliche Szenen, auf das Leben anderer Menschen, das vielleicht genauso arm und unbefriedigend war wie sein eigenes. Obwohl er sich das im Augenblick kaum vorstellen konnte.

»Kann ich Ihnen irgendetwas bringen?« Ein Keller in schmuddeliger Schürze beugte sich über den Tisch und wischte ihn ab.

»Nein, danke. Ich wollte gerade gehen«, sagte sie teilnahmslos. Sie stand auf und legte Geld auf den Tisch. Wohin jetzt? Was tun?

Die Straße überqueren und läuten. Eine Geschichte erfinden, dass sie zufällig in der Stadt sei. Ihm Glück wünschen und dann verschwinden. Sie könnte auch einfach weggehen, ohne ihn je wissen zu lassen, dass sie hier gewesen war. Natürlich konnte sie das, aber die Sehnsucht nach ihm war größer als ihr Selbsterhaltungstrieb. Sie wollte ihn sprechen und sei es auch nur für einen Augenblick.

Es gab weder Gegensprechanlage noch Türöffner, nur eine Klingel mit seinem Namen. Es dauerte lange, bis er herunterkam. Schließlich schnappte das Schloss auf. Er zog die Tür auf – und strahlte vor Freude.

»Du bist es. Du bist es tatsächlich.«

»Ich war … ich war in der Stadt und dachte …«

»Ich hätte nicht erwartet, dass du kommst. Was ist los? Du siehst unglücklich aus. Warum?«

»Fast wäre ich wieder umgedreht. Ich habe sie gesehen …« Sie deutete hinüber zum Bürgersteig, wo der Wagen gestanden hatte. »Deine Freundin.«

Sam lachte laut heraus und sein Gesicht war sprechender als beredte Worte. »Das war Frannie. Ich habe dir doch von ihr erzählt. Sie hat ihre Sachen abgeholt.«

Sie blickten sich an und in ihren Blicken lag die Möglichkeit, dass sie nach allem, was geschehen war, endlich zur rechten Zeit am rechten Ort waren.

»Darf ich hereinkommen?«

»O Gott, ja. Komm rein, komm rein und bleib für immer. Ich lasse dich nie mehr gehen.«

Er nahm ihre Hand und führte sie die Treppe hoch zu seinem Apartment. Überall lagen Papiere herum, außerdem standen zwei Bildschirme und lieblos zusammengestelltes Mobiliar herum und vermittelten den Eindruck von Unbeständigkeit. Er war hier, weil er irgendwo sein musste, nicht, weil ihm diese Wohnung wichtig war. Die Tür fiel hinter ihnen ins Schloss. Sam machte zwei Schritte auf sie zu und nahm sie in den Arm.

»Ich kann noch immer nicht glauben, dass du es wirklich bist.«

»Aber ich bin es. Sieh nur.«

Er hob die Hände, umfasste ihr Gesicht und blickte sie prüfend an. Dann küsste er sie, zunächst behutsam, aber bald öffneten ihre Lippen sich und verrieten die Sehnsucht nacheinander, die seit über einem Jahr in ihnen loderte.

»Warum bist du gerade jetzt gekommen?«

»Meine Mutter hatte einen Herzanfall. Es geht ihr aber wieder gut. Sie ist immer so stark gewesen. Als ich sie plötzlich so zerbrechlich sah, wurde mir klar, wie kostbar alles ist.« Finch hielt inne. Sie war es nicht gewöhnt, solche Dinge auszusprechen, und sagte fast unhörbar leise: »Du bist das Kostbarste in meinem Leben.«

»Warum hast du dich nicht angekündigt?«, murmelte er.

»Das hast du auch nie getan.«

»Ich hatte Angst, zurückgewiesen zu werden.«

»Dann weißt du ja, warum.«

»Ist das denn jetzt in Ordnung?«, fragte er und nahm erneut ihre Hand.

»Ja.«

Er führte sie ins Schlafzimmer. Sie legten sich aufs Bett und hielten sich noch immer an den Händen. Finch blickte kurz auf und sah den Ausschnitt Abendhimmel, klar und unermesslich. Dann fand sein Mund den ihren und sie schloss die Augen.

Sie glaubte Suzys Stimme zu hören. »Wurde aber auch Zeit. Viel Glück euch beiden.«